Musikinstrumente bauen

Kurt Schweizer · Susanne Bosshard

Musikinstrumente bauen

Verlag des Schweizerischen Vereins
für Handarbeit und Schulreform
SVHS
Sekretariat: Erzenbergstrasse 54, 4410 Liestal

Sekretariat: Erzenbergstraße 54, 4410 Liestal

Illustrationen: Hanspeter Schneider CH
Planzeichnungen: Johann Mazenauer CH
Fotos: Johann Mazenauer, Hanspeter Schneider CH
Titelfoto: Peter Engler CH
Satz und Gesamtherstellung: Appl, Wemding
Printed in Germany
ISBN 3-908236-02-9

Inhalt

3.

4.

5.

6.

7.

Vorwort

Dieses Buch will beim Bau von Musikinstrumenten behilflich sein. Es will beraten. Es will anleiten. Es will begleiten. Es erhebt jedoch nicht den Anspruch, daß seine Anweisungen die einzig richtigen sind.
Die Pläne zu den Bauanleitungen dürfen abgeändert, eigene Ideen können verwirklicht werden. Pläne ohne Maßangaben fordern geradezu zum Experimentieren heraus. Bei der praktischen Ausführung können sich jedoch unerwartete Folgen ergeben, die Arbeit kann mißlingen. Wer nicht verzweifelt und wer gewillt ist, aus seinen Fehlern zu lernen, wird neu beginnen und bestimmt noch zum Ziele gelangen. Schwierigkeiten führen zu neuen Erkenntnissen, die intensive Beschäftigung wird zum Vergnügen, und die fertigen Instrumente verlocken dann umso mehr zum Gebrauch.
Der Anfänger nutze die *Sachworterklärungen* und die Informationen im Kapitel *Grundlegende Arbeiten* am Schluß des Buches. Dabei wird sich folgendes Vorgehen bewähren:

- Aussuchen des Instrumentes anhand der Fotos
- Studieren des Planes und Lesen der Beschreibung **vor** Arbeitsbeginn
- Gleichzeitiges Nachschlagen aller nicht vertrauten Begriffe und Arbeitsschritte in den oben erwähnten Kapiteln. (Über das Planlesen finden sich z. B. alle Hinweise auf Seite 228)

Der Fortgeschrittene oder gar der Fachmann nehme es uns nicht übel, daß wir unsere Arbeitsanleitungen auf die Bedürfnisse der Anfänger ausgerichtet haben.
Instrumente, deren Abbildungen mit den beigegebenen Plänen nicht in allen Einzelheiten übereinstimmen, sollen als Hinweis dafür gelten, wie unter Ausnutzung anderer Möglichkeiten das gesteckte Ziel ebenso erreicht werden kann. In jedem Fall aber stimmen die Pläne mit den entsprechenden Arbeitsanleitungen überein.
Unsere Angaben über Material und Werkzeuge stellen ideale Verhältnisse dar, schließen aber nicht aus, daß man auch unter einfacheren Bedingungen trotzdem tadellose Arbeit leisten kann.
Wer kein entsprechendes Holz besitzt, es also kaufen muß, lasse es sich am besten vom Schreiner direkt in der angegebenen Größe (die aus der jeweiligen Materialliste ersichtlich ist) zuschneiden.
Aus der Erfahrung als Kursleiter wissen wir, daß der Bau von Musikinstrumenten immer wieder viel Freude bereitet und in der Folge zu beglückendem Musizieren anregen kann.

1. Einton- und Lärminstrumente

Einton- und Lärminstrumente gehören nur bedingt zu den Schlaginstrumenten, da sie weder rhythmisch noch melodisch gespielt werden können. Einige von ihnen bilden jedoch eine gute Vorstufe zur Herstellung von Musikinstrumenten, indem sie die Bearbeitung der verschiedensten Materialien wie Holz, Bambus, Kokosnuß oder Ton verlangen, ohne daß dabei viel mißlingen kann.
Richard Weiss schreibt in „Volkskunde der Schweiz" (Erlenbach-Zürich 1946), daß häßliche und heftige Geräusche, Lärm, Rasseln, Schellen, Knallen, Klatschen und Schlagen die Menschen erschrecken und unerwünschte Geister wie die Krankheit vertreiben sollen, aber auch Fruchtbarkeit aufwecken sollen. Im katholischen Brauchtum wurden in bestimmten Gegenden Klappern und Rätschen aller Größen bis zu gewaltigen Lärmmaschinen in der Karwoche benutzt. Diese primitiven Schallgeräte haben seit Jahrtausenden eine kultische Funktion und sind durch vorgeschichtliche Grabfunde nachgewiesen.
Zwischen Karfreitag und Ostern werden auch heute noch mancherorts die Leute durch Rätschen statt Kirchenglocken zum Gottesdienst gerufen. Der ohrenbetäubende Lärm der sogenannten Rumpelmette versinnbildlichte nach kirchlicher Auffassung Finsternis, Erdbeben und Erschaudern der Natur beim Tode des Erlösers.
C. Sachs schreibt im Reallexikon der Musikinstrumente (Hildesheim 1946): „Glocken meist kleineren und kleinsten Formates hat es zu allen Zeiten und bei allen Völkern, die Metall zu bearbeiten verstanden, gegeben. Der Typus ist aber unzweifelhaft älter und setzt Holzglocken (Holztrommeln) und schließlich solche aus Fruchtschalen voraus; wir haben die Glocke also als einen Schössling der Klapper anzusehen. Der kirchliche Gebrauch in christlichen Ländern wird zuerst in den Schriften des hl. Gregors von Tours (2. Hälfte des 6. Jhs) belegt; im Laufe des folgenden Jahrhunderts wurde er allgemein; indessen datiert die Zeit der Riesenglocken erst seit dem 14. Jahrhundert."

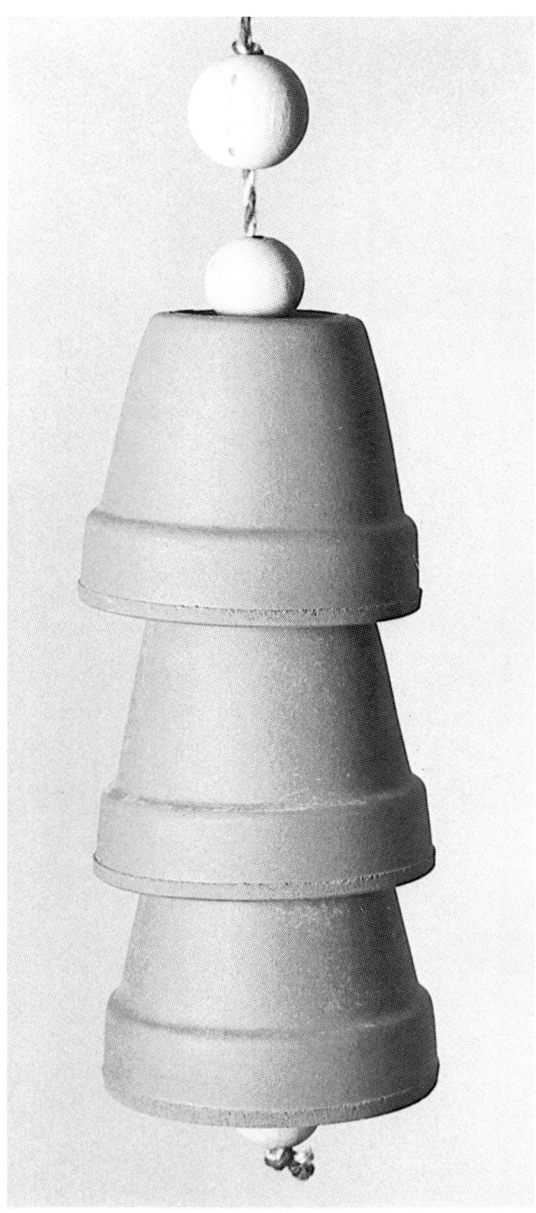

Glocke

Material und Werkzeug
3 Blumentöpfchen aus Ton; Ø ca. 6 cm (oder auch: Tonerde und Unterlage aus Eternit oder Ränderscheibe)
evtl. Ton- oder Holzkügelchen
Garn
Schere

Arbeitsvorgang

1. Aus Garn drehen wir eine Kordel. Ihre Dicke soll etwa dem Durchmesser des Bodenloches eines Töpfchens entsprechen.
2. Das eine Ende der Kordel wird mit einem Knoten versehen und so durch das Loch des ersten Blumentöpfchens gezogen, daß der Knoten innen ist. Das Töpfchen hängt jetzt an der Kordel.
3. Außen bringen wir einen zweiten Knoten an, so nahe am ersten, wie es trotz des Bodens noch möglich ist.
4. In einem Abstand, der etwas kürzer sein muß als die Topfhöhe, folgt der nächste Knoten.
5. Das zweite Töpfchen wird aufgereiht und weiter wie beim ersten verfahren; ebenso beim dritten Töpfchen.

Anmerkung

Es besteht die Möglichkeit, im untersten Töpfchen noch ein Kügelchen aus Ton oder Holz als Klöppel an einem Garnfaden einzuhängen.

Hinweis

Wer mit Tonerde umzugehen weiß, wird die Töpfchen selbst formen und ihnen die Gestalt einer Glocke geben. Die Formen müssen nach dem Trocknen im Brennofen gebrannt werden. Eine Glasur veredelt den Klang.

Handhabung

Wir schütteln die Kordel. Die Ränder der oberen Töpfchen schlagen an die Außenseite der unteren und erzeugen einen Ton.

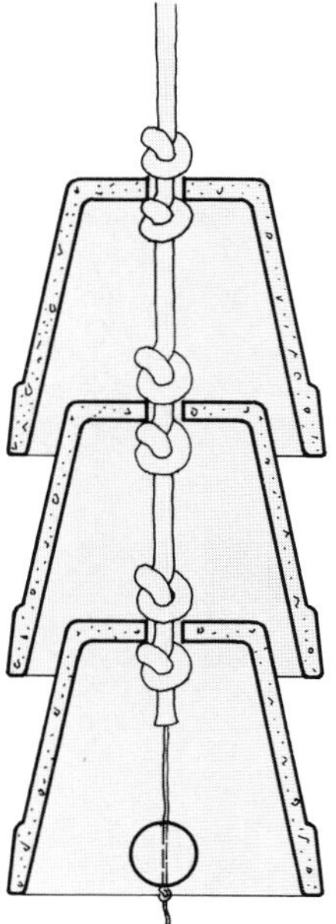

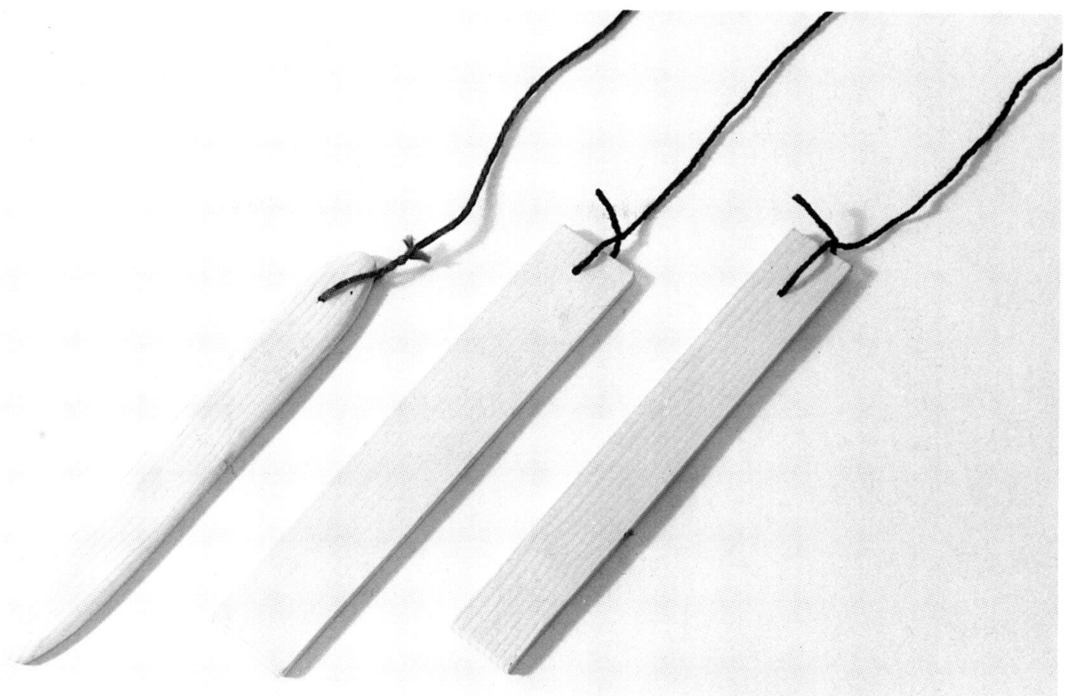

Schwirrholz

Material und Werkzeug

Hartholzbrettchen ca. 15 × 2,5 × 0,5 cm (Originale sind bis 80 cm lang und entsprechend breiter; sie sind lanzettförmig)

Zwirn, z. B. aus Naturseide und Perlon (oder Ähnliches zum Aufziehen von Schmuckperlen)

Schleifpapier

Nitrowachs und Lappen

(Hand-)Bohrmaschine und feiner Bohrer

Schere

Arbeitsvorgang

1. In der Mitte der einen Schmalseite des Brettchens bohren wir etwa 1 cm vom Rand entfernt ein Löchlein.
2. Das Brettchen wird geschliffen und die Kanten gebrochen.
3. Dann folgt die Behandlung mit Nitrowachs.
4. Durch das Löchlein binden wir den Zwirn.

Handhabung

Wir fassen den Zwirn etwa 1 m vom Holzbrettchen entfernt und schwingen es ringsum. Dabei beginnt das Hölzchen zu schwirren. Vielleicht gelingt uns das aber nicht auf den ersten Anlauf, vielleicht müssen wir auch die schwingende Länge des Fadens verändern oder weniger heftig schwingen.

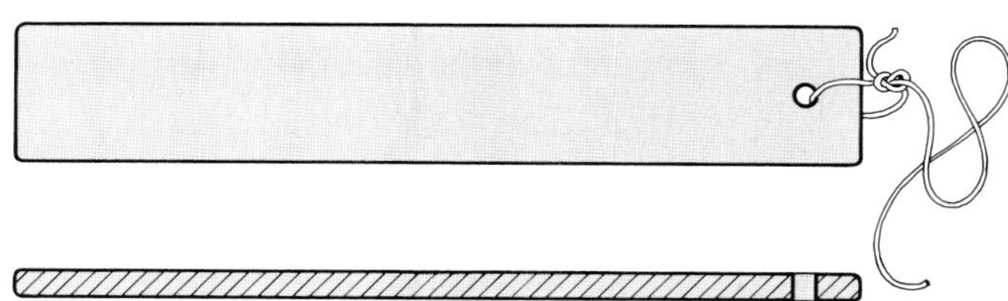

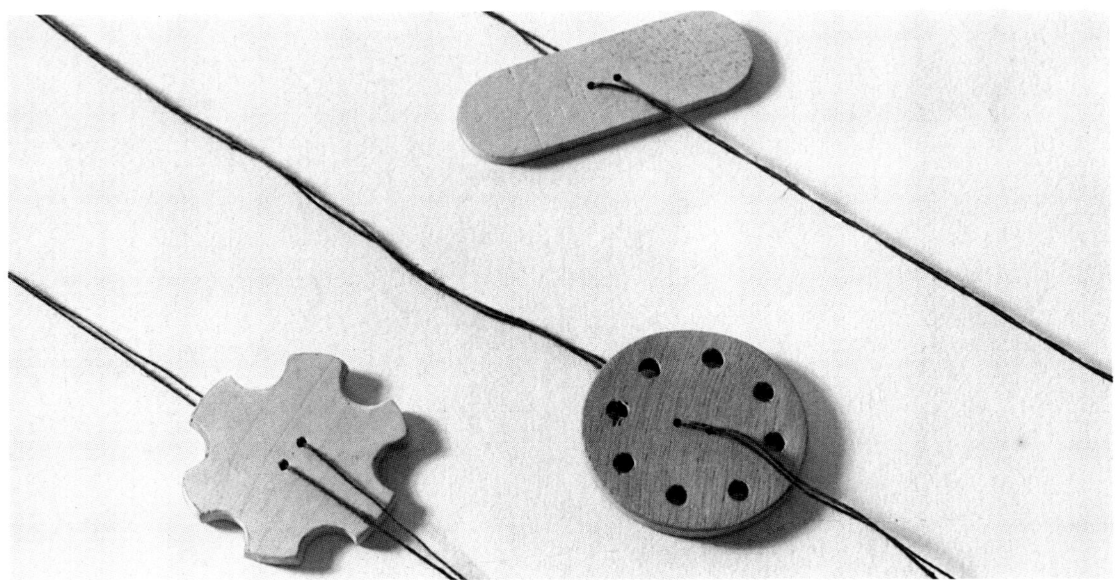

Summscheiben

Material und Werkzeug	
Sperr- oder Hartholzbrettchen:	
Für runde Scheiben 6 × 6 cm für längliche Scheiben 5 × 1,2 cm	Dicke 0,5 cm
Leinenfaden (sog. Sternzwirn), je 1,5 m	
Schleifpapier	
Nitrowachs und Lappen	
Zirkel, Maßstab und Bleistift	
Bohrmaschine	
Bohrer Ø 1,5 mm, 5 mm, 10 mm	
Laubsäge	
Schere	

Arbeitsvorgang für Modell a

1. Auf dem quadratischen Brettchen ziehen wir die Diagonalen.
2. Wir nehmen einen Radius von 2 cm in den Zirkel und schlagen einen Kreis vom Schnittpunkt der Diagonalen aus.
3. Mit dem gleichen Radius wird der Kreisumfang in sechs gleiche Teile geteilt. Man erhält somit die Mittelpunkte der Bohrlöcher.
4. Die sechs Löcher werden mit dem 10 mm-Bohrer gebohrt.
5. Die beiden Löchlein in der Nähe des Zentrums bohren wir mit dem 1,5 mm-Bohrer. Sie haben einen Abstand von ca. 6 mm voneinander.
6. Jetzt erst wird die Scheibe mit der Laubsäge ausgesägt.
7. Die Herstellung der anderen Summscheiben (Modell b und c) dürfte nun keine Schwierigkeiten mehr bereiten.
8. Wir schleifen die Scheiben.
9. Es folgt die Behandlung mit Nitrowachs.
10. Wir ziehen den Sternzwirn durch die beiden Löchlein im Zentrum und verknüpfen ihn.

Handhabung

1. Wir strecken den Faden der Summscheibe mit den Zeigfingern als Häkchen. Die Scheibe muß in der Mitte liegen, und die beiden Teile des Fadens dürfen nicht verzwirnt sein.
2. Wir lockern die Spannung und erreichen durch gleichsinniges Kreisen beider Hände, daß sich die Scheibe mitdreht und der Faden sich verzwirnt.
3. Spannt man danach den Zwirn, dreht sich die Scheibe nicht nur zurück, sondern sogar noch weiter, wenn man die Spannung zur rechten Zeit wieder lockert.
4. Folgen sich Spannung und Lockerung in stetigem Wechsel, dreht sich die Scheibe hin und her und beginnt zu summen.

Windspiel aus Bambus

Material und Werkzeug
3 Bambusrohre, dünn Ø ca. 1,2 cm
1 Stück Bambusrohr, dick Ø ca. 2 cm, Länge 15 cm
50 cm Draht Ø 2 mm (evtl. Fahrradspeiche)
1 m Draht Ø 0,3 mm
Garn
Schleifpapier
Maßstab und Bleistift
Bohrmaschine
Bohrer Ø 2 mm
Eisensäge
Rundspitz- und Flachzänglein
Ahle
Schere

Arbeitsvorgang

1. Mit der Eisensäge sägen wir vom dünnen Bambus 14 Segmente ab. Es spielt keine Rolle, wenn die Segmente verschieden lang sind. Sie müssen aber am einen Ende einen Knoten aufweisen.
Ca. 1 cm nach dem Knoten kann man das Segment absägen.
Achtung: Da Bambus beim Durchsägen gerne aufspleißt, sägen wir ihn vorher rundum an. Aus dem gleichen Grunde sollte eine Eisensäge und nicht die Feinsäge verwendet werden.
2. Wir schleifen die Kanten.
3. Mit dem 2 mm-Bohrer werden die Zwischenwände der Knoten durchbohrt.
4. Vom 2 mm-Draht wird ein Stück abgeschnitten, das länger ist als das längste Segment.
5. Am einen Ende des Drahtes biegen wir mit der Rundspitzzange eine Öse zurecht.
6. Mit der Flachzange wird die Öse so stark zusammengedrückt, daß sie sich nachher gut in den Hohlraum der Segmente hineinschieben läßt.
7. Mit diesem Draht (Öse voran!) oder mit einer Fahrradspeiche (Kopf voran!) putzen wir die Segmente sauber aus und blasen durch das Bohrloch den Staub hinaus. Das Ausputzen bewirkt eine Klangverbesserung.
8. Auf dem 15 cm langen Segment aus dickem Bambus markiert man die Löchlein, die zum Aufhängen der dünnen Segmente und des ganzen Windspieles dienen (→ Plan), und sticht vor.
9. Die Löchlein müssen zwar durch den Bambusstab hindurchgehen; wir bohren sie aber von beiden Seiten gegen das Zentrum zu, weil der Bambus sonst aufspleißt.

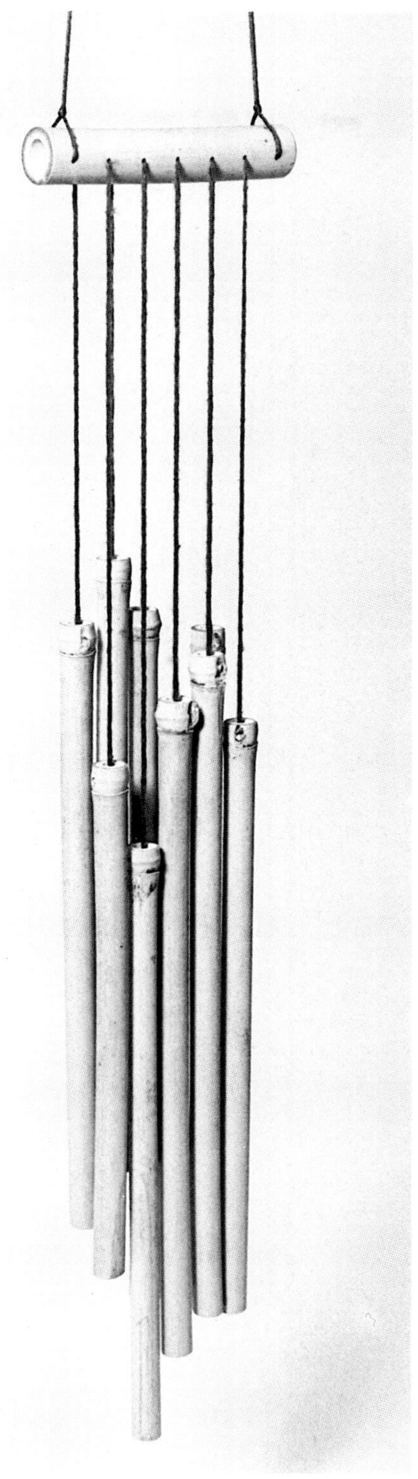

10. Aus dem dünnen Draht bildet man eine Nadel. Wir klemmen ein Stück ab, das doppelt so lang ist wie das längste Segment, geben aber noch 10 cm zu.

11. Wir schneiden 7 etwa 50 cm lange Garnfäden ab.

12. Das Garn wird am einen Ende ein Stückchen weit doppelt gelegt und damit ein Knoten gebildet, der nicht mehr durch das 2 mm-Löchlein in der Zwischenwand des Knotens rutschen kann.

13. Die Drahtnadel stecken wir (Öse voran!) von der Zwischenwand des Knotens her durch ein dünnes Segment, bis die Öse auf der anderen Seite herausschaut.

14. Das knotenlose Ende des Garnfadens wird eingefädelt und der Faden mit der Drahtnadel, soweit es geht, durch das Löchlein im Knoten gezogen.

15. Jetzt wird der Faden auf ähnliche Weise durch den dicken Bambus gezogen, diesmal aber quer.

16. Danach ziehen wir den Faden durch ein zweites Segment vom Loch in der Zwischenwand her, so daß das Fadenende auf der anderen Seite herausragt.

17. Dieses Ende legt man doppelt und schlingt damit wieder einen dicken Knoten.

18. Den Knoten ziehen wir durch das Bambussegment zurück, bis er am Loch der Zwischenwand festsitzt.

19. Auf die oben beschriebene Art werden alle Segmente aufgefädelt.

20. Man schneidet zwei gleichlange Aufhängefäden zurecht und zieht sie durch die beiden äußeren Löchlein an jedem Ende des dicken Bambusrohres.

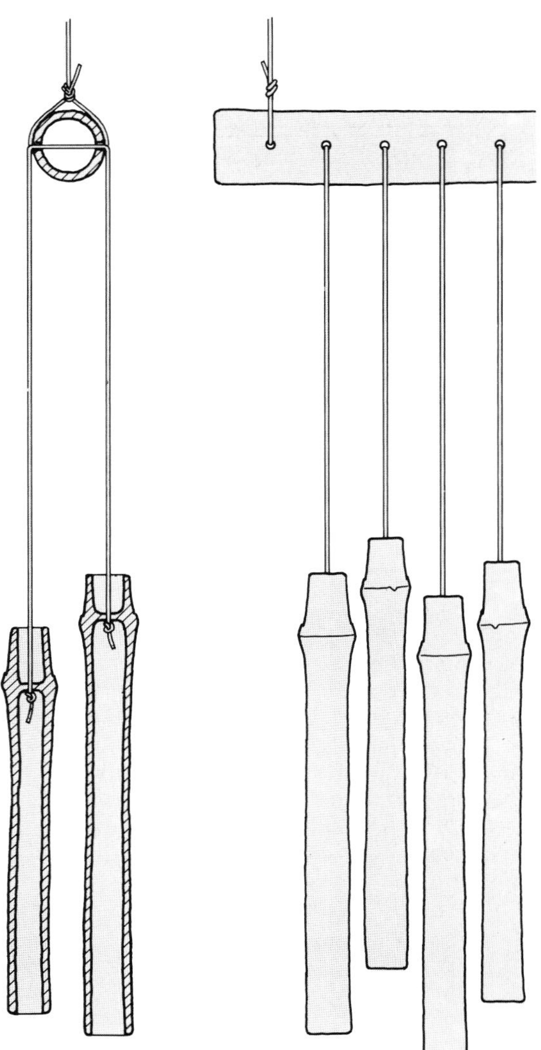

Handhabung

Wir hängen das Windspiel an einem Baumast im Freien oder in der Nähe eines Fensters im Zimmer auf, so daß der Wind die hängenden Segmente bewegen kann. Diese schlagen aneinander und beginnen zu plaudern.

Windspiel aus Tonerde

Material und Werkzeug
Tonerde ohne Schamottzugabe
Dünnes Garn
Eternitplatte
Zeitungspapier
Teigroller
Messer
Kleine Gegenstände: Nägel, Schrauben, kleine Schlüssel und Haken, Zahnstocher, Bleistift und ähnliches als Stempel zum Verzieren der Tonplättchen
Trinkhalme aus Plastik
Stricknadel Nr. 2 oder 2½
Schwamm und Lappen
Schere

Arbeitsvorgang

Vorbemerkung:

Anfänger sollten zuerst den Abschnitt „Töpfern" auf Seite 237 lesen.

1. Die mit Zeitungspapier belegte Eternitplatte dient als Unterlage, auf der wir ein etwa walnußgroßes Stück Tonerde mit leichten Schlägen des Handballens flachdrücken und mit dem Teigroller bis auf ca. 3 mm Dicke ausrollen.

Anmerkung: Je dünner die Plättchen sind, desto schöner wird das Windspiel klingen. Allerdings zerreißen dünne Plättchen beim Brand eher.

2. Man kann das Plättchen in der Form belassen, wie es durch das Ausrollen entstanden ist, oder ihm durch Zuschneiden mit dem Messer eine quadratische, rechteckige, dreieckige oder kreisrunde Form geben.
3. Die kleinen Gegenstände benutzen wir als Stempel und verzieren damit das Plättchen auf beiden Seiten.
4. Die Aufhängelöcher werden mit einem Trinkhalm ausgestochen. Wenn der Trinkhalm 2–3 cm hoch mit Tonerde gefüllt ist, muß dieses Ende mit der Schere abgeschnitten werden. Nur so kann man ungehindert weiter ausstechen.
5. Sollte der Rand des Blättchens uneben oder rissig werden, streicht man ihn mit einem feuchten Lappen glatt.
6. 30 Plättchen mit je 2 Aufhängelöchern und zwölf Plättchen mit nur einem Aufhängeloch reichen für ein Windspiel aus.
7. Aus einem faustgroßen Tonerdestück drehen wir zwischen den gespreizten Fingern beider Hände eine gleichmäßige Walze von ca. 1,5 cm Durchmesser und 30–40 cm Länge und formen daraus einen Ring. Dieser wird mit dem Handballen flach-

gedrückt und mit dem Teigroller ebenmäßig ausgerollt.
8. Mit einem Trinkhalm werden auf dem Ring zwölf gleichmäßig verteilte Löcher ausgestochen.
9. Aus haselnußgroßen Tonerdestückchen formen wir zwölf Kügelchen. Nach dem Formen sticht man mit einer Stricknadel durch ihr Zentrum ein Loch und zieht die Nadel sorgfältig zurück. Beim Zurückziehen darf sich das Loch nicht wieder schließen.
10. Wenn die Plättchen, der Ring und die Kugeln trocken sind, läßt man sie brennen. Ein Rohbrand mit einer Temperatur von 850 °C reicht aus.
Anmerkung: Es empfiehlt sich, zur Sicherheit einige Reserveplättchen und -kugeln herzustellen.
11. Nach dem Brennen wird das Windspiel folgendermaßen zusammengesetzt: An einem etwa 60 cm langen Garnstück bringen wir ca. 20 cm vom einen Ende entfernt einen so dicken Knoten an, daß er nicht mehr durch das Loch einer Tonkugel hindurchzuziehen ist. Das längere Garnende muß zuerst durch die Kugel, dann von unten nach oben durch ein Loch des Ringes gezogen werden. Die anderen 11 Kugeln werden gleichermaßen aufgereiht, so daß der Ring schließlich auf den Kugeln steht. Wenn alle zwölf Garnstücke durch den Ring gezogen sind, werden sie dicht über dem Ring ein erstes Mal und etwas weiter entfernt ein zweites Mal miteinander verknotet. An die aus den Kügelchen heraushängenden Garnenden knüpft man Plättchen an und mit weiteren kurzen Garnstücken unterschiedlicher Länge alle übrigen mit zwei Aufhängelöchern. Die zwölf Plättchen mit nur einem Loch bilden den Abschluß der Reihen. Selbstverständlich wird auf eine hübsche Anordnung der Plättchen geachtet.

Handhabung

Wir hängen das Windspiel in der Nähe eines Fensters auf. Streicht der Wind darüber, klingen die Plättchen beim gegenseitigen Aneinanderschlagen.

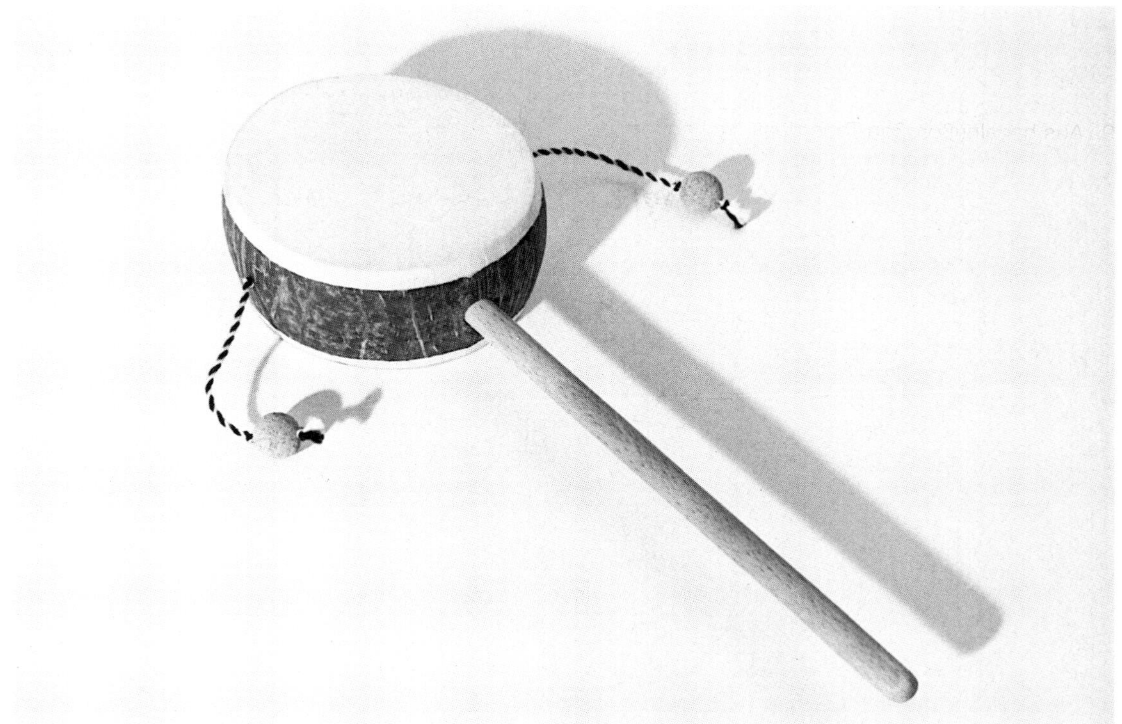

Trommelklapper I

Material und Werkzeug
1 kleinere Kokosnuß
1 Rundholzstäbchen Ø 10 mm, Länge 30 cm
2 Korkkügelchen Ø 10–15 mm
Garn
Japanpapier
Schleifpapier und entsprechend großes, ebenes Brettchen (oder Schleifteller)
Kunstharzleim
Epoxid-Klebstoff (Zweikomponenten-Kleber)
Nitrowachs und Lappen
Spannlack und Pinsel
Pinselreiniger
Trinkbecher
Maßstab und Bleistift
Bohrmaschine, evtl. mit Bohrständer
Bohrer Ø 2 mm und 10 mm
Absetzsäge
Messer und Schere

Arbeitsvorgang

1. Die drei Augen der Kokosnuß durchbohren wir mit dem 10 mm-Bohrer und lassen die Kokosmilch in einen Becher laufen.
2. Von der Kokosnuß muß man oben und unten ein Stück absägen, so daß ein Mittelteil von ca. 4–5 cm übrigbleibt. Vor dem Absägen werden die Schnittlinien auf der Nuß markiert und in der Mitte zwischen den beiden Linien ein 10 mm-Loch gebohrt, dann erst wird abgesägt.
Wer eine Hobelbank besitzt, spannt das Sägeblatt so in die Vorderzange ein, daß die Zähne ca. 5 mm hervorschauen. Zum Sägen wird die Kokosnuß darauf hin und her bewegt.
Wer keine Hobelbank besitzt, stellt eine Absetzsäge senkrecht auf den Boden, und zwar so, daß das Sägeblatt vom Benutzer abgewandt ist. Ein Fuß wird auf die unterste Sprosse gestellt und die Säge mit den Knien festgehalten. Die Kokosnuß wird auf dem Sägeblatt auf und ab bewegt. Man arbeitet auf Stoß, beachtet also die Richtung der Sägezähne.
3. Wir schneiden das Kokosfleisch aus.

Anmerkung: Der Kokosnußring muß in einem warmen Zimmer ein paar Wochen lang gut austrocknen, damit er nach dem Aufziehen der Membrane nicht mehr kleiner und die Spannung dadurch schwächer werden kann.

4. Das Schleifpapier wird auf ein Brettchen geleimt, dann werden die Sägeränder des Mittelteiles eben geschliffen, indem man ihn auf dem Schleifpapier hin und her schiebt. Natürlich kann zum Schleifen auch eine Schleifscheibe benutzt werden.
5. Wir können auch die Außenwand des Mittelteiles solange schleifen, bis die Kokosfasern abfallen und die Struktur des Holzes sichtbar wird.
6. Die Kanten sind zu brechen.
7. Wir stecken den 10 mm-Bohrer durch das bereits gebohrte Loch, passen auf, daß der Bohrer durchs Zentrum geht, und bohren auf der gegenüberliegenden Seite ein zweites Loch.
8. Mit dem 2 mm-Bohrer bohrt man auch die Löchlein für die Garnfäden und die Korkkügelchen (die Bohrstellen sind aus dem Plan ersichtlich).
9. Die Enden des Rundholzstäbchens werden abgerundet.
10. Dann leimen wir das Stäbchen mit Epoxid-Klebstoff gemäß Plan ein.
11. Kokosnußrahmen (sofern er geschliffen ist) und Stiel werden mit Nitrowachs behandelt.
12. Man dreht eine ca. 50 cm lange Kordel aus Garn und halbiert sie.
13. Diese Stücke werden in je ein 2 mm-Löchlein eingezogen und mit einem Knoten an der Innen- und Außenwand des Kokosnußringes fixiert. (Die Korkkügelchen werden erst später befestigt.)
14. Wir schneiden das Japanpapier zurecht. Es dient als Fell-Ersatz. Die Dicke des Japanpapieres steht frei: Dünnes Papier läßt sich mit Spannlack gut spannen, hat einen metallischen Klang, reißt aber leichter ein als dickes. Das Japanpapier soll ein Stück größer sein als die Öffnung des Kokosnußringes. Es muß noch nicht rund sein.
15. Die eine Seite des Kokosnußringes wird mit Kunstharzleim bestrichen.
16. Das Japanpapier legt man eben aus, stürzt den Kokosnußring um und preßt dessen Leimrand eine Zeitlang gegen das Japanpapier.
17. Wenn das Japanpapier klebt, messen wir rund um den Kokosnußring einen schmalen Rand ab und schneiden mit der Schere nach.
18. Dieser Rand wird mit Leim bestrichen und die Form so gewendet, daß das Japanpapier oben ist. Man drückt den Rand ringsum immer wieder an die Form, bis er klebt. Dabei können entstehende Fältchen mit dem Fingernagel geglättet werden.

Achtung: Die Finger dürfen nicht voll Leim werden, damit das Japanpapier nicht am falschen Ort festklebt.

19. Für die gegenüberliegende Seite schneiden wir ebenfalls Japanpapier zurecht und verfahren auf die gleiche Weise.
20. Wenn der Leim trocken ist, wird das Japanpapier, also die beiden Membranen, mit Spannlack angestrichen.
21. Das Lackieren wiederholt man drei- bis viermal, bis die trockene Lackschicht glänzt und der Ton hell erklingt. Den Lack nach jedem Anstrich gut trocknen lassen!
22. Zum Schluß werden die Korkkügelchen an der Kordel mit je zwei Knoten so befestigt, daß sie beim Klappern in der Mitte der Membrane aufschlagen.

Handhabung

Wir drehen den Stiel der Trommelklapper zwischen den Handflächen hin und her. Dadurch werden die Korkkügelchen in Schwingung versetzt und schlagen gegen die Membrane.

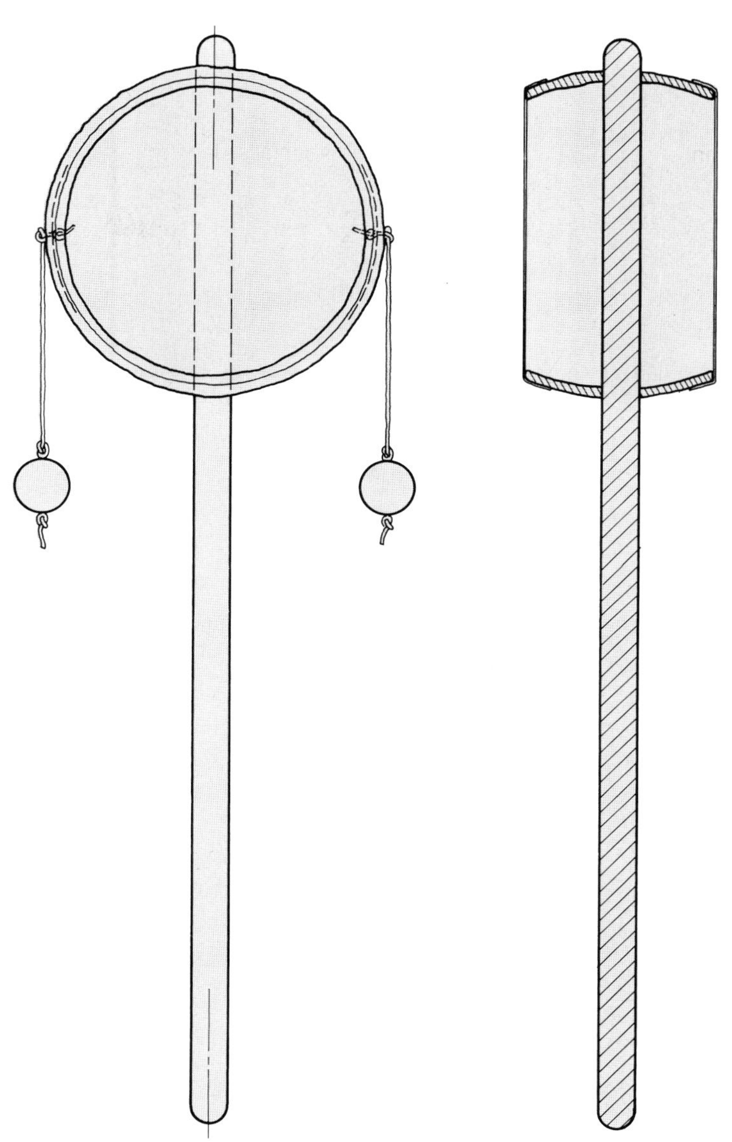

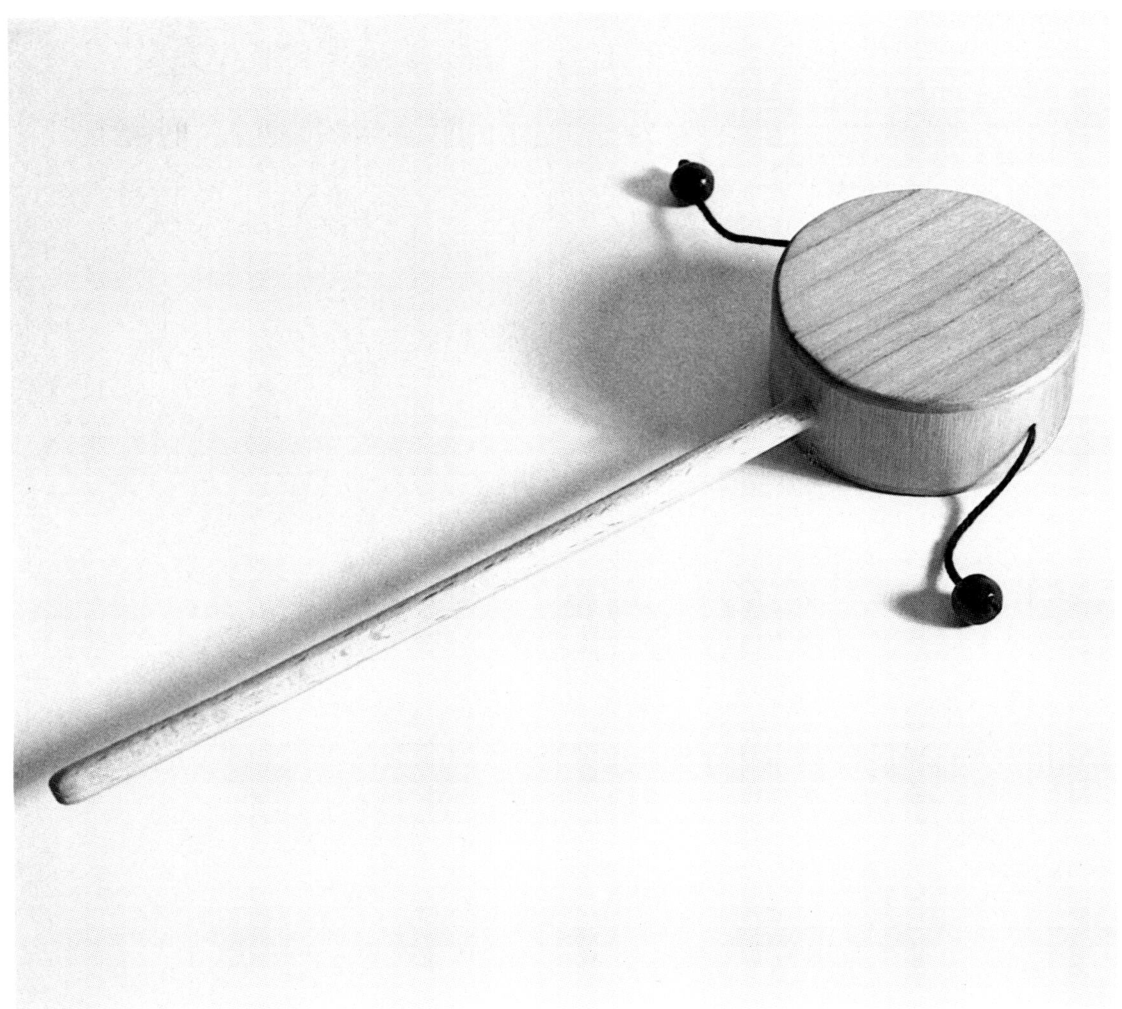

Trommelklapper II

Material und Werkzeug
2 cm Bambusrohr Ø ca. 5 cm
2 ca. 2 mm dicke Hartholz-Furnierstücke
15 cm Rundholz Ø 6 mm
2 Holzperlen Ø ca. 8 mm, mit Löchern
Ca. 20 cm Draht Ø 0,3–0,5 mm
Garn
Schleifpapier
Kunstharzleim
Nitrowachs und Lappen
Maßband und Bleistift
Bohrmaschine, evtl. mit Bohrständer
Bohrer Ø 1,5 mm und 6 mm
Evtl. Schleifteller
Laubsäge mit feinem Sägeblatt
Flachzänglein
Ahle
Schere
6–8 kleine Schraubzwingen mit Zulagen

Arbeitsvorgang

1. Die Abschnittstellen am Bambusrohr werden eben geschliffen.
2. Rings um den Bambusabschnitt zeichnen wir die Mittellinie und messen sie ab (Umfang). Von einem Punkt der Mittellinie aus messen wir ¼ des Umfanges nach beiden Seiten ab. So ergeben sich drei Punkte, die mit der Ahle vorgestochen werden.
3. Beim mittleren Punkt bohrt man mit dem 6 mm-Bohrer das Loch für den Stiel, bei den anderen zwei Punkten mit dem 1,5 mm-Bohrer die Löchlein für den Garnfaden.
4. Wir bestreichen die Stirnseiten des Bambus mit Leim, legen die Furnierstücke als Abdeckung darauf und fixieren sie mit mehreren kleinen Schraubzwingen.

Anmerkung: Damit das Funierholz durch die Schraubzwingen nicht beschädigt wird, legt man am besten kleine Holzplättchen zwischen Furnier und Zwinge.

5. Die Arbeit wird erst am folgenden Tag fortgesetzt. Die vorstehenden Teile des Furnierholzes müssen mit der Laubsäge bündig abgesägt werden. Dann schleift man vorsichtig sauber.
6. In das 6 mm-Loch wird der Stiel eingeleimt.
7. Nach dem Trocknen runden wir mit Schleifpapier das Ende des Stieles ein wenig ab.
8. Es folgt die Behandlung der Trommelklapper mit Nitrowachs.
9. Aus dem dünnen Draht bildet man eine Drahtnadel: Der Draht wird in der Mitte geknickt, und die beiden Schenkel werden aneinander gelegt. Die Knickstelle drückt man mit der Flachzange zusammen.
10. Die Drahtnadel stecken wir (Öse voran) durch die beiden kleinen Löcher, bis sie auf der anderen Seite des Bambusringes herausschaut.
11. Ein ca. 25 cm langer Garnfaden wird in die Öse eingefädelt, durchgezogen und mit einem Tropfen Leim fixiert. Der Garnfaden muß auf beiden Seiten des Bambusrohres gleich lang herausragen.
12. Auf beiden Enden des Garnfadens zieht man eine Holzperle auf und verknotet die Enden des Fadens so, daß die Holzperlen beim Klappern gegen die Mitte der Furnierflächen schlagen.

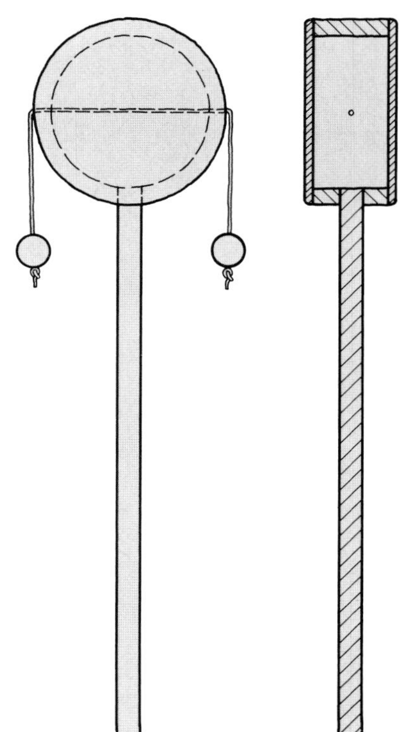

Handhabung

Wir drehen den Stiel der Trommelklapper zwischen den Handflächen mit einer Reibbewegung hin und her. Dadurch werden die Holzperlen in Schwingung versetzt und schlagen gegen das Furnier.

Hammerklapper

Material und Werkzeug
1 Hartholzbrettchen 14 × 4 × 1 cm
1 Rundholz Ø 2 cm, Länge 25 cm
1 Rundholz Ø 2 cm, Länge 6 cm
1 Rundholz Ø 8 mm, Länge 6,8 cm
1 Nagel Ø 2,3 mm, Länge mindestens 2,5 cm
Schleifpapier
Kunstharzleim
Nitrowachs und Lappen
Maßstab und Bleistift
Bohrmaschine in Bohrständer
2 Dübelbohrer Ø 8 mm und 20 mm
2 Bohrer Ø 2 mm und 2,5 mm
Bohrhilfe
Feinsäge
Raspel und Feile oder Schleifteller
Eisenfeile
Stechbeitel, 8 mm breit, und Holzhammer
Schreinerhammer
Ahle
Beißzange

Arbeitsvorgang

1. Mit Maßstab und Bleistift bezeichnet man die Mitte des Brettchens (Kreuzung der Diagonalen).
2. Dieser Punkt wird vorgestochen.
3. Mit dem 20 mm-Bohrer bohren wir ein Loch.
4. Das Brettchen wird geschliffen, die Kanten werden gebrochen.
5. 1,5 cm vom einen Ende des langen Rundholzes entfernt wird ein 2 mm-Löchlein gebohrt. Man legt das Rundholz dazu in die Bohrhilfe.
6. Quer zum Loch zeichnen wir einen Schlitz auf, der 2 cm tief und 1 cm breit ist.
7. Mit der Feinsäge wird eingesägt und mit dem 8 mm-Stechbeitel der Schlitz ausgestochen.
8. Mit dem Maßstab halbiert man die Länge des kurzen, 2 cm dicken Rundholzes und sticht mit der Ahle vor.
9. Wir legen das Rundholz in die Bohrhilfe und bohren ein 8 mm-Loch.
10. Die dicken Rundhölzer werden an allen Enden abgerundet.
11. Am einen Ende des 8 mm-Rundhölzchens mißt man 8 mm ab und sticht vor.
12. Wir bohren ein 2,5 mm-Loch, indem wir wieder die Bohrhilfe benutzen.
13. Das Ende, an dem sich das Loch befindet, wird abgerundet.
14. Man leimt das lange, dicke Rundholz so ins Brettchen, daß es auf der Schlitzseite 4 cm herausschaut.

Achtung: Der Schlitz muß genau in der Längsrichtung des Brettchens liegen.

15. Das 8 mm-Rundhölzchen wird ins 2 cm dicke

Rundhölzchen eingeleimt: so entsteht der Hammer.

Achtung: Der Hammerkopf muß im rechten Winkel zum 2,5 mm-Loch im Hammerstiel stehen.

16. Wir kontrollieren, ob der Hammerstiel in den Schlitz des dicken Rundholzes paßt. Notfalls muß er noch etwas abgeschliffen werden, damit er genügend „Spiel" erhält.
17. Es folgt die Behandlung mit Nitrowachs.
18. Der Hammerstiel wird mit einem Nagel befestigt. Der Nagel muß vorsichtig und nicht ganz bis zum Kopf eingeschlagen werden. Man knipst ihn mit der Beißzange auf beiden Seiten ab und feilt glatt.

Handhabung

Wir fassen die Hammerklapper am Stiel und schütteln sie kräftig hin und her. Sie dient als Lärminstrument.

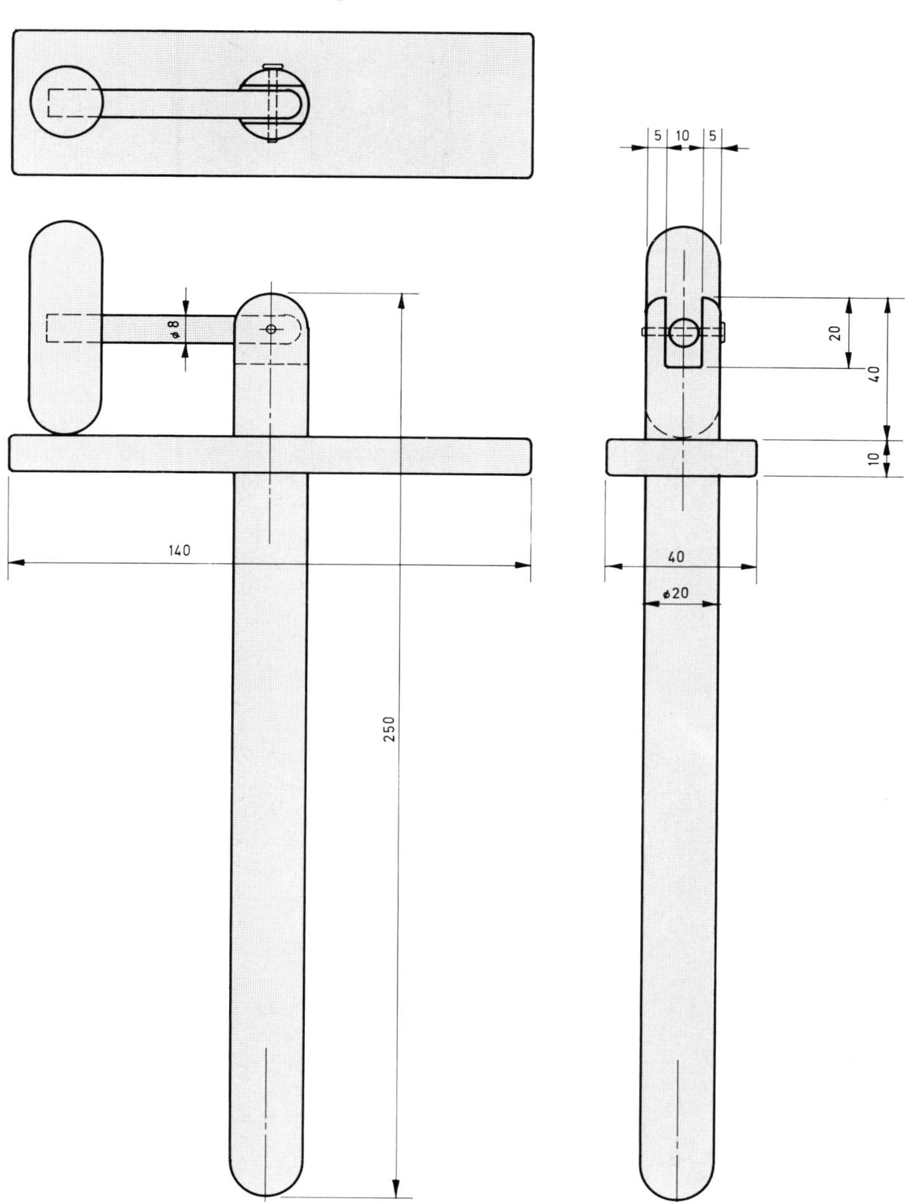

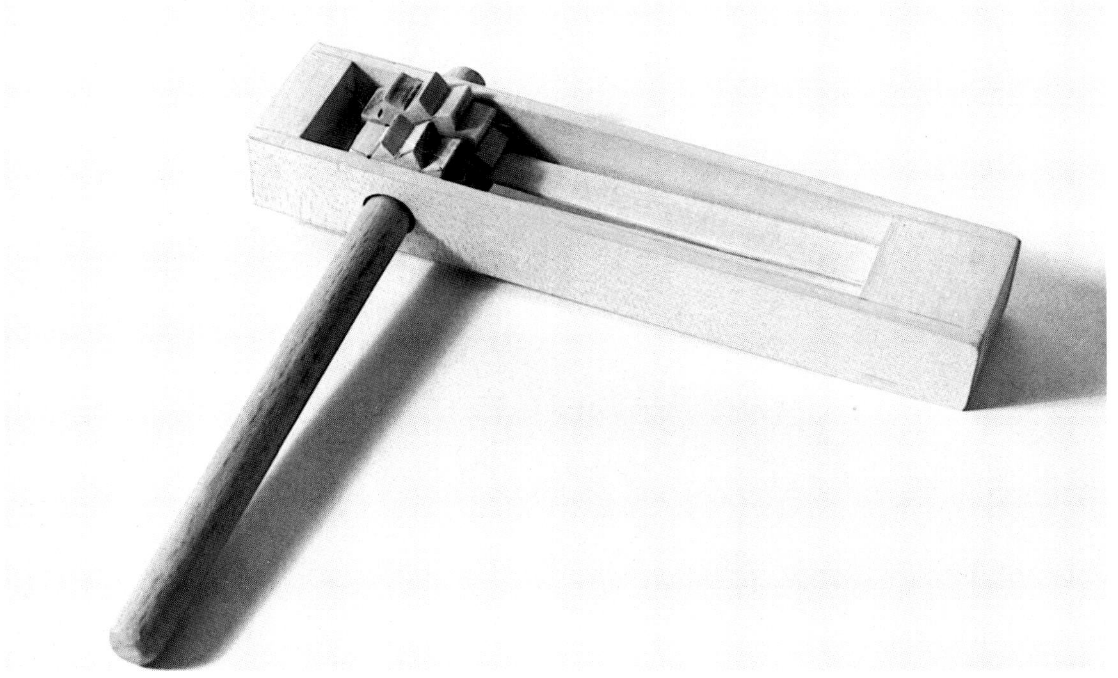

Ratsche

Material und Werkzeug	
1 Rundholz Ø 1 cm, Länge 16 cm 2 Rädchen Ø 3 cm, Dicke ca. 1 cm 2 Holzstreifen aus elastischem Holz 11 × 1 × 0,2 cm 2 Holzstreifen 15 × 2 × 0,3 cm 1 Holzklötzchen 2,5 × 2,5 × 2 cm (1 Holzklötzchen 2,5 × 2 × 1 cm)	Alle Teile schön zugesägt und geschliffen
Halbkarton	
Schleifpapier	
Kunstharzleim	
Nitrowachs und Lappen	
Zirkel, Maßstab und Bleistift	
Bohrmaschine, evtl. mit Bohrständer, und Maschinenschraubstock	
2 Dübelbohrer Ø 10 mm und 11 mm	
Feinsäge	
2 kleine Schraubzwingen	

Arbeitsvorgang

1. Zunächst schauen wir auf dem beiliegenden Plan folgende Teile genau an:
a) Stiel (Achse/Welle)
b) Zahnrädchen (Schraprädchen)
c) Zungen
d) Rahmen, bestehend aus hinterem und vorderem Blöckchen und Seitenwänden.
2. Das Holzrädchen wird mit einem Zahnkranz versehen, wie es aus dem Plan ersichtlich ist, d.h. man sägt 12 Vertiefungen ein. Das Aufzeichnen geschieht mittels einer Schablone.
3. Im Zentrum der Rädchen bohren wir ein 10 mm-Loch. Zum Bohren wird das Rädchen in einen Maschinenschraubstock eingespannt.
4. Die beiden Zungen (11 × 1 × 0,2 cm) sind so zu richten, daß sie am einen Ende 1 cm und am anderen nur noch 7–8 mm breit sind.
5. Wir sägen (am besten auf einer Maschinensäge mit Anschlag) eine 1,5 cm tiefe Rille in die Schmalseite des hinteren Klötzchens (2,5 × 2,5 × 2 cm). Die Breite der Rille muß der Dicke der Zungen entsprechen.
6. In die Seitenwände bohrt man 3 cm vom einen Ende entfernt je ein 11 mm-Loch.
7. Die Rädchen werden auf die Welle geleimt. Das erste soll vom Ende der Welle eine Distanz von 1,5 cm haben. Vom ersten bis zum zweiten Rädchen folgt ein Zwischenraum von 2 mm. Die Rädchen sollen ihre Zähne gegeneinander verschoben haben.
8. Wir leimen auf die eine Seitenwand das hintere Klötzchen mit der Rille gegen innen (→ Plan) und

leimen nach Bedarf auch das vordere kleinere Klötzchen an (kleine Schraubzwingen anbringen). Das Loch in den Seitenwänden befindet sich in der Nähe des vorderen Klötzchens.

9. Wenn die Klötzchen halten, werden die Zungen mit dem breiteren Teil in die Rille des hinteren Klötzchens gesteckt, einstweilen ohne sie anzuleimen.

10. Wir schieben die Welle ins Loch der Seitenwand.

11. Die zweite Seitenwand wird angebracht und mit kleinen Schraubzwingen befestigt.

12. Die Zungen sollen 2 bis 3 mm in den Zahnkranz hineinragen. Sind sie zu lang, werden sie auf die richtige Länge abgeschliffen; sind sie zu kurz, zieht man sie soweit wie nötig aus der Rille heraus und markiert ihren Standort.

13. Zum Einleimen der Zungen werden die zweite Seitenwand und die Welle wieder entfernt. Die Markierungen zeigen an, wie tief die Zungen eingeleimt werden müssen. Wir lassen den Leim trocknen.

14. Jetzt empfiehlt es sich, alle Teile bereits mit Nitrowachs zu behandeln.

15. Die Welle wird eingefügt und die zweite Seitenwand angeleimt.

Handhabung

Wir fassen das Instrument am Griff und schwingen es so herum, daß sich der Rahmen dreht und die Zungen über die Zahnkränze ratschen.

Anmerkung: Man kann auch ein Modell mit mehreren Zahnrädchen bauen.

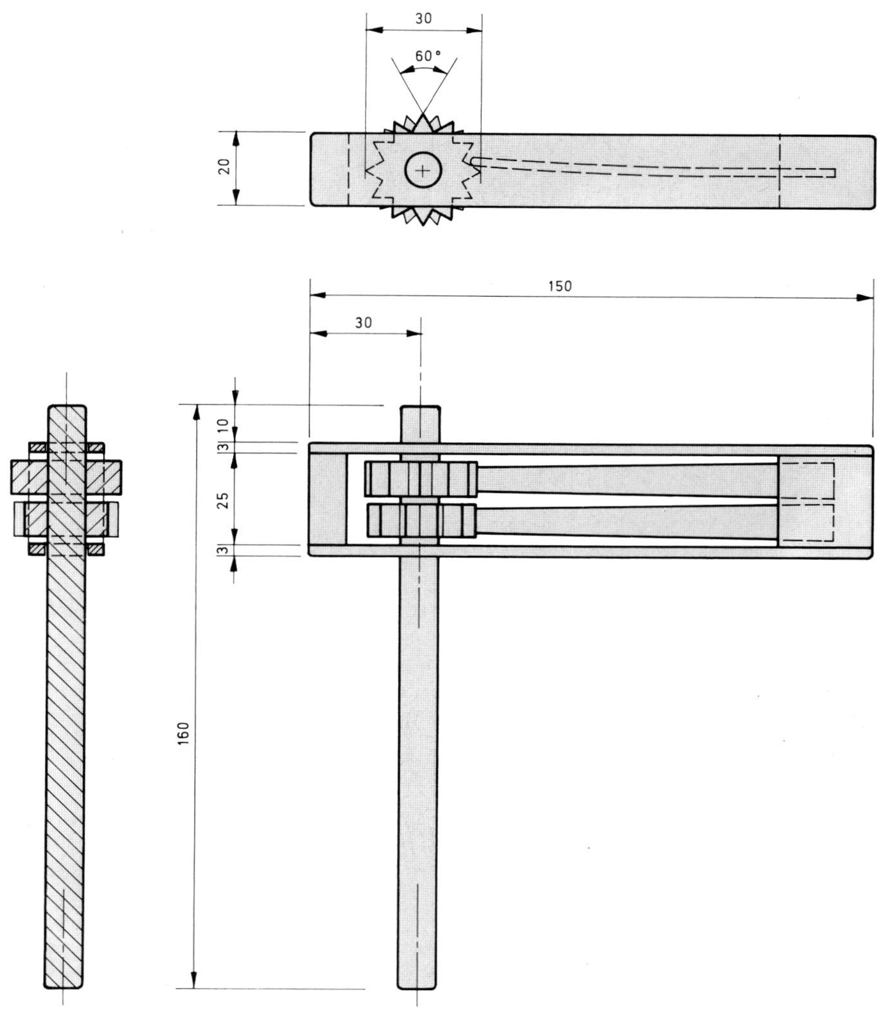

Wassertrillerpfeife aus Tonerde

Material und Werkzeug
Tonerde ohne Schamottzugabe
Schlicker
Zeitungspapier
Eternitplatte
Schwämmchen und Lappen
Ränderscheibe
Teigroller
Modellierholz
Rundstab aus Holz Ø 1 cm, Länge ca. 30 cm
Holzkeil, Länge ca. 10 cm, Breite 6 mm, Dicke von 0,5 mm bis ca. 2,5 mm steigend
Messer
Stecknadel

Arbeitsvorgang

Vorbemerkung: Es empfiehlt sich, zuerst den Abschnitt „Töpfern" auf Seite 237 zu lesen. Eine Trillerpfeife kann nur derjenige anfertigen, der in der Aufbaukeramik bereits genügend Übung hat. Nicht nur die Form, sondern alle Details müssen genau stimmen. Die Wassertrillerpfeife besteht aus zwei Teilen, die separat hergestellt werden und die erst, wenn die Tonerde lederhart geworden ist (nach ein bis zwei Tagen), zusammengebaut werden können.

1. Nach der Skizze bauen wir ein dünnwandiges, nach oben eng werdendes Gefäß auf, dessen Bodendurchmesser ca. 6 bis 8 cm betragen soll.

2. Am gleichen Tag – denn der Trocknungsgrad beider Teile soll derselbe sein – wird auch eine kleine Tonflöte angefertigt: Man knetet um den Rundstab aus Holz in dessen mittlerem Abschnitt über ca. 10 cm Länge regelmäßig Tonerde und drückt diese mit der Handkante gut an. Nun rollt man den Stab auf einer mit Zeitungspapier bedeckten Eternitplatte hin und her. Durch das Rollen wird die Oberfläche glatt und das Innere der Tonröhre erweitert, so daß sie sich vom Rundstab ablöst und man ihn herausziehen könnte. Vorher jedoch schneidet man mit dem Messer die Röhre

auf 8 cm ab. Jetzt erst wird der Rundstab vorsichtig herausgezogen.

3. Als Flötenkopf stellen wir eine kurze Walze her. Der Außendurchmesser soll dem der Röhre entsprechen. Von dieser Walze schneidet man 2 cm ab und flacht das eine Ende gemäß Skizze ab.

4. Vom abgeflachten Ende her wird der Flötenkopf mit dem Holzkeil sorgfältig durchstoßen, wie es aus der Skizze ersichtlich ist. Dabei ist zu beachten, daß die Abschrägung des Keiles unten liegt. Auf diese Weise wird ein Luftkanal gebildet. Wer mehr über seine Funktion und die des Labiums (das noch herzustellen ist) wissen will, der lese unter *Blockflöte aus Bambus* Seite 126 nach.

5. Auf der vorher angefertigten Röhre bezeichnen wir, von deren oberem Rand ausgehend, mit einer Stecknadel das Fenster. Es soll gleich breit werden wie der Luftkanal in der Walze (ca. 6 mm) und 3 bis 4 mm hoch.

6. Die Walze und die Röhre werden sorgfältig zusammengefügt, so daß der Luftkanal genau zwischen die Bezeichnungslinien des zukünftigen Fensters zu stehen kommt.

7. Nach dem Zusammenfügen schneidet man mit der Stecknadel das Fenster aus und das abgeschrägte Labium zu (→ Skizzen).

8. Noch einmal führen wir den Holzkeil (Abschrägung nach unten) durch den Kanal. Die dem Fenster zugewandte Spitze des Labiums darf nicht verletzt werden und muß bezüglich der Höhe auf die Mitte des Kanals weisen, wie es aus der Skizze ersichtlich ist.

9. Man zieht den Keil aus dem Kanal zurück und versucht, durch schwaches Blasen einen Ton zu erzeugen. Klingt die Flöte nicht, dann haben wir etwas falsch gemacht und müssen weiter probieren, bis ein Ton erklingt.

10. Gefäß und Flöte müssen so lange trocknen, bis sie lederhart geworden sind.

11. Etwas über der Mitte der Gefäßhöhe schneiden wir ein kreisrundes Loch in der Größe der Flöte aus und schieben die Flöte, bis sie mit der einen Kante auf dem Boden des Gefäßes steht, schräg hinein (→ Skizze). Dann werden Gefäß und Flöte durch Ton und Schlicker miteinander verbunden.

12. Die Wassertrillerpfeife muß ganz austrocknen, dann kann sie gebrannt und glasiert werden.

Handhabung

1. Wir füllen ein wenig Wasser ins Gefäß der Wassertrillerpfeife.

2. Wenn wir nun durch die Flöte blasen, können wir damit von feinem Zwitschern bis zu lautem Trillern Vogelstimmen nachahmen.

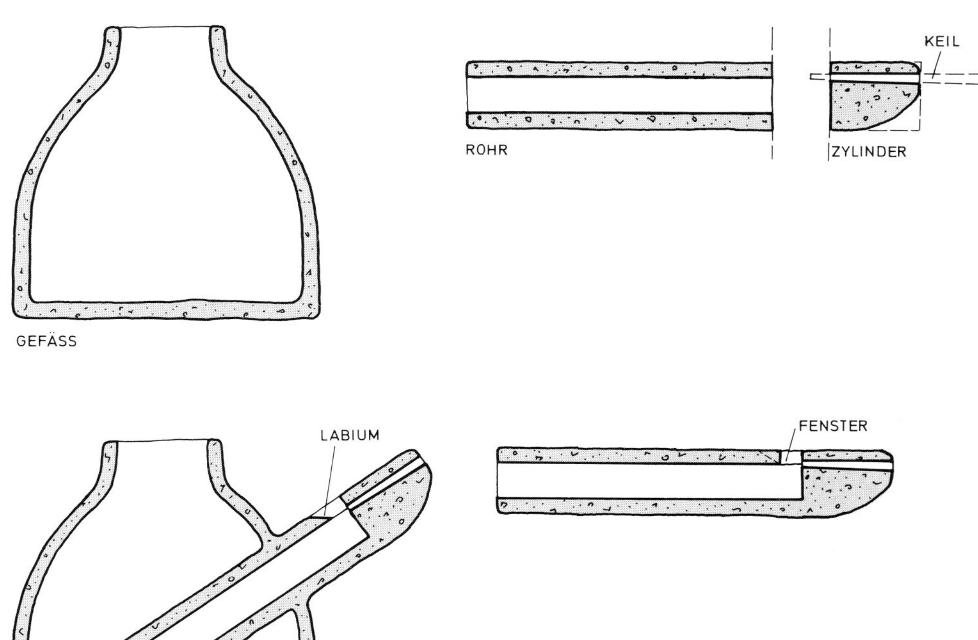

2. Rhythmische Schlaginstrumente

Die urtümlichsten Schlaginstrumente, die es gibt, stehen uns immer und überall zur Verfügung:

- Klatschen mit flacher oder hohler Hand
- Erzeugen eines Streifgeräusches mit den Handflächen
- Schlagen mit der Hand-Innenfläche auf den Rücken der anderen Hand
- Knipsen mit den Fingern
- Stampfen mit den Füßen
- Tupfen mit der Fußspitze und Klopfen mit dem Absatz auf den Boden
- Kombinieren von Stampfen und Klatschen
- Patschen mit den Händen auf die Oberschenkel
- Schlagen mit dem Fingerknöchel, mit der flachen Hand oder mit der geballten Faust auf eine Fläche

Wahrscheinlich hat bereits der Urmensch gemerkt, daß er mit Stäben, Steinen und Knochen, die er gegeneinander schlug, seine Klatsch- und Stampf-Rhythmen verstärken und tonlich bereichern konnte. Bis heute sind solch einfache rhythmische Schlaginstrumente wie Schlagstäbe, Klappern, Rasseln, Schraper, Trommeln, Schellen, Triangel usw. in Gebrauch geblieben. Sie sind nicht auf eine bestimmte Tonhöhe stimmbar. Sie werden in Schwingung versetzt, indem sie geschlagen, geschüttelt, gerieben, gestampft werden. Dabei erzeugen sie „unharmonische" Obertöne.

Sie lassen sich mit allen übrigen Instrumenten und unter sich kombinieren. Man begleitet mit diesen Instrumenten Gesang, Spiel und Tanz. Wir finden sie in Jazz- und Sinfonie-Orchestern, und vielerorts werden sie auch im kultischen Bereich eingesetzt.

Eine Einführung in den Gebrauch rhythmischer Schlaginstrumente bieten verschiedene Teile des Orff-Schulwerkes. Wir weisen hin auf die Ausgabe: Wilhelm Keller/Fritz Reusch: Einführung in die „Musik für Kinder" / Grundlagen und Ziele des Orff-Schulwerkes (B. Schott's Söhne, Mainz, Edition 4206). Auch verschiedene Hefte der Zeitschrift für Spielmusik (Hermann Moeck Verlag, Celle) enthalten Stücke, die mit Schlagzeugstimmen versehen sind. Zwei Publikationen von Kurt Schweizer zeigen, wie rhythmische Schlaginstrumente in der Schule und in Spielgruppen zum Lied eingesetzt werden können: „Hüt tanzt Joggelima" (Verlag Hug + Co, Zürich, Edition G. H. 10278) und „Singen und Klingen" (Blaukreuzverlag Bern, „Spielen und Basteln" Nr. 4). Wer die Kataloge der Musikverlage genau studiert, wird diesbezüglich reiches Material darin vorfinden.

Wir sollten uns aber bewußt bleiben, daß das Spiel mit dem Schlagwerk schon immer hauptsächlich auf Improvisation beruhte. So finden wir z. B. in den aus dem Mittelalter erhalten gebliebenen Notationen keine Stimmen für rhythmische Schlaginstrumente. Bildliche Darstellungen und Beschreibungen legen uns jedoch nahe, daß sie auch damals rege gebraucht wurden. Jedenfalls sollten wir uns mit der Zeit von vorgegebenen Stimmen lösen und nach eigenem Geschmack die Begleitung mit rhythmischen Schlaginstrumenten gestalten.

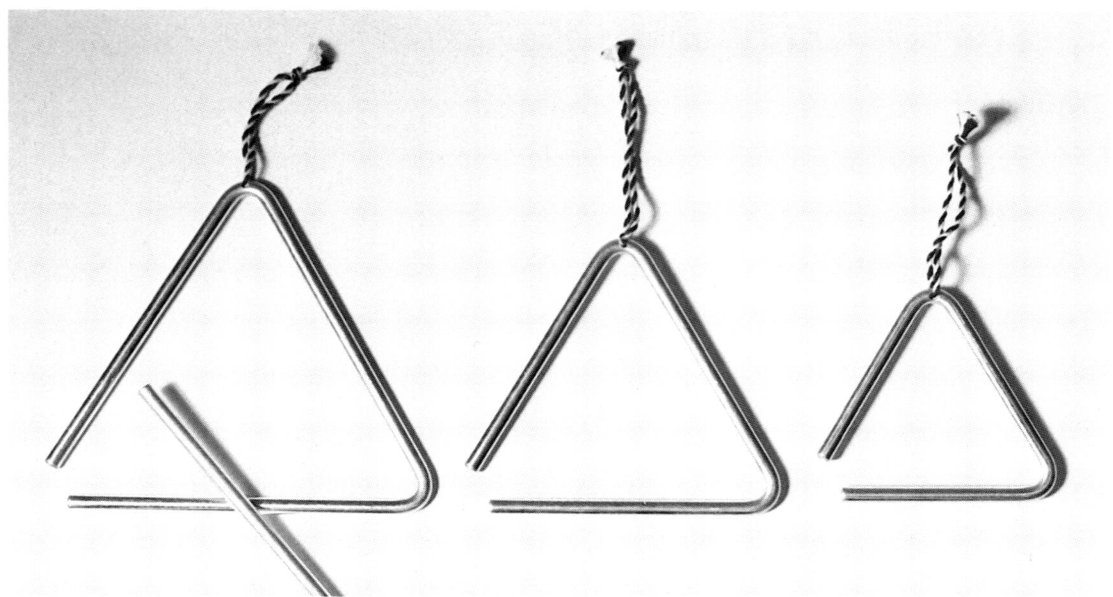

Triangel

Material und Werkzeug
Eisen-, Messing- oder Antikorodaldraht Ø 4 mm, 5 mm, (6 mm)
Garn
Schmirgeltuch
Polierpaste
Biegeapparat
Evtl. Antriebsmaschine mit Polierscheibe aus Filz
Eisensäge
Eisenfeile
Evtl. Bunsenbrenner oder Lötlampe und Wasserbecken

Arbeitsvorgang

1. Man schneidet entsprechende Stücke vom Draht ab:

	Ø 4 mm	Ø 5 mm	Ø 6 mm
Schenkellänge	7,5 cm	10,0 cm	12,5 cm
Gesamtlänge	22,5 cm	30,0 cm	37,5 cm
Schlegellänge	12,5 cm	15,0 cm	17,5 cm

Auch andere Maße geben gute Klangergebnisse. Die Schenkellänge darf aber gegenüber der Drahtdicke nicht zu lang sein, sonst entsteht eine störende Vibration.

Anmerkung: Triangel aus Eisen rosten. Man muß deshalb einen Rostschutz auftragen oder den Triangel verchromen lassen.

2. Wir runden die Enden der Drahtstücke ab.
3. Die Rundungen werden mit feinem Schmirgeltuch geglättet.
4. Mit einem Poliermittel kann der Draht (evtl. an einer Polierscheibe) poliert werden.
5. Wir biegen den Triangel mit dem Biegeapparat. Die Drähte mit einem Durchmesser von 4 und 5 mm lassen sich kalt biegen. Messingdraht von 6 mm wird über dem Bunsenbrenner oder mit der Lötlampe erhitzt, bis er sich bläulich verfärbt, dann durch Eintauchen in ein Becken mit kaltem Wasser abgeschreckt. So wird er weich und biegefähig (durch Schlagen wird er wieder hart). Eisendraht darf nach dem Erhitzen nicht abgeschreckt werden, sonst wird er wieder hart.
6. Aus Garn stellen wir eine ca. 5 cm lange Halteschlaufe her.

Handhabung

1. Wir hängen den Triangel an einer Ecke durch die Halteschlaufe auf.
2. Die Halteschlaufe wird mit dem Daumen und Zeigefinger der einen Hand auseinandergespannt, damit sich der Triangel beim Draufschlagen nicht drehen kann.
3. Den Schlegel hält man locker in der anderen Hand. Das beste Klangergebnis erzielen wir, wenn wir auf den seitlichen Schenkel schlagen, welcher der Öffnung gegenüber liegt.
4. Ein Triller entsteht, wenn wir in der Innenseite der oberen Spitze mehrere Male und in rascher Folge nach rechts und links schlagen.

Schellenband

Material und Werkzeug
Ledergurt oder Lederstreifen
Ca. 5 Schellen
Garn
Evtl. Schuhbändel
Lochzange für kleine Lochung oder: Durchschläger und Hammer
Schere
Nähnadel

Arbeitsvorgang

1. Wir richten das Lederstück so zu, daß der mittlere Teil um einen Fußknöchel reicht und die beiden Enden zu je einem Bändel zugeschnitten werden können. Man kann den mittleren Teil auch gesondert zuschneiden und an seinen beiden Enden Schuhbändel zum Festbinden anbringen.
2. Auf dem mittleren Lederteil befestigen wir ca. 5 Schellen. Der Abstand der Schellen und die Anzahl richtet sich nach deren Größe. Zum Festnähen werden mit der Lochzange oder dem Durchschläger die nötigen Löchlein ausgestanzt und dann die Schellen mit Garn befestigt.

Handhabung

Zu Stampftänzen binden wir um jeden Knöchel ein Schellenband.

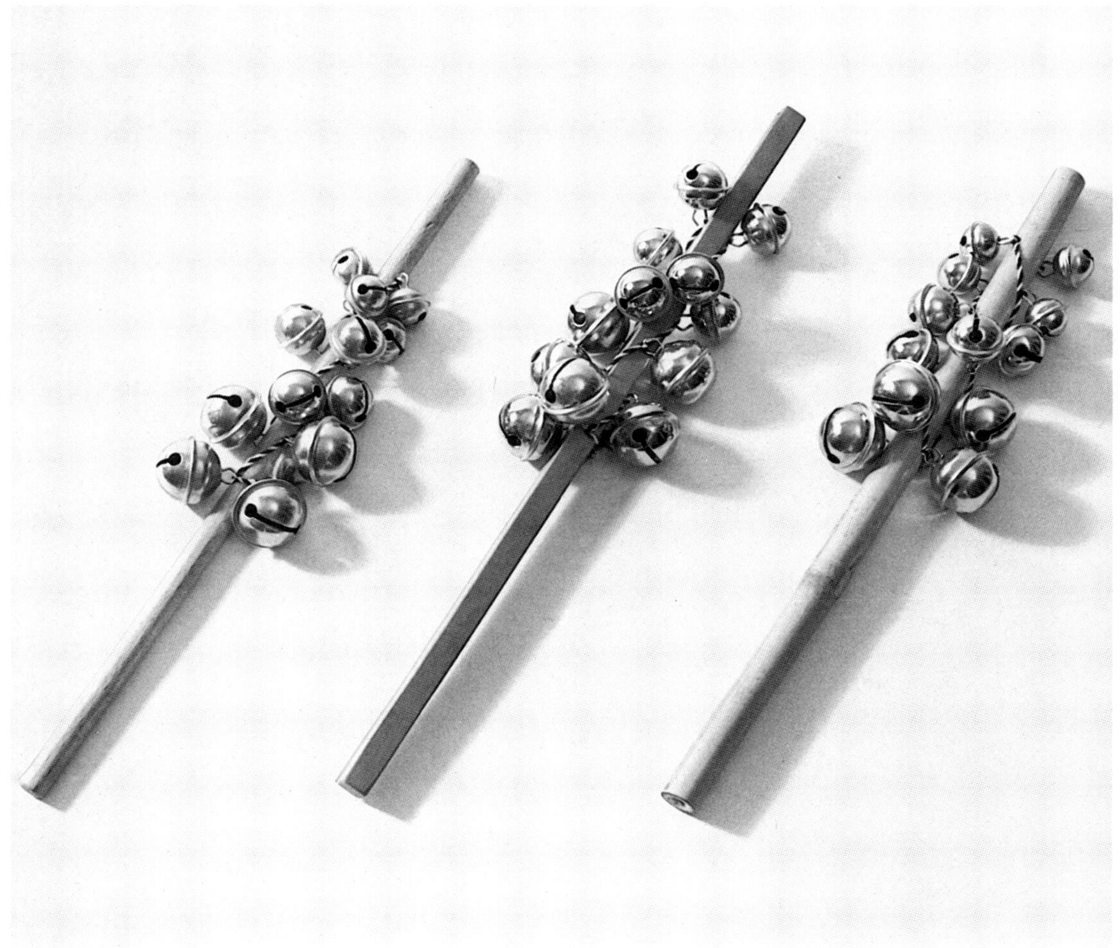

Schellenbaum

Material und Werkzeug
Hartholzleiste (Lineal) 30 × 1 × 1 cm oder: Rundholz ∅ 10 mm, Länge 30 cm, und Bohrhilfe oder: Bambusstab, Länge 30 cm, und Bohrhilfe
12 Schellen, Größe nach eigener Wahl, ∅ ca. 1,5–2,5 cm
Feiner Draht ∅ 0,3–0,5 mm (für Drahtnadel)
Garn
Schleifpapier
Nitrowachs und Lappen
Maßstab und Bleistift
Bohrmaschine mit Bohrständer
Bohrer ∅ ca. 2,5 mm
Beiß- und Flachzange
Schere

Arbeitsvorgang

1. In einem Abstand von je 2 cm bohren wir Löcher (∅ ca. 2,5 mm) in eine Hartholzleiste (Lineal). Bei jedem neuen Loch wird die Leiste um 90° gedreht, sodaß die Schellen am Schluß verschränkt befestigt werden können.

Anmerkung: Wenn man statt des Lineals ein Rundholz oder einen Bambusstab verwendet, braucht man eine Bohrhilfe. Ohne diese ist ein genaues Bohren durch das Zentrum des Stabes kaum möglich.

2. Beide Enden der Leiste werden frei gelassen. Das eine Ende dient als Haltegriff, das andere als Schlaghilfe (→ *Handhabung*).

3. Die Kanten werden gerundet und der Stab geschliffen.

4. Es folgt die Behandlung mit Nitrowachs.

5. Wir drehen eine dünne, genügend lange Kordel,

deren beide Enden bequem gegeneinander durch das jeweilige Loch und nach dem Befestigen der Schellen wieder zurückgezogen werden können.
6. Nun müssen zwei Drahtnadeln hergestellt werden.
7. An beiden Enden der Kordel befestigt man eine Drahtnadel. Die Kordel wird bis zu ihrer Mitte durch das oberste Loch gezogen. Jetzt fädelt man auf beiden Seiten je eine Schelle auf. Zur Befestigung der Schellen werden die Kordelenden durch das gleiche Loch wieder zurückgeführt und angezogen.
8. Wir führen die beiden Kordelenden gleichsinnig um 90° drehend in Spiralen zum nächsten Loch weiter, führen sie gegeneinander hindurch und fädeln wieder je eine Schelle auf. Zur Befestigung werden die Kordeln durchs gleiche Loch wieder zurückgeführt.
9. Die weiteren Arbeitsvorgänge bleiben nun immer gleich.
10. Zum Schluß werden die Kordelenden verknotet und gekürzt.
Anmerkung: Den Schellenbaum kann man auch so groß herstellen, daß sich das eine Ende rhythmisch gegen den Fußboden stoßen läßt (→ *Abb. und Plan*). Diese große Form läßt sich zudem als Baum gestalten (→ *Abb. und Plan*).

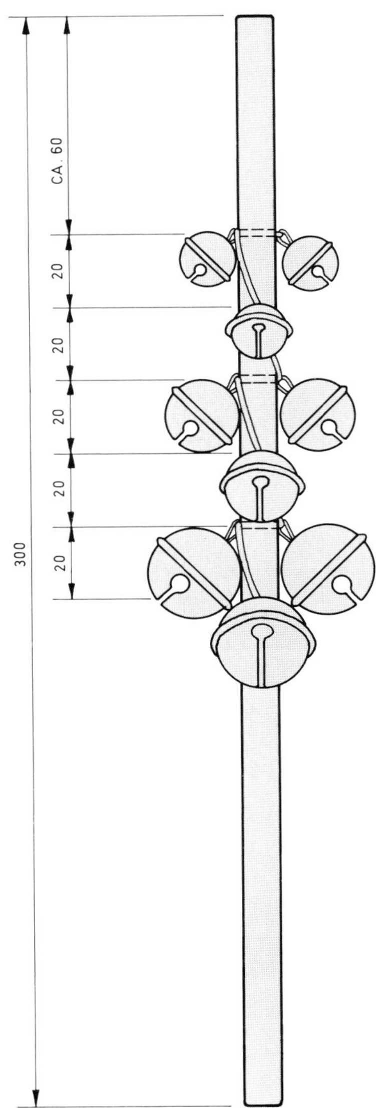

Handhabung
Den kleinen Schellenbaum fassen wir am längeren Ende (Haltegriff) und schlagen das kürzere Ende (Schlaghilfe) gegen unsere freie Hand.
Den großen Schellenbaum schütteln wir in der Luft oder stoßen ihn mit dem unteren Ende (auf das eine Filzrondelle geklebt wurde) gegen den Fußboden.

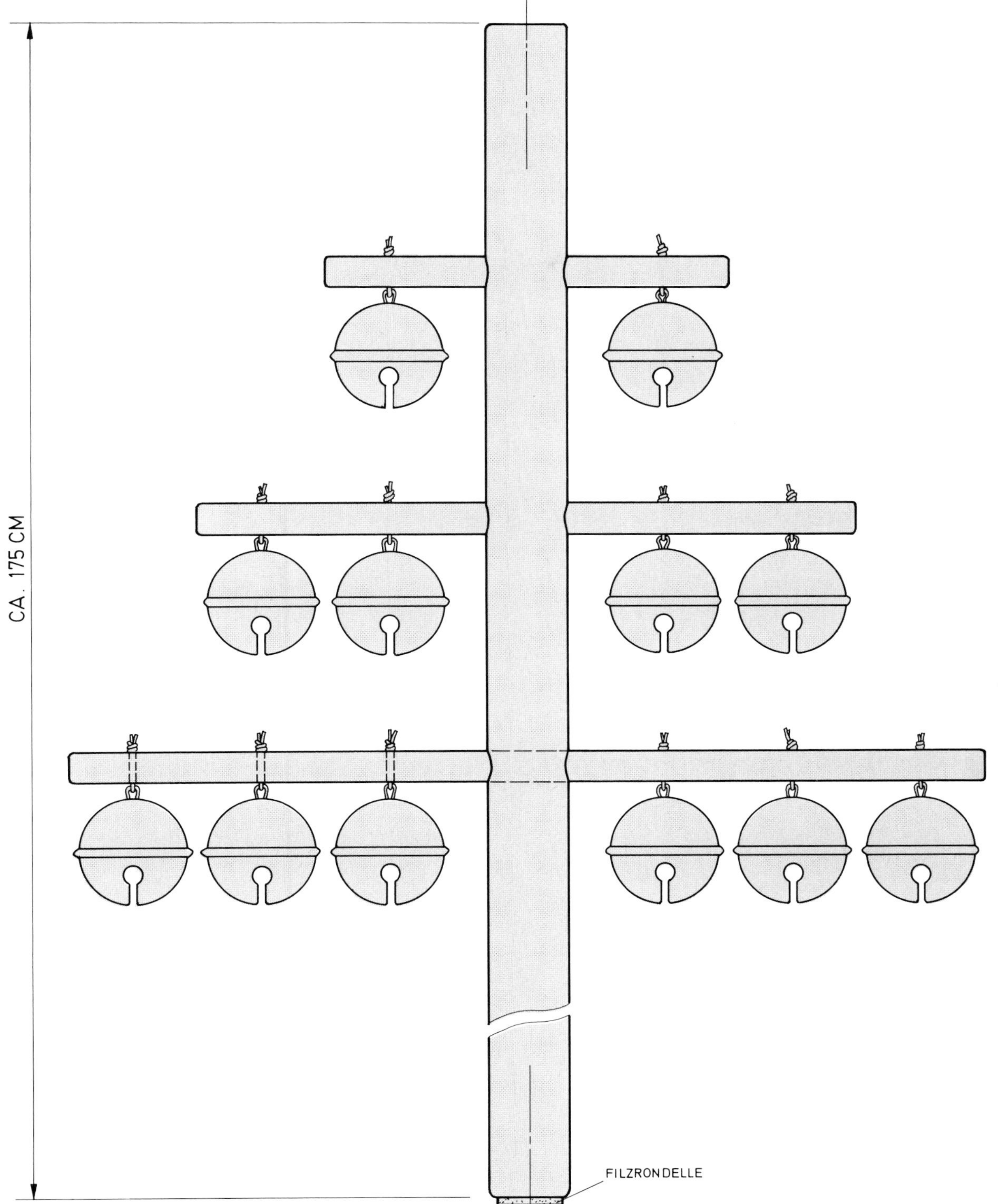
CA. 175 CM
FILZRONDELLE

Schellenrassel

Material und Werkzeug
1 Hartholzleiste 30 × 2,5 × 1 cm
2 Hartholzleisten 14 × 2,5 × 1 cm
3 Rundholzstäbchen Ø 5 mm, Länge je 8 cm
4 Distanzklötzchen Breite 2,5 cm (Dicke 1 cm)
12 Flaschendeckel aus Metall
Schleifpapier
Kunstharzleim
Nitrowachs und Lappen
Maßstab und Bleistift
Bohrmaschine in Bohrständer
Bohrer Ø 5 mm und 5,5 mm
Raspel und Feile oder Schleifteller
Holz- und Schreinerhammer
Ahle
Körner

Arbeitsvorgang

1. Wir bezeichnen auf der Holzleiste die Bohrstellen gemäß Plan und stechen mit der Ahle vor.
2. Mit dem 5 mm-Bohrer werden die Löcher in die Leisten gebohrt.
3. Die Holzleisten können, wie aus dem Plan ersichtlich, an den Enden abgerundet werden.
4. Die Leisten sind zu schleifen und die Kanten zu brechen.
5. Ins Zentrum der Flaschendeckel aus Metall bohren wir 5,5 mm-Löcher, schlagen aber vorher mit dem Körner vor. Nach dem Bohren werden die Brauen entfernt.

Anmerkung: Ist die Innenseite der Flaschendeckel mit Plastik überzogen, entsteht beim Bohren eine Plastikbraue, die unbedingt entfernt werden muß.

6. Wir leimen die Rundhölzchen mit ihrem Ende senkrecht in die Löcher des einen Außenteiles.
7. Auf jedes Rundhölzchen werden zwei Flaschendeckel gesteckt, Rücken gegen Rücken.
8. Wir stecken die Mittelleiste auf die Rundhölzchen. Bevor sie die richtige Distanz erreicht hat, bringt man mit einem Zündhölzchen etwas Leim auf, damit sie nachher an der richtigen Stelle haftet.
9. Auf beide Enden des Außenteiles wird ein Distanzklötzchen (2,5 cm) gelegt und die Mittelleiste sorgfältig, aber rasch hinunter geschlagen, bis sie die Distanzklötzchen erreicht.

Achtung: Arbeitet man nicht schnell genug, beginnt der Leim zu haften, und die Leiste kann kaum mehr ohne Gewalt an die richtige Stelle bewegt werden; die Rundhölzchen ertragen aber keine starken Schläge.

10. Der Leim muß gut antrocknen. (Distanzklötzchen stehen lassen.)
11. Auf jedes Rundhölzchen werden wiederum zwei Flaschendeckel, Rücken gegen Rücken, gesteckt.

12. Wir leimen die andere Außenseite auf die Enden der Rundhölzchen und benutzen dabei wieder Distanzklötzchen.

Achtung: Man muß so arbeiten, daß die drei Holzleisten am Schluß parallel liegen.

13. Es folgt die Behandlung mit Nitrowachs.

Handhabung

1. Wir fassen die Schellenrassel am Stiel und schütteln sie.

2. Wir können die Schellenrassel auch in die andere Hand schlagen. So wird der Schlag präziser.

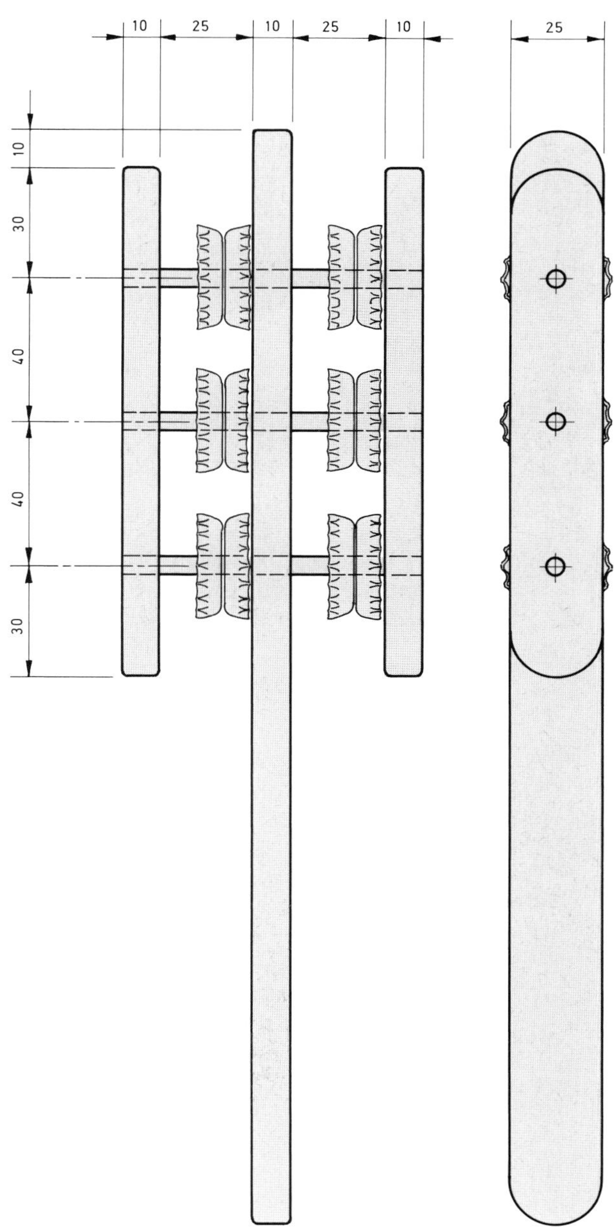

Rasselbüchse

Material und Werkzeug
Kleine Büchse mit Deckel
Schrot oder kleine Steinchen
Sägemehl
Epoxidharz (Zweikomponenten-Kleber) oder Alleskleber
Kunstharzleim
Wasser- oder Lackfarbe und Pinsel
Nitrolack und Pinselreiniger

Arbeitsvorgang

1. Wir füllen Schrot oder kleine Steinchen in die Büchse.
2. Der Deckel wird mit Epoxidharz (Zweikomponenten-Kleber) oder Alleskleber aufgeklebt und etwas beschwert.
3. Wenn der Deckel hält, bestreicht man die Büchse mit Kunstharzleim und streut Sägemehl darüber. Wir arbeiten in Etappen, damit wir sie noch halten und zum Trocknen abstellen können. Überschüssiges Sägemehl, das nicht haftet, wird abgeschüttelt.
4. Man wiederholt den dritten Arbeitsschritt so lange, bis die Schichten, die immer wieder ganz trocknen müssen, gut decken.
5. Wenn die letzte Schicht helles Sägemehl aufgetragen ist, kann man mit Leim und dunklem Sägemehl Verzierungen anbringen. Das Aufzeichnen geschieht mit der Leimtube in gleicher Weise wie mit einem Spritzsack. Den Leim bestreuen wir, bevor er eintrocknet, mit dunklem Sägemehl.

Anmerkung 1: Die Dose kann mit Wasserfarben bemalt und lackiert werden.

Anmerkung 2: Werden statt Wasserfarben Lackfarben verwendet, entfällt das Lackieren.

Handhabung

1. Wir schütteln die Rasselbüchse, indem wir die Röhre zwischen den Fingern der einen Hand halten.
2. Wir schütteln die Rasselbüchse, indem wir sie mit den Fingern an Deckel und Boden festhalten (Klangveränderung).
3. Wir halten die Rasselbüchse auf eine der oben beschriebenen Arten und schlagen sie in die andere Hand.

Röhrenrassel

Material und Werkzeug
Kartonröhre (z. B. aus einer Toilettenpapierrolle)
2 Astflickplättchen (Holzscheibchen) Ø = Innendurchmesser der Kartonröhre oder: 2 entsprechend große Korkzapfen, Länge ca. 1 cm
Schrot oder kleine Steinchen
Sägemehl
Schleifpapier
Kunstharzleim
Wasser- oder Lackfarbe und Pinsel
Nitrolack und Pinselreiniger
Evtl. Messer oder Eisensäge

Arbeitsvorgang

1. Mit feinem Schleifpapier befreien wir die Röhre von eventuell noch anhaftenden Papier- oder Leimresten und schneiden sie mit dem Messer oder der Eisensäge auf die gewünschte Länge zu.
2. Zur Klangverstärkung wird die Röhre innen mit Nitrolack lackiert.
3. Wenn der Lack trocken ist, verleimt man die eine Öffnung mit einem passenden Korkzapfen oder mit einem Astflickplättchen (Holzscheibchen). Der überstehende Teil des Korkzapfens wird bündig abgeschnitten.
4. Nach unserem Gutdünken füllen wir Schrot oder kleine Steinchen ein.
5. Die andere Öffnung wird nun auch verschlossen.
6. Wenn der Verschluß hält, bestreicht man die Büchse mit Kunstharzleim und streut Sägemehl darüber. Wir arbeiten in Etappen, damit wir die Röhre noch halten und zum Trocknen abstellen können. Überschüssiges Sägemehl, das nicht haftet, wird abgeschüttelt.
7. Wir bringen so viele Sägemehlschichten an, bis sie gut decken. Die einzelnen Schichten lassen wir immer wieder gut trocknen.
8. Die Röhre kann mit Wasserfarben bemalt oder mit dunklem Sägemehl verziert werden (→ *Rasselbüchse*).
9. Man lackiert die Röhre.

Anmerkung: Werden statt Wasserfarben Lackfarben verwendet, entfällt das Lackieren.

Handhabung

→ *Rasselbüchse*

Rasselbirne

Material und Werkzeug
Ausgebrannte Glühbirne (möglichst groß)
Zeitungspapier
Sägemehl
Schrot oder kleine Steinchen
Kunstharzleim
Wasser- oder Lackfarben und Pinsel
Nitrolack und Pinselreiniger
Handbohrmaschine
Bohrer verschiedener Dicke Ø 2–5 mm
evtl. Ahle und Hammer

Arbeitsvorgang

1. Das Zeitungspapier wird in kleine Stücke (ca. 2×2 cm) gerissen. Die Stücke aus dem unbedruckten Rand werden ausgesondert.
2. Wir bekleben die Glühbirne mit einer Schicht aus bedrucktem Zeitungspapier.
3. Es folgt eine Schicht aus unbedrucktem Zeitungspapier. Auf diese Weise ist zu sehen, was überklebt wurde.
4. Es sind etwa fünf Schichten anzulegen, indem immer zwischen bedrucktem und unbedrucktem Zeitungspapier abgewechselt wird.
5. Die letzte Schicht bestreicht man mit Kunstharzleim und streut Sägemehl darüber. Wir arbeiten in Etappen, damit wir die Glühbirne noch halten und zum Trocknen in einen Becher stellen können. Überschüssiges Sägemehl, das nicht haftet, wird abgeschüttelt.

Anmerkung 1: Auf das Sägemehl kann man verzichten. In diesem Fall schlagen wir vor, sieben Papierschichten anzubringen.

Anmerkung 2: Man kann auf das Papiermaché ganz verzichten, muß aber dann genügend Schichten mit Sägemehl anbringen.

6. An der Kopfseite der Glühbirne durchbohren wir das Papiermaché mit einem 2 mm-Bohrer.
7. Die Glühbirne wird nun mit den Knien am Hals gut festgehalten, die Ahle ins Bohrloch gesetzt und mit dem Hammer auf die Ahle geschlagen, so daß ein Löchlein entsteht.
8. Das Löchlein wird nach und nach mit immer größeren Bohrern erweitert, bis man Schrot oder kleine Steinchen einfüllen kann.
9. Das Loch wird mit Papiermaché und Sägemehl verschlossen.
10. Die Rasselbirne kann mit Wasserfarben bemalt werden.
11. Wir lackieren mit Nitrolack.

Anmerkung: Werden statt Wasserfarben Lackfarben verwendet, entfällt das Lackieren.

Handhabung

→ *Rasselbüchse*

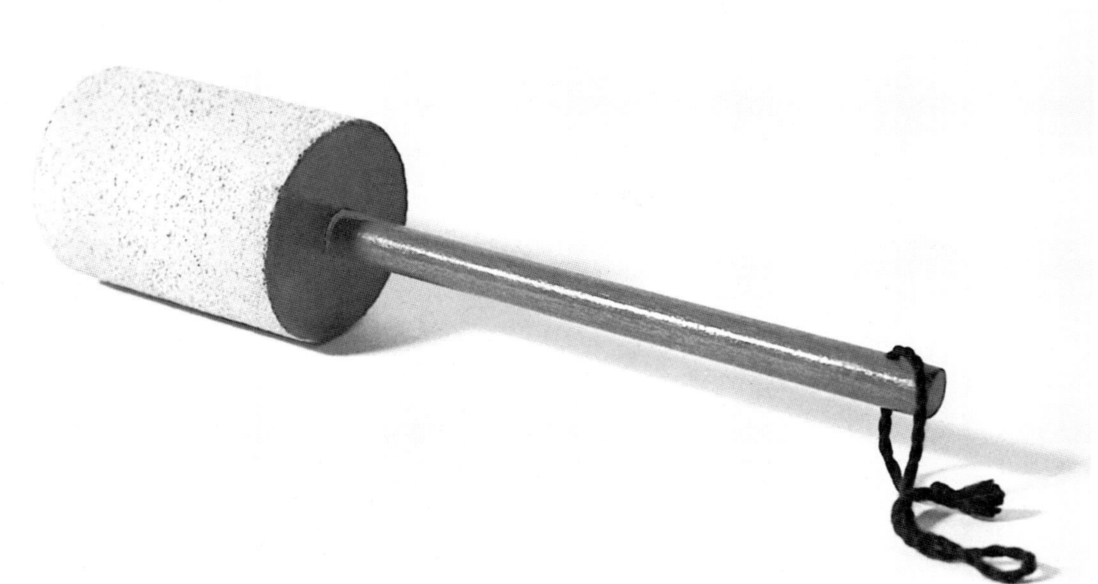

Stielrassel

Material und Werkzeug
Kartonröhre (z. B. aus einer Toilettenpapierrolle)
2 Astflickplättchen (Holzscheibchen) Ø = Innendurchmesser der Kartonröhre oder: 2 entsprechend große Korkzapfen, Länge ca. 1 cm
Rundholz Ø 1 cm, Länge etwas mehr als Handbreite plus Länge der Kartonröhre
Schrot oder kleine Steinchen
Sägemehl
Kunstharzleim
Wasser- oder Lackfarben und Pinsel
Nitrolack und Pinselreiniger
Bohrmaschine und Bohrständer
Bohrer Ø 10 mm
Messer oder Eisensäge

Arbeitsvorgang

1. Wir schneiden oder sägen die Kartonröhre auf eine uns zusagende Länge ab.
2. Wir passen die Astflickplättchen oder die Korkzapfen ein.
3. Im Zentrum der Plättchen oder der Korkzapfen wird ein 1 cm-Loch gebohrt.
4. Den Stiel leimt man senkrecht ins Loch des einen Plättchens oder des einen Korkzapfens.
5. Wir leimen dieses Plättchen oder diesen Korkzapfen so in das Ende der Röhre, daß der Stiel durch diese hindurch auf der anderen Seite um Handbreite herausragt.
6. Man füllt Schrot oder kleine Steinchen ein.
7. Die zweite Holzscheibe oder der zweite Korkzapfen wird über den Handgriff gestreift und in das noch offene Ende der Röhre geleimt.
8. Die Röhre bestreicht man mit Kunstharzleim und streut Sägemehl darauf. Auf den Stiel streichen wir keinen Leim. Er soll von Sägemehl frei bleiben. Der Stiel kann mit Klebeband ein Stück weit abgedeckt werden. Zum Trocknen wird die Rassel in ein Gefäß mit engem Hals gestellt, z. B. in eine Flasche.
9. Es werden so viele Sägemehlschichten angebracht, bis sie gut decken.
10. Die Rassel kann mit Wasserfarben oder mit dunklem Sägemehl verziert werden (→ *Rasselbüchse*).
11. Wir lackieren mit Nitrolack.

Anmerkung: Werden statt Wasserfarben Lackfarben verwendet, entfällt das Lackieren.

Handhabung

→ *Rasselbüchse*

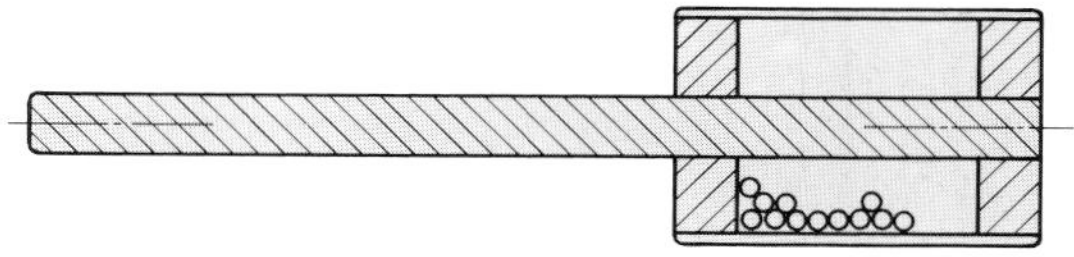

Netzrassel

Material und Werkzeug
Kalebasse (nicht zu klein)
Ca. 100 Stück Kirschsteine, gesäubert
3 cm Rundholz Ø 6 mm
1 Schlüsselringlein Ø 1,5 cm (für Kalebasse Ø 12 cm)
Garn
Draht Ø 0,3–0,5 mm
Schleifpapier
Alleskleber oder Schnellkleber
Maßstab und Bleistift
Bohrmaschine und Maschinenschraubstock
Eisenbohrer Ø 1,5 mm
Beiß- und Klemmzange
Schere

Arbeitsvorgang

Vorbemerkung: Es ist schwierig, Kalebassen im Handel zu erhalten. Man kann sie sich jedoch selbst ziehen. Es gibt Samenhandlungen, die entsprechende Samen anbieten. Anstelle der Kalebasse läßt sich auch ein Luftballon verwenden, den man mit genügend Schichten aus Zeitungspapier überklebt. (Papiermaché: → *Rasselbirne*)

1. Zum Durchbohren der Kirschsteine stellen wir einen speziellen Handbohrer her: Am einen Stirnende des Rundholzes wird die Mitte markiert und vorgestochen. Man spannt das Rundholz senkrecht in den Maschinenschraubstock. Mit dem 1,5 mm-Bohrer wird ein Löchlein von 1,5 cm Tiefe gebohrt. Mit Alles- oder Schnellkleber wird das Ende des 1,5 mm-Bohrers in das Löchlein des Rundholzes geleimt. Nach dem Trocknen ist der Spezial-Handbohrer fertig.
2. Die Kirschsteine durchbohren wir auf ihrer Bauchseite. Dazu schleifen wir mit feinem Schleifpapier eine kleine Stelle eben, setzen den Bohrer an und durchbohren, indem Daumen und Zeigefinger den Bohrer drehen, den Kirschstein. Die Menge der Kirschsteine, die durchbohrt werden müssen, hängt von der Größe der Kalebasse ab.
3. Wir schneiden Garnfäden ab. Sie sollen etwa fünfmal länger sein als die Höhe der Kalebasse. Beim abgebildeten Modell sind es 16 Stück.
4. Die Fäden werden an das Schlüsselringlein geschlungen.

Anmerkung: Für größere Kalebassen verwendet man einen größeren Schlüsselring und entsprechend mehr Fäden.

5. Ringsum werden je zwei benachbarte Fäden verknotet (→ *Flechten, zwirnen und knüpfen* Seite 220/221). Die Größe der entstehenden Maschen kann frei gewählt werden. Wir schlagen eine Länge von ca. 2,5 cm vor.
6. Auf jedes verknotete Fadenpaar wird mit der Drahtnadel ein Kirschstein aufgezogen und jeweils möglichst nah an den Knoten geschoben.
7. Die Kirschsteine werden ebenfalls mit dem einfachen Knoten (→ *Flechten, zwirnen und knüpfen,* S. 220/221) befestigt. (Es gelingt anfangs wohl nicht immer, den Knoten richtig zu plazieren.)
8. Ist man mit dem Verknoten ringsum fertig, folgt immer wieder eine neue Reihe Kirschsteine im gleichen Maschenabstand, bis das Netz fertig geflochten ist.

Anmerkung: Die ersten Touren des Netzes sind schwieriger herzustellen, als man vermutet.

9. Zum Abschluß verknoten wir und schneiden die Enden ab. Mit etwas Phantasie läßt sich auch ein anderer lustiger Abschluß finden (→ Foto).

Anmerkung: Das Netz soll nicht zu straff und nicht zu locker um die Kalebasse liegen, damit die Kirschsteine gut rasseln können.

Handhabung

Wir fassen die Netzrassel am Hals und erzeugen durch rhythmisches Schütteln oder Drehen ein rasselndes Geräusch.

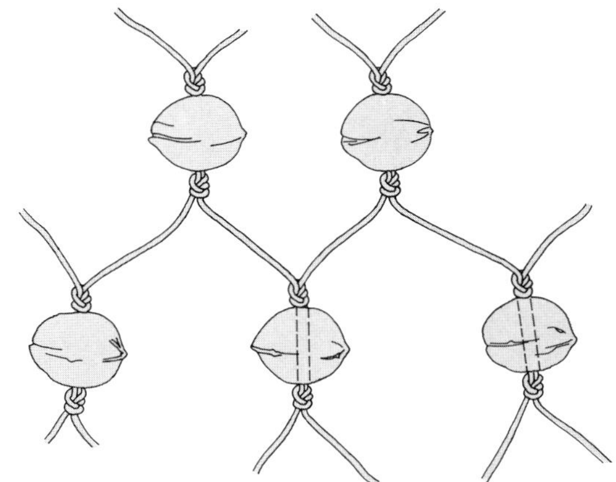

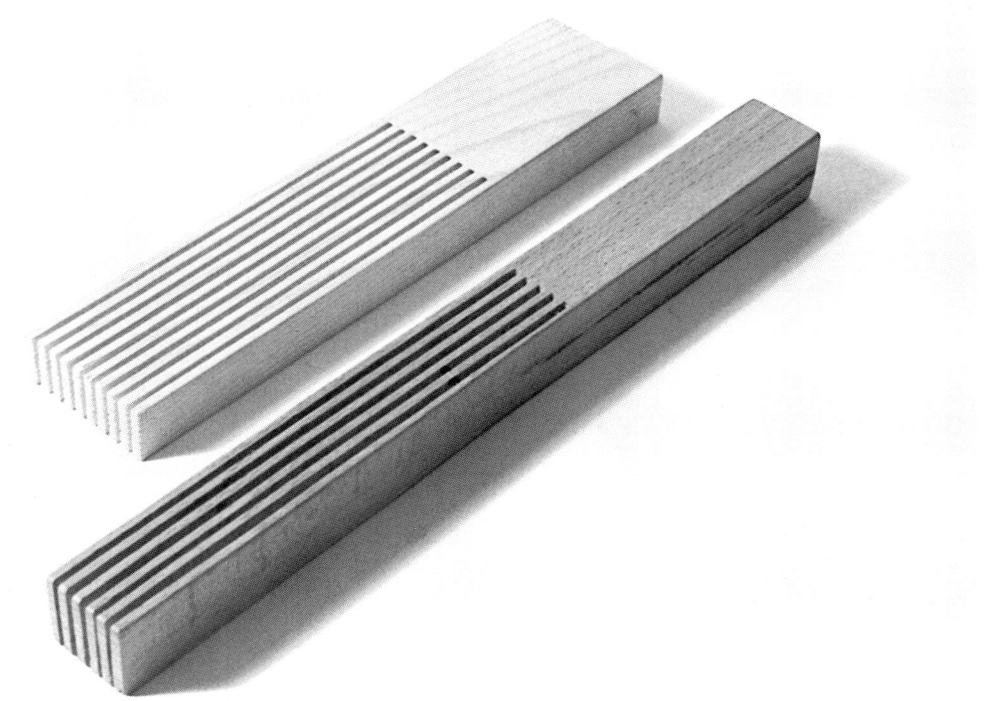

Pritsche

Material und Werkzeug
Holzklotz (möglichst Hartholz, nicht spleißend) ca. 25 × 5 × 2 cm
Schleifpapier
Nitrowachs und Lappen
Schreinerwinkel, Maßstab und Bleiseite
Maschinensäge mit Tisch und Anschlagschiene oder evtl.: Absetzsäge

Arbeitsvorgang

1. Mit Maßstab und Schreinerwinkel wird die Länge des Handgriffes (ca. 10 cm) auf der Breite des Klotzes abgetragen.
2. Wir legen den Klotz mit der Breitseite auf den Sägetisch und sägen ihn der Länge nach bis zum Handgriff in Lamellen. Die Sägeschnitte, die wir vorher abmessen und mit dem Schreinerwinkel aufzeichnen, folgen sich in einem Abstand von 5 mm. Zur sicheren Führung des Werkstückes benötigt man eine Anschlagschiene. Nach jedem Sägeschnitt wird diese um 5 mm verschoben.

Anmerkung: Beim Sägen muß die unaufgeschnittene Seite des Klotzes immer an der Anschlagschiene liegen.

3. Man kann dem Griff eine Form geben, die besser in der Hand liegt.
4. Wir schleifen die Pritsche mit feinem Schleifpapier und brechen die Kanten. Die Lamellen sind ebenfalls zu schleifen.
5. Es folgt die Behandlung mit Nitrowachs.

Handhabung

Wir fassen die Pritsche mit der einen Hand am Griff und schlagen die Lamellen seitlich auf die andere Hand.

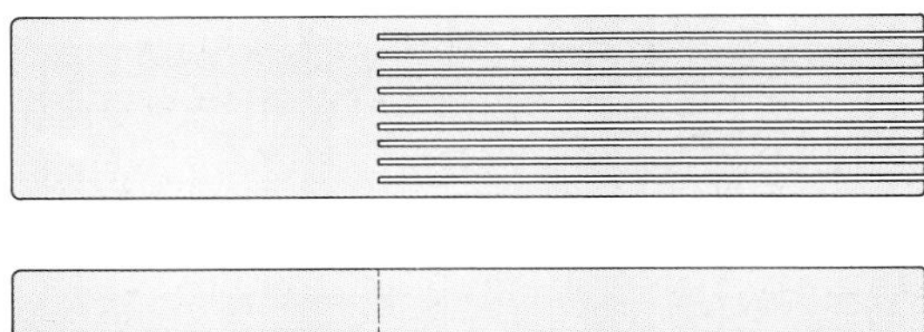

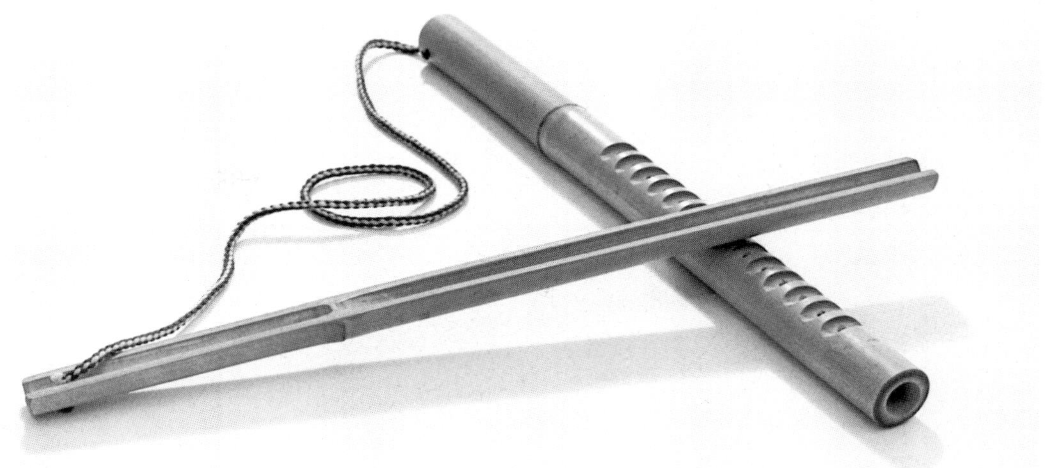

Schrapstock aus Bambus

Material und Werkzeug
Bambusrohr, lichte Weite mindestens 10–15 mm
Rundholz mit kleinerem Ø als lichte Weite des Bambusrohres oder Ausreibevorrichtung für Bambus
Schleifpapier
Hobelbank mit Bankeisen oder entsprechende Einspannvorrichtung
Schneidlade (Gehrungslade)
Eisensäge
Eisenrundfeile Ø ca. 6 mm
Mittlerer Stechbeitel und Holzhammer

Arbeitsvorgang

1. Wir legen einen Bambusstab in die Schneidlade und sägen mit der Eisensäge zwei entsprechend große Stücke ab, die z. B. 30 cm lang sind und etwa 10 cm vor dem Ende einen Knoten aufweisen.

Anmerkung: Da Bambus beim Durchsägen gerne aufspleißt, sägen wir ihn vorher rundum an. Aus dem gleichen Grunde sollte eine Eisensäge und nicht die Feinsäge verwendet werden.

2. Die Schnittstellen werden geschliffen und die Kanten gebrochen.
3. Das Bambusstück wird der Länge nach zwischen die Bankeisen gespannt und mit der Rundfeile werden in den längeren Abschnitt Rillen gefeilt. Wir empfehlen eine Eisenrundfeile mit einem Durchmesser von 6 mm und folgende Einteilung: Rille 6 mm – Abstand 4 mm usw.
4. An der Rille wird jeweils solange gefeilt, bis an der tiefsten Stelle eine kleine Öffnung entsteht, die mit der Spitze der Feile erweitert und gerundet wird.
5. Den anderen Stab spannen wir ebenfalls ein und halbieren ihn der Länge nach mit dem Stechbeitel. Man beginnt beim Knoten und spaltet nach links und rechts, aber nur auf der oberen Seite. Dann wird der Stab umgedreht und auch auf der anderen Seite gespalten. Als Schraper benötigt man nur den einen Teil.
6. Mit Schleifpapier reinigen wir den inneren Teil des Schrapers und reiben das Rohr des Schrapstockes aus. Man benutzt dazu ein entsprechend dickes Rundholz als Ausreiber, das an dem einen Ende so mit Schleifpapier beklebt wird, daß es gerade noch in die Öffnung des Bambusrohres hineinpaßt.

Handhabung

1. Zum Schrapen halten wir den Schrapstock am Griff und fahren mit dem runden Rücken des Schrapers über die Rillen.
2. Benutzt man die Kante des Schrapers, erhält man einen anderen Effekt.
3. Zudem kann der Schrapstock an der freien Stelle zwischen Knoten und erster Rille als Schlagstab benutzt werden.
4. Schlagen und Schrapen lassen sich miteinander kombinieren.

„Vogelschreck“

Material und Werkzeug
4 Hartholzbrettchen 21 × 5 × 0,4 cm
Garn
Schleifpapier
Nitrowachs und Lappen
Maßstab und Bleistift
Bohrmaschine
Bohrer Ø 2 mm
Laub-, Schweif- oder Bandsäge
Raspel und Feile

Arbeitsvorgang

1. Aus allen vier Brettchen sägen wir die Form, wie sie aus der Aufsicht des Planes ersichtlich ist.
2. Durch alle vier Brettchen werden 6,5 cm vom einen Ende und je 1 cm von den Seiten entfernt zwei 2 mm-Löchlein gebohrt.
3. Drei Brettchen zersägt man im Verhältnis 1:2 (7 cm : 14 cm).
4. Wir leimen die längeren Stücke aufeinander, so daß sich später daraus der Griff formen läßt. Am Schluß werden sie auf die Griffseite des nicht zersägten Brettchens aufgeleimt.
5. Mit Raspel und Feile geben wir dem Griff eine handliche Form.
6. Die Teile werden geschliffen und die Kanten gerundet.
7. Wir behandeln sie mit Nitrowachs.
8. Alle Teile werden mit Garn zusammengebunden. Man wendet den Samariterknoten an (⟶ *Flechten, zwirnen und knüpfen,* S. 220/221), weil dieser nicht rutscht.

Handhabung

1. Wir fassen den „Vogelschreck“ fest am Griff und schütteln ihn wie eine Stielkastagnette.
2. Ein genauer Schlag ergibt sich, wenn man ihn auf die freie Handfläche (Grundbrettchen zu unterst) schlägt.

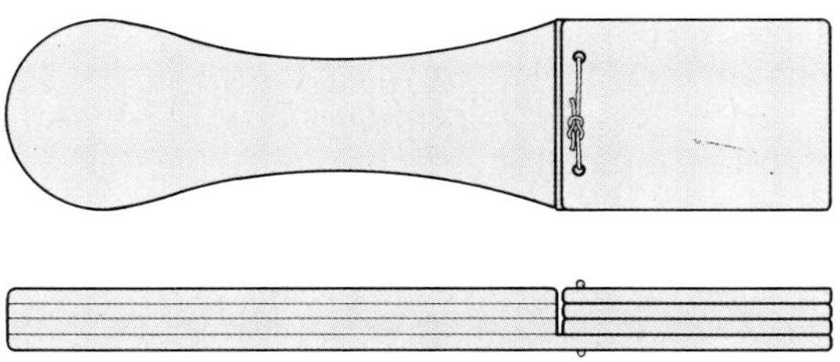

Kugelnklapper

Material und Werkzeug
2 Hartholzleistchen 9 × 3 × 1 cm
3 Rundhölzchen Ø 5 mm, Länge je 7 cm
3 Holzkugeln Ø 2,5 cm, mit Loch Ø 5,5 mm
Schleifpapier
Kunstharzleim
Nitrowachs und Lappen
Maßstab und Bleistift
Bohrmaschine
Bohrer Ø 5 mm
Holzhammer
Ahle

Arbeitsvorgang

1. Auf den Holzleistchen werden die Bohrstellen nach beiliegendem Plan markiert.
2. Wir stechen mit der Ahle vor.
3. Mit dem 5 mm-Bohrer bohren wir die Löcher.
4. Die Leisten werden geschliffen.
5. In die Löcher der einen Leiste geben wir mit einem Zündhölzchen etwas Leim.
6. Die Rundhölzchen werden senkrecht eingeschlagen.
7. Das Loch in den Kugeln muß einen Durchmesser von 5,5 mm aufweisen. Vielleicht müssen die vorhandenen Löcher nachgebohrt werden.
8. Die Kugeln werden auf die Rundhölzchen gesteckt.
9. Nun geben wir in die Löcher der zweiten Leiste Leim.
10. Die Leiste muß vorsichtig, aber rasch auf die Rundhölzchen aufgesteckt und soweit eingeschlagen werden, daß die Rundhölzchen auf der Außenseite bündig sind.

Achtung: Arbeitet man nicht schnell genug, beginnt der Leim zu haften und die Leiste kann kaum mehr ohne Gewalt an die richtige Stelle bewegt werden; die Rundhölzchen ertragen aber keine starken Schläge.

11. Es folgt die Behandlung mit Nitrowachs.

Handhabung

1. Wir fassen die Kugelnklapper mit der einen Hand so, daß sich die Kugeln ohne Behinderung schütteln lassen.
2. Wir schlagen in der gleichen Haltung mit der Kugelnklapper gegen die andere Hand.

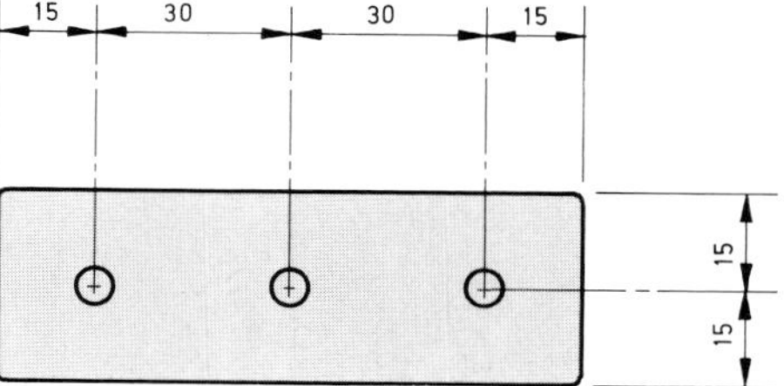

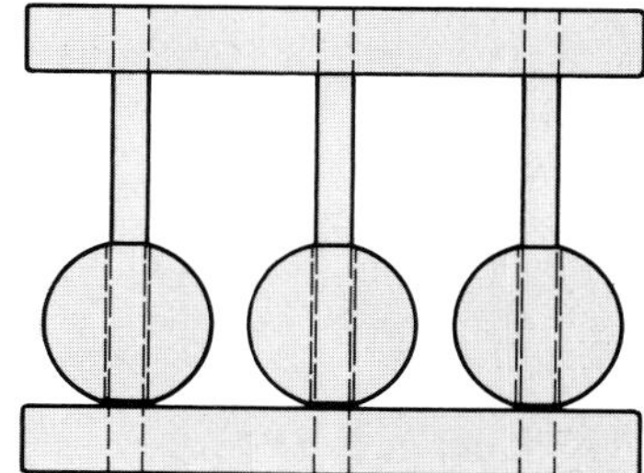

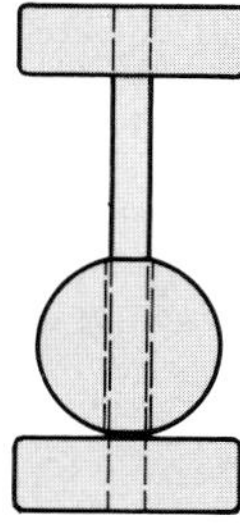

Rädchenklapper

Material und Werkzeug
1 Hartholzleiste 30 × 2 × 1 cm
2 Hartholzleisten 14 × 2 × 1 cm
3 Rundholzstäbchen Ø 5 mm, Länge je 7 cm
6 Hartholzrädchen Ø 3 cm
4 Distanzklötzchen, Breite 2 cm (Dicke 1 cm)
Schleifpapier
Kunstharzleim
Nitrowachs und Lappen
Maßstab und Bleistift
Bohrmaschine
Bohrer Ø 5 mm und 5,5 mm
Raspel und Feile oder Schleifteller
Holzhammer
Ahle

Arbeitsvorgang

1. Auf den Leisten werden die Bohrstellen nach beiliegendem Plan markiert.
2. Wir stechen mit der Ahle vor.
3. Mit dem 5 mm-Bohrer bohren wir die Löcher in die Leisten.
4. Die Leisten können, wie aus dem Plan ersichtlich, an den Enden abgerundet werden.
5. Die Leisten sind zu schleifen und die Kanten zu brechen.
6. Ins Zentrum der Rädchen bohren wir Löcher mit einem Durchmesser von 5,5 mm.
7. Die Rundhölzchen werden senkrecht mit ihrem Ende in die Löcher des Außenteiles geleimt.
8. Auf jedes Rundhölzchen ist ein Rädchen zu stecken.
9. Jetzt muß der Mittelteil auf die Rundhölzchen gesteckt werden.
10. Bevor er die richtige Distanz erreicht hat, bringt man mit einem Zündhölzchen etwas Leim auf, damit der Mittelteil nachher an der richtigen Stelle haftet.
11. Auf beide Enden des Außenteiles wird ein Distanzklötzchen (2 cm) gelegt und der Mittelteil sorgfältig, aber rasch hinuntergeschlagen, bis er die Distanzklötzchen erreicht.

Achtung: Arbeitet man nicht schnell genug, beginnt der Leim zu haften, und die Leiste kann kaum mehr ohne Gewalt an die richtige Stelle bewegt werden; die Rundhölzchen ertragen aber keine starken Schläge.

12. Der Leim muß gut trocknen. (Distanzklötzchen stehen lassen.)
13. Auf jedes Rundhölzchen wird wiederum ein Rädchen gesteckt.
14. Wir leimen die andere Außenseite auf die Enden der Rundhölzchen und benutzen dabei wieder Distanzklötzchen.

Achtung: Man muß so arbeiten, daß die drei Holzleisten am Schluß parallel liegen.

15. Es folgt die Behandlung mit Nitrowachs.

Handhabung

1. Wir fassen die Rädchenklapper am Stiel und schütteln sie.
2. Man kann sie auch in die andere Hand schlagen. So wird der Schlag präziser.

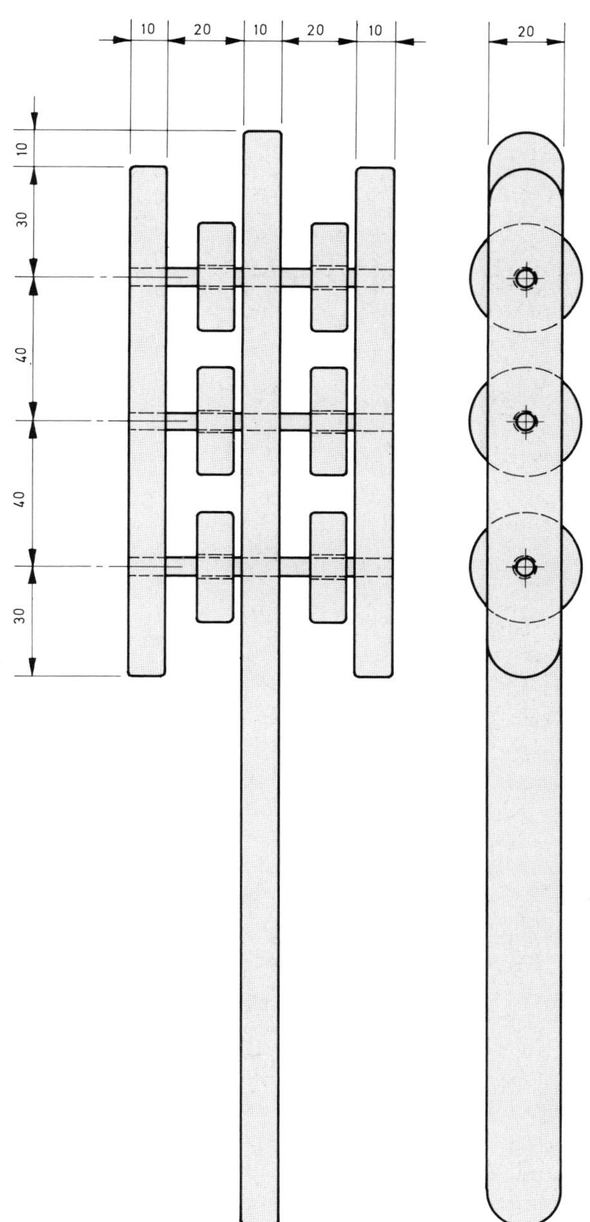

Plattenklapper (Chlefeli)

Material und Werkzeug
Für Modell a): 1 Hartholzleiste 28 × 3,5 × 0,8 cm
Für Modell b): 2 Hartholzleisten 14 × 3,5 × 0,8 cm
Schleifpapier
Nitrowachs und Lappen
Maßstab und Bleistift
Bohrmaschine
Bohrer Ø 4 mm
nur für Mod. a): Bohrer Ø 30 mm (notfalls Laubsäge)
Fein- oder Stichsäge
Flachfeile
Ahle

Arbeitsvorgang

1. Wir zeichnen die entsprechende Form (→ Plan) auf die Hartholzleiste(n).

Anmerkung: Die Form kann verändert werden. Bleiben muß jedoch der aus dem Plan ersichtliche seitliche Ausschnitt zum Aufhängen der Klapperplatten an der Mittelhand (→ Handhabung).

2. Beim Modell a) bezeichnet man die Mitte des Brettchens (28 × 3,5 × 0,8 cm), sticht mit der Ahle vor, bohrt das 30 mm-Loch und zersägt das Brettchen in zwei gleich lange Teile. Beim Modell b) sägt man die Zacken aus.
3. Bei beiden Modellen wird auch der Ausschnitt ausgesägt und erst nachher mit der Feile abgerundet.
4. Wir stechen mit der Ahle die kleinen Löcher vor und bohren mit dem 4 mm-Bohrer.
5. Die Platten werden geschliffen und die Kanten gebrochen.
6. Beide Teile der Plattenklapper werden mit Nitrowachs behandelt.

Handhabung

1. Die beiden Brettchen werden rechts und links des Mittelfingers mit dem Ausschnitt an die Mittelhand gehängt und zwischen den innersten Gliedern der entsprechenden Finger festgehalten, so daß die längeren Teile der Brettchen in die hohle Hand ragen. Die hohle Hand dient dabei als Resonanzraum.
2. Das Brettchen zwischen dem Mittel- und Zeigefinger wird mit der Zeigefingerbeere und dem Daumen festgeklemmt.
3. Das Brettchen zwischen dem Mittel- und Ringfinger bleibt lose und schlägt gegen das festgeklemmte, wenn die Hand und der Arm rhythmisch hin und her gewirbelt werden, so daß die Brettchen zum Tönen kommen.

Es ist aber auch eine andere Technik möglich:

1. Das Brettchen zwischen dem Mittel- und Ringfinger wird mit der Ringfingerbeere festgeklemmt.
2. Das Brettchen zwischen dem Mittel- und Zeigefinger bleibt lose und wird mit der Daumenbeere gegen das andere Brettchen getupft.

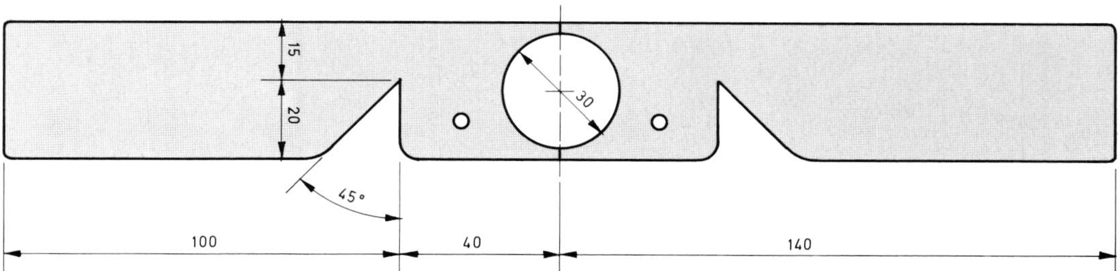

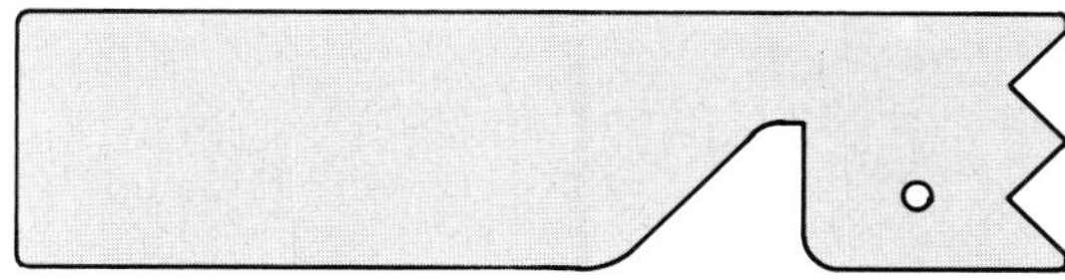

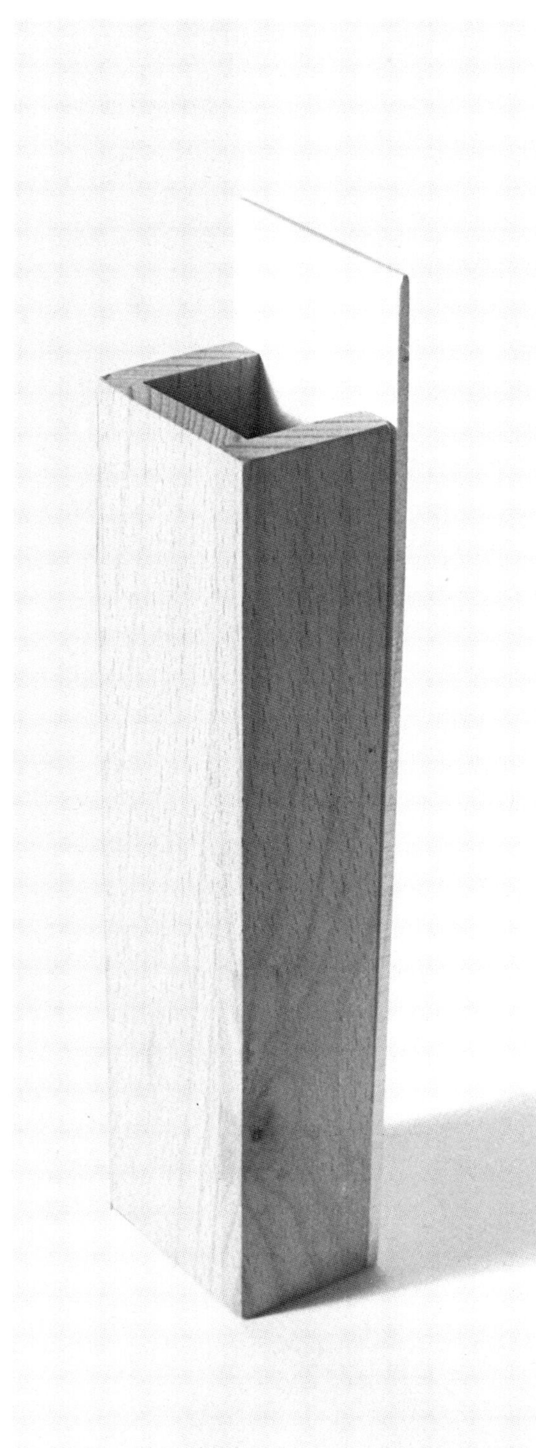

Trogklapper (Ratatak)

Material und Werkzeug
Ahornholz: 12 × 2 × 1 cm; 2 × 2 × 1 cm; 12 × 3 × 0,5 cm zwei Stück; 14 × 3 × 0,2 cm
2 Flachkopfschräubchen 1,5 cm × 2,5 mm
Schleifpapier
Kunstharzleim
Nitrowachs und Lappen
Maßstab und Bleistift
Bohrmaschine
Bohrer Ø 1,5 mm und 2,5 mm
Versenker
Kleiner Schraubenzieher
Kleine Schraubzwingen
Ahle
Evtl. Schieblehre

Arbeitsvorgang

1. Wir leimen die Rückwand (2 × 2 × 1 cm) auf den Boden (12 × 2 × 1 cm). Sie kommt auf das eine Ende des Bodens zu liegen.
2. Nach dem Trocknen werden die beiden Seitenwände (12 × 3 × 0,5 cm) angeleimt.
3. Wenn die Seitenwände gut haften, kann man den Trog schleifen.
4. Auf dem Deckel (14 × 3 × 0,2 cm) bezeichnen wir die Bohrlöcher für die Schräubchen gemäß Plan. Das Bohrloch muß dem größten Durchmesser des Schräubchens (2,5 mm) entsprechen. Wir messen mit der Schieblehre und bohren.
5. Die Bohrlöcher werden versenkt.
6. Der Deckel wird geschliffen.
7. Wir legen den Deckel bündig mit den Seitenwänden und mit der Rückwand auf das Tröglein. Die Bohrlöcher befinden sich über der Rückwand. Es empfiehlt sich, den Deckel mit zwei kleinen Schraubzwingen zu fixieren. Mit der Ahle stechen wir durch die Löchlein im Deckel auf der Rückwand vor.
8. Der Deckel wird entfernt und mit dem 1,5 mm-Bohrer die Schraubenlöchlein in die Rückwand gebohrt (Tiefe ca. 1 cm).
9. Nun bestreicht man die Oberfläche der Rückwand mit Leim, legt den Deckel darauf und schraubt fest.
10. Die Kanten werden gebrochen.
11. Es folgt die Behandlung mit Nitrowachs.

Handhabung

1. Wir halten das Tröglein mit der einen Hand fest. Der Deckel befindet sich auf der unteren Seite.
2. Mit dem Daumen der anderen Hand streifen wir so stark über das vorstehende Ende des Deckels, daß dieser an seinem freien Ende etwas abgehoben wird und sofort wieder zurückschnellen kann. Dabei klackt er.

Anmerkung: Das gute Funktionieren hängt von der Elastizität des Deckels ab. Mit einem Gummiband um das Tröglein kann man die Stärke des Klakkens regulieren.

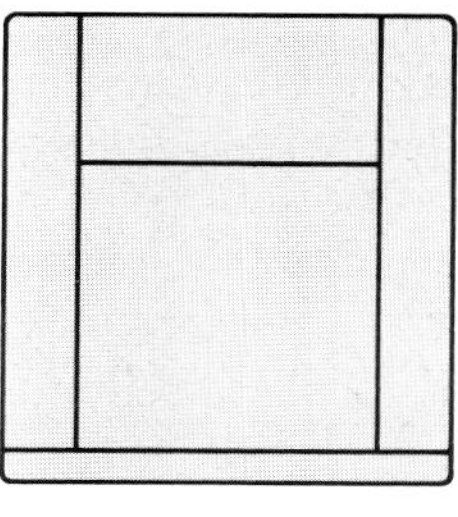

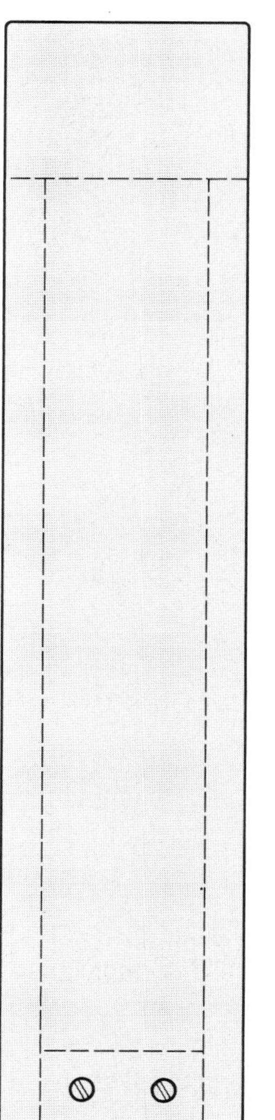

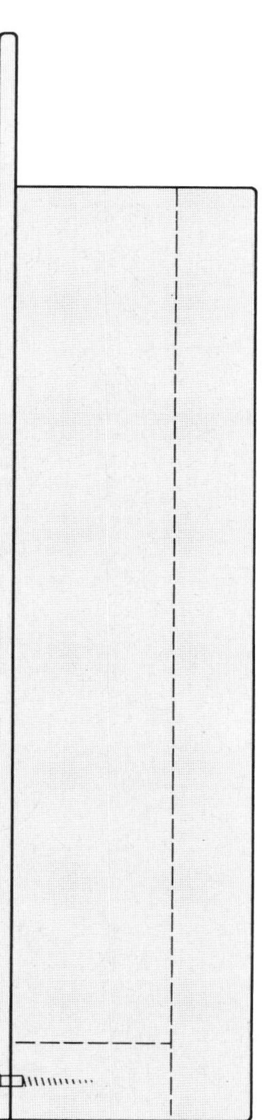

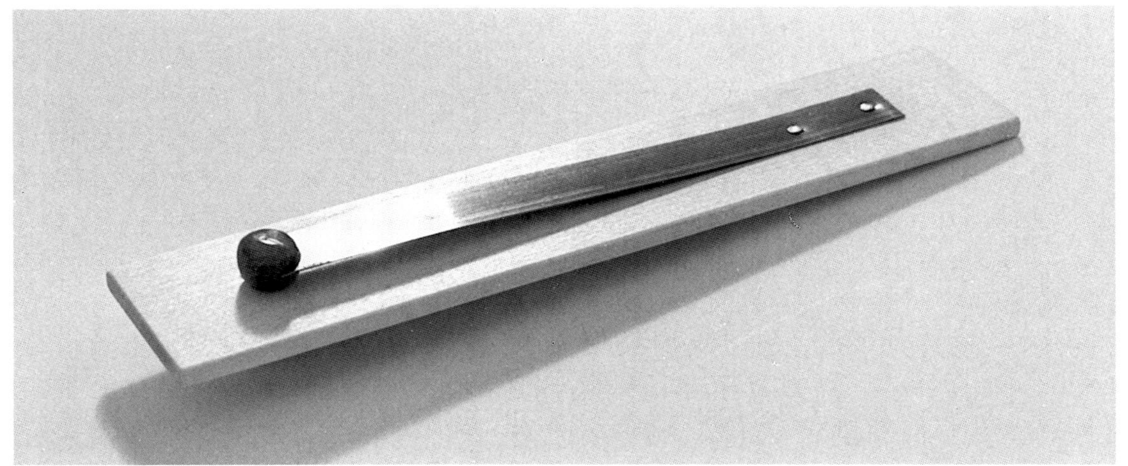

Brettchenklapper

Material und Werkzeug
1 Hartholzbrettchen 16 × 3 × 0,5 cm
2 Federstahlbändchen 12 cm × 1 cm × ca. 0,5 mm
Anmerkung: Die Stahlbändchen werden nicht zugeschnitten, sondern durch Knicken gebrochen
2 Nägel ∅ 2 mm
2 Bleikugeln mit Schlitz (Anglerbedarf)
Schleifpapier
Schnellkleber
Nitrowachs und Lappen
Maßstab und Bleistift
Bohrmaschine
Eisenbohrer ∅ 2 mm
Beiß- und Flachzange
Schreinerhammer
Anreißnadel
Ahle und Körner

Arbeitsvorgang

1. Wir bezeichnen auf dem Holzbrettchen (mit Bleistift) und auf den Stahlbändchen (mit der Anreißnadel) die Stellen für die Bohrlöcher gemäß Plan und bohren.

Achtung: Es muß genau gearbeitet werden, damit die Löcher der drei Teile aufeinanderpassen.

2. Das Holzbrettchen wird geschliffen und die Kanten gebrochen.
3. Das Brettchen wird mit Nitrowachs behandelt.
4. Wir befestigen an jedem Stahlbändchen eine Bleikugel. Dazu gibt man in den Schlitz der Kugel etwas Schnellkleber, stülpt die Kugel auf das eine Ende des Federstahles und drückt sie mit der Flachzange zusammen.
5. Die Stahlbändchen werden auf das Holzbrettchen gelegt, eines unten, eines oben, so daß die beiden Löcher in allen drei Teilen aufeinanderpassen. Der Federstahl ist etwas gebogen. Die Stahlbändchen liegen so, wie der Plan es zeigt.
6. Durch die Löcher steckt man zwei Nägel von unten nach oben.
7. Die Nägel werden mit der Beißzange so abgeklemmt, daß nur noch ein ganz kleines Stück zum Vernieten bleibt.
8. Wir vernieten die Nägel auf einer Unterlage aus Stahl (Schraubstock oder Amboß), d. h. das vorstehende Stückchen wird breitgeschlagen.

Handhabung

1. Wir schütteln die Brettchenklapper so stark, daß die Bleikugeln gegen das Brettchen schlagen. Die Hand befindet sich an dem Ende mit den kleinen Nieten.
2. Die Intensität der Schläge kann man mit einem satten Gummiband regulieren, das von den kleinen Nieten her über die Stahlbändchen gestreift wird.

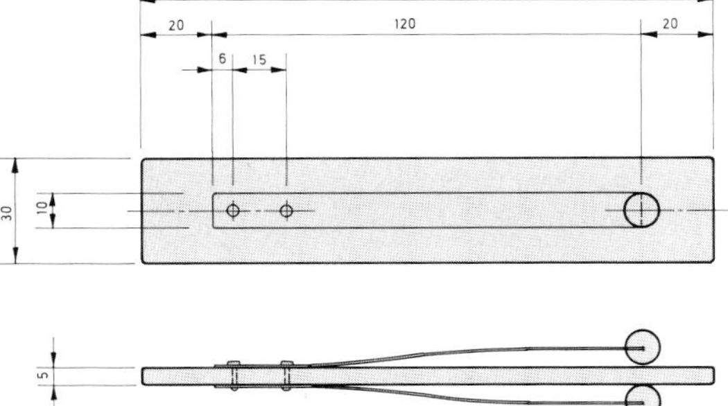

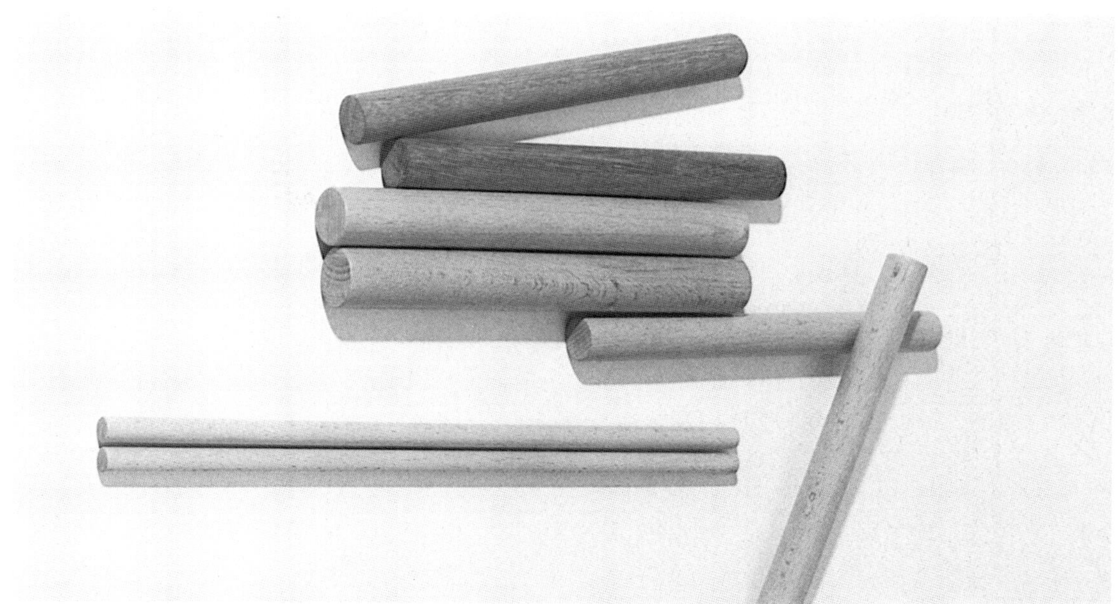

Schlagstäbe aus Rundholz

Material und Werkzeug
Rundholz (Hartholz) Ø 10 mm; 15 mm; 20 mm; 25 mm
Schleifpapier
Nitrowachs und Lappen
Maßstab und Bleistift
Feinsäge und Schneidlade (Gehrungslade)
Dazu evtl. Ringschräublein (2 Stück pro Schlagholzpaar)
Garn
Bohrmaschine
Feiner Bohrer (ca. 1,5–2 mm, je nach Ringschräublein)
Schieblehre (zum Messen der Dicke der Ringschräublein)
Ahle

Arbeitsvorgang

1. Wir legen einen Rundstab in die Schneidlade und sägen mit der Feinsäge zwei gleich lange Stücke ab. Bei einem Durchmesser von 10 mm empfehlen wir eine Länge von 30 cm; bei einem Durchmesser von 20 mm eine Länge von 20 cm. Wir stellen eigene Versuche an.
2. Die Schlagstäbe werden geschliffen und die Kanten der Schnittflächen gebrochen.
3. Die Stäbe werden mit Nitrowachs behandelt.
4. Wollen wir die Schlagstäbe immer beieinander haben, bringen wir am einen Ende jedes Stabes im Zentrum der Schnittfläche ein Ringschräublein an, d.h. wir stechen mit der Ahle vor, bohren ein kleines Loch (Bohrerdicke = Dicke des Schräubleins – 0,5 mm) und drehen die Ringschraube ein. Mit einer geflochtenen oder gedrehten Kordel (→ *Flechten, zwirnen und knüpfen,* Seite 220/221) bindet man die zusammengehörenden Stäbe zusammen. Die Kordel muß so lang sein, daß sie beim Schlagen nicht hindert.

Handhabung

1. Benutzen wir zum Schlagen die dünnen Stäbe, halten wir beide locker am einen Ende und schlagen sie etwa ¼ von den anderen Enden entfernt gegeneinander. Man sucht die Stelle, wo der beste Klang entsteht.
2. Benutzen wir zum Schlagen die dicken Stäbe, legen wir am besten den einen Stab über die hohle Hand, halten ihn nur leicht und geben ihm so einen Resonanzraum (Schallverstärkung). Den zweiten Stab halten wir an dem einen Ende locker und schlagen mit dem anderen Ende (¼!) auf die Mitte des liegenden Stabes.

Anmerkung 1: Bei Stäben gleicher Länge klingen die dünneren tiefer als die dickeren. Bei Stäben gleicher Dicke klingen die kürzeren höher als die längeren.
Anmerkung 2: Die Kordel ermöglicht es, die Klangstäbe bei Nichtgebrauch um den Hals zu hängen.

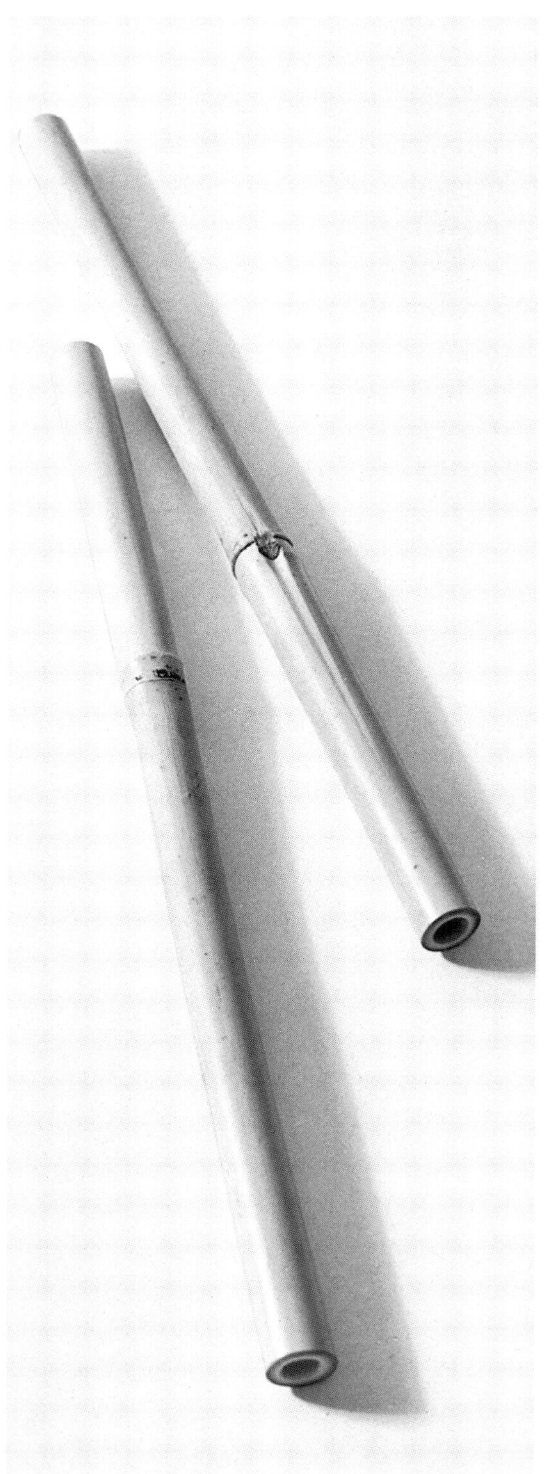

Schlagstäbe aus Bambus

Material und Werkzeug
Bambusrohr, lichte Weite mindestens 10 bis 15 mm
Schleifpapier
Maßstab und Bleistift
Eisensäge und Schneidlade
Dazu evtl. Garn
Bohrmaschine
feiner Bohrer (ca. 1,5 bis 2 mm)

Arbeitsvorgang

1. Wir legen einen Bambusstab in die Gehrungslade und sägen mit der Eisensäge zwei entsprechend große Stücke ab, z. B. 30 cm mit einem Knoten etwa 10 cm vom einen Ende entfernt.

Achtung: Da Bambus beim Durchsägen gerne aufspleißt, sägt man ihn vorher rundum an. Aus dem gleichen Grund sollte eine Eisensäge und nicht die Feinsäge verwendet werden.

2. Die Schnittstellen werden geschliffen und die Kanten gebrochen.
3. Wer die beiden Stäbe immer beieinander haben will, bohrt ins Griffende Löcher, flechtet oder dreht aus Garn eine Kordel (→ *Flechten, zwirnen und knüpfen,* Seite 220/221) und befestigt sie daran. Die Kordel muß so lang sein, daß sie beim Schlagen nicht hindert.

Handhabung

1. Die kürzeren Teile der Schlagstäbe werden beim Schlagen als Griffe benutzt.
2. Für Rohrstücke ohne Knoten gelten für die Anwendung dieselben Techniken wie für die *Schlagstäbe aus Rundholz* (→ Seite 55).

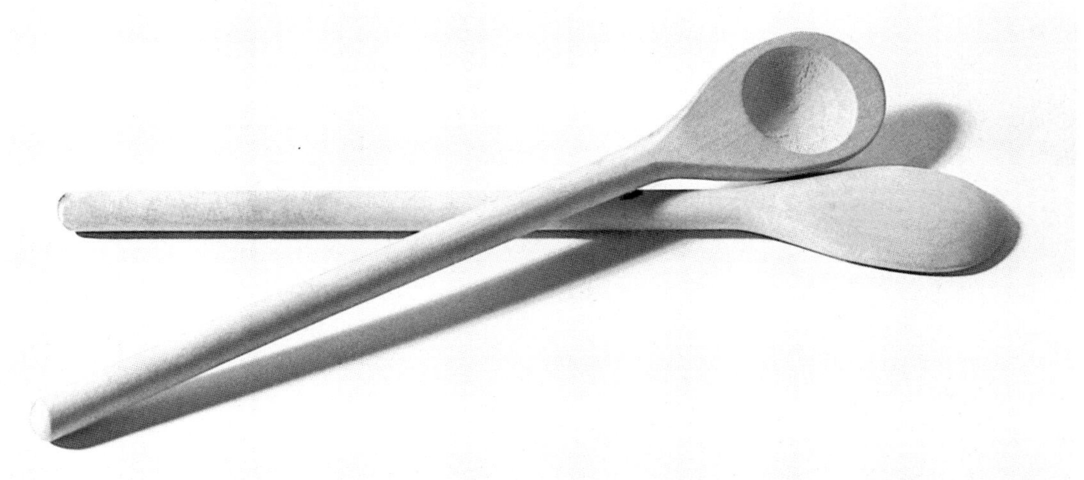

Löffel

Material und Werkzeug
2 Hartholzleisten (nicht spleißend) ca. 25 × 4 × 1,5 cm
Papier
Schleifpapier
Nitrowachs und Lappen
Zirkel, Maßstab und Bleistift
Laubsäge (evtl. Decoupiersäge)
Schnitzeisen mit gebogenem Löffel
Raspel und Feile

Arbeitsvorgang

1. Auf jedes der beiden Holzstücke zeichnen wir den Löffel in der Seitenansicht auf.
2. Beide Formen werden ausgesägt.
3. Gemäß Plan stellt man zwei Schablonen her.
4. Wir legen die Brettchen mit der flachen Seite nach unten und kleben die Schablonen so gut es geht auf.
5. Die Brettchen werden den Schablonen nach ausgesägt.
6. Wir drehen die Löffel um und zeichnen bei beiden den Außenrand der Vertiefung mit dem Zirkel auf.
7. Nun schnitzen wir die Vertiefung in die beiden Löffelköpfe.
8. Die Rückseite der Löffelköpfe und die Stiele werden mit Raspel und Feile abgerundet.
9. Alles muß nachgeschliffen werden.
10. Das Holz ist mit Nitrowachs zu behandeln.

Handhabung

1. Wir fassen die Löffel mit der einen Hand so, daß der Zeigefinger zwischen den Stielenden liegt. Er sollte etwa ¼ vom Stielende entfernt sein. Der Daumen liegt über dem oberen Löffelstiel, die übrigen Finger unter dem unteren. Die Löffelvertiefungen schauen nach außen. – Der obere Löffel wird angehoben.
2. Wir schlagen die Löffel so stark in die andere Hand, auf den Unterarm oder auf den Oberschenkel, daß sie dabei gegeneinander schlagen.

Anmerkung: Wer will, kann an den Stielen eine Vertiefung für den Zeigefinger ausfeilen. Die Handhabung der Löffel wird dadurch erleichtert.

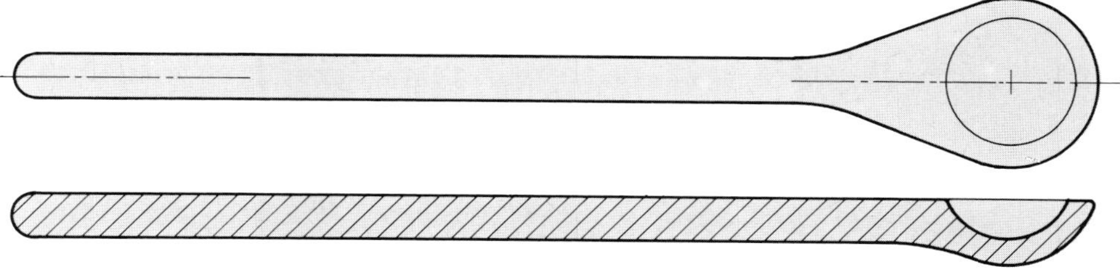

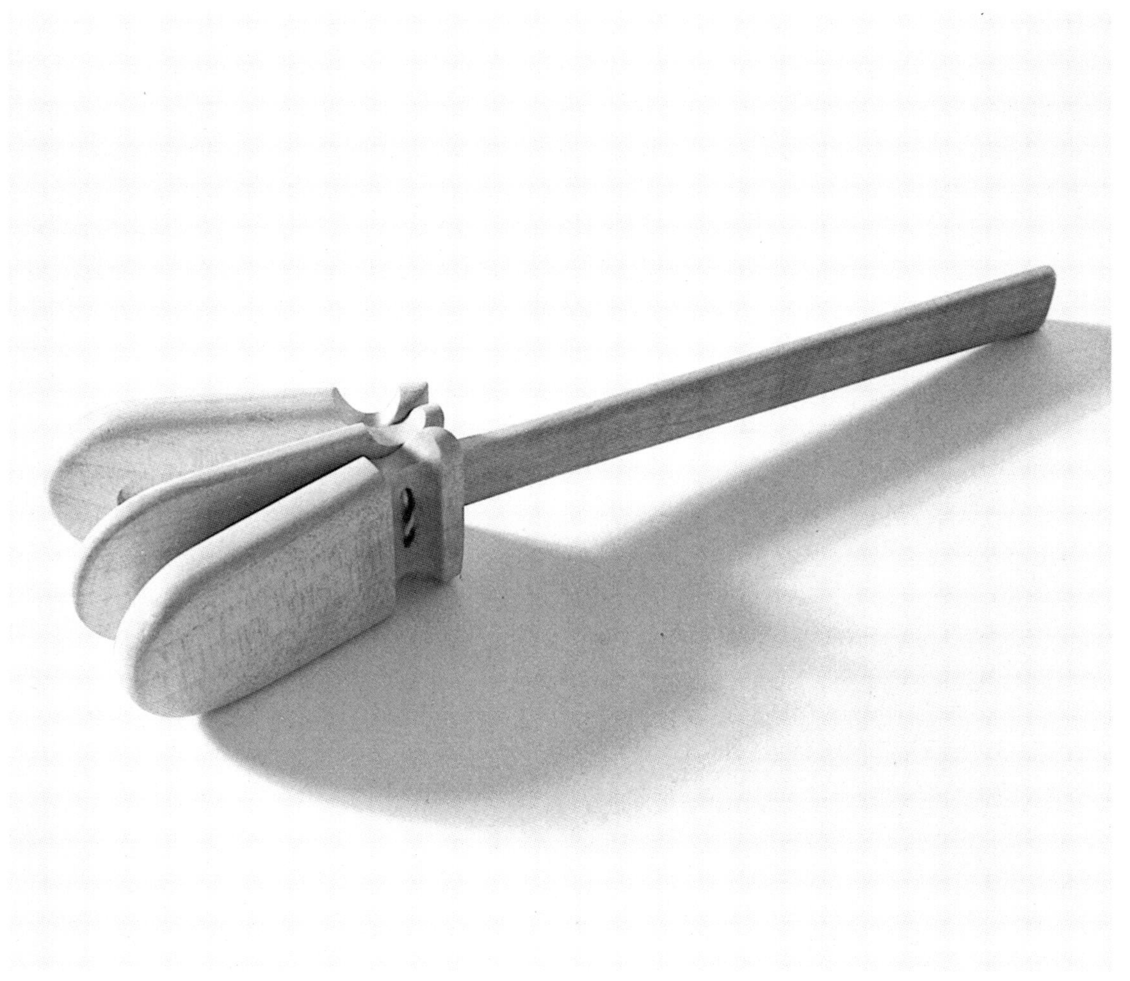

Stielkastagnette

Material und Werkzeug
1 Hartholzbrettchen 21 × 4 × 0,5 cm
2 Hartholzbrettchen 7 × 4 × 1 cm
2 Nägel ∅ 2 mm
Garn
Schleifpapier
Nitrowachs und Lappen
Maßstab und Bleistift
Bohrmaschine mit Ständer und Schraubstock
Bohrer ∅ 2 mm und evtl. 10 mm
Säge
Raspel und Feile oder Schleifteller
Schnitzeisen mit gebogenem Löffel

Arbeitsvorgang

1. Wir zeichnen die Form, wie sie der Plan angibt, auf das Brettchen. Die seitlichen Rillen können weggelassen werden.
2. Auf die kürzeren Brettchen zeichnen wir das gleiche, aber ohne Stiel.
3. Die Form wird ausgesägt.
4. Wir bohren zwei kleine Löchlein. Sie befinden sich je 1 cm von der geraden Breitseite und von der Außenkante entfernt. Wenn man die Brettchen in der richtigen Reihenfolge aufeinanderlegt und in einen Maschinenschraubstock spannt, kann man alle drei gleichzeitig durchbohren.
5. Mit der Schleifscheibe oder mit Raspel und Feile wird die Außenkante der kürzeren Brettchen abgerundet, nicht aber die gerade Breitseite.
6. Wir drehen die beiden kürzeren Brettchen so, daß die Außenseite nach unten zu liegen kommt, und runden erst jetzt die gerade Breitseite. Man muß sorgfältig nach dem beigefügten Plan arbeiten. Die Rillen, die in der Vorderansicht zu sehen sind, können wiederum weggelassen werden.
7. Die Brettchen werden in der richtigen Reihenfolge aufeinandergelegt und in die Löcher gut sitzende Nägel gesteckt. So sieht man deutlich, wo die Brettchen nicht genau aufeinanderpassen, und man kann die vordere Rundung nocheinmal nacharbeiten.
8. Wir entfernen die Nägel.
9. Aus den beiden kürzeren Brettchen kann die innere Vertiefung herausgeschnitzt werden; die Kastagnette funktioniert aber auch ohne Vertiefung ganz gut.
10. Alle Teile werden geschliffen und der Stiel wird griffig gemacht.
11. Die Teile sind mit Nitrowachs zu behandeln.
12. Aus Garn drehen wir eine dünne Kordel, ziehen sie durch die Löchlein und verknoten die beiden Enden. Der Samariterknoten (→ *Flechten, zwirnen und knüpfen,* Seite 220/221) ist dazu gut geeignet, weil er nicht rutscht.

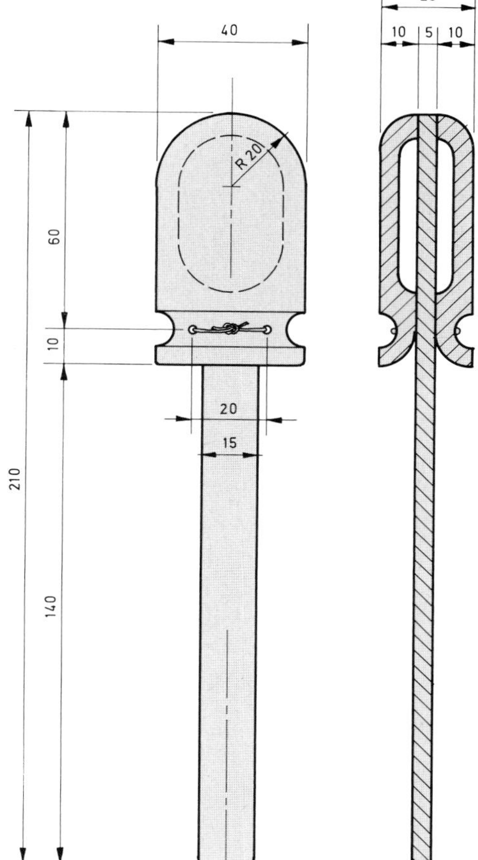

Handhabung

1. Wir fassen die Kastagnette am Stiel, lassen sie hängen und schütteln sie.
2. Wir schlagen den Kopf der Kastagnette auf die noch freie flache Hand.

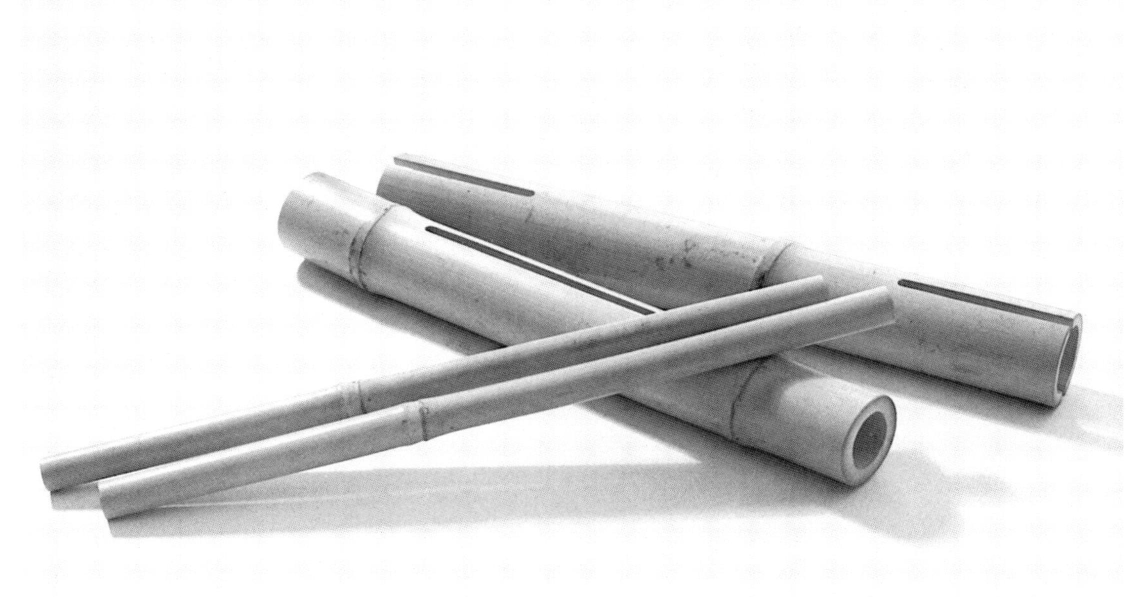

Röhrentrommel aus Bambus

Material und Werkzeug
Dicker Bambus Ø mindestens 3 cm
Dünner Bambus (für Schlegel) Ø ca. 12 mm
Schleifpapier
Maßstab und Bleistift
Hobelbank mit Bankeisen oder entsprechende Einspannvorrichtung
Bohrmaschine
Bohrer Ø ca. 3 oder 4 mm
Eisensäge und Schneidlade (Gehrungslade) oder Bandsäge
Schnitzmesser
Nadelfeile
Ahle

Arbeitsvorgang

1. In der Schneidlade sägen wir ein Stück Bambus ab. Die Länge ist nicht festgelegt; im Bambusstück muß aber ein Knoten sein, der die Röhre im Verhältnis 1 : 2 teilen soll.
2. Wir zeichnen die Schlitze auf.
3. An den Schlitzenden wird vorgestochen und je ein Löchlein gebohrt.
4. Nun kann man die Schlitze einsägen. Es ist nicht ganz leicht, den Strichen genau nachzusägen. Wenn ein Stückchen weit eingesägt ist, wird die Röhre so gedreht, daß man auf der anderen Seite weitersägen kann.

Achtung: Die Röhre nur beim Knoten ganz vorsichtig einspannen, damit sie nicht platzt oder einreißt.

5. Mit dem Schnitzmesser schneiden wir die Schnittflächen nach.
6. Die Schnittflächen werden mit der Nadelfeile geglättet und die Enden der Röhre mit Schleifpapier geschliffen.

Achtung: Man muß sehr sorgfältig arbeiten, weil Bambus sich oft schon bei geringer Beanspruchung spaltet. Zum Absägen benötigt man eine Schneidlade. Da Bambus beim Durchsägen gerne aufspleißt, sägen wir ihn vorher rundum an. Aus dem gleichen Grunde sollte eine Eisensäge und nicht die Feinsäge verwendet werden.

Handhabung

1. Wir halten die Röhrentrommel mit der einen Hand beim Knoten.
2. Mit einem Bambus-Schlegel (→ *Allerlei Schlegel,* Seite 74 a) schlagen wir auf die Röhrenenden und nutzen dabei die zwei Tonhöhen der beiden verschieden langen Teile.

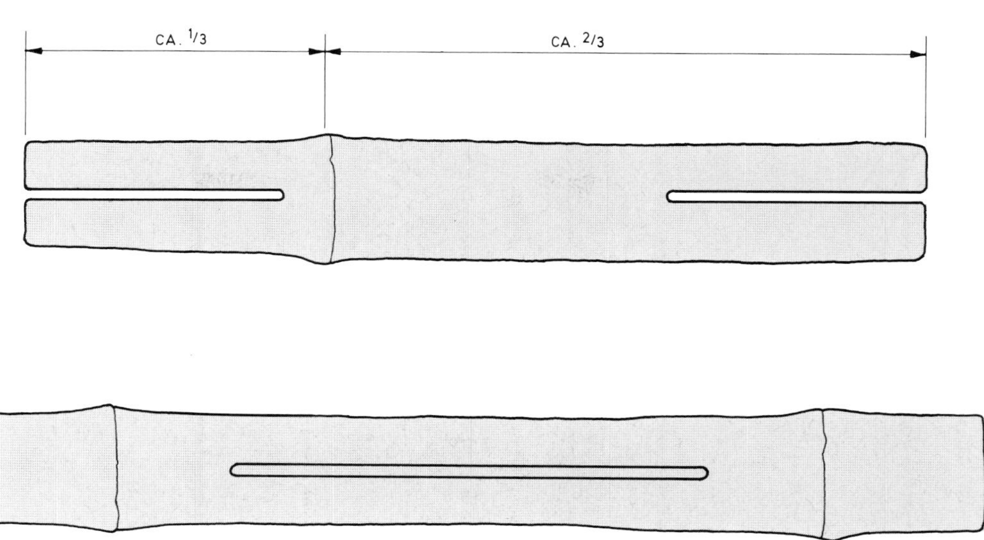

Schlitztrommel aus Bambus

Material und Werkzeug
Dicker Bambus Ø mindestens 3 cm
Dünner Bambus (für Schlegel) Ø ca. 12 mm
Schleifpapier
Maßstab und Bleistift
Hobelbank mit Bankeisen oder entsprechender Einspannvorrichtung
Bohrmaschine und evtl. Bohrhilfe
Bohrer Ø ca. 3 oder 4 mm
Eisensäge und Schneidlade (Gehrungslade)
Schnitzmesser oder evtl. gut geschärfter Stechbeitel
Nadelfeile
Ahle

Arbeitsvorgang

1. Vom dicken Bambus schneiden wir ein Stück so ab, daß sich etwa 4 cm von jedem Ende entfernt ein Knoten befindet.
2. Der Schlitz kommt innerhalb der zwei Knoten zu liegen. Er beansprucht nicht die ganze Segmentlänge und befindet sich von beiden Knoten gleich weit entfernt. Man zeichnet sich die Stelle auf, an der sich der Schlitz befinden soll.
3. An den Schlitzenden wird mit der Ahle vorgestochen und mit dem 3 oder 4 mm-Bohrer je ein Loch gebohrt.
4. Zwischen diesen zwei Löchern bohren wir weitere Löcher, dicht hintereinander. Sie dürfen sich aber nicht berühren, sonst springt die Bambusröhre. Selbstverständlich wird jedes Loch vorgestochen.
5. Wir spannen das Bambusrohr der Länge nach zwischen die beiden Bankeisen und schneiden mit dem Schnitzmesser oder dem Stechbeitel den so vorbereiteten Schlitz fertig aus.
6. Die Schnittflächen werden mit der Nadelfeile geglättet und die Enden der Röhre geschliffen.

Achtung: Man muß sehr sorgfältig arbeiten, weil Bambus sich oft schon bei geringer Beanspruchung spaltet. Zum Absägen benötigt man eine Schneidlade. Da Bambus beim Durchsägen gerne aufspleißt, sägen wir ihn vorher rundum an. Aus dem gleichen Grunde sollte eine Eisensäge und nicht die Feinsäge verwendet werden.

Handhabung

1. Wir halten die Röhre mit der einen Hand außerhalb des Knotens fest.
2. Mit einem Bambusschlegel (→ *Allerlei Schlegel,* Seite 74 a) schlagen wir in der Nähe des Schlitzes gegen die Mitte des Segmentes.
3. Durch Schläge außerhalb des Schlitzes kann die Klangfarbe verändert werden.
4. Wir kombinieren beide Schlagarten.

Holzkastentrommel

Material und Werkzeug
2 Sperr- oder Hartholzbrettchen 22 × 10 × 0,5 cm
1 Tannenholzleiste 60 × 3 × 1,5 cm
4 Klötzchen 1,5 × 1,5 × 1,5 cm (aus dem Rest der Tannenholzleiste)
4 Filzstückchen 1,5 × 1,5 cm
oder anstelle der 4 Klötzchen und 4 Filzstückchen: nur 4 Filzscheiben, selbstklebend
Material für Schlegel: → *Allerlei Schlegel,* Seite 76 d.
Schleifpapier
Kunstharzleim
Nitrowachs und Lappen
Schreinerwinkel, Maßstab und Bleistift
Säge
Schere
Kleine Schraubzwingen und Zulagen

Arbeitsvorgang

1. Wir sägen von der Leiste zwei Stücke von 22 cm Länge und ein Stück von 7 cm Länge ab.
2. Die beiden gleich langen Stücke werden auf die Längsseiten des Bodens geleimt, der aus einem der 22 × 10 × 0,5 cm großen Brettchen besteht (→ Plan).
3. Man bringt sofort Schraubzwingen an. Zum Schutze des Werkstückes vor Beschädigungen werden sie nur unter Verwendung von Zulagen festgeschraubt.
4. Wir passen das kurze Leistenstück quer zu den beiden Seitenwänden ein und leimen es an. Dabei sollen die zwei entstehenden Abteile im Verhältnis 1:2 stehen.
5. Beim Aufleimen der Decke verwendet man wiederum Schraubzwingen mit Zulagen.
6. Die Holzkastentrommel wird geschliffen und die Kanten gebrochen.
7. Auf die vier Ecken des Bodens leimen wir je ein Klötzchen, ca. 0,5 cm von den Rändern entfernt.

Anmerkung: Statt Holzklötzchen können auch selbstklebende Filzscheiben angebracht werden.

8. Man behandelt das Werkstück mit Nitrowachs.
9. Auf die Füßchen klebt man die Filzstückchen.
10. Es werden noch zwei Schlegel benötigt (→ *Allerlei Schlegel,* Seite 76 d).

Handhabung

1. Wir stellen die Holzkastentrommel so, daß der kleinere Innenraum gegen rechts schaut, und verwenden zum Schlagen am besten zwei Schlegel.
2. Wir variieren das Tonvolumen, indem wir verschiedenartige Schlegel verwenden, z. B. Schlegel mit Holz- oder Korkkopf, Schlegel mit großem oder kleinem Kopf, Schlegel mit wollumwickeltem Kopf (→ *Allerlei Schlegel,* Seite 76 d).

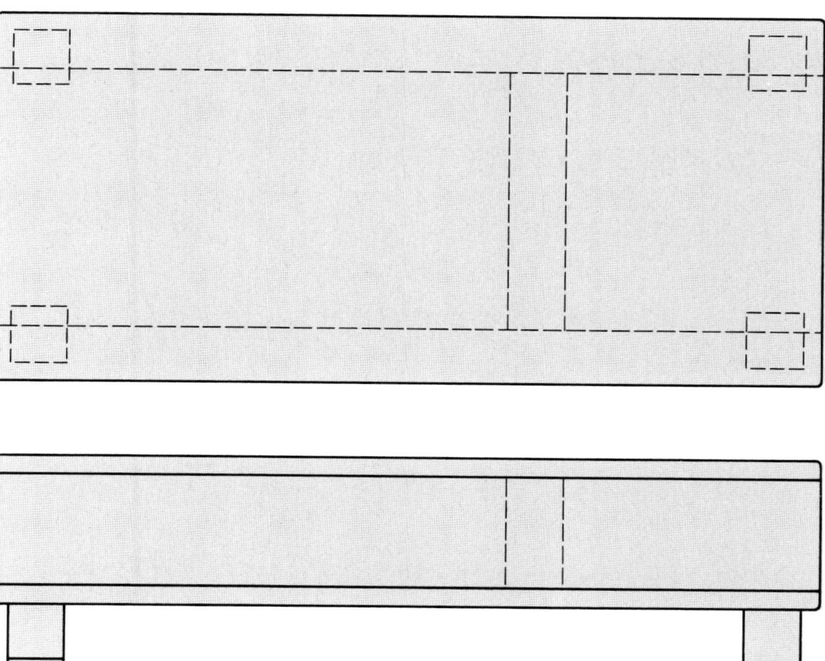

Signalbrett (Hillebille)

Material und Werkzeug
Hartholzbrett, z. B. 36 × 9 × 1,5 cm
Material für Schlegel (→ *Allerlei Schlegel,* Seite 77 e)
Schleifpapier
Nitrowachs und Lappen
Garn und Schere
Maßstab und Bleistift
Bohrmaschine
Bohrer Ø 4 mm
Versenker

Arbeitsvorgang

1. Die Löcher zum Aufhängen der Hillebille befinden sich 22% von den Enden des Brettes entfernt. Vom oberen Rand haben sie einen Abstand von ca. 1,5 cm

Anmerkung: Die Erklärung zu den oben genannten 22% finden sich unter *Melodische Schlaginstrumente: Xylophon: Klangplatten,* Seite 96.

2. Wir bohren die Löcher und versenken sie.
3. Das Brett wird geschliffen und die Kanten gebrochen.
4. Das Brett wird mit Nitrowachs behandelt.
5. Wir drehen aus einem Garnfaden eine Kordel (→ *Flechten, zwirnen und knüpfen,* Seite 220/221).
6. Die Kordel dient zum Aufhängen der Hillebille.

Handhabung

1. Wir hängen die Hillebille an einen Baumast und lassen sie frei schweben. Wollen wir sie im Hause verwenden, muß sie an ein Gestell oder eine Stange gehängt werden.

Anmerkung: Man kann sie auch über eine Kiste oder ein Fäßchen legen, damit die Resonanz verstärkt wird.

2. Zum Schlagen der Hillebille verwenden wir zwei Schlegel. Unter *Allerlei Schlegel,* Seite 77 e, finden sich verschiedene Möglichkeiten.
3. Die Schlagrhythmen können Bedeutungen bekommen, z. B.:

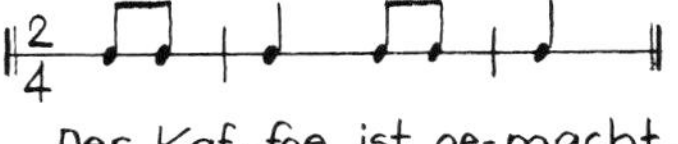

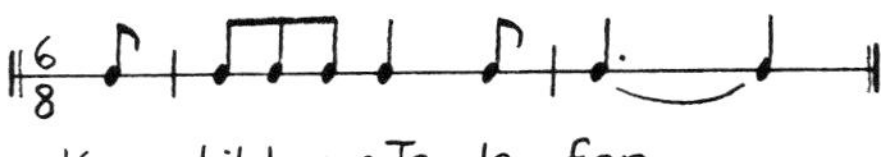

4. Mit zwei oder drei verschieden großen Signalbrettern können die gegebenen Möglichkeiten erweitert werden.

Kleine Trommel

Material und Werkzeug
Große, starke Kartonbüchse
Halbe Wäscheklammern aus Hartholz
Japanpapier
Schleifpapier
plastisches Holz (Holzkitt)
Kunstharzleim und Pinsel
Nitromattierung und Nitroverdünner
Maßstab und Bleistift
Evtl. Schleifteller
Fein- oder Bandsäge
Schere

Arbeitsvorgang

1. Der Arbeitsvorgang entspricht demjenigen der *Handtrommel* von Punkt 3 an (→ Seite 66).

Ausnahme: Es wird nicht nur eine Reihe halbe Wäscheklammern rundum geklebt, sondern zwei bis drei Reihen. Dabei wird es nötig, die eine Reihe Wäscheklammern auf die passende Länge zurechtzusägen. Es ist auch möglich, anstelle der zurechtgesägten Wäscheklammern mehrere Umgänge einer Kordel aufzukleben (→ Abbildung).

Wenn wir wollen, können wir die Büchse beidseitig mit einem „Fell" bespannen; dann muß aber vorher der Deckel weggenommen und der Boden herausgeschnitten werden (→ *Handtrommel* Punkt 10 ff.)

Handhabung

Die Handhabung bleibt dieselbe wie bei der Handtrommel. Wenn wir an der kleinen Trommel eine Kordel anbringen, können wir sie um den Hals hängen und haben beide Hände zum Schlagen frei. Wir können die kleine Trommel auch zwischen die Knie klemmen und zum Schlagen zwei Schlegel (→ *Allerlei Schlegel,* Seite 76 d) verwenden.

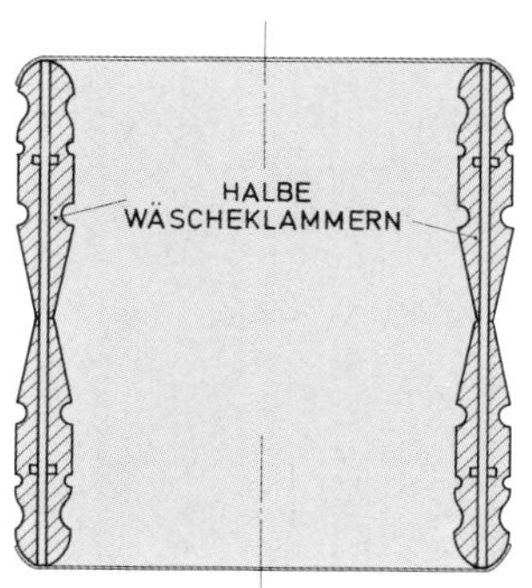

Handtrommel

Material und Werkzeug
Leere, starke Waschpulvertrommel
Halbe Wäscheklammern aus Hartholz
Japanpapier
Schleifpapier
Plastisches Holz (Holzkitt)
Kunstharzleim und Pinsel
Nitrowachs
Maßstab und Bleistift
Evtl. Schleifteller
Feinsäge oder Bandsäge
Schere

Arbeitsvorgang

1. Von einer leeren Waschpulvertrommel entfernen wir den Deckel und den Traghenkel.
2. Mit dem Pinsel wird die Waschpulvertrommel am oberen Ende auf einer Breite, welche der Länge einer Wäscheklammer entspricht, außen und innen mit Kunstharzleim bestrichen. Diese Leimschicht dient zur Festigung des Kartons. Sie muß vollständig trocknen.
3. Jetzt kleben wir halbe Wäscheklammern senkrecht zur Trommelröhre so auf, daß sie dicht aneinander zu liegen kommen. Ihre Köpfe sollen mit dem oberen Rand bündig sein.
4. Auf diese Weise wird eine ganze Runde geklebt.
5. Damit sich die Reihe schließt, müssen die letzten Klammern vielleicht etwas zugeschliffen werden.
6. Auch innen werden rundum Wäscheklammern aufgeklebt.
7. Wenn alles gut trocken ist, sägen wir mit der Fein- oder Bandsäge die Trommel unterhalb der Wäscheklammern ab.
8. Die Schnittfläche wird eben geschliffen. Ein Schleifteller leistet hier gute Dienste. Wenn kein Schleifteller zur Verfügung steht, klebt man ein Schleifpapier auf ein ebenes Brett und zieht die Schnittfläche der Waschpulvertrommel ohne zu verkanten darüber.

Anmerkung: Eine handwerklich besonders schöne Trommel entsteht, wenn man alle Fugen mit plastischem Holz ausspachtelt das nach dem Trocknen geschliffen wird.

9. Die Kanten werden gebrochen und die Trommel geschliffen, auch wenn die Fugen nicht verkittet wurden.
10. Wir schneiden Japanpapier zurecht. Es dient als Fellersatz. Die Dicke des Japanpapiers steht frei: Dünnes Papier läßt sich mit Spannlack sehr gut spannen, hat einen metallischen Klang, reißt aber leichter ein als dickes. Das Japanpapier soll ein Stück größer sein als die obere Öffnung der Trommel. Es braucht noch nicht rund zu sein.
11. Die Köpfchen der Wäscheklammern werden mit Kunstharzleim bestrichen.
12. Das Japanpapier legt man eben aus, stürzt die Trommelröhre mit dem Leimrand nach unten darauf und preßt eine Zeitlang an.
13. Wenn das Japanpapier klebt, messen wir rund um die Trommel einen schmalen Rand ab und schneiden mit der Schere nach.
14. Dieser Rand wird mit Leim bestrichen und die Form so gewendet, daß das Japanpapier oben ist. Man drückt den Rand ringsum immer wieder an die Form, bis er klebt. Dabei können entstehende Fältchen mit dem Fingernagel ausgeglättet werden.

Achtung: Die Finger dürfen nicht voll Leim werden, damit das Japanpapier nicht am falschen Ort festklebt.

15. Wenn der Leim trocken ist, bestreichen wir das Japanpapier auch auf der Innenseite mit Spannlack.
16. Das Lackieren wird mehrere Male wiederholt, bis die Oberfläche des Japanpapieres nach dem Trocknen glänzt und die Trommel hell erklingt.
17. Die Wäscheklammern werden mit Nitrowachs behandelt.

Handhabung

1. Wir halten die Trommel mit der einen Hand am unteren Rand fest.
2. Wir tupfen mit dem Mittelfinger gegen die „Fell"-Mitte.
3. Wir tupfen am Rand der Trommel gegen das Fell.
4. Die genannten Schläge können kombiniert werden. Wir schlagen mit gestrecktem Daumen und Handballen gegen die Mitte und im Wechsel dazu mit gestreckten Fingern gegen den Rand der Trommel.
6. Wir schlagen mit einem Filz-, Kork- oder Holzschlegel, auch mit einem Besen (→ *Allerlei Schlegel,* Seite 76 c/d).

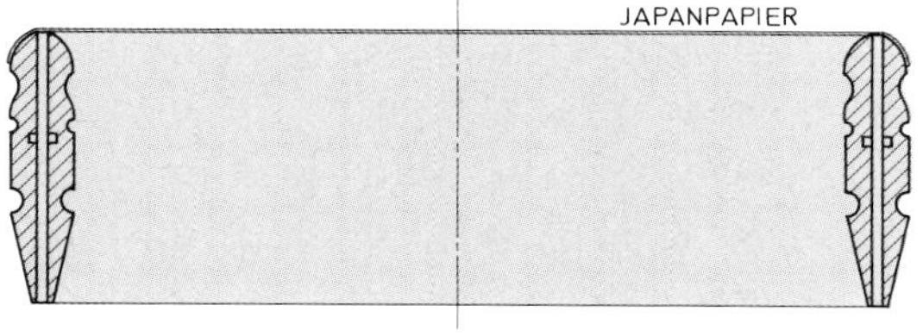

Trommelrahmen aus Furnierstreifen

Material und Werkzeug
Furnierstreifen (aus möglichst elastischem Holz von mittlerer Stärke). Länge: Die Furnierstreifen sollten auf alle Fälle länger sein als der Umfang der gewünschten Trommel. Alle Streifen sollen insgesamt etwa 8 m lang sein. Breite: ca. 5 cm.
Schleifpapier
Kunstharzleim
Nitrowachs und Lappen
Waschpulvertrommel
Zeitungspapier
Elastische Binde
Winkel, Maßstab und Bleistift
Fein- oder Bandsäge
Cutter (Universalmesser)

Arbeitsvorgang

1. Von der Höhe der Waschpulvertrommel sägen wir soviel weg, daß der restliche Teil noch etwas höher ist, als der Trommelrahmen werden soll. Zur Verstärkung setzen wir den Deckel danach wieder auf.
2. Aus Zeitungspapier werden Streifen von ca. 7 cm Breite (solang wie möglich) geschnitten.
3. Mit dem Winkel kontrolliert man, ob Anfang und Ende der Furnierstreifen rechtwinklig abgeschnitten sind.
4. Zum Leimen wickeln wir den ersten Furnierstreifen um die vorbereitete Waschpulvertrommel. Was vom Furnierstreifen die Waschpulvertrommel berührt, darf nicht mit Leim bestrichen werden, damit sich später der fertige Trommelrahmen ohne Schwierigkeiten von ihr lösen läßt. Der Rest wird verleimt.
5. Damit der Furnierstreifen sich nicht mehr von der Waschpulvertrommel löst, wird er mit der elastischen Binde umwickelt. Vorher aber legt man einen Zeitungsstreifen über das Furnier, damit die Binde nirgends kleben bleibt.

Anmerkung: Zu dieser Arbeit ist Hilfeleistung durch eine zweite Person nötig.

6. Der Leim muß ein paar Stunden gut trocknen können. Dann lösen wir die Binde und entfernen die Papierunterlage.
7. Der zweite Furnierstreifen wird fugenlos an den ersten Streifen geleimt und zur Befestigung wiederum die elastische Binde benutzt.
8. Wir setzen so viele Streifen an, bis der Rahmen ca. 4 mm dick ist.
9. Wenn der Rahmen fertig verleimt ist, wird die Waschpulvertrommel vorsichtig entfernt.
10. Wir schleifen den oberen und unteren Rand des Trommelrahmens eben.
11. Mit feinem Schleifpapier wird auch der ganze Rahmen geschliffen.
12. Man behandelt den Rahmen mit Nitrowachs.

Anmerkung: Die Fertigstellung und Handhabung des Tamburins ist aus der Anleitung *Handtrommel,* Seite 66, ersichtlich.

Bechertrommel/ Topftrommel

Material und Werkzeug
Tonerde (am besten Schamott)
Japanpapier
Dünne Schnur oder Draht
Feuchter Lappen
Zeitungspapier
Plastikfolie und evtl. Stofftuch
Evtl. Keramikfarben
Kunstharzleim
Spannlack und Pinsel
Pinselreiniger
Ränderscheibe oder Unterlage aus Eternit
Stäbchen oder Modellierholz
Messer und Schere

Arbeitsvorgang

1. Aus Tonerde drehen wir Würstchen und bauen daraus Lage um Lage die Form der Trommel auf (→ *Töpfern,* Seite 237). Die Form ist frei. Die Trommel benötigt keinen Boden.

Anmerkung: Eine einfache Ränderscheibe erleichtert die Arbeit wesentlich, weil man beim Drehen sehen kann, ob die Form rund ist.

2. Wenn die Form aufgebaut ist, verstreichen wir die Rillen so, daß nirgends Hohlräume entstehen, denn Lufteinschlüsse würden sich beim Brennen ausdehnen und den Ton auseinandersprengen.
3. Beim Ausglätten der Form müssen die Finger immer wieder an einem feuchten Lappen von Tonerderesten gereinigt werden.
4. Mit einem Stäbchen, dessen Spitze nach Belieben zugeschnitten wurde, verzieren wir die Form mit Strich- oder Stempelmustern.
5. Mit einem dünnen, straff gespannten Draht (oder einer Schnur) wird die Form abgelöst, indem man ihn zwischen Unterlage und Form durchzieht.
6. Die unteren Ränder, die durchs Lostrennen wahrscheinlich etwas gelitten haben, formen wir wieder nach.
7. Die Form wird zum Trocknen auf Zeitungspapier gestellt. Sie soll an einem kühlen Ort, mit einem feuchten Tuch zugedeckt, langsam trocknen.

Anmerkung: Wenn wir nicht in einem Arbeitsgang fertig werden, hüllen wir die Form mit Plastikfolie ein. Sie darf auf keinen Fall austrocknen. Unter die Folie kann man zur Sicherheit noch ein feuchtes Tuch legen.

8. Nach dem völligen Austrocknen läßt man die Form brennen.
9. Wer Keramikfarben besitzt, kann die Form anmalen. Wir verweisen an dieser Stelle auf die Bücher: Sarah Parr „Töpfern", J. Colbeck „Töpfern" und H. Storr-Britz „Keramik dekorieren", erschienen im Otto Maier Verlag, Ravensburg.
10. Wir schneiden Japanpapier zurecht. Es dient als Fellersatz. Die Dicke des Japanpapieres steht frei: Dünnes Papier läßt sich mit Spannlack sehr gut spannen, hat einen metallischen Klang, reißt aber leichter ein als dickes. Das Japanpapier soll ein Stück größer sein als die obere Öffnung der Trommel. Es braucht noch nicht rund zu sein.
11. Der obere Rand der Form wird mit Kunstharzleim bestrichen.
12. Das Japanpapier legt man eben aus, stürzt die Form mit dem Leimrand nach unten darauf und preßt eine Zeitlang an.
13. Wenn das Japanpapier klebt, messen wir rund um die Trommel einen schmalen Rand ab und schneiden mit der Schere nach.
14. Dieser Rand wird mit Leim bestrichen und die Form so gewendet, daß das Japanpapier oben ist. Man drückt den Rand ringsum immer wieder an die Form, bis er klebt. Dabei können entstehende Fältchen mit dem Fingernagel ausgeglättet werden.

Achtung: Die Finger dürfen nicht voll Leim werden, damit das Japanpapier nicht am falschen Ort festklebt.

15. Wenn der Leim trocken ist, bestreichen wir das Japanpapier außen und, wenn möglich, auch auf der Innenseite mit Spannlack.
16. Das Lackieren wird mehrere Male wiederholt, bis die Oberfläche des Japanpapieres nach dem Trocknen glänzt und die Trommel hell erklingt.

Anmerkung: Wer sich die Arbeit mit Tonerde sparen will, kann die Topftrommel auch aus einer Blumenschale herstellen.

Handhabung

→ *Handtrommel,* Seite 66.

Zusatz: Becher- und Topftrommeln können wir auch unter den Arm oder zwischen die Beine klemmen.

Zwei verschieden hoch klingende Becher- oder Topftrommeln ergeben ein Bongo.

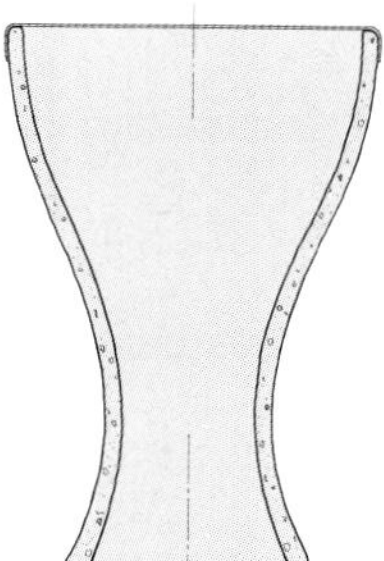

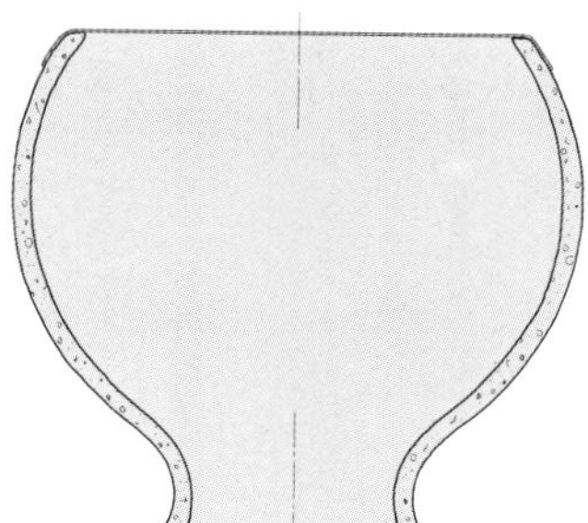

Kokosnußtrommel

Material und Werkzeug
Kokosnuß
Japanpapier
Material für Schlegel (→ *Allerlei Schlegel,* Seite 76 c/d)
Schleifpapier und entsprechend großes, ebenes Brettchen (oder Schleifteller)
Kunstharzleim
Spannlack und Pinsel
Pinselreiniger
Trinkbecher
Maßstab und Bleistift
Bohrmaschine
Bohrer Ø 10 mm
Absetzsäge
Messer
Schere

Arbeitsvorgang

1. Man durchbohrt die drei Augen der Kokosnuß und läßt die Kokosmilch in den Trinkbecher laufen.
2. Nachdem wir auf der Kokosnuß die Schnittlinie angegeben haben, sägen wir sie entzwei. Man kann aber auch eine unten geöffnete Trommelform zurechtsägen (→ Plan). Wer eine Hobelbank besitzt, spannt das Sägeblatt der Absetzsäge so in die Vorderzange ein, daß die Zähne ca. 5 mm hervorschauen. Die Kokosnuß wird zum Sägen hin und her bewegt. Steht keine Hobelbank zur Verfügung, stellen wir eine Absetzsäge senkrecht auf den Boden, so daß das Sägeblatt von uns abgewandt ist. Ein Fuß wird auf die untere Sprosse gestellt, die Säge mit den Knien festgehalten und die Kokosnuß zum Sägen hin und her bewegt. Wir arbeiten auf Stoß (Richtung der Sägezähne beachten, → *Sägen,* Seite 230!)
3. Mit einem Messer trennen wir das Kokosfleisch heraus.
4. Zum Schleifen (der Schnittflächen) klebt man Schleifpapier auf ein ebenes Brett und zieht die Schnittfläche der Kokosnuß darüber, bis sie eben ist. Mit einem Schleifteller ist die Arbeit weniger mühsam.
5. Die scharfen Kanten werden gebrochen.

Anmerkung: Die beiden Teile müssen in einem warmen Zimmer ein paar Wochen lang gut trocknen, damit sie sich nach dem Spannen des „Felles" nicht mehr zusammenziehen. Dadurch würde die Spannung nachlassen.

6. Wir schneiden Japanpapier zurecht. Es dient als Fellersatz. Die Dicke des Japanpapieres steht frei: Dünnes Papier läßt sich mit Spannlack sehr gut spannen, hat einen metallischen Klang, reißt aber leichter als dickes. Das Japanpapier soll ein Stück größer sein als die obere Öffnung der Kokosnuß. Es braucht noch nicht rund zu sein.
7. Die Schnittfläche der Kokosnuß wird mit Kunstharzleim bestrichen.
8. Das Japanpapier legt man eben aus, stürzt die Kokosnuß mit dem Leimrand nach unten darauf und preßt eine Zeitlang an.
9. Wenn das Japanpapier klebt, messen wir rund um die Trommel einen schmalen Rand ab und schneiden mit der Schere nach.
10. Dieser Rand wird mit Leim bestrichen und die Form so gewendet, daß das Japanpapier oben ist. Man drückt den Rand ringsum immer wieder an die Form, bis er klebt. Dabei können entstehende Fältchen mit dem Fingernagel ausgeglättet werden.

Achtung: Die Finger dürfen nicht voll Leim werden, damit das Japanpapier nicht am falschen Ort festklebt.

11. Wenn der Leim trocken ist, bestreichen wir das Japanpapier auch auf der Innenseite mit Spannlack.
12. Das Lackieren wird mehrere Male wiederholt, bis die Oberfläche des Japanpapieres nach dem Trocknen glänzt und die Trommel hell erklingt.
13. Die andere Hälfte der Kokosnuß wird auf dieselbe Weise bearbeitet.
14. Es wird noch ein Schlegel benötigt.

Handhabung

1. Wir halten die Kokosnußtrommel mit der einen Hand und tupfen mit dem Mittelfinger der anderen Hand gegen die „Fell"-Mitte.
2. Wir tupfen am Rand der Trommel.
3. Die genannten Schläge lassen sich kombinieren.
4. Wir schlagen mit den gestreckten mittleren drei Fingern.
5. Zum Schlagen kann auch ein Schlegel oder ein Besen verwendet werden (→ *Allerlei Schlegel,* Seite 76 c/d).
6. Lustig ist aber vor allem, die beiden Kokosnußhälften mit ihrer kugeligen Seite gegeneinander zu schlagen, indem man die beiden Hälften so hält, daß die Membranen gegen die Handflächen gerichtet sind.

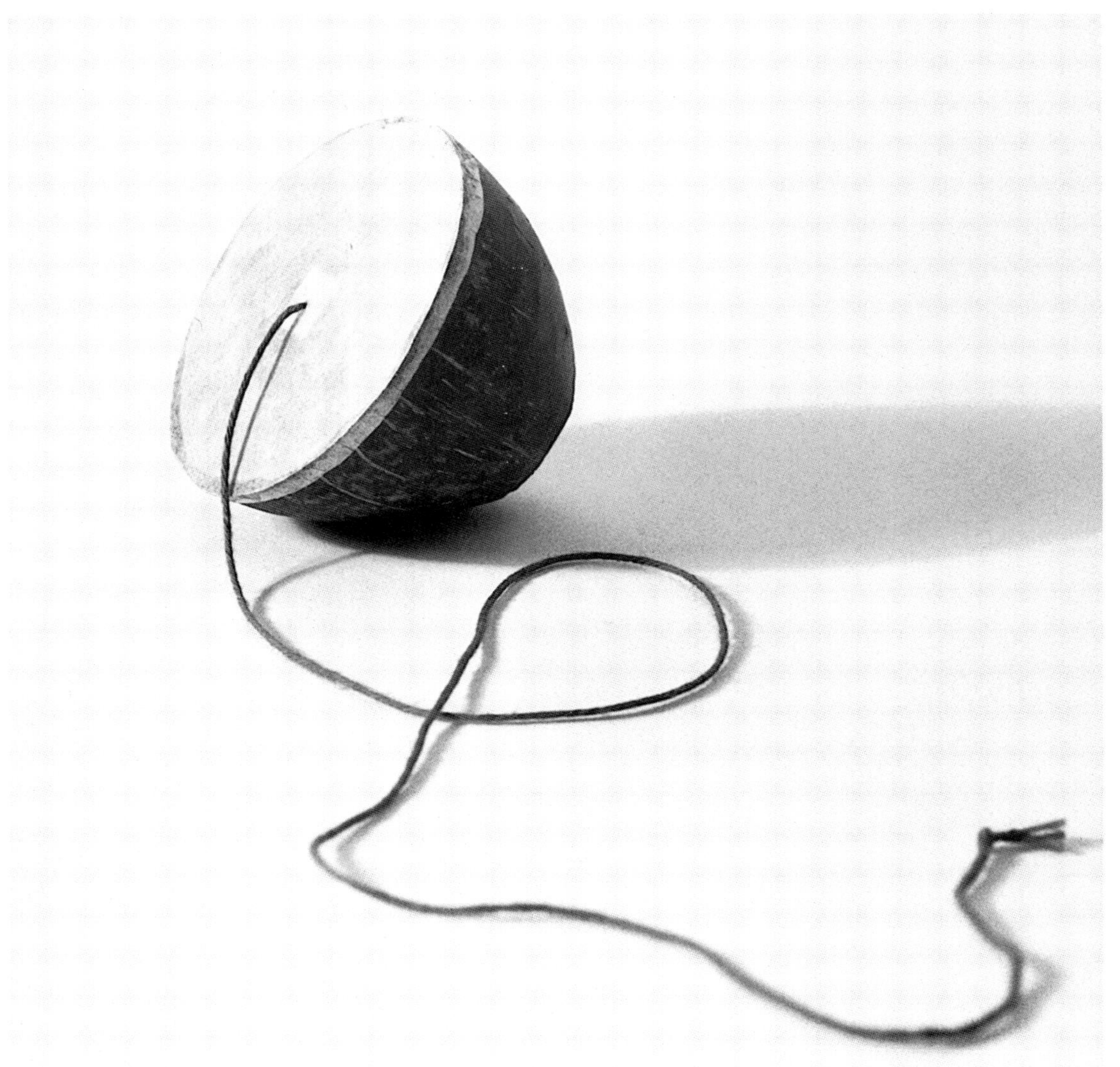

Fadenreibtrommel

Material und Werkzeug
Kokosnuß
Dickes Japanpapier
Dünner Zwirn aus Perlon oder Hanf, evtl. auch Sternzwirn
Schleifpapier und entsprechend großes, ebenes Brettchen (oder Schleifteller)
Kunstharzleim und Lappen
Spannlack und Pinsel
Pinselreiniger
Trinkbecher
Maßstab und Bleistift
Bohrmaschine
Bohrer Ø 10 mm
Absetzsäge
Messer
Schere, spitzige Ahle, Nähnadel

Arbeitsvorgang

1. Man durchbohrt die drei Augen der Kokosnuß und läßt die Kokosmilch in den Trinkbecher laufen.
2. Nachdem wir auf der Kokosnuß die Schnittlinie angegeben haben, sägen wir sie entzwei. Man kann aber auch eine unten geöffnete Trommelform zurechtsägen (→ Plan). Wer eine Hobelbank besitzt, spannt das Sägeblatt der Absetzsäge so in die Vorderzange ein, daß die Zähne ca. 5 mm hervorschauen. Die Kokosnuß wird zum Sägen hin und her bewegt. Steht keine Hobelbank zur Verfügung, stellen wir die Absetzsäge senkrecht auf den Boden, so daß das Sägeblatt von uns abgewandt ist. Ein Fuß wird auf die untere Sprosse gestellt, die Säge mit den Knien festgehalten und die Kokosnuß zum Sägen hin und her bewegt. Wir arbeiten auf Stoß (Richtung der Sägezähne beachten, → *Sägen,* Seite 230).
3. Mit einem Messer trennen wir das Kokosfleisch heraus.
4. Zum Schleifen (der Schnittflächen) klebt man Schleifpapier auf ein ebenes Brett und zieht die Schnittfläche der Kokosnuß darüber, bis sie eben ist. Mit einem Schleifteller ist die Arbeit weniger mühsam.
5. Die scharfen Kanten werden gebrochen.

Anmerkung: Die beiden Teile müssen in einem warmen Zimmer ein paar Wochen lang gut trocknen, damit sie sich nach dem Spannen des „Felles" nicht mehr zusammenziehen. Dadurch würde die Spannung nachlassen.

6. Wir schneiden Japanpapier zurecht. Es dient als Fellersatz. Die Dicke des Japanpapieres steht frei: Dünnes Papier läßt sich mit Spannlack sehr gut spannen, hat einen metallischen Klang, reißt aber leichter als dickes. Das Japanpapier soll ein Stück größer sein als die obere Öffnung der Kokosnuß. Es braucht noch nicht rund zu sein.
7. Wir legen die Kokosnuß auf das Japanpapier und bezeichnen auf der Kokosnuß und auf dem Japanpapier mit einem Strichlein irgend eine Stelle (der Kokosnußrand ist nicht kreisrund, und nach dem Aufbringen des Leimes sollte er wieder an derselben Stelle auf das Japanpapier zu liegen kommen), fahren mit dem Bleistift dem Rand der Kokosnuß nach und erhalten so die äußere Form. Die Kokosnuß wird entfernt. Dem erhaltenen Umriß werden überall 5 mm zugegeben und erst dann das Japanpapier ausgeschnitten.
8. Aus Abfallstückchen schneidet man sechs bis acht viereckige Stücke von ca. 1 × 1 cm zu, legt das Japanpapier mit der Umrißlinie nach oben und klebt sie übereinander in dessen Zentrum.
9. Nach dem Trocknen des Leimes stechen wir mit der Ahle durch die Mitte aller Papierchen ein kleines Loch.
10. Am einen Ende des Perlonzwirnes (auch Hanfzwirn oder Leinenfaden) wird ein Knoten angebracht, der so dick ist, daß er keinesfalls durch das vorgestochene Löchlein schlüpfen kann. Der Zwirn wird mit der Nähnadel eingezogen. Der Knoten muß auf die Seite der aufgeklebten Papierstücke zu liegen kommen.
11. Die Schnittfläche der Kokosnuß wird mit Kunstharzleim bestrichen.
12. Das Japanpapier legt man eben aus, stürzt die Kokosnuß mit dem Leimrand nach unten darauf, indem man die bezeichnete Stelle beachtet, und preßt eine Zeitlang an.

Achtung: Der Zwirn muß so liegen, daß er beim Andrücken der Kokosnuß auf das Japanpapier nicht stört.

13. Wenn das Japanpapier klebt, messen wir rund um die Trommel einen schmalen Rand ab und schneiden mit der Schere nach.
14. Dieser Rand wird mit Leim bestrichen und die Form so gewendet, daß das Japanpapier oben ist. Man drückt den Rand ringsum immer wieder an die Form, bis er klebt. Dabei können entstehende Fältchen mit dem Fingernagel geglättet werden.

Achtung: Die Finger dürfen nicht voll Leim werden, damit das Japanpapier nicht am falschen Ort festklebt.

15. Wenn der Leim festklebt, bestreichen wir das Japanpapier mit Spannlack.
16. Das Lackieren wird mehrere Male wiederholt, bis die Oberfläche des Japanpapieres nach dem Trocknen glänzt und die Trommel hell erklingt.

Vorsicht: Der Zwirn sollte nicht lackiert werden.

Handhabung

1. Möglichkeit: Mit der einen Hand halten wir die Fadenreibtrommel am Zwirn fest und lassen sie hängen. Mit der anderen Hand halten wir den Zwirn nahe bei der Membrane mit Daumen und Zeigefinger fest und zupfen mit den Fingernägeln der drei übrigen Finger.
2. Möglichkeit: Wir klemmen die Nuß unter dem Oberarm fest, strecken den Zwirn mit der dazugehörigen Hand und zupfen mit dem Zeigefinger der anderen Hand. Je nach Stärke, mit der man den Zwirn spannt, entsteht beim Zupfen ein höherer oder tieferer Ton.
3. Möglichkeit: Die Kokosnuß wird zwischen die Knie geklemmt. Wir spannen den Zwirn mit der einen Hand, fassen ihn mit dem Daumen und dem Zeigefinger der anderen Hand und streichen auf und ab.

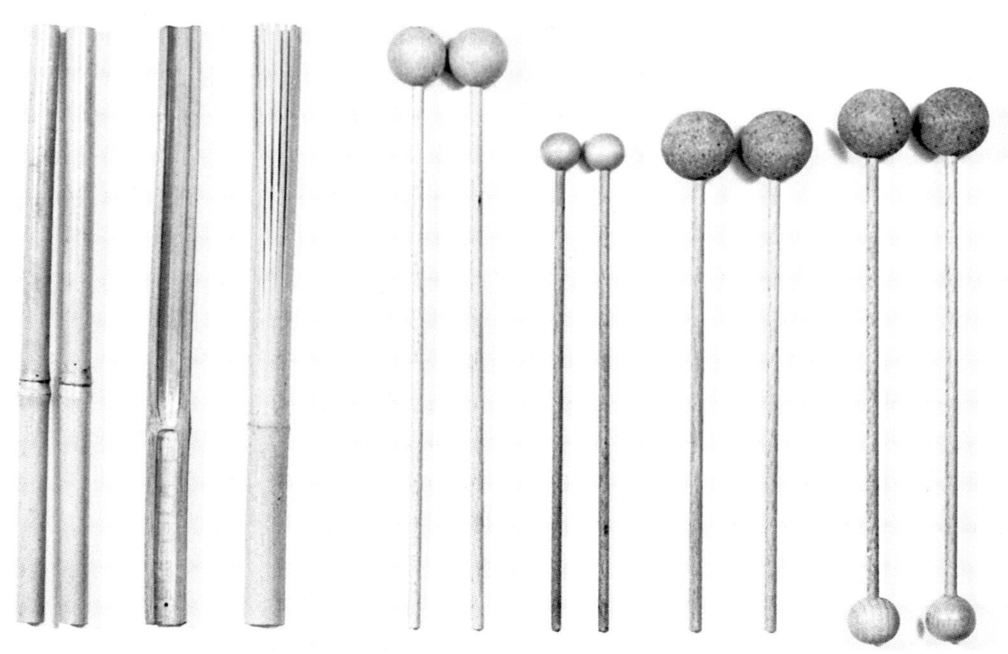

Allerlei Schlegel

a) Bambusschlegel

Material und Werkzeug
1 Bambusrohr Ø ca. 12 mm
50 cm Draht Ø ca. 2 mm (evtl. Fahrradspeiche)
Schleifpapier
Eisensäge
Schneidlade
Flachzange

Arbeitsvorgang:

1. Vom Bambusrohr werden 30 cm abgesägt. In diesem Stück soll sich ein Knoten befinden, der das Rohr ungefähr im Verhältnis 1:2 teilt.

Achtung: Da Bambus beim Durchsägen gerne aufspleißt, sägen wir ihn vorher rundum an. Aus dem gleichen Grunde sollte eine Eisensäge und nicht die Feinsäge verwendet werden.

2. Die Schnittflächen werden geschliffen und die Kanten gebrochen.
3. Zur Klangverbesserung putzt man den Schlegel sauber aus. Zum Ausputzen verwenden wir den 2 mm-Draht, dessen eines Ende mit der Flachzange zu einer Öse umgebogen wurde. Mit der Flachzange drückt man die Öse so stark zusammen, daß sie sich gut im Bambusrohr hin und her schieben läßt. Der Staub wird herausgeklopft. Anstelle des Drahtes kann auch eine Fahrradspeiche (Kopf voran) verwendet werden.

Handhabung

1. Der vom Knoten aus gesehen kürzere Teil des Bambusrohres dient als Griff.
2. Beim Schlagen muß der Schlegel sofort wieder zurückfedern, damit der Klang nicht getötet wird.
3. Wir wenden den Bambusschlegel bei Instrumenten aus Bambus an (z. B. Röhren- und Schlitztrommeln aus Bambus).

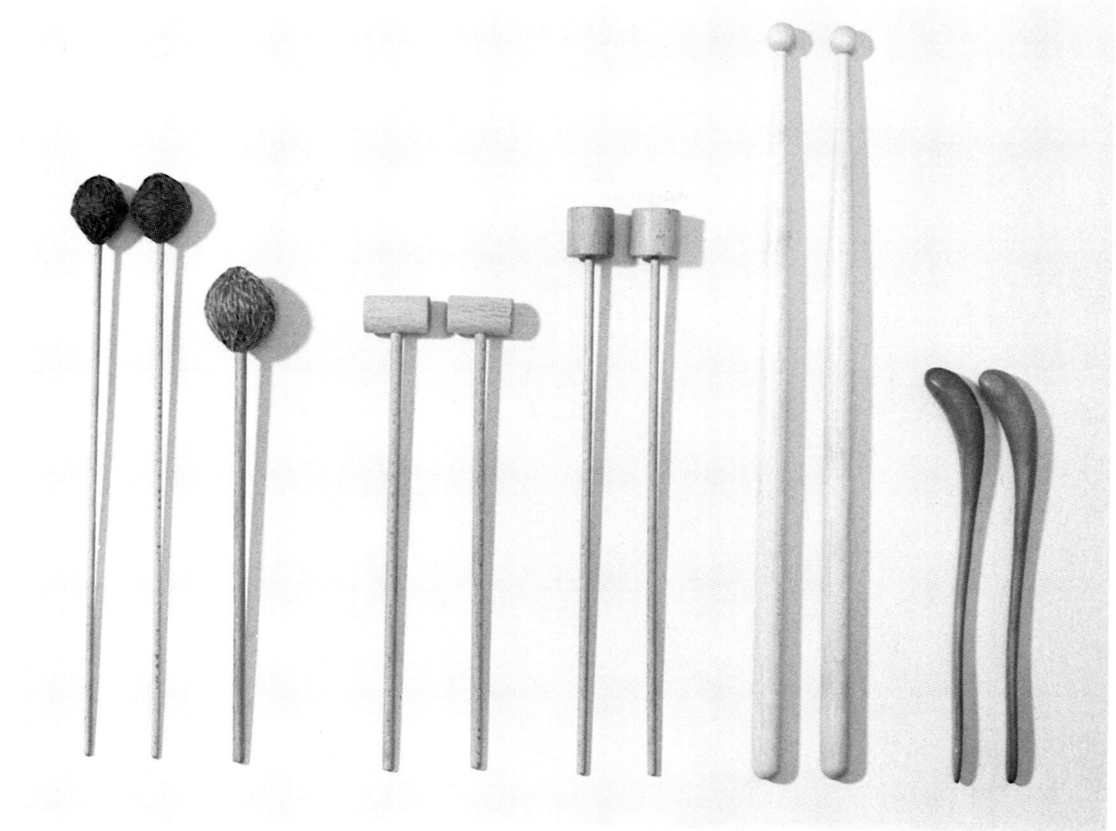

b) Bambusschlegel, halbrund

Material und Werkzeug
1 Bambusrohr Ø ca. 12 mm
Schleifpapier
Eisensäge
Schneidlade
Hobelbank oder andere Einspannvorrichtung
Stechbeitel und Holzhammer

Arbeitsvorgang

1. Vom Bambusrohr werden 30 cm abgesägt. In diesem Stück soll sich ein Knoten befinden, der das Rohr ungefähr im Verhältnis 1:2 teilt.

Achtung: Da Bambus beim Durchsägen gerne aufspleißt, sägen wir ihn vorher rundum an. Aus dem gleichen Grunde sollte eine Eisensäge und nicht die Feinsäge verwendet werden.

2. Die Schnittflächen werden geschliffen und die Kanten gebrochen.
3. Den Bambusabschnitt spannen wir der Länge nach zwischen die Bankeisen und spalten ihn mit einem Stechbeitel. Man beginnt beim Knoten und spaltet nach links und rechts, aber nur auf der oberen Seite; dann dreht man den Stab und spaltet ihn auch auf der anderen Seite.
4. Mit Schleifpapier reinigt man den inneren Teil der beiden Hälften und schleift die Spaltflächen.

Handhabung

1. Der halbrunde Bambusschlegel dient als Schraper beim Schrapstock.
2. Wir halten den Schraper am Griff und fahren mit dessen rundem Rücken über die Rillen des Schrapstockes.
3. Zum Schrapen kann auch die eine Kante des Schrapers benutzt werden. Man erhält so einen anderen Effekt.
4. Wir können den Schraper zudem als Schlagstock benützen und mit ihm den Schrapstock zwischen Knoten und erster Rille schlagen.
5. Schlagen und Schrapen können miteinander kombiniert werden.

c) Besen aus Bambus

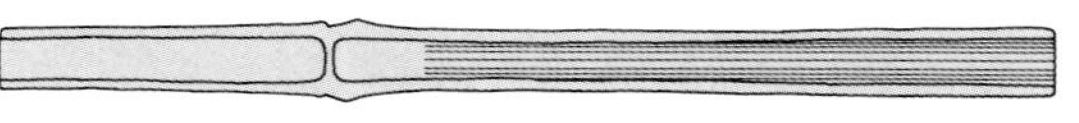

Material und Werkzeug
1 Bambusrohr Ø ca. 20 mm
Schleifpapier
Eisensäge
Schneidlade
Hobelbank oder andere Einspannvorrichtung
Stechbeitel und Holzhammer

Arbeitsvorgang

1. Vom Bambusrohr werden 30 cm abgesägt. In diesem Stück soll sich ein Knoten befinden, der das Rohr ungefähr im Verhältnis 1:2 teilt.

Achtung: Da Bambus beim Durchsägen gerne aufspleißt, sägen wir ihn vorher rundum an. Aus dem gleichen Grunde sollte eine Eisensäge und nicht die Feinsäge verwendet werden.

2. Die Schnittflächen werden geschliffen und die Kanten gebrochen.
3. Den Bambusabschnitt spannen wir der Länge nach zwischen die Bankeisen und spalten ihn mit einem Stechbeitel. Man beginnt bei einem Knoten und spaltet nach links und rechts, aber nur auf der oberen Seite; dann dreht man den Stab und spaltet ihn auch auf der anderen Seite.
4. Mit Schleifpapier reinigt man den inneren Teil der beiden Hälften und schleift die Spaltflächen.
5. Den längeren Teil der Rohrhälfte spalten wir bis gegen den Knoten zu in feine Lamellen.
6. Auch die einzelnen Lamellen und deren Kanten sind zu schleifen.

Handhabung

1. Wir halten den Besen locker am Griff.
2. Beim Schlagen muß der Besen sofort wieder zurückfedern, damit der Klang nicht getötet wird.
3. Durch Veränderung des Schlagortes (z. B. Trommelmitte – Trommelrand) läßt sich der Klang variieren.
4. Wenn wir den Besen nach dem Schlag nicht hochheben, sondern mit sanftem Druck über das Trommelfell ziehen, entsteht ein neuer Klangeffekt.

d) verschiedene Schlegel mit Kugelkopf

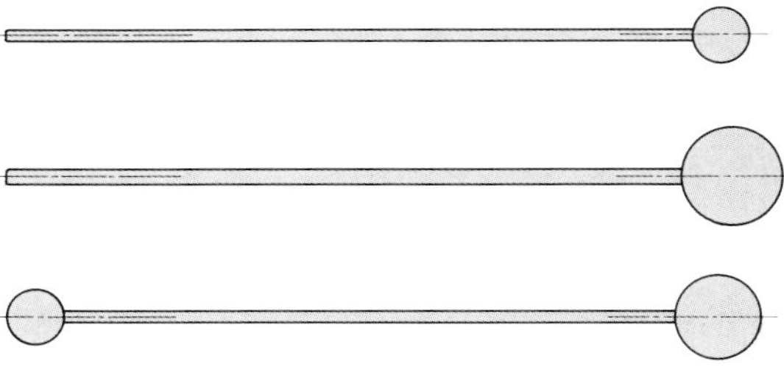

Material und Werkzeug	
Rundholz Ø 4 mm und 5 mm, evtl. Peddigrohr Ø ca. 5 mm	
Holzkugeln Ø 15 bis 30 mm Korkkugeln Ø 25 bis 35 mm	mit Löchern Ø 4 oder 5 mm
Filzstreifchen	
Lederstreifchen	
Sockenwolle	
Trikotstoffrest	
Leinenfaden (Sternzwirn)	
Kunstharzleim	
Schleifpapier	
Nitrowachs und Lappen	
Alleskleber	
Maßstab und Bleistift	
Feinsäge	
Wollnähnadel	
Schere	

Arbeitsvorgang

1. Die Schlegelstiele werden zugesägt (Länge 25 bis 30 cm).
2. Die Stiele werden in verschieden große Holz- und Korkkugeln geleimt.

Anmerkung: Der Durchmesser der Löcher in den Kugeln muß dem Durchmesser der Stiele entsprechen.

3. Von einer Schlegelart stellen wir immer mindestens ein Paar her.
4. Der Schlegelstiel kann auch auf beiden Seiten mit Köpfen versehen werden, z. B. mit einer Holz- und mit einer Korkkugel.
5. Die Schlegel werden geschliffen und mit Nitrowachs behandelt.

Variante I: Ein schmales Filzstreifchen wird mit Alleskleber um eine Holzkugel geklebt (Klangdämpfung).

Variante II: Statt der Filzstreifen klebt man mit Alleskleber einen Lederstreifen um den Schlegelkopf.

Variante III: Wir umwickeln die Kugel knäuelartig mit Sockenwolle. Ist die gewünschte Größe erreicht, wird vom Wollfaden ein freies Ende von ca. 1 m stehen gelassen. Dieses Ende fädelt man in eine Wollnähnadel ein und befestigt mit Überwindlingsstichen rings um die Kugel die Wollwicklung im oberen, mittleren und unteren Teil der Kugel.

Variante IV: Ein Kugelkopf wird mit Trikotstoff überzogen und beim Stielansatz mit Leinenfaden satt zusammengebunden. Man achtet darauf, daß sich der Stoff in gleichmäßige Fältchen legt. Vorstehende Stoffzipfelchen werden zurückgeschnitten.

Handhabung
1. Wir halten den Schlegel locker am Stiel.
2. Beim Schlagen muß der Schlegel sofort wieder zurückfedern, damit der Klang nicht getötet wird.
3. Bei einer Trommel läßt sich der Klang durch Verändern des Schlagortes variieren (z.B. Trommelmitte – Trommelrand).
4. Mit den verschiedenen Schlegeln (Variante I–IV) können unterschiedliche Klangeffekte erzeugt werden.

e) Zylinderkopfschlegel

Material und Werkzeug
Rundholz Ø 5 mm
Rundholz Ø 20 mm
Filz- und Lederstückchen
Schleifpapier
Kunstharzleim und Alleskleber
Nitrowachs und Lappen
Bohrmaschine mit Maschinenschraubstock und Bohrhilfe
Bohrer Ø 5 mm
Feinsäge und Schneidlade
Feile
Ahle
Holzhammer

Zylinderkopfschlegel I:

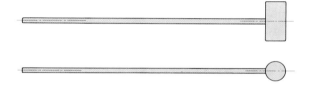

Arbeitsvorgang
1. Die Schlegelstiele werden zugesägt (Länge 25–30 cm).
2. Vom dicken Rundholz werden zweimal 4 cm abgeschnitten und die Kanten gerundet.
3. Auf der Längsseite sticht man in der Mitte die Löcher für die Stiele vor und bohrt je ein 5 mm-Loch, ca 1½ cm tief. Wir verwenden dazu die Bohrhilfe.
4. Die Stiele werden eingeleimt.
5. Man schleift die Schlegel und behandelt sie mit Nitrowachs.
6. Auf die eine Seite kleben wir runde Lederstückchen.

Handhabung
1. Die Schlegel werden zum Anschlagen des Signalbrettes gebraucht.
2. Wir halten die Schlegel locker in den Händen.
3. Nach dem Schlagen muß der Schlegel sofort wieder zurückfedern, damit der Klang nicht getötet wird.
4. Wir variieren den Klang, indem wir entweder die Holz- oder die mit Leder bezogene Seite der Schlegel benutzen.

Zylinderkopfschlegel II:

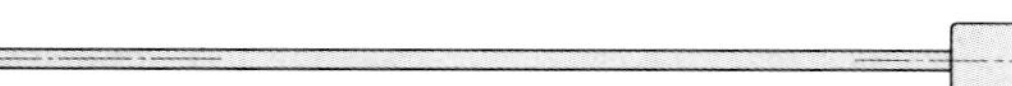

Arbeitsvorgang

1. Die Schlegelstiele werden zugesägt (Länge 25–30 cm).
2. Vom dicken Rundholz werden zwei gleichlange Stücke abgeschnitten. Die Länge richtet sich nach dem Verwendungszweck:
für Saitentamburin I: zweimal 4 cm
für Saitentamburin II: zweimal 2,5 cm
3. Bei beiden Zylinderstücken sticht man auf der einen Stirnseite im Zentrum vor, spannt sie nacheinander im Maschinenschraubstock senkrecht ein und bohrt ein 5 mm-Loch ca. 2 cm tief.
4. Sie werden geschliffen und die Kanten gebrochen.
5. Die Stiele werden eingeleimt.
6. Die Schlegel behandelt man mit Nitrowachs.
7. Bei einem weiteren Schlegelpaar überziehen wir die Schlegel mit Filz.

Handhabung

1. Die Schlegel werden beim Saitentamburin gebraucht.
2. Wir fassen die Schlegel locker am Stiel.
3. Nach dem Schlagen muß der Schlegel sofort wieder zurückfedern, damit der Klang nicht getötet wird.
4. Den Pianoschlag erzeugen wir mit den Schlegeln, die mit Filz überzogen sind.

f) Trommelschlegel

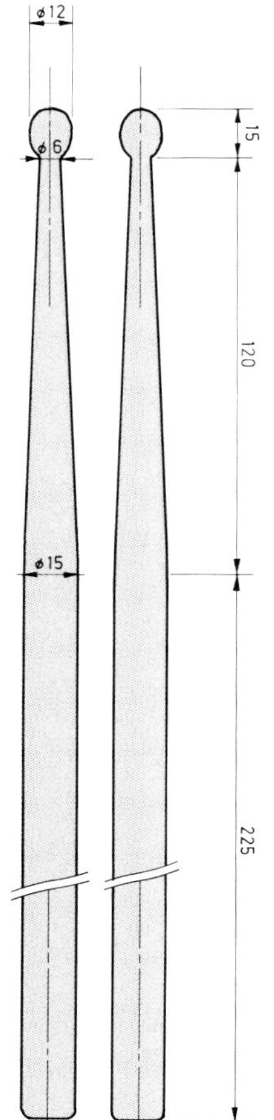

Material und Werkzeug
Rundholz (Hartholz) Ø 15 mm, Länge zweimal 36 cm
Schleifpapier
Nitrowachs und Lappen
Hobelbank und Bankkluppe
Raspel und Feile

Arbeitsvorgang

1. Wir spannen das Rundholz in die Bankkluppe und arbeiten mit Raspel und Feile die Form eines Trommelschlegels heraus (→ Plan).
2. Der zweite Schlegel wird ebenso hergestellt. Es ist schwierig, ihm die genau gleiche Form zu geben.
3. Die Schlegel werden geschliffen und mit Nitrowachs behandelt.

Handhabung

Die richtige Haltung der Trommelschlegel schauen wir einem Trommler ab.

g) Keulenschlegel

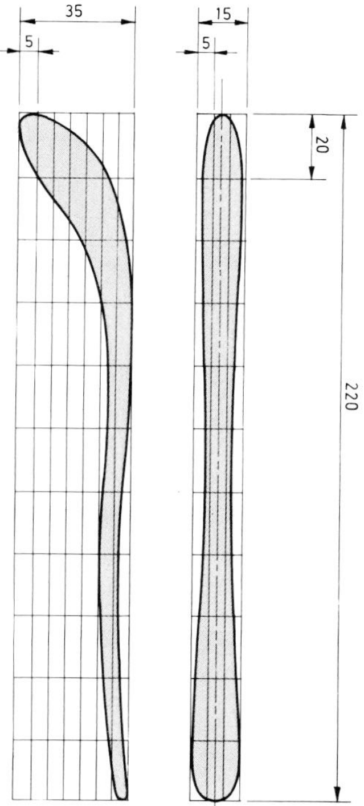

Material und Werkzeug
2 Hartholzbrettchen, nicht spleißend, 22 × 3,5 × 1,5 cm
Schleifpapier
dünnes Papier und Klebestift
Nitrowachs und Lappen
Maßstab und Bleistift
Evtl. Hobelbank und Bankkluppe
Schweifsäge
Raspel und Feile

Arbeitsvorgang

1. Wir zeichnen die Seitenansicht auf die Brettchen und sägen aus.
2. Der Grundriß wird zweimal auf dünnes Papier gezeichnet und auf die unteren Schmalseiten der ausgesägten Formen geklebt.
3. Mit Raspel und Feile wird die Form ausgearbeitet und alle Kanten gerundet.
4. Die Schlegel werden geschliffen und mit Nitrowachs behandelt.

Handhabung

1. Wir halten die Keulenschlegel locker am löffelstielartigen Ende.
2. Nach dem Schlagen muß der Schlegel sofort wieder zurückfedern, damit der Klang nicht getötet wird.
3. Die Keulenschlegel eignen sich besonders für die höheren Töne des Xylophons.

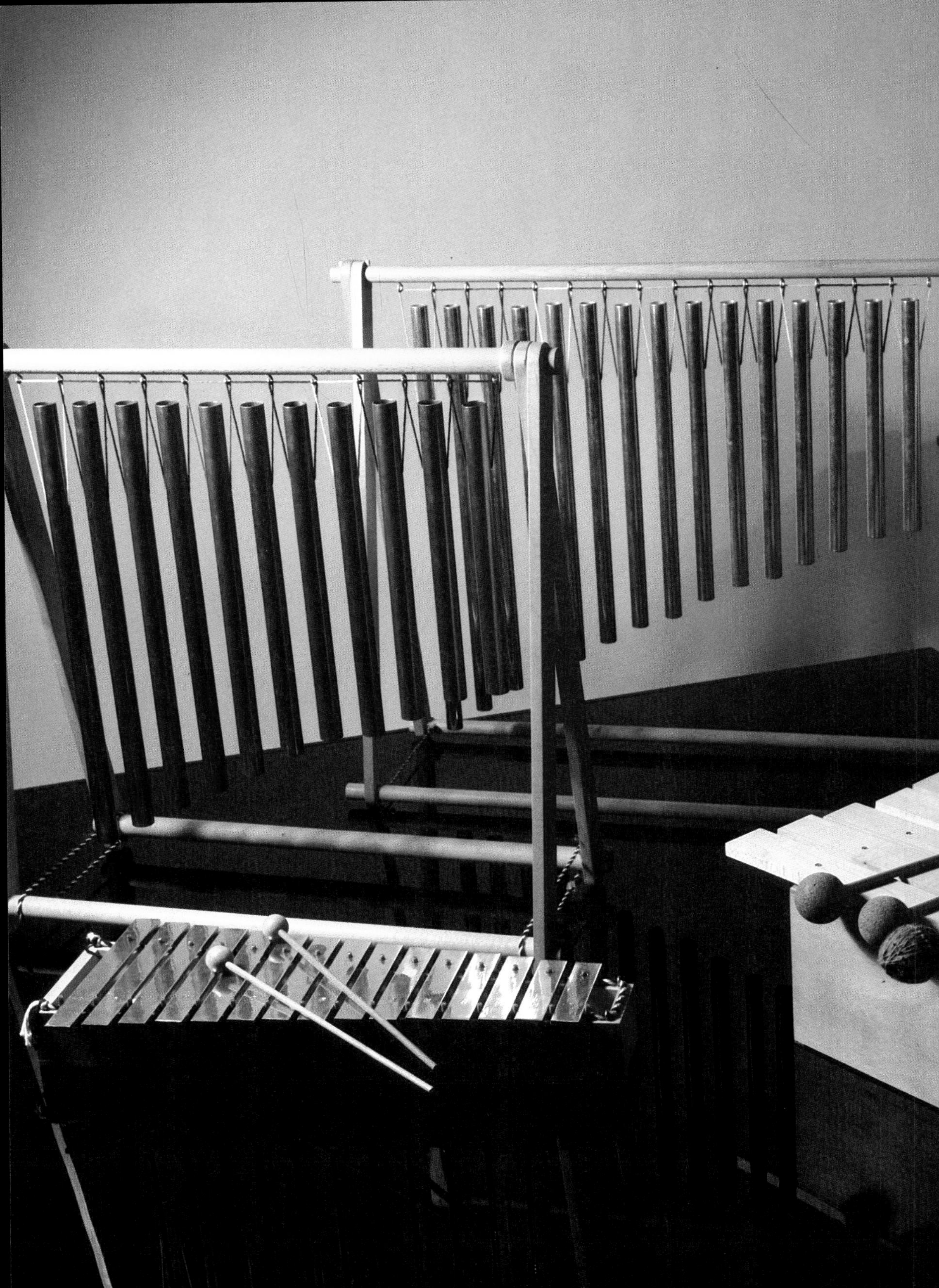

3. *Melodische Schlaginstrumente*

Während wir bei den rhythmischen Schlaginstrumenten nur hell und dumpf, hoch und tief, hart und weich, laut und leise als Klangabstufungen unterscheiden können, haben wir beim Spiel auf den melodischen Schlaginstrumenten wie Glockenspiel, Röhrenglocken und Xylophon die Möglichkeit, Tonfolgen mit genau bestimmten Tonhöhen, also Melodien, zu erzeugen.
Melodische Schlaginstrumente werden vom Erbauer fertig eingestimmt. Der Spieler hingegen kann die Höhe der Stimmung nicht mehr beeinflussen.
Xylophon und Glockenspiel (oder Röhrenglocken) zu Flöten, untermalt mit rhythmischem Schlagwerk, ergeben eine wirkungsvolle Klangmischung. Andererseits empfiehlt es sich nicht, Glockenspiel und Röhrenglocken gleichzeitig einzusetzen.
Beispiele über den Gebrauch melodischer Schlaginstrumente bieten die gleichen Publikationen, die schon bei den rhythmischen Schlaginstrumenten angeführt wurden:
Orff-Schulwerk (Verlag B. Schott's Söhne, Mainz)
K. Schweizer: „Hüt tanzt Joggelima" (Verlag Hug + Co, Zürich) „Singen und Klingen" (Blaukreuzverlag, Bern)
Wer Mühe hat, Glockenspiel und Xylophon zu unterscheiden, sei daran erinnert, daß Glocken aus Metall hergestellt werden, ein Glockenspiel demnach Klangplatten aus Metall als vereinfachte Glocken besitzt. Das Xylophon hingegen wurde aus gut klingenden Holzstäben entwickelt. Xylos bedeutet Holz. Im Mittelalter erhielt das Xylophon seines klappernden Tones wegen den Namen „Hölzernes Gelächter", und weil die Klangplatten auf Strohwalzen aufgereiht wurden, nannte man es auch „Strohfidel".

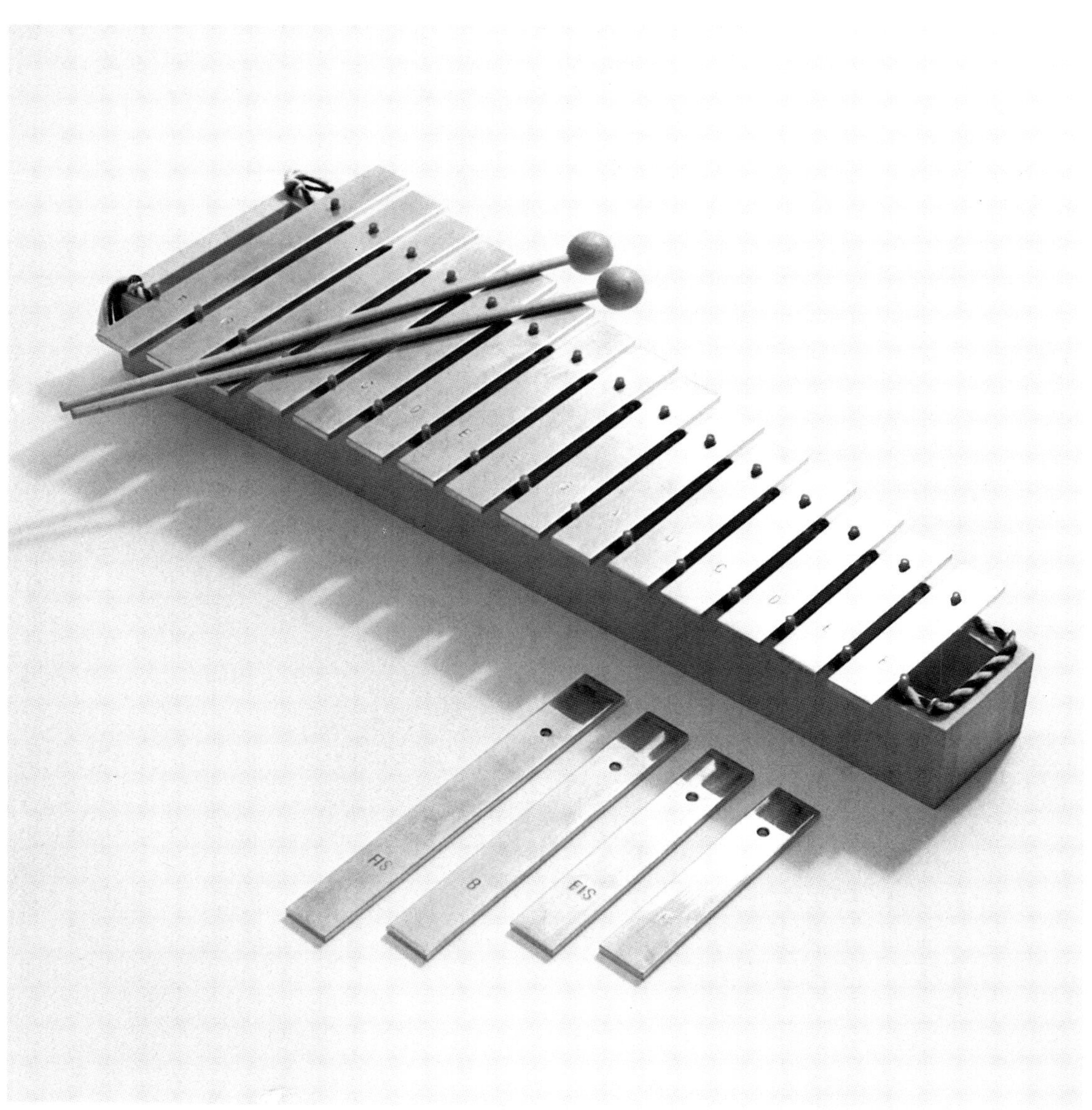
FIS
B

Glockenspiel aus Antikorodalband

Material und Werkzeug
1 Ahornbrettchen 42 × 12 × 0,5 cm
1 Ahornleiste 100 × 4 × 1 cm
1 Hartholzleistchen 15 × 2 × 1 cm
2 flache Holzkeile
3 m Antikorodalband 20/4 mm
4 Ringschräublein, vernickelt, möglichst klein
31 Nägel Ø2,5 mm oder entsprechende 2,5 cm lange Stifte
50 cm Ventilschläuchlein
Garn, zwei verschiedene Farben, je 6 m
4 Filzscheibchen
Schleifpapier und Schmirgeltuch
Kunstharzleim und Pinsel
Nitrowachs und Lappen
Schutzbrille
Polierpaste oder Stahlwatte
Puder
Schlosserwinkel, Maßstab und Bleistift
Bohrmaschine mit Maschinenschraubstock
Bohrer Ø2,3 mm, 2,5 mm, 4 mm, 6 mm
Wo möglich: Schleifteller mit Schleiftisch und Winkelanschlag, sonst flache Eisenfeile grob und fein
Polierscheibe aus gepreßtem Filz
Kreis-, Stich-, Band- oder Feinsäge
Schraubstock
Eisensäge
Hebelvorschneider oder Beißzange mit langem Griff (entfällt bei Gebrauch von Stiften)
Schreinerhammer
Schieblehre und Anreißnadel
Versenker
Ahle und Körner
Schere
Einschlaggroßbuchstaben
Schraubzwingen
Wo möglich: elektroakustisches Stimmgerät

Arbeitsvorgang

I. Resonanzkasten:

1. Wir richten den Boden des Resonanzkastens zu. Die Masse und die Form sind aus dem Plan ersichtlich. Zum Aufzeichnen auf das Holz wird zuerst die senkrechte Mittellinie errichtet und dann von hier aus die entsprechenden Strecken abgetragen.

Anmerkung: Wer keine Kreis-, Stich- oder Bandsäge besitzt, läßt sich den Boden am besten vom Schreiner zusägen.

2. Von der Ahornleiste werden die Längsseiten des Resonanzkastens abgesägt. Die Stücke müssen etwas länger genommen werden (ca. 3 mm), als die Länge der Seitenkante des Bodens beträgt (Grund: schiefer Winkel).
3. Wir leimen die Seitenwände bündig auf die Längskanten des Bodens und bringen genügend Schraubzwingen (besser Zuleimschrauben) an. Der Boden darf die Stirnseiten der Längsleisten nirgends überragen.
4. Wenn der Leim gut hält, werden die Stirnseiten der Längsleisten bündig zum Boden abgeschliffen.
5. Nun sägen wir die beiden Breitseiten zu, geben aber wiederum 2–3 mm zu, weil die entsprechenden Winkel noch angeschliffen werden müssen.
6. Man stellt den Winkelanschlag der Schleifmaschine ein und schleift die Stirnseiten auf diesen Winkel ab. Dabei probiert man aber immer wieder, wie gut sich die Breitseite einpassen läßt.
7. Die Breitseite wird eingeleimt. Das Anbringen der Schraubzwingen ist nicht ganz einfach! Eine Schraubzwinge soll die Breitseite gegen den Boden, zwei weitere die Seitenwände gegen die Stirnseiten drücken. Die beiden letzten Schraubzwingen erfordern flache Keile als Zulagen. Damit die Keile nicht rutschen, werden sie mit Schleifpapier beklebt.

Achtung: Die kleinere Breitseite hat die Tendenz, nach innen, und die größere Breitseite, nach außen zu verrutschen.

8. Die Stellen der Haltenägel für die Klangplatten werden auf den Seitenwänden des Resonanzkastens bezeichnet. Man studiert zuerst den Plan ganz genau: Der Kasten muß immer so vor uns liegen, wie es später auch zum Spielen nötig ist. Die hohen Töne (kurze Klangplatten) befinden sich rechts. Auf die Nägel der entfernteren Längswand werden später die Klangplatten mit ihrem Halteloch aufgesteckt, die Nägel der näheren Seite hingegen stehen in den Zwischenräumen und geben den Klangplatten seitlichen Halt. Die Nägel liegen also einander nicht direkt gegenüber.
9. Mit der Ahle wird vorgestochen und mit dem 2,3 mm-Bohrer 1,5 cm tief vorgebohrt (Anschlag benutzen!).
10. Der Resonanzkasten wird geschliffen.
11. Es folgt die Behandlung mit Nitrowachs.
12. Stehen keine entsprechenden Stifte zur Verfügung, klemmen wir mit dem Hebelvorschneider oder mit einer Beißzange mit langem Griff die Nagelköpfe der 31 Nägel ab, so daß 2,5 cm lange Stifte entstehen, schleifen die Schnittflächen eben und beseitigen mit der Eisenfeile die entstehende Braue.

13. Ca. 2 cm vom einen Ende entfernt wird in die Hartholzleiste (15 × 2 × 1 cm) auf der Fläche 15 × 2 cm ein Loch gebohrt. Das Hölzchen dient beim Einschlagen der Stifte als Lehre.
14. Den ersten Stift schlagen wir ein Stück weit ein, stülpen die Lehre darüber und schlagen ihn dann bündig ein. Die Lehre wird entfernt und mit den anderen Stiften ebenso verfahren. Am Schluß stehen alle Stifte gleich weit (1 cm) vor.
15. Man stülpt das Ventilschläuchlein über jeden einzelnen Stift und schneidet jeweils bündig ab. Das Ventilschläuchlein soll den ganzen Nagel bedecken; mit etwas Puder (Talkum) wird es gleitfähiger. An allen vier Ecken des Kästchens wird mit der Ahle vorgestochen, ein Löchlein gebohrt (Ø ca. 1,5 mm) und die Ringschräubchen eingedreht (→ Plan).
17. Wir drehen eine Kordel (→ *Flechten, zwirnen und knüpfen,* Seite 220). Es werden zuerst beide 6 m langen Garnfäden doppelt gelegt und verkettet. Jetzt liegen die Fäden vierfach. Zu zweit dreht man einen satten Zwirn und stellt daraus die Kordel her.
18. Zur Befestigung wird die Kordel durch ein Ringschräubchen des Resonanzkastens gezogen und das Ende verknotet (wie aus dem Plan ersichtlich).
19. Wir stülpen die Kordel der Reihe nach über die Nägel, indem wir jedesmal deren Zwirne etwas auseinanderziehen, so daß eine Öse entsteht. Es sieht viel hübscher aus, wenn zwischen den Nägeln stets die gleiche Anzahl Kordelwindungen liegt.
20. Nach Beendigung des Aufziehens auf der einen Längsseite wird die Kordel durch die beiden Ringschräubchen der Schmalseite gezogen und auf der anderen Längsseite bis zum letzten Ringschräubchen geführt.
21. Das Ende der Kordel verknoten wir dicht nach dem letzten Ringschräubchen.
22. Auf der Unterseite des Kastens klebt man in jede Ecke ein Filzscheibchen.

II. Klangplatten:
1. Das Antikorodalband halbieren wir, damit die Bearbeitung leichter fällt.
2. Die Enden des Antikorodalbandes werden zu einem rechten Winkel gefeilt oder an der Schleifmaschine (Schutzbrille anziehen!) geschliffen.
3. Die Brauen beseitigt man mit Schmirgelpapier.
4. Wir messen zuerst die längste Klangplatte vom bereits zugeschliffenen Ende her ab (→ Tabelle mit den entsprechenden Maßen) und beschriften die Platte provisorisch mit dem Notennamen.
Anmerkung 1: Es empfiehlt sich, beim Herstellen der Klangplatten mit der längsten Platte zu beginnen. Wenn ein Fehler passiert, kann die Platte für den nächsthöheren Ton verwendet werden. Mit der Anreißnadel markiert man auf dem Antikorodalband das entsprechende Maß. Bei längeren Klangplatten verwenden wir einen Maßstab, bei kürzeren die Schieblehre. Mit Winkel und Anreißnadel wird die Markierung über die ganze Breite verlängert.
Anmerkung 2: Die Maße für das Glockenspiel entnehmen wir der Tabelle für ein diatonisches Glockenspiel (einschließlich fis und b). Um den Aufbau der Reihe sinnvoll aufzuzeigen, wurde die chromatische Tonleiter an den Anfang gestellt. Wer diese herstellen will, braucht mehr Antikorodalband (ca. 3,5–4 m).
5. Mit der Eisensäge sägen wir die erste Klangplatte ab und brechen die scharfen Kanten mit Schmirgeltuch.
6. Mit Stimmgabel, Stimmpfeife, gut gestimmtem Klavier oder mit einem elektroakustischen Stimmgerät (→ *Stimmen,* Seite 236) werden die Klangplatten kontrolliert, indem man sie schräg zwischen die Haltenägel des Kastens legt und mit einem Schlegel (→ *Allerlei Schlegel,* Seite 76 d) anschlägt. Ist der Ton noch zu tief, feilt oder schleift man an dem Ende, an welchem die Platte abgesägt wurde, solange rechtwinklig ab, bis der Ton stimmt. Klingt aber die Platte bereits zu hoch, wird sie für den nächst höheren Ton verwendet.
Anmerkung 1: Da beim Antikorodalband kleine Differenzen bezüglich Dicke und Breite auftreten können, haben die angegebenen Maße nur relativen Wert.
Anmerkung 2: Je dicker das Band oder je dicker die Platte ist, desto höher wird der Ton. Je dünner das Band oder je länger die Platte ist, desto tiefer wird der Ton.
7. Auf die beschriebene Art werden alle Klangplatten hergestellt.
8. Wir bestimmmen auf jeder Klangplatte die Stelle für das Halteloch und benutzen dazu wieder die Schieblehre und die Anreißnadel. Das Halteloch befindet sich auf der Längsmittelachse und zwar 22% vom einen Ende entfernt. Die der jeweiligen Länge entsprechenden 22% sind aus der Tabelle ersichtlich.
9. Vor dem Bohren schlägt man mit dem Körner eine kleine Vertiefung, sonst gleitet der Bohrer beim Ansetzen auf dem Metall hin und her.
10. Mit dem 4 mm-Bohrer werden die Haltelöcher gebohrt. Dazu spannt man die Klangplatten in den Maschinenschraubstock.

Anmerkung: Durch das Bohren der Löcher wird der Ton der Klangplatten wieder ein wenig tiefer.

11. Die Brauen der Bohrlöcher werden mit dem Versenker entfernt.

12. Mit Einschlaggroßbuchstaben und Hammer können die Tonnamen in die Klangplatten geschlagen werden. Das Einpunzen üben wir zuerst auf einem Abfallstück.

13. Wir setzen eine Schutzbrille auf und polieren die Klangplatten mit der Polierscheibe. Von Zeit zu Zeit muß etwas Polierpaste auf die Polierscheibe aufgetragen werden. Das geschieht bei laufender Scheibe, indem man die Polierpaste dagegen drückt.

Anmerkung: Statt polieren können wir die Klangplatten auch mit Stahlwatte glänzend reiben.

14. Mit einem Lappen werden die Klangplatten gesäubert.

15. Zum Schluß stimmen wir das Glockenspiel so genau wie möglich. Wird dabei der Ton einer Platte zu hoch, kann der Fehler in beschränktem Umfange korrigiert werden, indem man auf der Rückseite der Klangplatte im mittleren Bereich ihrer Länge Vertiefungen (z. B. mit dem 6 mm-Bohrer) einbohrt.

Achtung: Durch Feilen, Schleifen und Bohren wird Metall erhitzt, und der Ton wird tiefer. Eine genaue Tonhöhenbestimmung ist deshalb nur möglich, wenn die Klangplatte sich wieder abgekühlt hat.

Spielanleitung

1. Mit den zusätzlichen Klangplatten fis und b läßt sich durch Austauschen außer in C-Dur auch in G- und F-Dur musizieren.
2. Zum Spielen benötigt man zwei Schlegel (→ *Allerlei Schlegel,* Seite 76 d).
3. Wir fassen die Schlegel locker am Stiel.
4. Nach dem Schlagen muß der Schlegel sofort wieder zurückfedern, damit der Ton zum Klingen kommt.
5. Wenn man sich angewöhnt, sowohl mit der rechten als auch mit der linken Hand in günstiger Abfolge zu schlagen, kann das Spieltempo gesteigert werden.
6. Je nach Art des Schlegels kann man sowohl Klangstärke als auch Klangcharakter verändern.

Glockenspiel aus Antikorodalband 20/4 mm

chrom.	Länge in cm	Diff.	22%	diat.	pent.
f'''	8,65	0,25	1,903 ≈ 1,9	8,65	8,65
e'''	8,9	0,25	1,958 ≈ 1,95	8,9	
dis'''	9,15	0,25	2,013 ≈ 2,0		
d'''	9,4	0,25	2,068 ≈ 2,05	9,4	9,4
cis'''	9,65	0,3	2,123 ≈ 2,1		
c'''	9,95	0,3	2,189 ≈ 2,2	9,95	9,95
h''	10,25	0,3	2,255 ≈ 2,25	10,25	
b''	10,55	0,3	2,311 ≈ 2,3	10,55	
a''	10,85	0,3	2,387 ≈ 2,4	10,85	10,85
gis''	11,15	0,35	2,453 ≈ 2,5		
g''	11,5	0,35	2,530 ≈ 2,55	11,5	11,5
fis''	11,85	0,35	2,607 ≈ 2,6	11,85	
f''	12,2	0,35	2,684 ≈ 2,7	12,2	12,2
e''	12,55	0,35	2,761 ≈ 2,75	12,55	
dis''	12,9	0,35	2,838 ≈ 2,85		
d''	13,25	0,4	2,915 ≈ 2,9	13,25	13,25
cis''	13,65	0,4	3,003 ≈ 3,0		
c''	14,05	0,4	3,091 ≈ 3,1	14,05	14,05
h'	14,45	0,4	3,179 ≈ 3,2	14,45	
b'	14,85	0,45	3,267 ≈ 3,25	14,85	
a'	15,3	0,45	3,366 ≈ 3,35	15,3	15,3
gis'	15,75	0,45	3,465 ≈ 3,45		
g'	16,2	0,5	3,564 ≈ 3,55	16,2	16,2
fis'	16,7	0,5	3,674 ≈ 3,65	16,7	
f'	17,2		3,784 ≈ 3,75	17,2	17,2
	310,9 cm			238,65 cm	138,55 cm

Glockenspiel aus Antikorodalband

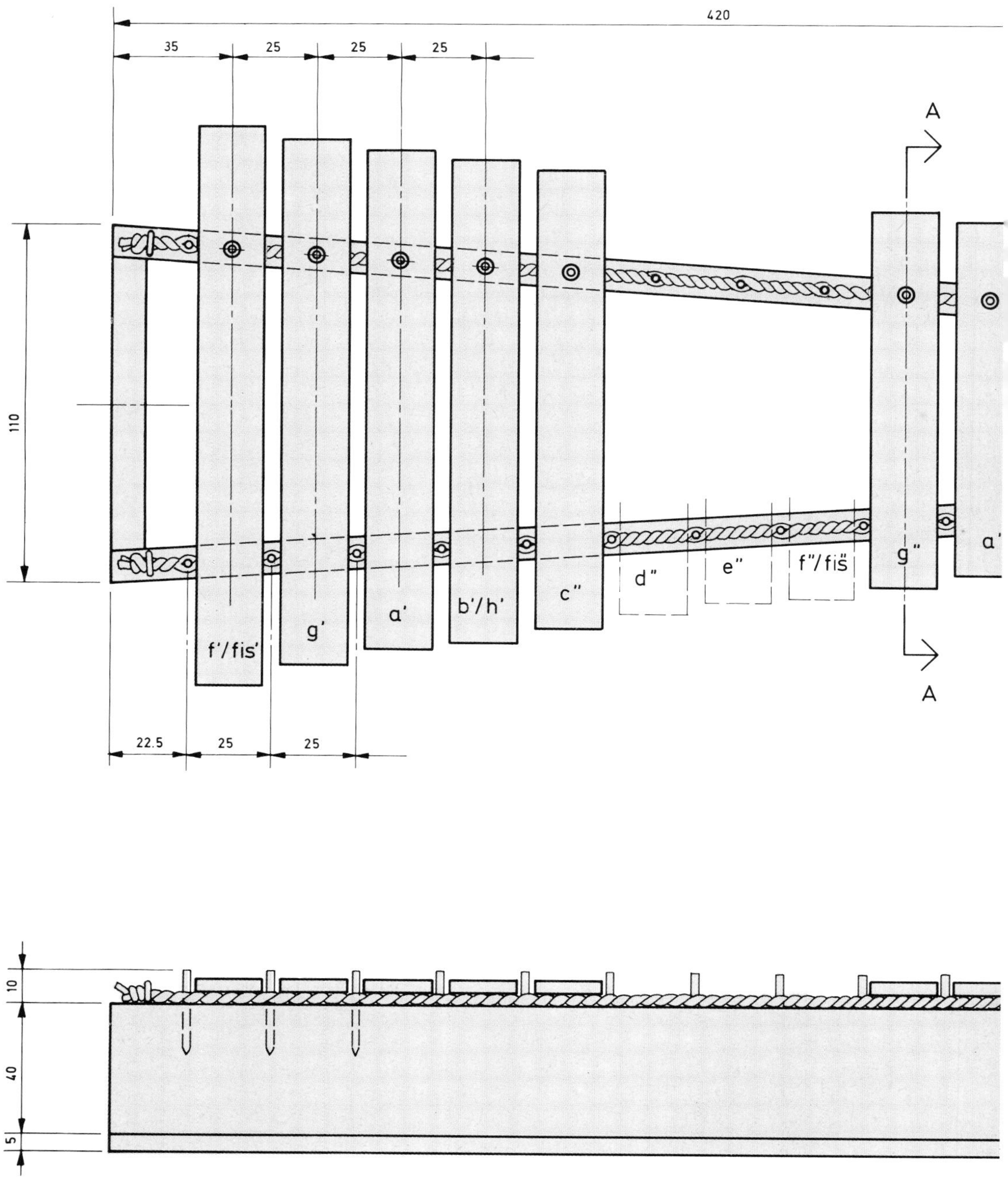

420
35 25 25 25
A
110
f'/fis' g' a' b'/h' c'' d'' e'' f''/fis'' g'' a'
A
22.5 25 25

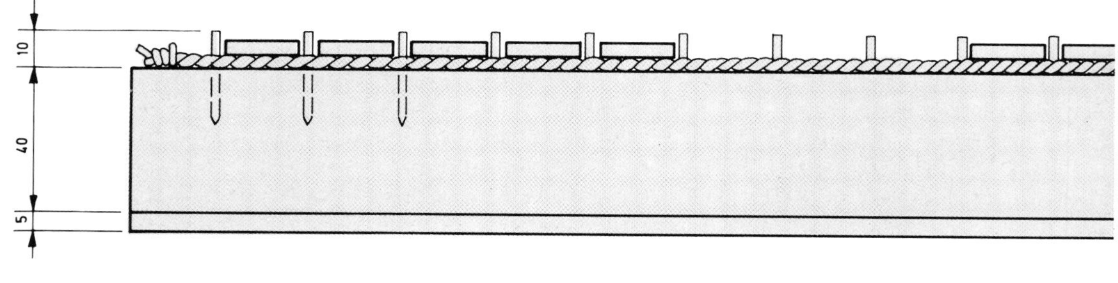

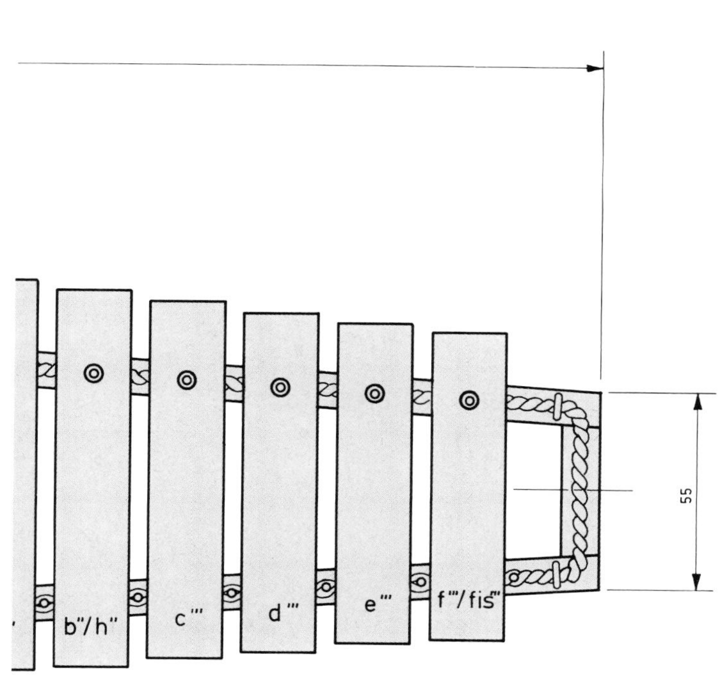

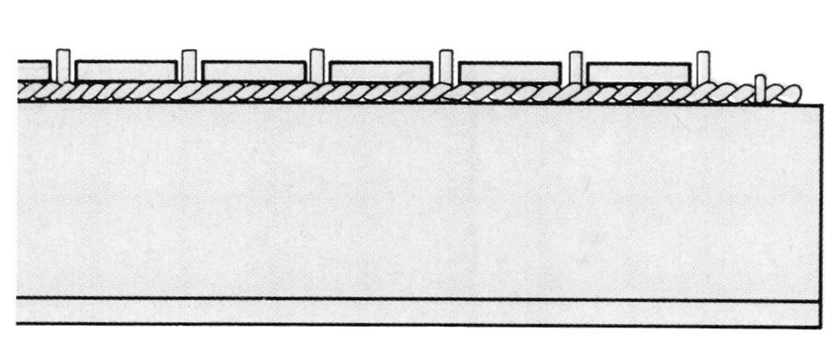

SCHNITT A–A

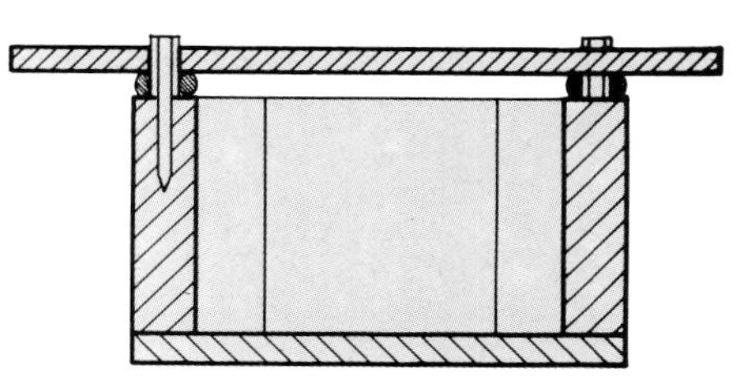

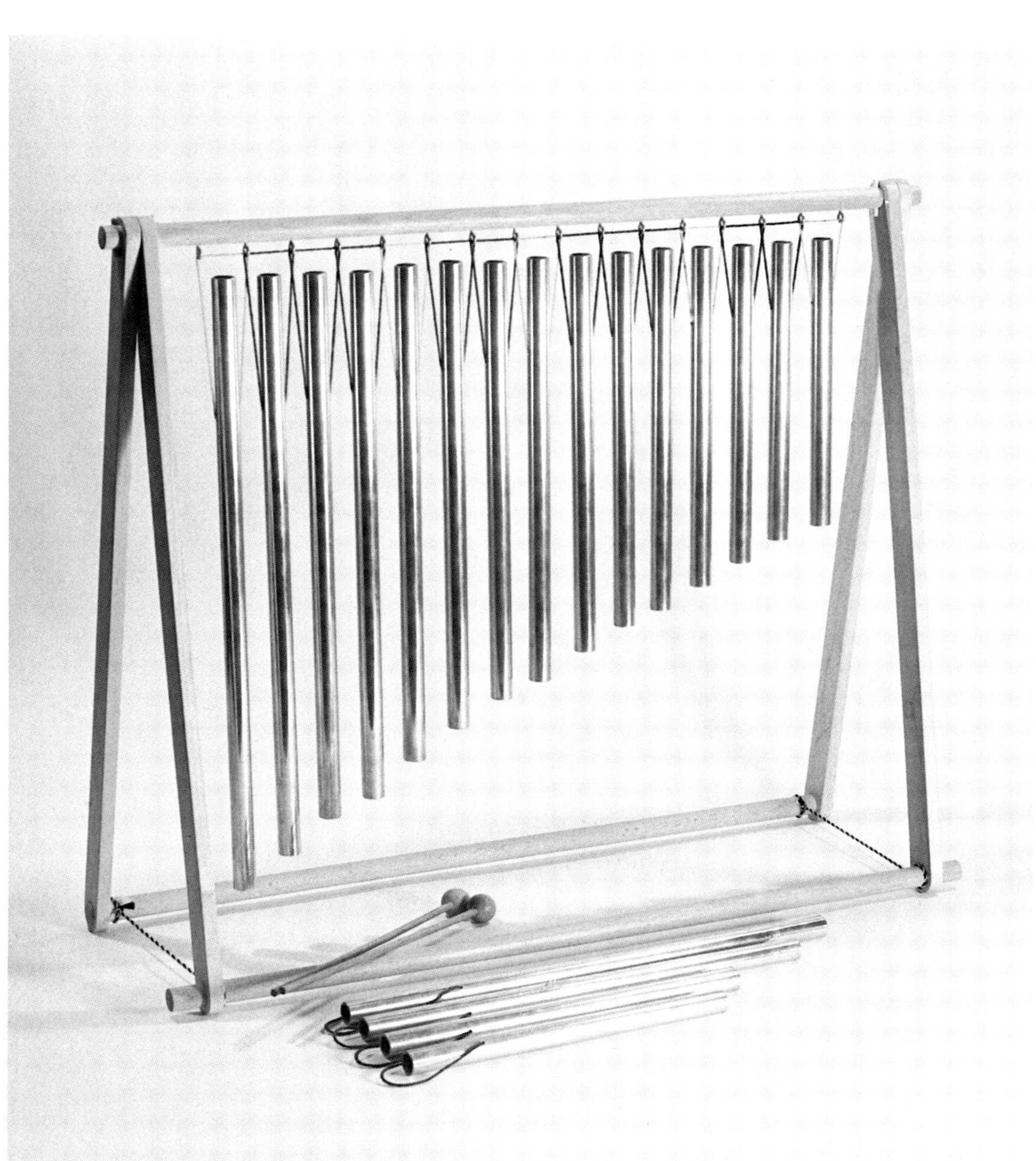

Röhrenglockenspiel diatonisch

Material und Werkzeug
4 Hartholzleisten 50 × 2,5 × 1 cm
1 Hartholzleistchen (20) × 2,5 × 1 cm als Zuhaltung
3 Rundholzstäbe Ø1,5 cm, Länge 57 cm
4 Rundholzstäbchen (Splinte) Ø4 mm, Länge je 2,5 cm
Messing- oder Antikorodalröhren: Länge, Durchmesser und Bedarf sind aus den beiliegenden Tabellen ersichtlich. Messingröhren sind vorzuziehen, denn sie sind etwas schwerer und geraten beim Anschlagen weniger ins Pendeln.
16 Hakenschräubchen, aus Messing oder vernickelt, je nach dem Material der Röhrenglocken
Draht Ø0,3–0,5 mm für Drahtnadel
Garn
Schleifpapier und Schmirgeltuch
Kunstharzleim
Nitrowachs und Lappen
Schutzbrille
Polierpaste
Maßstab und Bleistift
Bohrmaschine in Bohrständer mit Maschinenschraubstock und Bohrhilfe
Dübelbohrer Ø15 mm
Metallbohrer 2 mm, 4 mm und ein Bohrer Ø = Hakenschräubchendicke minus ½ mm
Schleifteller, auch mit Schmirgeltuch bestückbar, oder flache Eisenfeile, grob und fein
Polierscheibe aus gepreßtem Filz
Schraubstock
Eisensäge
Holzhammer und Schreinerhammer
Anreißnadel, Ahle und Körner
Versenker
Schieblehre
Schere
Kleine Schraubzwinge

Arbeitsvorgang

I. Gestell:

1. Nach dem Vorstechen bringen wir an den Enden der vier Leisten mit dem 15 mm-Bohrer je ein Loch an, das 5 mm vom Ende und von den beiden Seiten entfernt ist.
2. Die Enden werden abgerundet.
3. Auf einem der 15 mm-Rundholzstäbe bestimmen wir die Bohrstellen für die Hakenschräubchen (Abstand je 3 cm, Länge der Enden je 6 cm). Sie müssen auf einer Geraden liegen.
4. Nach dem Vorstechen wird mit dem 1,5 mm-Bohrer und der Bohrhilfe gebohrt. Die Hakenschräubchen werden jedoch noch nicht eingedreht.
5. 2 cm vom letzten Hakenschräublein-Loch entfernt bohren wir mit dem 4 mm-Bohrer (und mit der Bohrhilfe) auf beiden Seiten ein durchgehendes Loch.
6. Die Enden der 4 mm-Rundholzstäbchen werden abgerundet. Zwei dieser Stäbchen werden als Splint durch die Bohrlöcher geschlagen.
7. Dann stecken wir je zwei Leisten auf das dicke Rundholz bis zum bereits eingeschlagenen Splint. Jetzt kann man das Bohrloch des äußeren Splintes bezeichnen. Der Mittelpunkt des Bohrloches befindet sich je 2 mm von den Leisten entfernt.
8. Zum Bohren wird das Gestell auseinandergenommen. Wir benutzen wiederum die Bohrhilfe.
9. Vor dem endgültigen Zusammensetzen werden alle Teile geschliffen und mit Wachs behandelt.
10. Beim Zusammenbau empfiehlt es sich, alle drei Rundholzstäbe zuerst auf der einen Seite mit den Ständerbeinen (Leisten) zu bestücken.
11. Die Ständerbeine werden oben mit dem äußeren Splint befestigt.
12. Die unteren Rundhölzer müssen wir rechtwinklig zu den Ständerbeinen verleimen. Überschüssiger Leim wird sofort weggewischt.

Achtung: Die obere Stange verleimt man nicht, so daß sich das Gestell jederzeit zusammenklappen und bequem versorgen läßt.

13. Auf der anderen Seite arbeiten wir gegengleich.
14. Damit sich die Scherenbeine unten nicht beliebig weit öffnen können, bringen wir beidseitig eine aus Garn gedrehte Kordel (→ *Flechten, zwirnen und knüpfen,* Seite 220) an den Rundstäben an.
15. Jetzt können die Hakenschrauben eingedreht werden. Für den Gebrauch ist es am sinnvollsten, wenn alle Öffnungen der Hakenschräubchen dem Spieler zugewendet sind, was sich auf dem Plan leider nicht darstellen läßt. Diese Anordnung erleichtert das Auswechseln der Klangröhren (fis, b).

II. Röhrenglocken:

1. Die Längenmaße für die Röhrenglocken entnehmen wir den entsprechenden Tabellen, Kolonne „diatonisch" (jeweils mit fis und b). Es empfiehlt sich nicht, ein chromatisches Glockenspiel herzustellen (Interferenzen!). Die Kolonne „chromatisch" will nur den Aufbau der Reihe zeigen.
2. Man feilt mit der Feile oder schleift mit der Schleifmaschine einen rechten Winkel am Ende der Röhre.

3. Die Brauen werden mit Schmirgeltuch beseitigt.
4. Wir messen zuerst die längste Röhrenglocke vom bereits zugeschliffenen Ende her ab und benutzen dazu einen Maßstab, bei kürzeren Röhren die Schieblehre, und eine Anreißnadel. Mit einem kurzen Strich wird auf der Röhre das entsprechende Maß markiert.

Anmerkung: Es empfiehlt sich, beim Herstellen der Röhrenglocken mit der längsten Glocke zu beginnen. Wenn beim Stimmen ein Fehler passiert, kann man diese dann für den nächsthöheren Ton verwenden.

5. Beim Absägen geben wir in der Länge etwas zu.

Anmerkung: Da bei den Röhren kleine Differenzen bezüglich der Wanddicke auftreten können, haben die angegebenen Maße nur relativen Wert.

6. Die Löchlein, die zum Aufhängen der Glocken dienen, werden auf der Seite mit dem zugeschliffenen Ende angebracht. Sie befinden sich 22% davon entfernt und haben einen Durchmesser von 2 mm. Vor dem Bohren schlagen wir mit Hammer und Körner eine kleine Vertiefung, damit der Bohrer nicht abrutscht. Beim Bohren verwenden wir die Bohrhilfe.
7. Die Bohrbrauen werden mit dem Versenker entfernt und die Röhren poliert (→ *Polieren,* Seite 229).
8. Durch die Löchlein zieht man mit der Drahtnadel (→ *Drahtnadel,* Seite 243 und → *Drahtnadel herstellen,* Seite 219) einen Garnfaden.
9. Damit bei allen Röhren der Faden gleichmäßig abgebunden werden kann, benötigt man eine Zuhaltung. Sie besteht aus einem Holzleistchen von ca. 20 × 2,5 × 1 cm.
10. Dieses Holzleistchen wird hochkant mit einer Schraubzwinge am Tisch befestigt. Man klemmt die Röhre zwischen die Knie, drückt das Ende mit dem durchgezogenen Garnfaden von unten gegen das Leistchen und verknotet die Fadenenden darüber.
11. Wir streifen den Garnfaden mit der Glocke vom Leistchen. Bei einem dünnen Garnfaden ist es möglich, den Knoten ins Innere der Röhre zu ziehen.
12. Zum Stimmen wird der Garnfaden über zwei benachbarte Hakenschräubchen gehängt und mit einem Schlegel mit Rundkopf (→ *Allerlei Schlegel,* Seite 76 d) angeschlagen.
13. Grundsätzlich können die Röhrenglocken nur noch höher gestimmt werden, indem sie an ihrem unterem Ende abgefeilt und abgeschliffen werden. Ein Tiefer-Stimmen ist nur sehr bedingt möglich, indem die Außenhaut in der Mitte der Röhre mit feinstem Schmirgeltuch abgeschmirgelt und nachträglich wieder poliert wird.

Anmerkung 1: Es empfiehlt sich dringend, zum Stimmen ein elektroakustisches Stimmgerät zu benutzen (→ *Stimmen,* Seite 236).

Anmerkung 2: Passiert beim Stimmen ein Fehler und muß eine Röhrenglocke für den nächsthöheren Ton verwendet werden, korrigiert man zuerst die 22% auf das neue Maß, bevor man mit dem Stimmen neu beginnt.

Spielanleitung

1. Mit den zusätzlichen Röhrenglocken fis und b läßt sich durch Austauschen auch in G- und in F-Dur musizieren. Die nicht benötigten Röhrenglokken können an den Enden der oberen Stangen aufgehängt werden.
2. Zum Spielen benötigt man zwei Schlegel mit Rundkopf (→ *Allerlei Schlegel,* Seite 76 d).
3. Zum Schlagen halten wir die Schlegel locker in den Händen und federn nach jedem Schlag sofort zurück, damit der Ton zum Klingen kommen kann.
4. Die beste Anschlagstelle befindet sich am oberen Ende der Röhre. Dort entstehen die meisten Obertöne.
5. Je nach Art der Schlegel können sich sowohl Klangstärke als auch Klangcharakter verändern.

Röhrenglocken aus Messingrohr 16/18 mm

chrom.	Länge in cm	Diff.	22% ≈	diat.	pent.
c'''	18,9		4,2	18,9	18,9
h''	19,45	0,55	4,3	19,45	
b''	20,0	0,55	4,4	20,0	
a''	20,55	0,55	4,5	20,55	20,55
gis''	21,15	0,6	4,65		
g''	21,8	0,65	4,8	21,8	21,8
fis''	22,5	0,7	4,95	22,5	
f''	23,2	0,7	5,1	23,2	23,2
e''	24,0	0,8	5,25	24,0	
dis''	24,8	0,8	5,4		
d''	25,6	0,8	5,55	25,6	25,6
cis''	26,4	0,8	5,7		
c''	27,2	0,8	5,9	27,2	27,2
h'	28,0	0,8	6,1	28,0	
b'	28,8	0,8	6,3	28,8	
a'	29,6	0,8	6,5	29,6	29,6
gis'	30,4	0,8	6,7		
g'	31,4	1,0	6,9	31,4	31,4
fis'	32,4	1,0	7,1	32,4	
f'	33,4	1,0	7,3	33,4	33,4
e'	34,4	1,0	7,5	34,4	
dis'	35,4	1,0	7,75		
d'	36,4	1,0	8,0	36,4	36,4
cis'	37,4	1,0	8,25		
c'	38,4	1,0	8,5	38,4	38,4
	690,55 cm			516,0 cm	306,45 cm

Röhrenglocken aus Antikorodalrohr 15/18 mm

chrom.	Länge in cm	Diff.	22%	diat.	pent.
c'''	22,1		4,85	22,1	22,1
h''	22,8	0,7	5,0	22,8	
b''	23,5	0,7	5,15	23,5	
a''	24,2	0,7	5,3	24,2	24,2
gis''	24,95	0,75	5,45		
g''	25,7	0,75	5,6	25,7	25,7
fis''	26,5	0,8	5,75	26,5	
f''	27,3	0,8	5,95	27,3	27,3
e''	28,1	0,8	6,15	28,1	
dis''	28,9	0,8	6,35		
d''	29,75	0,85	6,55	29,75	29,75
cis''	30,65	0,9	6,75		
c''	31,55	0,9	6,95	31,55	31,55
h'	32,5	0,95	7,15	32,5	
b'	33,5	1,0	7,35	33,5	
a'	34,5	1,0	7,55	34,5	34,5
gis'	35,55	1,05	7,8		
g'	36,6	1,05	8,05	36,6	36,6
fis'	37,7	1,1	8,3	37,7	
f'	38,8	1,1	8,55	38,8	38,8
e'	39,9	1,1	8,8	39,9	
dis'	41,1	1,2	9,05		
d'	42,3	1,2	9,3	42,3	42,3
cis'	43,55	1,25	9,55		
c'	44,8	1,25	9,85	44,8	44,8
	806,8			602,1	357,6

Röhrenglocken aus Messingrohr 10/12 mm

chrom.	Länge in cm	Diff.	22% ≈	diat.	pent.
c'''	15,2		3,4	15,2	15,2
h''	15,7	0,5	3,5	15,7	
b''	16,2	0,5	3,6	16,2	
a''	16,7	0,5	3,7	16,7	16,7
gis''	17,2	0,5	3,8		
g''	17,7	0,5	3,9	17,7	17,7
fis''	18,2	0,5	4,0	18,2	
f''	18,8	0,6	4,2	18,8	18,8
e''	19,4	0,6	4,3	19,4	
dis''	20,0	0,6	4,4		
d''	20,6	0,6	4,5	20,6	20,6
cis''	21,2	0,6	4,65		
c''	21,8	0,6	4,8	21,8	21,8
h'	22,4	0,6	4,95	22,4	
b'	23,1	0,7	5,1	23,1	
a'	23,8	0,7	5,25	23,8	23,8
gis'	24,5	0,7	5,4		
g'	25,2	0,7	5,55	25,2	25,2
fis'	26,0	0,8	5,7	26,0	
f'	26,8	0,8	5,85	26,8	26,8
e'	27,6	0,8	6,0	27,6	
dis'	28,4	0,8	6,2		
d'	29,2	0,8	6,4	29,2	29,2
cis'	30,0	0,8	6,6		
c'	30,9	0,9	6,8	30,9	30,9
	556,6 cm			415,3 cm	246,7 cm

Röhrenglocken aus Antikorodalrohr 12/15 mm

chrom.	Länge in cm	Diff.	22% ≈	diat.	pent.
c'''	20,2		4,4	20,2	20,2
h''	20,8	0,6	4,55	20,8	
b''	21,4	0,6	4,7	21,4	
a''	22,0	0,6	4,85	22,0	22,0
gis''	22,6	0,6	5,0		
g''	23,3	0,7	5,15	23,3	23,3
fis''	24,0	0,7	5,3	24,0	
f''	24,7	0,7	5,45	24,7	24,7
e''	25,5	0,8	5,6	25,5	
dis''	26,3	0,8	5,75		
d''	27,1	0,8	5,9	27,1	27,1
cis''	27,9	0,8	6,1		
c''	28,7	0,8	6,3	28,7	28,7
h'	29,55	0,85	6,5	29,55	
b'	30,4	0,85	6,7	30,4	
a'	31,3	0,9	6,9	31,3	31,3
gis'	32,2	0,9	7,1		
g'	33,2	1,0	7,3	33,2	33,2
fis'	34,2	1,0	7,5	34,2	
f'	35,2	1,0	7,75	35,2	35,2
e'	36,2	1,0	7,95	36,2	
dis'	37,3	1,1	8,2		
d'	38,4	1,1	8,45	38,4	38,4
cis'	39,5	1,1	8,7		
c'	40,6	1,1	8,95	40,6	40,6
	732,55 cm			546,75 cm	324,7 cm

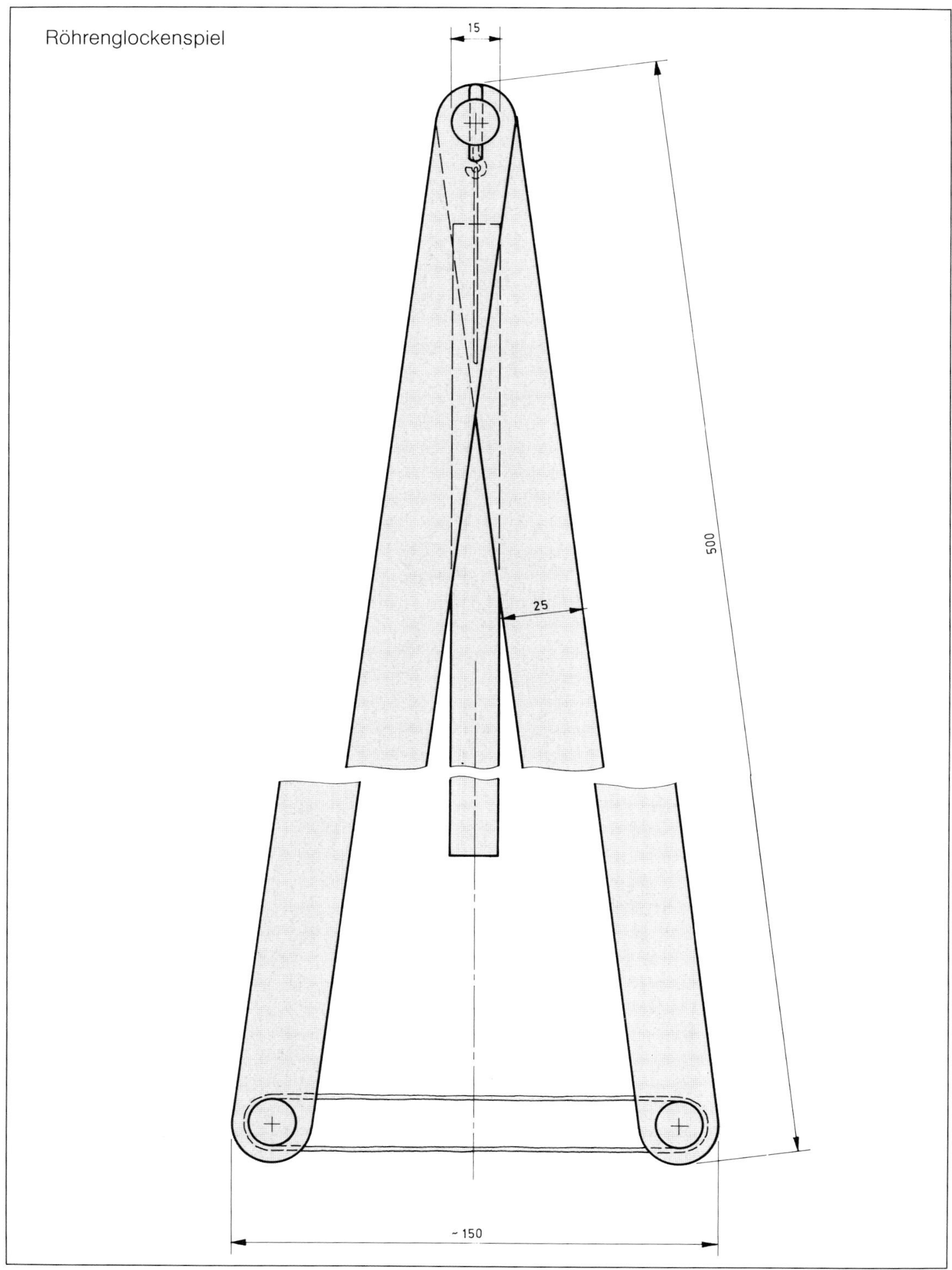
Röhrenglockenspiel
15
500
25
~150

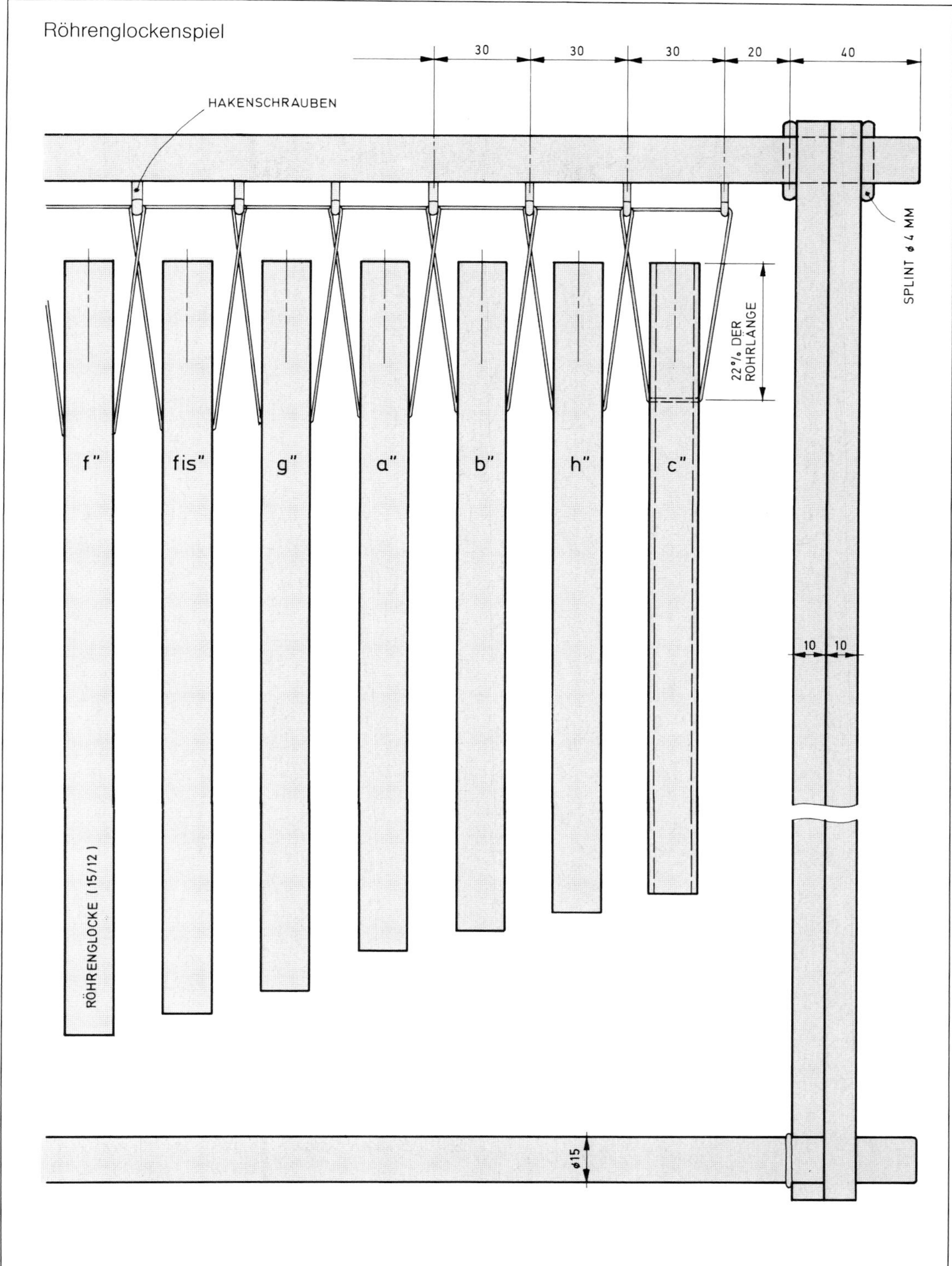
Röhrenglockenspiel
30
30
30
20
40
HAKENSCHRAUBEN
SPLINT ø 4 MM
22% DER ROHRLÄNGE
f"
fis"
g"
a"
b"
h"
c"
10
10
RÖHRENGLOCKE (15/12)
ø15

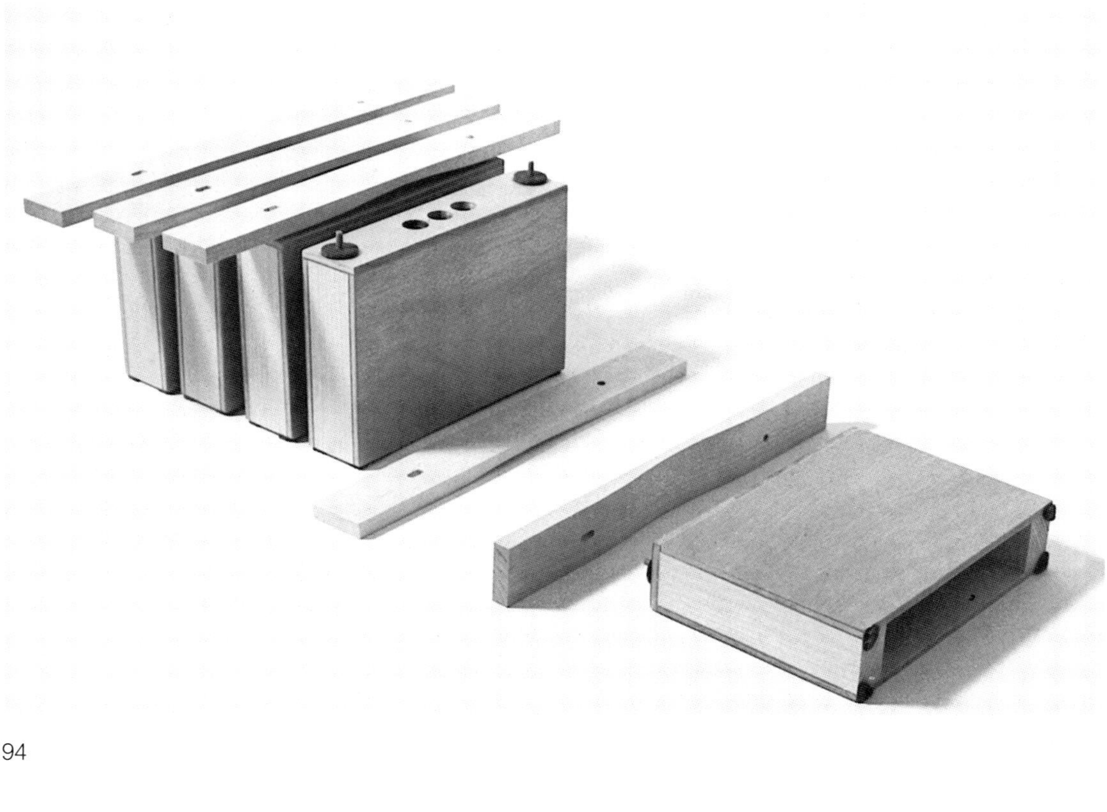

Xylophon mit Resonanzkästchen

c'–c''', diatonisch mit fis und b

Material und Werkzeug
40 Ahornleisten 12,5 × 3 × 2 cm
20 Tannenleisten 20 × 3 × 1 cm
40 Ahornbrettchen 24 × 12,5 × 0,5 cm
20 Ahornbrettchen 24 × 4 × 0,5 cm
Billigere Variante: statt Ahornleisten – Tannenleisten; statt Ahornbrettchen – Sperrholz.
Hartholzleistchen 4 × 2 × 1,5 cm
6 Ahornleisten für Klangplatten 100 × 3,5 × 1 cm
Teurere Variante mit Klangverbesserung: Palisander. Billigere Variante mit Klangabfall: Pappel
Anmerkung: Die Klanghölzer müssen absolut astfrei und ruhig gewachsen sein.
Rundholz ∅10 mm, Länge 30 cm
Rundholz ∅30 mm, Länge ca. 20 cm
40 Stifte ∅2,5 mm, Länge 3 cm oder Nägel ∅2,5 mm, Länge mindestens 3 cm
1 m Ventilschläuchlein
Stiftenfilze (im Klavierhandel erhältlich)
Schleifpapier
Kunstharzleim und Alleskleber
Nitrowachs und Lappen
Puder
Winkel, Maßstab und Bleistift
Hobelbank mit Bankeisen oder entsprechende Einspannvorrichtung
Bohrmaschine in Bohrständer
Bohrer ∅2 mm, 2,3 mm, 2,5 mm, 4,5 mm
Dübelbohrer 15 mm
Versenker
Fein- oder Bandsäge
Schleifteller
Hebelvorschneider oder Beißzange mit langem Griff und Eisenfeile (entfällt beim Gebrauch von Stiften)
Stechbeitel 4 mm breit
Konvexfeilenhobel oder Schleifwalze
Nadelfeile, halbrund
Schreinerhammer
Einschlaggroßbuchstaben
Schere
Schraubzwingen

Arbeitsvorgang

I. Resonanzkästchen:

1. Wir nehmen zwei Seitenwände (24 × 12 × 0,5 cm). Die definitive Länge der Seitenwände errechnet sich für jeden Ton aus 56% der Klangplattenlänge plus 2 cm (→ Plan). Die 56% können der entsprechenden Tabelle entnommen werden. Die Seitenwände müssen also für jedes Kästchen neu zugerichtet werden. Beim Zurichten muß der rechte Winkel genau stimmen.
2. Aus den Brettchen 24 × 4 × 0,5 cm werden die Decken hergestellt. Die Länge muß den jeweiligen Seitenwänden entsprechen.
3. Auf dem Deckenbrettchen ziehen wir auf der einen Seite die beiden Mittellinien, sowohl der Länge als auch der Breite nach. Im Schnittpunkt der beiden Linien liegt das mittlere Schalloch; die beiden anderen Schallöcher liegen auf der Längslinie rechts und links davon im Abstand von 2 cm. Alle drei werden mit dem 15 mm-Bohrer gebohrt.
4. Wir verleimen zuerst die Seitenwände mit den Leisten 12,5 × 3 × 2 cm. Nach dem Trocknen verleimen wir auch die Decke.

Achtung: Beim Leimen genügend Schraubzwingen anbringen!

5. Aus den Tannenleisten 20 × 3 × 1 cm werden die Böden zum Einstellen der Resonanztiefe hergestellt.
6. Die Länge der unteren Öffnung des Kästchens ist die Länge des Bodens; wir geben aber noch 2 mm zu, damit dieser so zugeschliffen werden kann, daß er genau in die Öffnung paßt und sich auf und ab schieben läßt. Er muß genau sitzen, sonst bewirken die Öffnungen einen Klangabfall.

Anmerkung: Es empfiehlt sich, Kasten um Kasten vorzunehmen und beim tiefsten Ton zu beginnen, damit im Notfall der Boden noch für das nächstkleinere Kästchen verwendet werden kann.

7. Auf der Decke werden auf der bereits gezogenen Längsmittellinie je 1 cm vom Ende entfernt die Bohrlöcher für die Haltestifte bezeichnet.
8. Wir stechen vor und bohren mit dem 2,3 mm-Bohrer. Der Stift darf nur so tief eingeschlagen werden, daß er mindestens noch 1,5 cm hervorragt. Man stellt sich dazu eine Lehre her (→ unter Nr. 11).
9. Falls Nägel anstelle von Stiften Verwendung finden, müssen mit dem Hebelvorschneider oder mit einer Beißzange mit langem Griff die Nagelköpfe abgeklemmt werden, so daß 3 cm lange Stifte entstehen. Die Schnittflächen werden an den zugeschnittenen Nägeln eben geschliffen und die entstehende Braue mit der Eisenfeile beseitigt.
10. Wir bohren mit dem 2,5 mm-Bohrer in das

Hartholzleistchen (4 × 2 × 1,5 cm) ein Loch auf dem Schnittpunkt der Diagonalen des Rechteckes 4 × 2 cm. Das Hölzchen dient beim Einschlagen der Stifte als Lehre.
11. Das Kästchen wird geschliffen und mit Nitrowachs behandelt.
12. Ein Stiftenfilz wird durchs Zentrum in vier gleiche Teile zerschnitten und als Füßchen auf der Unterseite des Kästchens in die vier Ecken geklebt.
13. Den ersten Nagel schlagen wir ein Stück weit ein, stülpen die Lehre darüber und schlagen dann bündig. Die Lehre wird entfernt und mit den anderen Stiften gleicherweise verfahren. Am Schluß stehen alle Stifte gleich weit vor.
14. Man stülpt das Ventilschläuchlein einzeln über jeden Stift und schneidet bündig ab. Das Ventilschläuchlein soll den ganzen Nagel bedecken; mit etwas Puder (Talkum) wird es gleitfähiger.
15. Über jeden Stift stülpen wir Stiftenfilze. Man muß ausprobieren, bei welcher Anzahl die beste Klangwirkung liegt. Sie hängt von der Höhe der Filze ab, das heißt vom Abstand der Klangplatte vom Resonanzraum.

II. Klangplatten:
1. Zur Herstellung der Klangplatten benutzen wir die Tabelle *Klangplatten-Einteilung für diatonisches Xylophon c'–c'''*.
2. Die Leisten (100 × 3,5 × 1 cm) müssen am einen Ende rechtwinklig sein.
3. Vom rechtwinkligen Ende aus bezeichnen wir die Länge der ersten Klangplatte (Winkel benutzen!) und schreiben den entsprechenden Notennamen darauf.
4. Beim Absägen der Platte achtet man darauf, daß sie keinesfalls zu kurz wird, damit sie noch geschliffen werden kann (Zugabe ca. 1 mm).
5. Am restlichen Leistenstück wird die Stirnseite am einen Ende wieder rechtwinklig sauber geschliffen.
6. Jetzt mißt man die zweite Klangplatte ab und stellt auf die beschriebene Art alle übrigen her.
7. Auf den Klangplatten bringen wir die Haltelöcher an. Sie liegen auf der Längsmittellinie und ihre Mittelpunkte befinden sich 22% von den Enden entfernt. Diese 22% entnimmt man der Tabelle *Xylophon f–c''' Klangplatten 3,5 × 1 cm.* Das eine Loch wird mit dem 4,5 mm-Bohrer genau auf der eingezeichneten Stelle gebohrt. Das andere muß länglich werden und entsteht, wenn man im Abstand von 3 mm vom Mittelpunkt entfernt rechts und links je ein Loch von 4,5 mm bohrt.
8. Mit dem Versenker werden alle Löcher auf beiden Seiten ein wenig erweitert.
9. Die beim Doppelloch entstandene Zwischenwand entfernen wir mit dem Stechbeitel. Dazu spannt man die Klangplatte mit einem Unterlageholz zwischen die Bankeisen. Damit sie nicht beschädigt wird, klemmt man je ein kleines Hölzchen zwischen Eisen und Klangplatte.
10. Mit der Nadelfeile werden die Längskanten des Schlitzes gesäubert.
11. Die Klangplatten werden mit einem Schlegel angeschlagen (→ *Allerlei Schlegel,* Seite 74). Sie klingen noch zu hoch und müssen eingestimmt werden (→ *Stimmen,* S. 236).
12. Dazu verringern wir auf der Unterseite der Klangplatte in der Mitte (dort liegt der beste Klangbereich) die Dicke des Holzes. Als Werkzeug verwenden wir einen Konvexfeilenhobel oder eine Schleifwalze. Bei der Benutzung eines Konvexfeilenhobels wird die Klangplatte mit Zulagen zwischen den Bankeisen eingespannt.
Anmerkung: → Plan *Klangplatte für Xylophon mit Resonanzkästchen!*
13. Wenn wir uns dem gewünschten Ton nähern, können wir mit einem dicken Rundholz (20 × ⌀ 2 cm), um das Schleifpapier gewickelt wurde, durch Schleifen den Ton feinstimmen. Man hält das Rundholz quer zur Klangplatte und fährt in der Längsrichtung des zu schleifenden Holzes hin und her.
Achtung: Die Klanghöhe muß ständig überprüft werden. Solange das Holz vom Bearbeiten noch warm ist, läßt sich der wirkliche Ton nicht feststellen.
14. Zur Überprüfung der Tonhöhe legt man die Klangplatte auf das entsprechende Kästchen, bei welchem gleichzeitig noch die Resonanztiefe (→ Tabelle *Resonanzraumtiefe für Kästchen*) genau ausgelotet wird. Das 10 mm-Rundholz leistet gute Dienste beim Verschieben des Bodens. Zu den in der Tabelle angegebenen Resonanztiefen muß noch die Dicke der Decke dazugerechnet werden, weil durch die Schallöcher vermessen werden muß.
Anmerkung 1: Klangplatten aus Holz trocknen nach der Bearbeitung weiter aus. Es ist deshalb unumgänglich, das Xylophon zu einem späteren Zeitpunkt nachzustimmen.
Anmerkung 2: Bei den Resonanzkästchen mit verschiebbarem Boden muß dieser dicht verschließen, sonst erhält man schlechte Klangergebnisse. Ist der Boden nicht ganz dicht, kann er nach dem Ausloten der Resonanztiefe angeleimt oder mit Wachs abgedichtet werden.
Anmerkung 3: Damit die Kästchen beim Spielen dicht nebeneinander gestellt werden können,

empfiehlt es sich, als Zwischenlage an den Ecken der Seitenwände Filzstücke anzubringen.

15. Wer Einschlaggroßbuchstaben besitzt, punzt die Notennamen an einer geeigneten Stelle auf die Klangplatten. Im Stirnholz ist das Einpunzen leichter als auf der Oberfläche. Es empfiehlt sich, auf einem Reststück zu üben.

Spielanleitung

1. Mit den zusätzlichen Klangplatten fis und b läßt sich durch Austauschen außer in C-Dur auch in G- und F-Dur musizieren.
2. Zum Spielen benötigt man zwei Schlegel mit Rundkopf aus Kork, der mit einem Stückchen Trikot, auch Filz, oder mit Wolle überzogen wurde (→ *Allerlei Schlegel,* Seite 76 d).
3. Wir fassen die Schlegel locker am Stiel.
4. Nach dem Schlagen muß der Schlegel sofort wieder zurückfedern, damit der Ton zum Klingen kommt.
5. Wenn man sich angewöhnt, sowohl mit der rechten als auch mit der linken Hand in günstiger Abfolge zu schlagen, kann das Spieltempo gesteigert werden.
6. Je nach Art und Schlegel (z. B. auch keulen- oder löffelartige) kann man sowohl Klangstärke als auch Klangcharakter verändern.

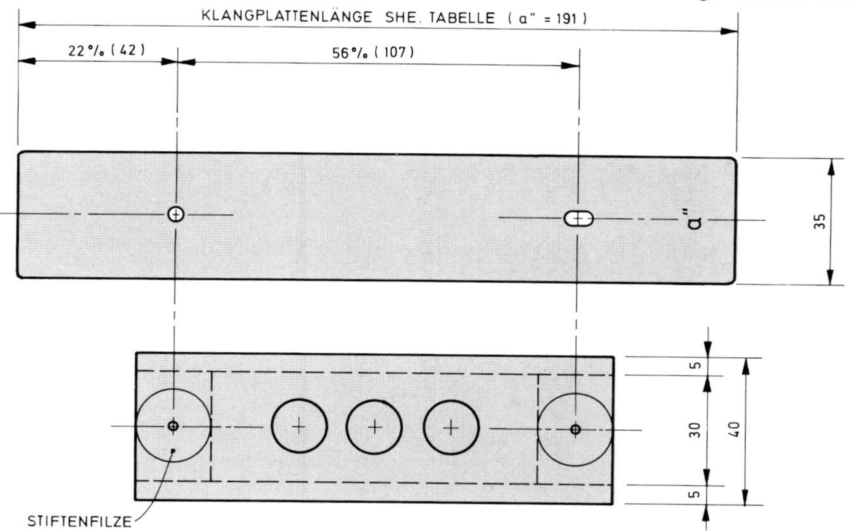

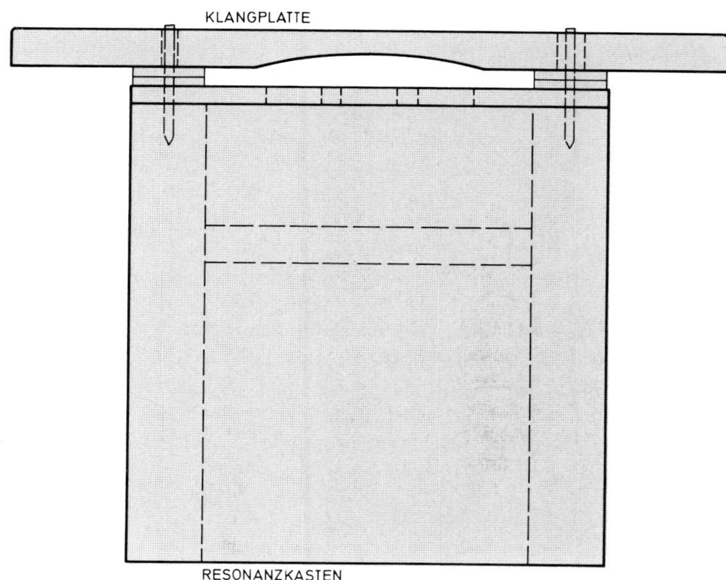

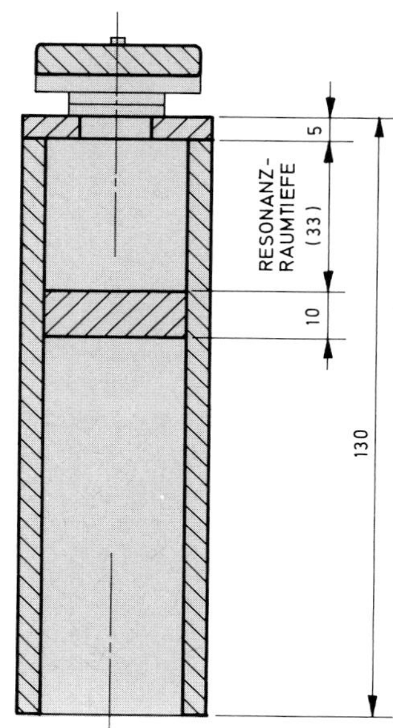

Klangplatten-Einteilung auf 6 Leisten 100 × 3,5 × 1 cm für diat. Xylophon c'–c''' in cm:

c' + g' + d''	= 38,0 + 31,7 + 25,4	= 95,1
d' + fis' + c''	= 36,2 + 32,6 + 27,2	= 96,0
e' + f' + h'	= 34,4 + 33,5 + 28,1	= 96,0
a' + b' + g'' + c'''	= 29,9 + 29,0 + 20,9 + 16,4	= 96,2
e'' + f'' + fis'' + a''	= 23,6 + 22,7 + 21,8 + 19,1	= 87,2
b'' + h''	= 18,2 + 17,3	= 35,5

Resonanzröhren-Einteilung auf 3 Kartonröhren von 1 m Länge, ∅ innen 3 cm für diat. Xylophon c'–c'''. Resonanzraumtiefe + 1 cm für den Verschluß in cm:

c' + d' + e' + e''	= 31,5 + 27,0 + 24,0 + 11,5	= 94,0
f'/fis' + g' + a' + b'/h' + c''	= 22,0 + 20,5 + 18,5 + 17,5 + 15,5	= 93,5
d'' + f''/fis'' + g'' + a'' + b''/h'' + c'''	= 13,5 + 10,75 + 10,0 + 9,0 + 8,25 + 7,5	= 59,0

Klangplatten-Einteilung auf 7 Leisten 100 × 3,5 × 1 cm für chrom. Xylophon c'–c''' in cm:

c' + f' + cis''	= 38,0 + 33,5 + 26,3	= 98,2
cis' + e' + d''	= 37,1 + 34,4 + 25,4	= 96,9
d' + dis' + dis''	= 36,2 + 35,3 + 24,5	= 96,0
fis' + c'' + fis'' + c'''	= 32,6 + 27,2 + 21,8 + 16,4	= 98,0
g' + h' + g'' + h''	= 31,7 + 28,1 + 20,9 + 17,3	= 98,0
gis' + b' + gis'' + b''	= 30,8 + 29,0 + 20,0 + 18,2	= 98,0
a' + e'' + f'' + a''	= 29,9 + 23,6 + 22,7 + 19,1	= 95,3

Resonanzröhren-Einteilung auf 5 Kartonröhren von 1 m Länge, ∅ innen 3 cm für chrom. Xylophon c'–c''' Resonanzraumtiefe + 1 cm für den Verschluß in cm:

c' + f' + fis' + h'	= 31,5 + 22,5 + 21,5 + 16,5	= 92,0
cis' + e' + g' + b'	= 29,0 + 24,0 + 20,5 + 17,5	= 91,0
d' + dis' + gis' + a'	= 27,0 + 25,5 + 19,5 + 18,5	= 90,5
c'' + cis'' + d'' + dis'' + e'' + b'' + h'' + c'''	= 15,5 + 14,5 + 13,5 + 12,5 + 11,5 + 8,5 + 8,0 + 7,5	= 91,5
f'' + fis'' + g'' + gis'' + a''	= 11,0 + 10,5 + 10,0 + 9,5 + 9,0	= 50,0

Xylophon f–c''', Klangplatten 3,5 × 1 cm

	Klangpl. Länge in cm:	≈22%	Resonanztiefe für Röhren ∅ innen 3 cm		Klangpl. Länge in cm:	≈22%	Resonanztiefe für Röhren ∅ innen 3 cm		Klangpl. Länge in cm:	≈22%	Resonanztiefe für Röhren ∅ innen 3 cm
c'	38,0	8,35	30,5	c''	27,2	6,00	14,5	c'''	16,4	3,60	6,5
h	38,9	8,55		h'	28,1	6,20	15,5	h''	17,3	3,80	7,0
b	39,8	8,75		b'	29,0	6,40	16,5	b''	18,2	4,00	7,5
a	40,7	8,95		a'	29,9	6,60	17,5	a''	19,1	4,20	8,0
gis	41,6	9,15		gis'	30,8	6,80	18,5	gis''	20,0	4,40	8,5
g	42,5	9,35		g'	31,7	6,95	19,5	g''	20,9	4,60	9,0
fis	43,4	9,55		fis'	32,6	7,15	20,5	fis''	21,8	4,80	9,5
f	44,3	9,75		f'	33,5	7,35	21,5	f''	22,7	5,00	10,0
				e'	34,4	7,55	23,0	e''	23,6	5,20	10,5
				dis'	35,3	7,75	24,5	dis''	24,5	5,40	11,5
				d'	36,2	7,95	26,0	d''	25,4	5,60	12,5
				cis'	37,1	8,15	28,0	cis''	26,3	5,80	13,5
				c'	38,0	8,35	30,5	c''	27,2	6,00	14,5

56% der Klangplattenlänge in cm:

c''	15,2	c'''	9,2
h'	15,7	h''	9,7
b'	16,2	b''	10,2
a'	16,7	a''	10,7
gis'	17,2	gis''	11,2
g'	17,8	g''	11,7
fis'	18,3	fis''	12,2
f'	18,8	f''	12,7
e'	19,3	e''	13,2
dis'	19,8	dis''	13,7
d'	20,3	d''	14,2
cis'	20,8	cis''	14,7
c'	21,3	c''	15,2
h	21,8		
b	22,3		
a	22,8		
gis	23,3		
g	23,8		
fis	24,3		
f	24,8		

Resonanzraumtiefe für Kästchen in cm:

c''	5,0	0,3	c'''	3,0	0,1
h'	5,3	0,3	h''	3,1	0,1
b'	5,6	0,3	b''	3,2	0,1
a'	5,9	0,3	a''	3,3	0,1
gis'	6,2	0,4	gis''	3,4	0,2
g'	6,6	0,4	g''	3,6	0,2
fis'	7,0	0,5	fis''	3,8	0,2
f'	7,5	0,6	f''	4,0	0,2
e'	8,1	0,7	e''	4,2	0,2
dis'	8,8	0,8	dis''	4,4	0,2
d'	9,6	0,9	d''	4,6	0,2
cis'	10,5	1,0	cis''	4,8	0,2
c'	11,5	1,0	c''	5,0	
h	12,5	1,0			
b	13,5	1,0			
a	14,5	1,0			
gis	15,5	1,0			
g	16,5	1,0			
fis	17,5	1,0			
f	18,5				

Es hat kaum Sinn die Reihe fortzusetzen und alle Resonanzkästen noch höher zu bauen (Kippgefahr)

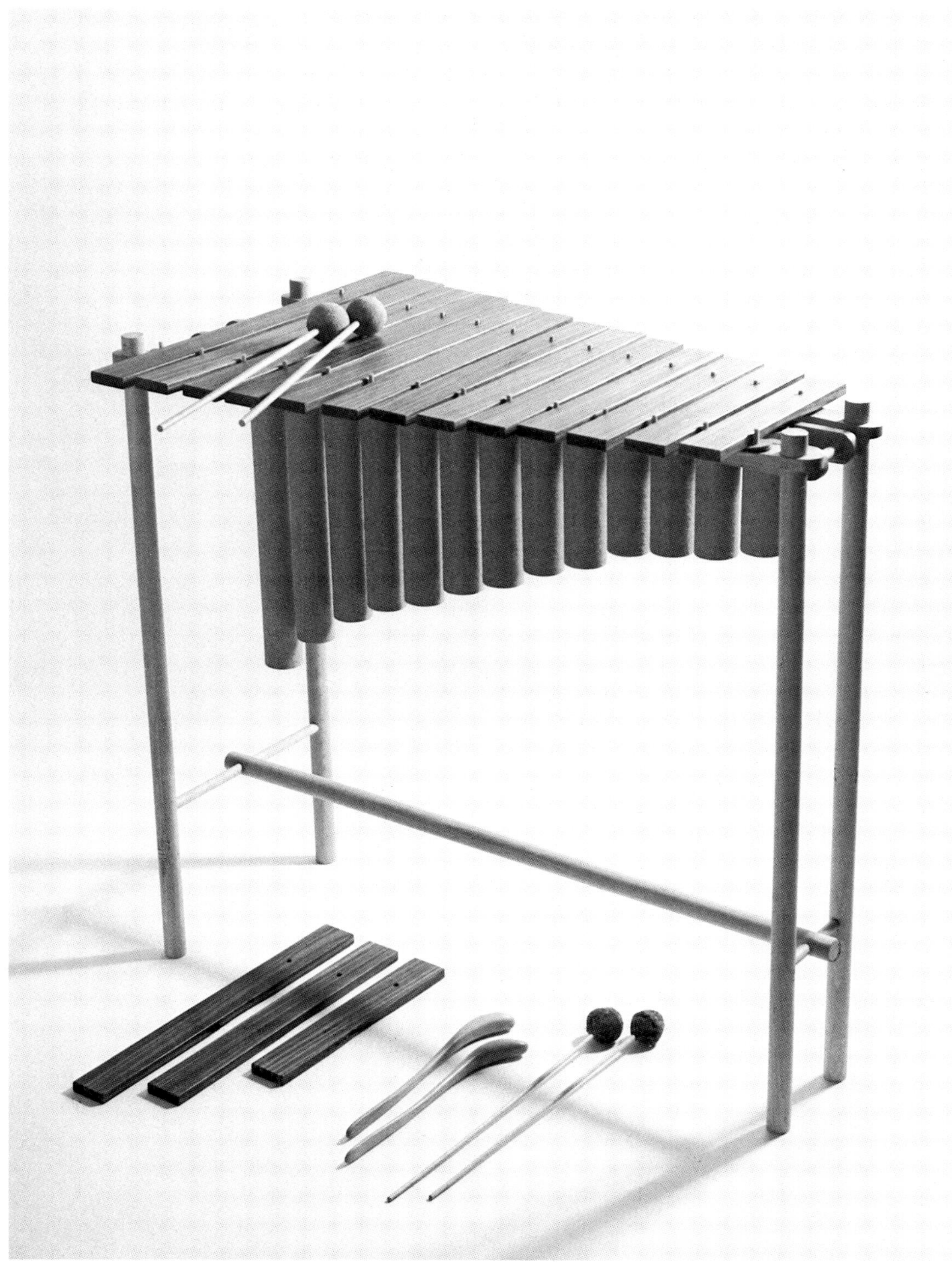

Xylophon mit Resonanzröhren

c'–c''', diatonisch mit fis und b

Material und Werkzeug

6 Ahornleisten für Klangplatten 100 × 3,5 × 1 cm
Teurere Variante mit Klangverbesserung: Palisander.
Billigere Variante mit Klangabfall: Pappel

Anmerkung: Die Klanghölzer müssen absolut astfrei und ruhig gewachsen sein.

Rundholz
Ø 5 mm: 15 Stück à 5,5 cm exakt!
Ø10 mm: 2 Stück à 23,5 cm
1 Stück à 20,0 cm
2 Stück à 10,0 cm
2 Stück à 6,5 cm
Ø20 mm: 4 Stück à 60,0 cm
1 Stück à 70,0 cm

Rundholz als Bohrunterlage und als Schleifzylinder
Ø30 mm: 2 Stück à ca. 20 cm

2 Hartholzleisten 69,5 × 2,5 × 1 cm
2 Hartholzleisten 73,0 × 3,0 × 1 cm

Anmerkung: Es empfiehlt sich, schon beim Kauf darauf zu achten, daß die Rundhölzer nicht verbogen sind. Günstig ist es auch, sich von den Leisten mehr als zwei Stück anzuschaffen, damit sofort Ersatz zur Hand ist, wenn die etwas heikle Arbeit beim ersten Mal mißlingen sollte.

2 Distanzklötzchen 3,5 × 2,5 × 2 cm

1 Zuhalteklötzchen aus Hartholz: Höhe 1,75 cm (× ca. 2,5 × ca. 2,5 cm)

3 mal 1 m Kartonrohr Ø innen 3 cm

20 Astflickplättchen Ø3 cm

Sägemehl, fein gesiebt

31 Stifte Ø2,5 mm, Länge 2,5 cm (falls nicht erhältlich, Nägel mit gleichem Ø; dazu: Hebelvorschneider oder Beißzange mit langem Griff und Eisenfeile)

1 m Ventilschläuchlein

100 Stück Stiftenfilze

1 Blatt Papier

Schleifpapier

Kunstharzleim

Nitrowachs und Lappen

Nitrolack und Pinsel mit langem Stiel

Pinselreiniger

Puder

Schreinerwinkel, Zirkel, Maßstab und Bleistift

Hobelbank mit Bankeisen oder entsprechende Einspannvorrichtung

Bohrmaschine in Bohrständer mit Maschinenschraubstock und Bohrhilfe

Bohrer Ø2 mm, 2,3 mm, 2,5 mm, 4,5 mm, 5 mm, 5,5 mm

Dübelbohrer Ø10 mm, 20 mm

Versenker

Raspel und Feile oder Schleifteller

Eisen- oder Bandsäge

Konvexfeilenhobel

Schreiner- und Holzhammer

Schere

Einschlaggroßbuchstaben, Mindestgröße 5 mm

Arbeitsvorgang

I. Trägergestell mit Resonanzröhren:

1. Zuerst werden an den Ständerbeinen (4 Rundhölzer Ø2 cm, Länge 60 cm) die Bohrstellen für die Querverbindungen bezeichnet (→ Plan *Traggestell Seitenansichten*). Dazu spannen wir das Rundholz in die Vorderzange der Hobelbank kaum merklich tiefer als die Bankplatte ein und bezeichnen mit dem Maßstab 15 cm, beziehungsweise 3 cm von den Enden des Rundholzes und je 1 cm von der Bankplatte entfernt die beiden Bohrstellen. Damit erreicht man, daß die beiden Querverbindungen jeweils in eine Ebene zu liegen kommen.
2. Man sticht mit der Ahle vor.
3. Mit dem 10 mm-Bohrer und der Bohrhilfe werden Löcher von 1,5 cm Tiefe gebohrt.
4. Mit der Längsverbindung (1 Rundholz Ø2 cm, Länge 70 cm) verfahren wir zur Bezeichnung der Bohrlöcher auf gleiche Weise, nur befinden sie sich je 2 cm von den Enden entfernt.
5. Mit der Ahle wird vorgestochen und die Löcher ganz durch den Stab gebohrt.

Anmerkung: Man muß sehr vorsichtig bohren, da das Holz auf der Seite gegen die Bohrhilfe gerne ausreißt.

6. Auf beiden Hartholzleisten (69,5 × 2,5 × 1 cm) werden die Bohrstellen zum Einstecken der Querverbindungen bezeichnet. Sie befinden sich jeweils 1,25 cm vom Ende entfernt. Man verbindet die beiden Punkte mit einer Geraden. Auf dieser Mittellinie werden vom ersten Punkt ausgehend zunächst 5 cm, nachher immer 4 cm abgemessen. Am Schluß bleiben bis zum Endpunkt wiederum 5 cm. Zwischen Anfangs- und Endpunkt sollen sich jetzt 15 Punkte befinden. Sie dienen später zum Anbringen der Aufhängevorrichtung für die Resonanzröhren.
7. Mit der Ahle werden sämtliche Löcher vorgestochen.
8. Das äußerste Loch am Anfang und Ende beider Leisten bohrt man mit dem 10 mm-Bohrer.
9. Die übrigen 15 Löcher auf beiden Leisten bohrt man mit dem 5 mm-Bohrer.
10. Die bisher angefertigten Teile stecken wir probeweise zusammen (→ Vorder- und Seitenansicht der Pläne). Der seitliche Abstand der Ständerbeine ist noch nicht richtig. Wir nehmen deshalb die bei-

den 10 mm-Rundhölzer (1 × 20 cm/1 × 6,5 cm); die Länge dieser Hölzer muß exakt stimmen, denn sie dienen als Distanzmesser und zeigen an, wieviel an den Querhölzchen noch abzuschleifen ist.

11. Das Gestell wird wieder auseinandergenommen, und alle Teile werden glatt geschliffen. Man bricht die Kanten und rundet die Enden der Leisten ab. Es empfiehlt sich, die Teile so abzulegen, daß sie nicht mehr verwechselt werden können.

12. Die Teile werden mit Nitrowachs behandelt.

13. Nun beginnen wir mit der Herstellung der Resonanzröhren und benutzen dazu die Tabelle *Resonanzröhren-Einteilung auf drei Kartonröhren für diatonisches Xylophon c'–c'''*. Die Tabelle gibt die Resonanztiefe einschließlich 1 cm für den Verschluß an.

Anmerkung: Für die Töne f/fis und b/h steht beim diatonischen Xylophon jeweils nur eine Resonanzröhre zur Verfügung. Man ist gezwungen, für die Resonanztiefe einen Mittelwert zu wählen und muß deshalb einen Klangabfall in Kauf nehmen.

14. Die Röhren sägen wir auf die gegebenen Längen rechtwinklig ab. Beim Absägen muß man etwas zugeben und danach rechtwinklig abschleifen.

15. Auf den Kartonröhren werden die Stellen der Bohrlöcher zum Aufhängen bezeichnet.

16. Wir nehmen dazu ein Stück Papier und schlagen mit dem Zirkel einen Kreis vom Radius 1,7 cm und errichten durch den Mittelpunkt eine Senkrechte, die etwas über den Kreis herausragt.

17. Die Röhre wird auf den Kreis gestellt und die beiden Schnittpunkte, die durch Kreisumfang und Gerade entstanden sind, auf die Röhre übertragen. Damit haben wir Gewähr, daß die Bohrlöcher sich später genau gegenüber befinden. Die Striche werden verlängert; die Bohrstelle liegt 1,25 cm vom oberen Rand entfernt.

18. Das Rundholz mit dem Ø3 cm wird ein paar Zentimeter weit in die Röhre gesteckt und ergibt eine gute Bohrunterlage.

19. Nach dem Vorstechen wird mit dem 5,5 mm-Bohrer gebohrt und mit allen anderen Röhren ebenso verfahren.

20. Zur Verbesserung der Resonanz werden die Kartonröhren im Innern mehrere Male lackiert.

21. Wir leimen in jede Röhre auf der den Bohrlöchern gegenüberliegenden Seite je ein Astflickplättchen ein.

22. Wir bestreichen die Röhre außen mit Kunstharzleim und streuen, bevor der Leim trocken ist, Sägemehl darüber, bis die ganze Röhre gleichmäßig bedeckt ist. Es empfiehlt sich, in Etappen zu arbeiten und nach dem Trocknen noch weitere Schichten aufzutragen.

23. Die Röhren können bemalt oder auch nur lackiert werden.

24. Die eine Leiste mit den gebohrten Löchern wird flach auf die Hobelbank gelegt und mit dem Hammer die 5 mm-Rundhölzer (Länge 5,5 cm) in die entsprechenden Löcher geschlagen. Auf der Rückseite müssen am Schluß alle Rundhölzerenden mit der Leiste bündig sein.

25. Wir hängen die Röhren in der richtigen Reihenfolge (→ Seitenansicht des Planes) an die Rundstäbchen. Sollte eine Röhre nicht senkrecht hängen, ist jetzt die nötige Korrektur an deren Löchern vorzunehmen.

26. Nun muß die zweite Leiste – ganz vorsichtig auf der einen Seite beginnend – auf die Rundhölzchen gesteckt werden, bis deren Enden wiederum außen mit dieser Leiste bündig sind.

27. Damit wir die Querstäbe (Ø1 cm) in die Leisten einschlagen können, stellen wir zwischen die Leisten, zwischen dem Einsteckloch und der ersten Resonanzröhre je ein Distanzklötzchen (3,5 × 2,5 × 2 cm). Mit ihnen wird verhindert, daß die beiden Leisten ihre Lage in bezug auf die bereits angebrachten 15 Rundhölzer verändern. Die Querstäbe schlägt man am besten über einem Bankloch ein. Sie sollen auf beiden Seiten der Leisten gleich weit herausragen. Sitzen die Leisten nicht genügend fest, müssen sie verleimt werden.

28. Jetzt können wir alle übrigen bereits fertigen Teile zusammenfügen und verleimen.

29. Auf den beiden Leisten (73 × 3 × 1 cm) zeichnet man der Länge nach auf je einer Seite die Mittellinie. 2 cm vom einen Ende liegt auf der Mittellinie der Mittelpunkt für das nächste Bohrloch.

30. Es wird vorgestochen und mit dem 20 mm-Bohrer gebohrt.

31. Darauf stecken wir die Leiste nur wenig weit und vorsichtig auf das obere Ende eines Beines, führen sie der Länge nach zum anderen Bein und legen sie so auf dessen oberes Ende, daß wir mit einem sehr spitzen Bleistift von unten her auf der Mittellinie die Bohrlochbreite anzeichnen können.

32. Man hebt die Leiste wieder ab, bestimmt durch Halbieren der Bohrlochbreite das Zentrum, sticht vor und bohrt. Mit der hinteren Leiste verfährt man ebenso.

33. Wir stellen das Gestell gemäß der Vorderansicht des Planes auf, nehmen die vordere Leiste ab, messen die Länge der Mittellinie von Loch zu Loch (LL) und ermitteln den Standort des ersten Haltestiftes für die Klangplatten mit der Formel

$$\frac{LL-(14 \times 4\,\text{cm})}{2}.$$

Von da aus ist jeder Stift 4 cm vom vorherigen entfernt, und am Ende bleibt die gleiche Distanz, die wir am Anfang errechnet haben.

34. Man sticht mit der Ahle vor und bohrt mit dem 2,3 mm-Bohrer die 15 Löchlein. Die Bohrtiefe beträgt 7,5 mm.

35. Wir schleifen die Leiste, runden die Enden mit Raspel und Feile oder mit der Schleifmaschine, brechen die Kanten und behandeln mit Nitrowachs.

36. Mit dem 2,5 mm-Bohrer wird in das Zuhalteklötzchen (1,75 × ca. 2,5 × ca. 2,5 cm) ein Loch auf dem Schnittpunkt der Diagonalen des Quadrates (2,5 × 2,5 cm) gebohrt. Das Hölzchen dient als Lehre beim Einschlagen der Stifte in die Bohrlöcher.

Anmerkung: Falls keine Stifte erhältlich sind, werden Nägel verwendet (→ *Glockenspiel aus Antikorodalband, Arbeitsvorgang I, 12–13*).

37. Wir schlagen den ersten Stift ein Stück weit ein, stülpen die Lehre darüber und schlagen ihn dann bündig ein. Die Lehre wird entfernt und mit den anderen Stiften ebenso verfahren. Am Schluß stehen alle Stifte gleich weit (1 cm) vor.

38. Man stülpt das Ventilschläuchlein über jeden einzelnen Stift und schneidet jeweils bündig ab. Das Ventilschläuchlein soll den ganzen Nagel bedecken; mit etwas Puder (Talkum) wird es gleitfähiger.

39. Über jeden Stift wird ein Stiftenfilz gesteckt. Erst wenn wir die Klangplatten hergestellt haben, können wir ausprobieren, wieviele Filze pro Stift nötig sind, um die beste Klangwirkung zu erzielen.

40. Die Leiste wird gemäß Plan angebracht und dicht über den Querstäbchen verleimt.

41. Wir nehmen die hintere Leiste ab, messen die Länge der Mittellinie von Loch zu Loch (LL) und ermitteln den Standort der Stifte, die hier zwischen den Klangplatten stehen, um ihnen seitlichen Halt zu geben. Der erste Stift hat folgenden Standort:

$$\frac{LL - (15 \times 4\,cm)}{2}.$$

Von da aus ist jeder Stift 4 cm vom nächsten entfernt, und am Ende bleibt die gleiche Distanz, die am Anfang errechnet wurde.

42. Man sticht mit der Ahle vor und bohrt mit dem 2,3 mm-Bohrer die 16 Löchlein. Die Bohrtiefe beträgt 7,5 mm. Man verfährt weiter, wie in den Punkten 35–39 bereits beschrieben, und verleimt dann auch die hintere Leiste.

II. Klangplatten: → *Xylophon mit Resonanzkästchen c'–c''', II. Klangplatten,* Seite 96.

Achtung: Jede Klangplatte hat nur noch ein Halteloch; das längliche entfällt. (→ Aufsicht des Planes *Xylophon mit Resonanzröhren,* Seite 104).

Spielanleitung

→ *Xylophon mit Resonanzkästchen, Spielanleitung,* Seite 97.

Xylophon mit Resonanzröhren

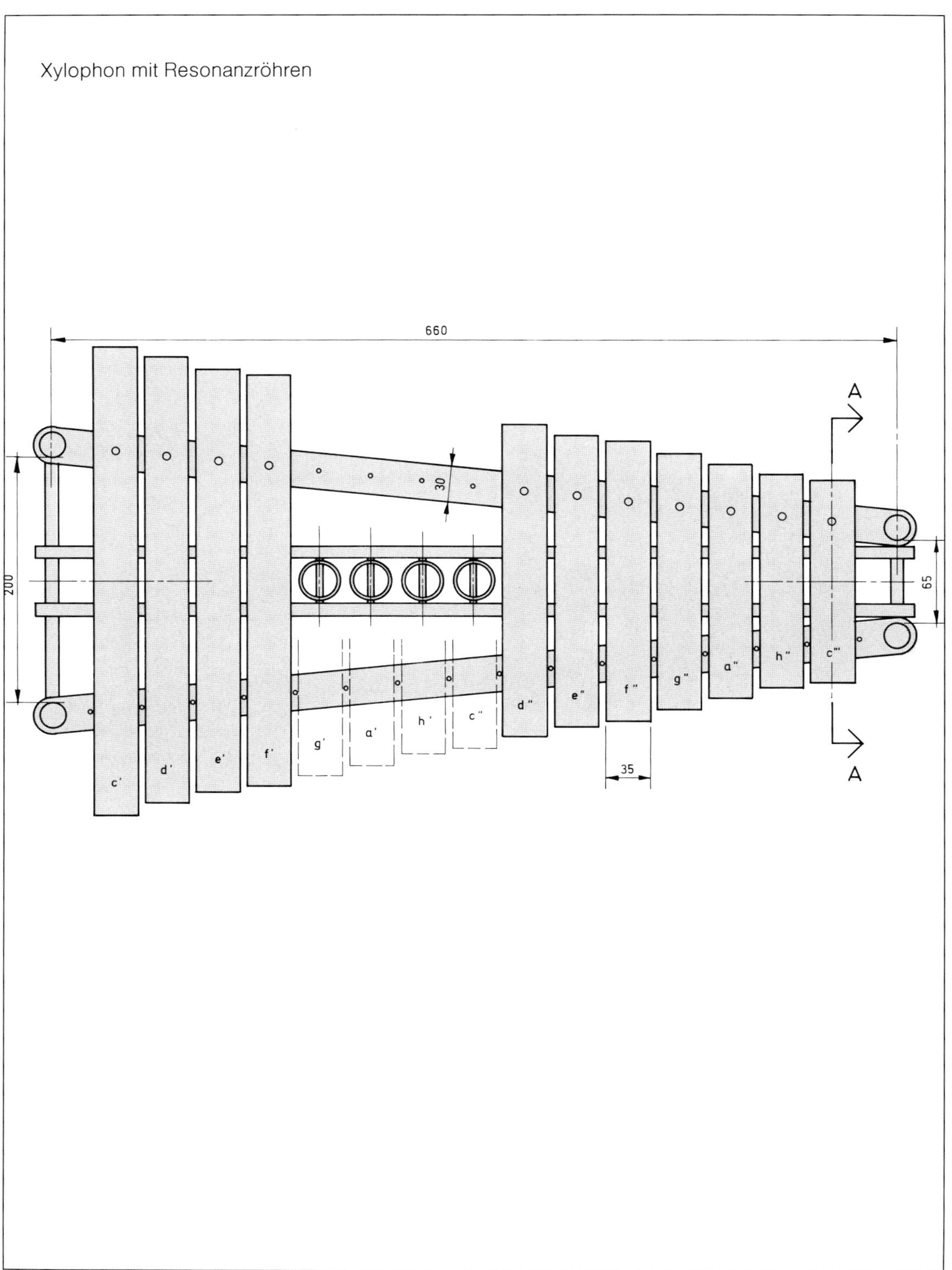

Xylophon mit Resonanzröhren

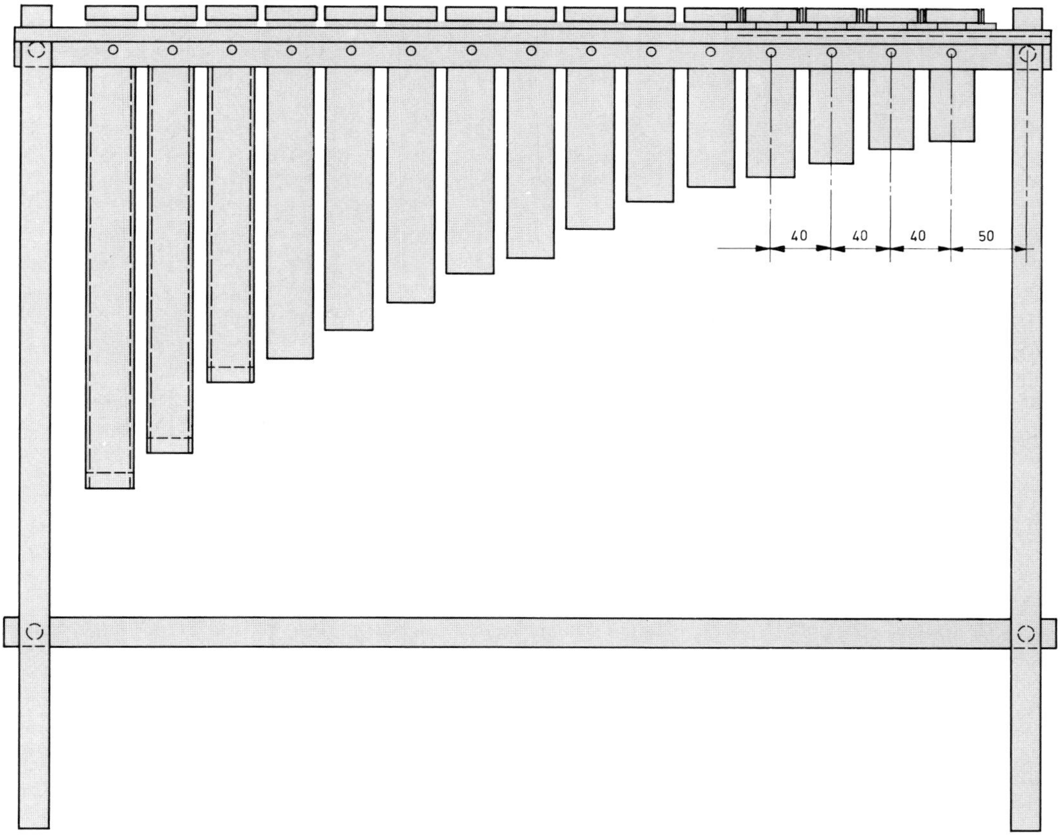

40 40 40 50

Xylophon mit Resonanzröhren

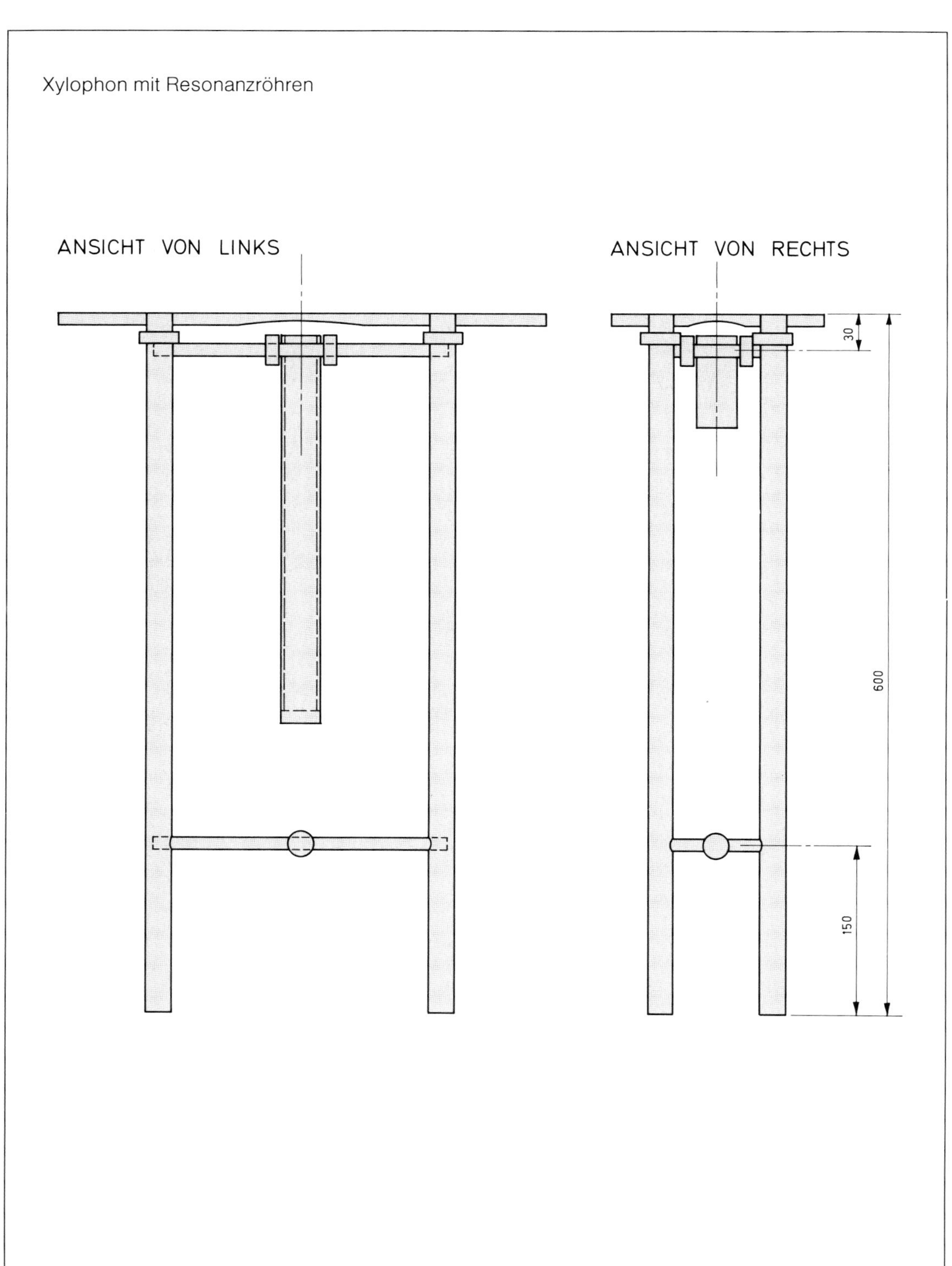

Xylophon mit Resonanzröhren

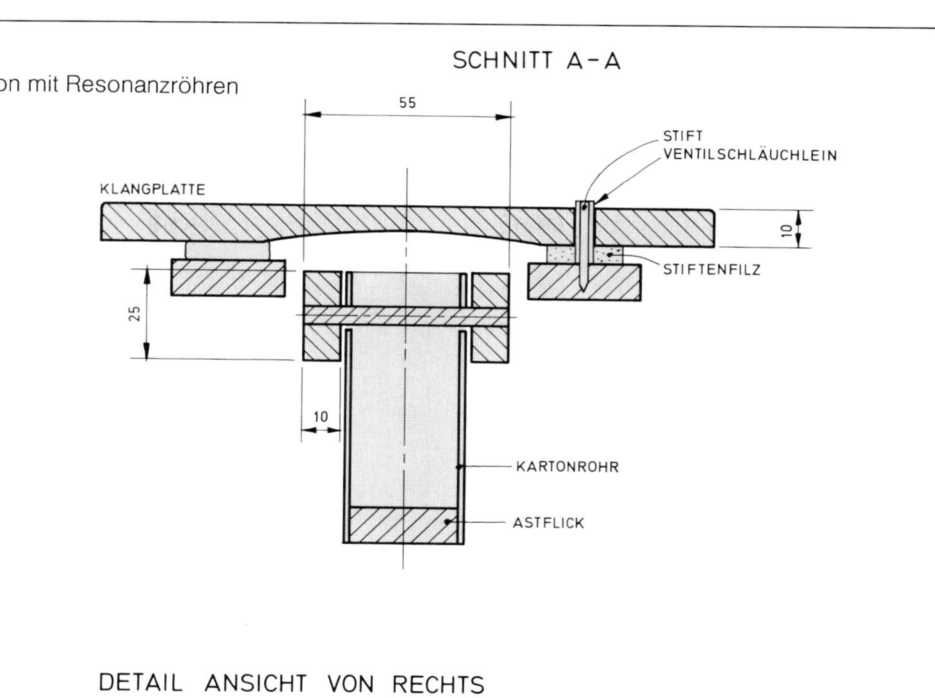

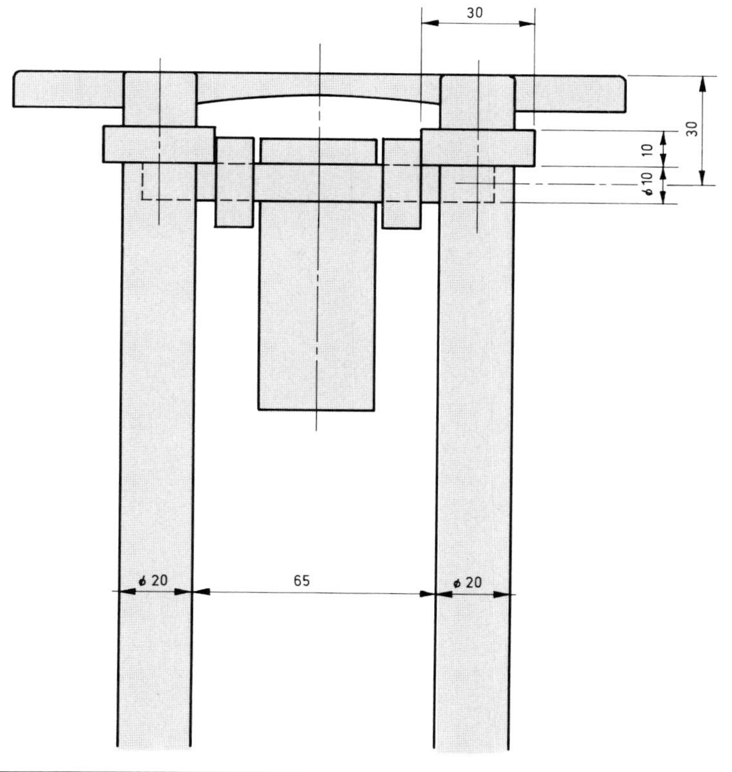

4. *Blasinstrumente*

Die Gruppe der Blasinstrumente ist sehr vielgestaltig. Sie umfaßt:

- Flöten (Panflöte, Traversflöte, Blockflöte, Flageolett, Kerbflöte)
- Rohrblattinstrumente mit doppeltem Rohrblatt (Cornamuse, Krummhorn, Kortholt, Rankett, Schalmei, Dulcian, Pommer, Oboe, Englischhorn, Fagott, Kontrafagott)
- Rohrblattinstrumente mit einfachem Rohrblatt (Chalumeau, Klarinette, Saxophon)
- Metallzungeninstrumente (Mundharmonika, Ziehharmonika, Harmonium, Zungenpfeifen der Orgel)
- Kesselmundstückinstrumente (Zink, Tuba, Kornett, Posaune, Horn, Trompete)

Für den Selbstbau eignen sich die flötenartigen Instrumente ohne Klappen, also Panflöte, Traversflöte, Block- und Kerbflöte am besten. Sie lassen sich alle aus Bambusrohr herstellen, zum Teil auch aus Metall.

Von den Rohrblattinstrumenten käme die Kornamuse zum Bau in Betracht. Sie besteht aus einem zylindrischen Rohr mit kleiner lichter Weite und wird mit einem breiten doppelten Rohrblatt in einer Windkapsel zum Klingen gebracht. Wer die Herstellung eines konischen Rohres meistert, könnte Versuche mit der Schalmei und dem Chalumeau wagen; während von den Instrumenten mit Kesselmundstück höchstens das gerade Alphorn und der gerade Zink in Frage kämen. Letzterer ist aber sehr schwierig sauber zu spielen. In unseren Bauanleitungen haben wir uns bewußt auf die flötenartigen Instrumente beschränkt.

Das Blasen einer Flöte ist dem Singen nahe verwandt. Räumlich gesehen verlängert das Rohr den Atem und die Stimme. Kinder pfeifen auf der Kappe eines Füllfederhalters und haben damit bereits eine gedackte Pfeife, wie sie die Panflöte aufweist.

Übrigens läßt sich aus dem Röhrlein des Löwenzahnes ein einfaches – wenn auch kurzlebiges – Einton-Doppelrohrblatt-Instrument herstellen.

Zum Musizieren auf Bambusflöten eignen sich Lieder, aber auch Spielmusiken, die in vielen Heften für Blockflöte zu finden sind. Beim Zusammenspiel mit anderen Instrumenten ist jedoch zu beachten, daß die Grund-Intonation der Bambusflöten nur minimal durch stärkeres oder schwächeres Blasen verändert werden kann und daß einzig bei den Bambus-Blockflöten die Stimmlöcher Hilfe leisten. Als Partner-Instrumente wählen wir deshalb solche, bei welchen das Einstimmen kein Problem darstellt; wir wärmen aber vor dem Stimmen die Flöte durch unseren Atem an. Wird eine Flöte mit einem oder mehreren Saiteninstrumenten gekoppelt, so spielt die Flöte mit Vorteil die erste Stimme.

Die ersten Flöten und Pfeifen haben unsere Urahnen wohl aus Röhrenknochen oder, wo verfügbar, aus Bambusrohr gefertigt. Relikte aus prähistorischer Zeit sind ausschließlich Knochenflöten, und wahrscheinlich wurde den Flöten schon in der Steinzeit magische Kraft zugeschrieben. Einzelne Völker verwenden sie heute noch bei Ernte-, Sturm- und Todesriten. Der Flöte wird die Eigenschaft zugeschrieben, daß sie besänftige, aber auch, daß sie die Liebessehnsucht zu wecken vermöge. Das letztere steht wohl damit in Zusammenhang, daß sie (sicher für Naturvölker) ein phallisches Symbol darstellt.

Die Renaissance-Traverse hatte ein zylindrisches Rohr. Zur Zeit Hotteterre's (1707) war das Rohr konisch und das Kopfstück zylindrisch. Das ergibt einen weichen Ton. Seit Boehm (1846) ist das Rohr wieder zylindrisch, das Kopfstück aber parabolisch (beim Mundloch enger).

Kuckuckspfeife aus Tonerde

Material und Werkzeug
Tonerde ohne Schamottzugabe
Schlicker
Zeitungspapier
Eternitplatte
Schwämmchen und Lappen
Ränderscheibe
Teigroller
Modellierholz
Holzkeil, Länge ca. 10 cm, Breite 6 mm, Dicke von 0,5 bis ca. 2,5 mm steigend
Messer
Stecknadel

Arbeitsvorgang

Vorbemerkung: Wir lesen zuerst den Abschnitt *Töpfern,* Seite 237. Eine Kuckuckspfeife kann nur verfertigen, wer in der Aufbaukeramik bereits genügend Übung hat. Nicht nur die Form, sondern alle Details müssen genau stimmen.

1. Wir bauen ein dünnwandiges Gefäß auf, das aus einem kreisrunden Boden und einer Halbkugelform besteht. Der Durchmesser des Bodens sollte zwischen 6–8 cm liegen.
2. Auf dem Scheitel der Halbkugel muß ein kleines Loch von ca. 6 mm ausgespart sein (→ Plan).
3. Mit einem Messer wird mit zwei im rechten Winkel zueinander stehenden Schnitten soviel von der Halbkugelwand weggeschnitten, daß ein höchstens 3–4 mm hoher Schlitz – über dem Boden beginnend – entsteht. Die Bodenfläche des Gefäßes muß dabei ganz bleiben (→ Plan).

Vorsicht: Lieber mehrmals wenig als einmal zuviel abschneiden. Wird nämlich die Öffnung größer, dann muß man ganz von vorne anfangen.

Wir achten strikt darauf, daß die auf der Seitenansicht bezeichnete Kante nicht beschädigt wird und daß sie, von vorne gesehen, waagrecht verläuft. Notfalls muß Schlicker aufgetragen und mit einer Stecknadel die Schnittebene geglättet und die Kante noch einmal gerade nachgezogen werden.

4. Das Gefäß wird vom Zeitungspapier abgelöst und hochgehoben. Mit dem Holzkeil wird dann parallel zur eben entstandenen Öffnung der Boden des Gefäßes durchstoßen. Dadurch entsteht im Boden ein rechteckiger Kanal. Die Kante, die wir unter 3. zugeschnitten haben, sollte von der Seite her gesehen mit ihrer Spitze auf die Längsmittellinie des Kanals weisen.

Vorsicht: Die Kante darf mit dem Keil nicht verletzt werden.

5. Jetzt führen wir das Gefäß zum Mund, halten mit dem Zeigefinger das Loch oben auf dem Scheitel zu und blasen zart durch das Kanalloch im Boden. Dabei sollte ein Ton entstehen. Ist dies nicht der Fall, so muß man so lange an der Kante und am Kanal auskorrigieren, bis der Ton erklingt. Heben wir den Zeigefinger an und blasen wiederum, entsteht ein höherer Ton. Der höhere und tiefere Ton sollten einen Kuckucksruf ergeben. Ist das Löchlein auf dem Scheitel zu klein, wird der höhere Ton zu tief sein. Ist es zu groß, wird der höhere Ton zu hoch sein. Man verändert das Löchlein so lange, bis der Kuckucksruf rein erklingt.

6. Wenn die Kuckuckspfeife gut trocken ist, lassen wir sie brennen und glasieren.

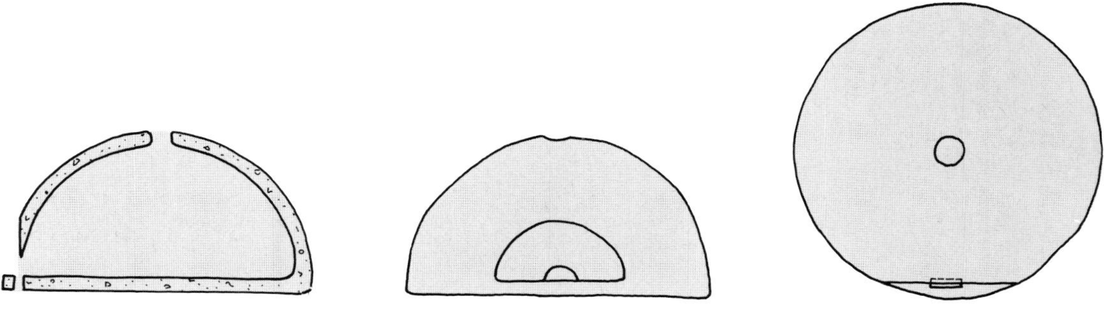

Variante: Vogelpfeife aus Tonerde

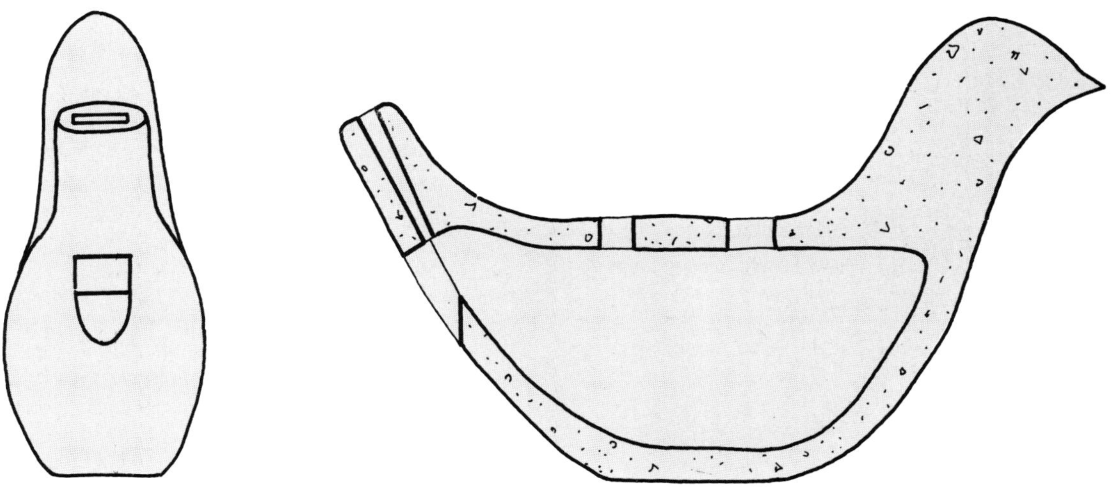

Die Anzahl der Tonlöcher kann man nach Belieben wählen; sie werden auf dem Rücken des Vogels angebracht. Mit 4 Löchern und dem Grundton kann bereits das Lied „Kuckuck ruft's aus dem Wald" gespielt werden. (Siehe auch: „Blockflöte aus Bambus" S. 128-131.)

Panflöte aus Bambus

Material und Werkzeug
ca. 6 m Bambus verschiedener Dicke (→ Tabelle *Lichte Weiten*)
Evtl. Korkzapfen verschiedener Dicke
Garn oder Darmsaiten
Schleifpapier: Korn 80–120
2 starke Gummibänder
Rollmeter mit schmalem Metallband und Bleistift
Hobelbank oder entsprechende Einspannvorrichtung
Eisen- oder Bandsäge
Evtl. Schleifteller
Ausreibevorrichtung für Bambusröhren (→ Seite 241)
2 Stechbeitel mittlerer Breite
Holzhammer
Schere
Evtl. elektroakustisches Stimmgerät

Arbeitsvorgang

1. Den Bambus sägen wir mit Ausnahme eines Stabes, der als Reserve dient und die Stücke für die Halterung liefert, an den Knoten so in Segmente, daß die Zwischenwand immer auf der einen Seite erhalten bleibt.

Anmerkung: Wer Material sparen will, sägt die Bambusstäbe so auf, daß die Knoten überall wegfallen, und verschließt die Röhren nach dem Ausputzen und Ausreiben mit entsprechenden Korkzapfen. Man erhält dann aus einem Segment, je nach Länge der Pfeifen, mehrere Stücke.

Achtung: Da Bambus beim Durchsägen gerne aufspleißt, sägen wir ihn vorher rundum an. Aus dem gleichen Grunde sollte eine Eisensäge und nicht die Feinsäge verwendet werden.

2. Es empfiehlt sich, die Schnittflächen etwas zu schleifen. Auf alle Fälle werden die Kanten sofort nach jedem Abschneiden gebrochen.

3. Man ordnet die Segmente nach ihrer Dicke und lichten Weite. Das Verhältnis Lichte Weite : Innere Länge = 1:8, und die entsprechenden Maße können aus der Tabelle *Lichte Weiten* ersehen werden. Die angegebenen Maße sind aber lediglich ein Hinweis und niemals absolute Größen.

4. Beim Ablängen der Segmente geht man des-

halb schrittweise vor, indem man den Ton immer wieder überprüft, damit er keinesfalls zu hoch wird.
5. Damit wir aber überhaupt einen Ton blasen können, müssen bei jeder Pfeife mit der Rundfeile oder der Ausreibevorrichtung die Häutchen im Innern zuerst völlig entfernt werden.
6. Die Pfeifen können nach eigenem Wunsche zugerichtet werden, z.B.: pentatonische Tonleiter:
c'' d'' f'' g'' a'' c''' d''' f'''

oder:
c'' d'' e'' g'' a'' c''' d''' e'''

oder diatonische Tonleiter:
c'' d'' e'' f'' g'' a'' h'' c''' d''' e''' f''' (g''' a''' h''' c'''')
= C-Dur

günstiger ist:
c'' d'' e'' f'' g'' a'' b'' c''' d''' e''' f''' (g''' a''' b''' c'''')
= F-Dur mit Signalquart
7. Das Stimmen geschieht mit dem Ohr oder mit einem elektroakustischen Stimmgerät. Auch das Stimmen nach einem gutgestimmten anderen Instrument ist möglich. Auf jede Pfeife schreiben wir mit Bleistift die entsprechende Tonhöhe.
Anmerkung: Die Anblasetechnik ist in der *Spielanleitung* kurz beschrieben.
8. Wenn alle Pfeifen gestimmt sind, werden sie nebeneinander gelegt und ihre gemeinsame Breite gemessen. Dieses Maß plus 2 mm für jede Pfeife plus 4 cm (2 cm für den Anfang und 2 cm für das Ende) ergibt die Länge der Halterung, die für jedes Instrument neu berechnet werden muß.
9. Vom Reservestab schneiden wir die erforderliche Länge mit möglichst wenigen Knoten ab.
10. Den Abschnitt spannt man der Länge nach zwischen die Bankeisen der Hinterzange (Unterlageholz zur Schonung der Hobelbank benutzen!) und spaltet ihn am Knoten beginnend mit dem Stechbeitel der Länge nach auf. Zum Schlagen wird der Holzhammer benutzt. Der zweite Stechbeitel dient als Keil. Es ist von Vorteil, wenn man diese Arbeit zu zweit verrichtet.
11. An beiden Hälften werden die Spaltflächen geschliffen und die Kanten überall gebrochen. Die im Rohr befindlichen Häutchen entfernt man mit Schleifpapier.
12. Aus Garn drehen wir drei lange Kordeln (⟶ *Flechten, zwirnen und knüpfen,* Seite 220), wenn wir nicht dünne Darmsaiten verwenden wollen.
13. Die eine Hälfte der Halterung wird in Längsrichtung mit der gewölbten Seite nach unten auf die Hobelbank gelegt, darauf im rechten Winkel dazu die geordneten Pfeifen. Mit der zweiten Hälfte der Halterung (die Rundung schaut nach oben) wird abgedeckt. Mit zwei starken Gummibändern befestigt man die Halterung an beiden Enden provisorisch. Hilfeleistung ist nötig!
14. Die erste Kordel oder die erste nasse Darmsaite schlingen wir mit ihrer Mitte um das eine Ende der Halterung, führen sie oben und unten längs des einen Halterungsstabes zum anderen Ende, schlingen sie darum und führen sie beidseitig des anderen Halterungsstabes wieder zu ihrem Ausgangspunkt zurück, wo wir sie verknoten. Die Kordel oder Saite soll straff sitzen.
Anmerkung: Die nasse Darmsaite zieht sich beim Trocknen wieder zusammen und gibt den Pfeifen guten Halt.
15. Die zweite und dritte Kordel oder die nassen Saiten knüpft man an einem Ende zusammen. Die Knüpfstelle soll an das eine Ende der Halterung zu liegen kommen und in Richtung der Pfeifen nach unten schauen. Die Kordel oder Saite wird so um die Pfeifen und die Halterung geschlungen, wie es aus der An- und Aufsicht des Planes ersichtlich ist. Durch die Kordel, beziehungsweise durch die Saite, werden die Pfeifen etwas auseinandergedrückt, und es entsteht in der ersten Kordel oder Saite eine Spannung, welche die Pfeifen genügend stark zusammenhält. Bei jeder Verschlingung muß von neuem gut angezogen werden. Die Enden verknoten wir.
Hinweis: Zur besseren Spielbarkeit können die Kanten der Pfeifen auf der Mundseite leicht abgeschrägt werden.

Spielanleitung
1. Schon bei der Herstellung der Pfeifen muß man sich die nötige Blastechnik aneignen. Es kommt darauf an, in welchem Winkel die Pfeife zum einfallenden Luftstrom steht: dieser ist bei hohen und tiefen Pfeifen verschieden.
2. Durch Verändern des Anblasewinkels und durch Verändern der Intensität des Blasens kann die Höhe des Tones beeinflußt werden.
3. Wir üben am besten auf einzelnen, nicht zusammengebundenen Pfeifen; es ist etwas leichter.

Panflöte: Pfeifen aus Bambusrohr

Lichte Weite : Länge = 1 : 8

chrom.	**Länge in cm**	**∅ innen**	**≈**	**diat.**	
f'''	5,4	0,675	0,65	f'''	
e'''	5,7	0,7125	0,7	e'''	
dis'''	6,1	0,7625	0,75		
d'''	6,5	0,8125	0,8	d'''	
cis'''	7,0	0,875	0,85		
c'''	7,5	0,9375	0,9	c'''	
h''	8,0	1,0	0,95	h''	wahl-
b''	8,5	1,0625	1,0	b''	weise
a''	9,1	1,1375	1,1	a''	
gis''	9,7	1,2125	1,2		
g''	10,35	1,29375	1,3	g''	
fis''	11,0	1,375	1,4		
f''	11,65	1,45625	1,5	f''	
e''	12,35	1,54375	1,6	e''	
dis''	13,1	1,6375	1,7		
d''	13,95	1,74375	1,8	d''	
cis''	14,8	1,85	1,9		
c''	15,7	1,9625	2,0	c''	

Die Tabelle geht von idealen Verhältnissen aus. In der Praxis aber müssen wir doch wohl mit einer größten Lichten Weite von nur 1,5 cm rechnen. Die Reihe kann dann etwa so aussehen:

	∅ der Pfeife in cm:
f'''	0,65
e'''	0,7
d'''	0,8
c'''	0,9
h''/b''	1,0
a''	1,1
g''	1,2
f''	1,3
e''	1,4
d''	1,45
c''	1,5

Anmerkung: Die lichte Weite hat Einfluß auf die Länge der Pfeife: Je kleiner die lichte Weite ist, desto länger wird die Röhre für den gleichen Ton.

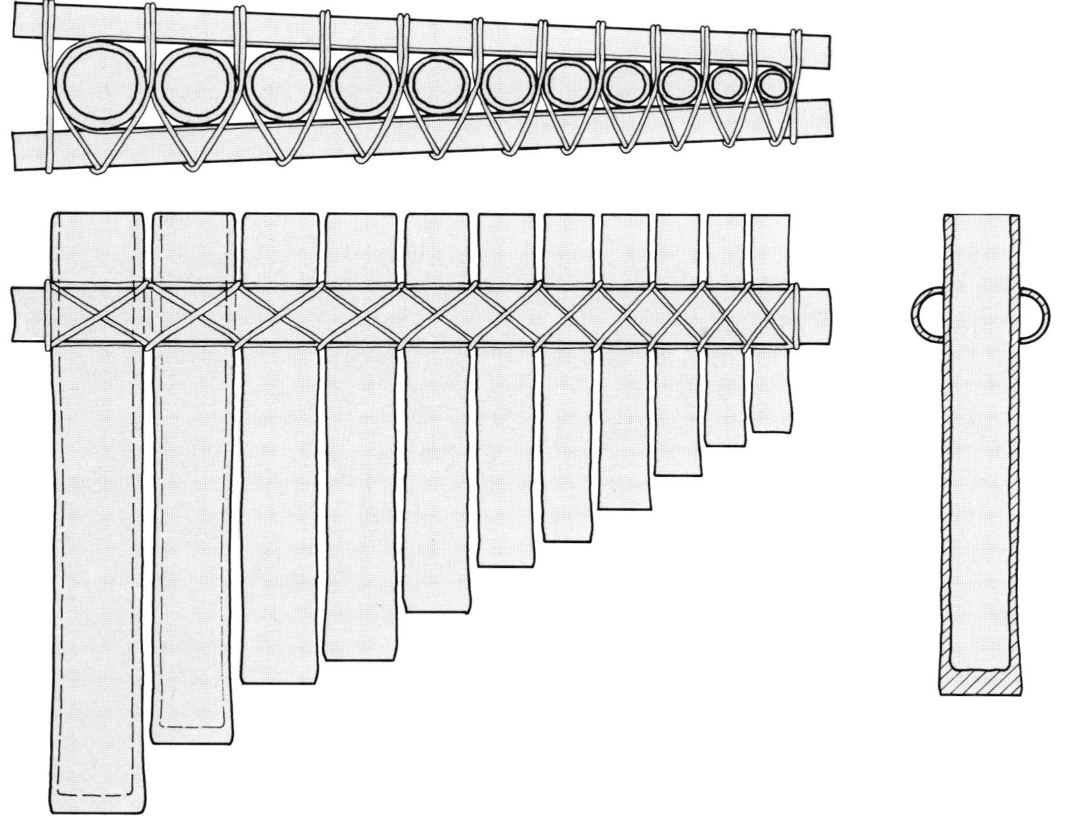

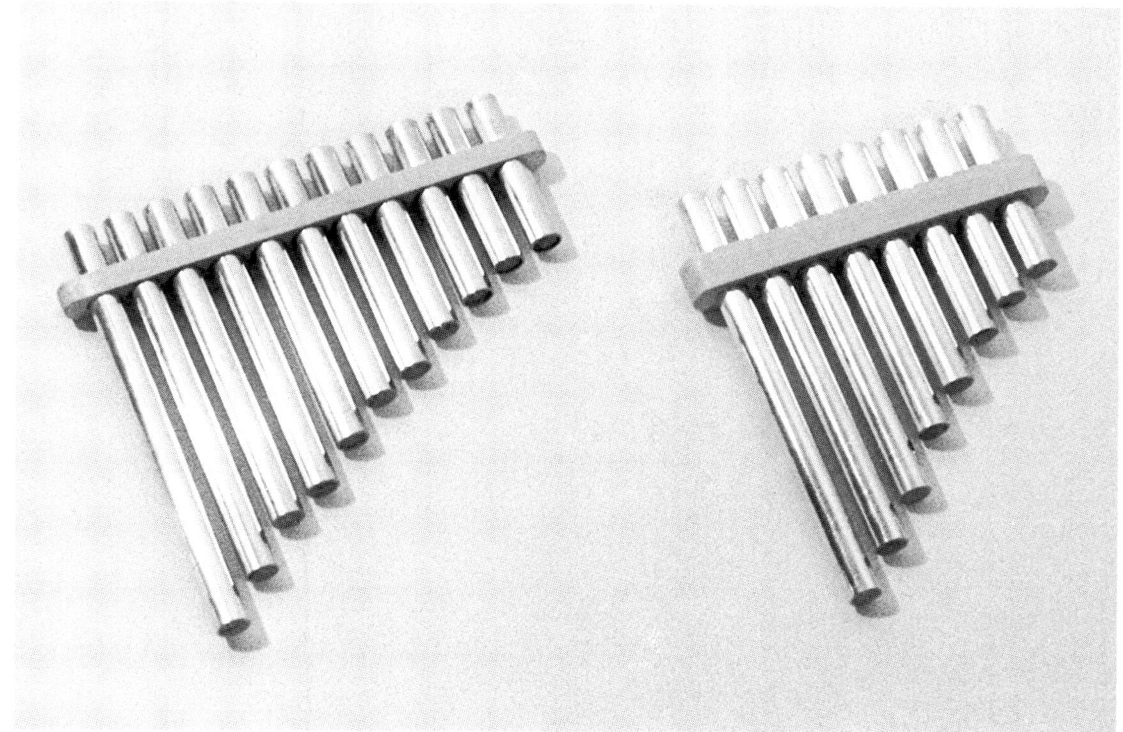

Panflöte aus Antikorodalrohr

Material und Werkzeug
Antikorodalrohr 10/12 oder 12/15 mm Für pentatonische Reihe: 1 m Für diatonische Reihe: 1 m 50 cm
Holzleiste für pentatonische Reihe mit Rohr 10/12 mm: 15,5 × 1,5 × 1,0 cm mit Rohr 12/15 mm: 17,25 × 2,0 × 1,5 cm
Für diatonische Reihe mit Rohr 10/12 mm: 20,0 × 1,5 × 1,0 cm mit Rohr 12/15 mm: 22,5 × 2,0 × 1,5 cm
Korkzäpfchen mit entsprechendem Durchmesser (zum Verschließen der Pfeifen)
25 cm Rundholz Ø 8 mm (als Stöpsel); Ø 8 oder 10 mm (als Schleifhilfe)
Schmirgeltuch
Schleifpapier, Korn 150
Stahlwatte
Evtl. Poliermittel und Lappen
Maßstab und Bleistift
Evtl. Schieblehre oder auch Rollmeter mit dünnem Metallband
Bohrmaschine in Bohrständer mit Bohrtiefeneinstellung
Holzbohrer Ø 12 mm oder 15 mm
Schraubstock
Eisensäge
Rundfeile
Schleifteller
Evtl. Polierscheibe aus Filz
Evtl. elektroakustisches Stimmgerät

Arbeitsvorgang

Vorbemerkung: Es ist schwierig, im Handel Antikorodalrohr mit allen entsprechenden lichten Weiten (→ *Panflöte: Lichte Weiten,* Seite 114) und gleichzeitig mit einer vernünftigen Wanddicke zu erhalten. Jedoch ist es möglich, bei einer Beschränkung auf 1½ Oktaven für alle Pfeifen dieselbe lichte Weite zu verwenden. Wir wählen eine lichte Weite, welche die Röhren der mittleren Pfeifen aufweisen sollten.

1. Wir sägen vom Antikorodalrohr zuerst die längste Pfeife ab, beachten aber dabei, daß der Länge nicht nur 1 cm für den Verschlußzapfen, sondern auch noch ein Sicherheitsabstand zum Stimmen zugegeben werden muß.

Anmerkung: Wird eine Pfeife zu kurz, verwendet man sie als nächsthöhere.

2. Nach dem Absägen werden die Schnittflächen

eben und rechtwinklig zur Röhre geschmirgelt. Außen entfernt man die Braue mit feinem Schmirgeltuch, innen mit einer Rundfeile, wobei die innere Kante nicht abgerundet werden darf.
3. Den Verschlußzapfen schneiden wir auf 1 cm Länge zu. Er muß in der Pfeife satt sitzen.
4. Der Zapfen wird nach und nach so weit hineingestoßen, bis der Ton der Pfeife stimmt. Gerät der Zapfen zu weit hinein, kann er mit dem 8 mm-Rundholz wieder zurückgestoßen werden, bis er sich an der richtigen Stelle befindet.
5. Das Stimmen geschieht nach dem Ohr, indem man zum Vergleich ein anderes gutgestimmtes Instrument hinzuzieht, oder mit einem elektroakustischen Stimmgerät.
Anmerkung: Die Anblasetechnik ist in der Spielanleitung zu *Panflöte aus Bambus,* Seite 113, kurz beschrieben.
6. Auf die oben beschriebene Weise wird Pfeife um Pfeife hergestellt und gestimmt.
7. Wenn die ganze Reihe stimmt, wird am verschlossenen Ende der Zapfen und Antikorodalrohr bündig geschmirgelt oder geschliffen.
Achtung: Beim Schleifen mit der Maschine wird Antikorodal bald sehr heiß, und man muß es mit Wasser abkühlen oder an der Luft abkühlen lassen.
8. Die Pfeifen putzen wir außen mit Stahlwatte. Ein Polieren mit einem Poliermittel ist nicht unbedingt nötig.
9. Nun fehlt noch die Halterung. Auf der Holzleiste werden die Bohrlöcher für die Pfeifen bezeichnet. Sie liegen für Röhren 10/12 mm 1,5 cm für Röhren 12/15 mm 1,75 cm auseinander.
10. Nach dem Vorstechen wird die Leiste zum Bohren in den Maschinenschraubstock gespannt. Dabei darf aber die Bohrunterlage nicht vergessen werden, sonst reißt der Bohrer das Holz auf der Unterseite auf.
Anmerkung: Die Bohrunterlage muß etwas schmaler sein als die zu bohrende Leiste.
11. Wir stellen die Bohrtiefe ein und bohren.
12. Mit dem Rundholz als Schleifhilfe werden die Bohrlöcher so lange ausgerieben, bis sich die Pfeifen ohne Gewalt in die Bohrlöcher schieben lassen. Die Pfeifen sollen aber nicht zu locker sitzen.
Anmerkung: Müssen die Pfeifen mit Kraft durch die Löcher in der Halterung gestoßen werden, kann diese sich spalten.
13. Alle Pfeifen in der Halterung werden auf der Anblaseseite auf gleiche Höhe gebracht und mit Schnellkleber fixiert. Den Schnellkleber gibt man auf der Unterseite der Halterung an die Stellen, wo die Pfeifen ins Holz dringen.

Anmerkung: Wem die Verbindung von Metall und Holz nicht gefällt und wer sich eine Halterung aus Antikorodalband (analog der Holzleiste) herstellen möchte, der sei darauf hingewiesen, daß die Bohrlöcher im Antikorodalband meistens „verlaufen", das heißt unrund werden.

Spielanleitung

→ *Panflöte aus Bambus,* Seite 113.

Panflöte: Pfeifen aus Antikorodalrohr 10/12 mm

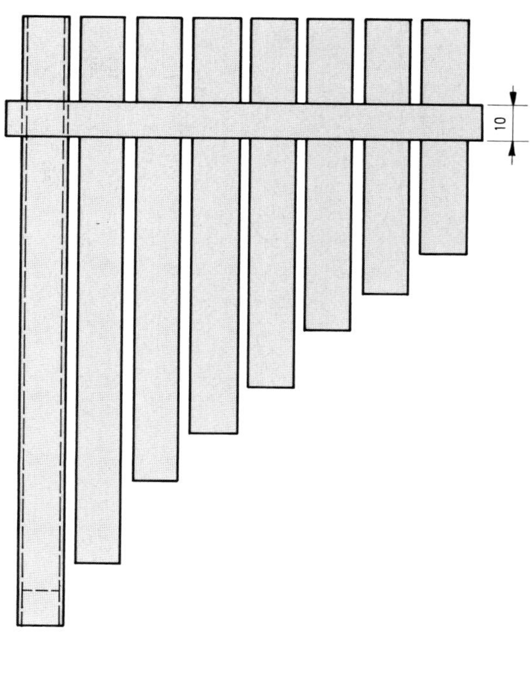

chrom.	Längen der Pfeifen in cm	diat.	+ 1 cm für den Verschluß:	pent.
f'''	5,4	f''	6,4	6,4
e'''	5,7	e''	6,7	
dis'''	6,1			
d'''	6,5	d''	7,5	7,5
cis'''	7,0			
c'''	7,5	c''	8,5	8,5
h''	8,0			
b''	8,5	b'	9,5	
a''	9,1	a'	10,1	10,1
gis''	9,7			
g''	10,35	g'	11,4	11,4
fis''	11,0			
f''	11,65	f'	12,7	12,7
e''	12,35	e'	13,4	
dis''	13,1			
d''	13,95	d'	15,0	15,0
cis''	14,8			
c''	15,7	c'	16,7	16,7
			117,9	88,3
			statt b'' auch h''	statt f'' + f''' auch e'' + e'''

für Antikorodalrohr 12/15 mm erweitern wir die Reihe nach unten folgendermaßen:

	Längen der Pfeifen in cm	+ 1 cm für den Verschluß
h'	16,6	17,6
a'	18,7	19,7
g'	21,0	22,0

Anmerkung: Die lichte Weite hat Einfluß auf die Länge der Pfeife: Je größer die lichte Weite ist, desto kürzer wird die Röhre für den gleichen Ton.

Traversflöten – Modelle

Es stehen für den Bau einer Traversflöte Pläne für drei verschiedene Modelle zur Verfügung.
Bei Modell 6 d"d handelt es sich um Flöten primitiver Bauart. Sie erscheinen mit deutscher Bohrung, welche leicht zum Greifen ist, hingegen ein sauberes Spiel nur in wenigen Tonarten ermöglicht.
Für den Anfänger ist aus methodischen Gründen das Mod. 6 d"d gegenüber dem Mod. 6 c"d vorzuziehen, weil bei einem späteren Wechsel auf Mod. 7 c"e zwar die Schwierigkeit mit dem Greifen des Kleinfingerloches dazukommt, im übrigen aber die gleichen Griffe für die gleichen Tonhöhen (außer fis) angewendet werden können. Die neue Flöte erscheint dann richtigerweise ganz einfach mit der Erweiterung nach unten um einen Ton.
Bei der deutschen Griffart muß das zweitunterste Tonloch sehr groß, das nächsthöhere jedoch um so kleiner sein.
Der Vorteil der englischen (barocken) Bohrung ist, daß alle Tonlöcher fast gleich groß gebohrt werden können und ein chromatisches Spiel möglich wird.

Mod. 6 d"d: 6 Tonlöcher, Grundton d", deutsche Griffart

Mod. 6 c"d: 6 Tonlöcher, Grundton c", deutsche Griffart

Mod. 7 c"e: 7 Tonlöcher, Grundton c", englische Griffart

Vergleich der Griffe der Grundtonart in der ersten Oktave für Traversflöten

Mod. 6 d"d:	d"	e"	fis"	g"	a"	h"	cis'''	d'''
	●	●	●	●	●	●	○	○
	●	●	●	●	●	○	○	●
	●	●	●	●	○	○	○	●
	●	●	●	○	○	○	○	●
	●	●	○	○	○	○	○	●
	●	○	○	○	○	○	○	●

Mod. 7 c"e:	c"	d"	e"	f"	g"	a"	h"	c'''	cis'''	d'''
	●	●	●	●	●	●	●	○	○	○
	●	●	●	●	●	●	○	●	○	●
	●	●	●	●	●	○	○	●	○	●
	●	●	●	●	○	○	○	○	○	●
	●	●	●	○	○	○	○	○	○	●
	●	●	○	●	○	○	○	○	○	●
	●	○	○	●	○	○	○	○	○	○

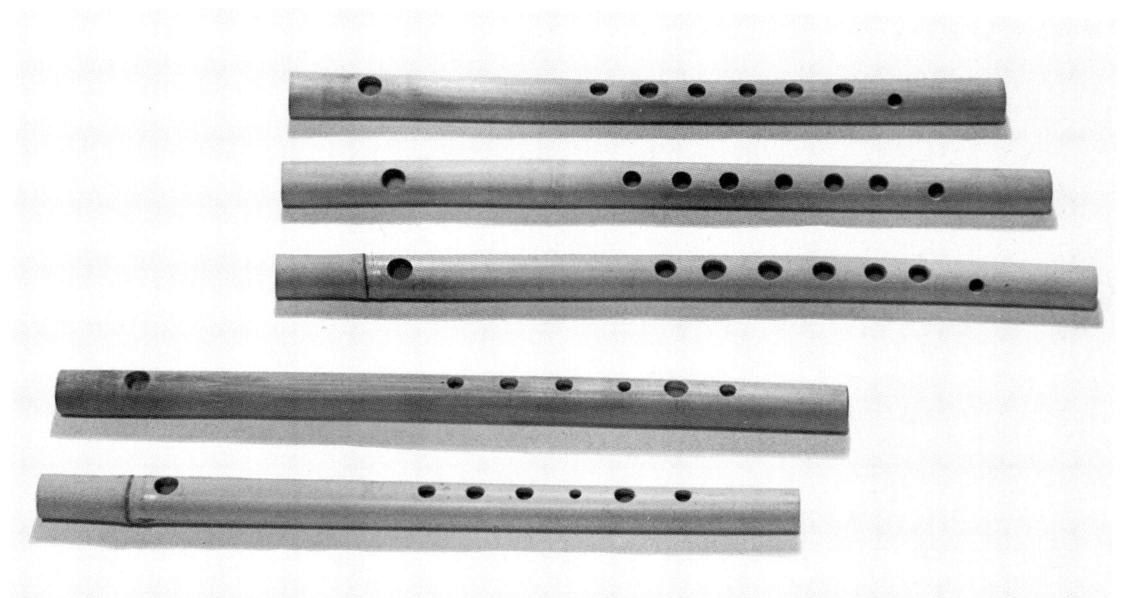

Traversflöte aus Bambus

Material und Werkzeug
Bambusrohr mit einer lichten Weite von 1,4–1,5 cm, Wandstärke ca. 2,5 mm
Korkzapfen Ø 1,5 cm, Länge mindestens 1 cm
Rundholz Ø 1–1,4 cm, Länge 50 cm
Schleifpapier, Korn: 120 und gröber
Maßstab und Bleistift
Hobelbank oder entsprechende Einspannvorrichtung
Bohrmaschine in Bohrständer und Maschinenschraubstock mit Bohrhilfe
Bohrsatz 3–10 mm (Metallbohrer gut geschliffen)
Dübelbohrer 8, 9 oder 10 mm, je nach Mundloch des Modells
Evtl. Schleifteller
Ausreibevorrichtung für Bambusröhren oder große Rundfeile
Eisen oder Bandsäge
Evtl. Stichling Nr. 2
Rundfeilen verschiedener Dicke
Nadelfeile, halbrund
Vierkantahle
scharfes Messer (z. B. F-Loch-Schnitzer)
Evtl. elektroakustisches Stimmgerät

Arbeitsvorgang

Vorbemerkung: Zuerst müssen wir uns darüber klar werden, welches Modell wir bauen wollen. Zu diesem Zwecke studieren wir die Angaben unter *Traversflöten-Modelle,* Seite 118, gründlich.

1. Man sägt vom Bambusstab ein Stück ab: d"-Flöte 35 cm, lichte Weite 1,4 cm; c"-Flöte 40 cm, lichte Weite 1,5 cm.

Achtung: Da Bambus beim Durchsägen gerne aufspleißt, sägen wir ihn vorher rundum an. Aus dem gleichen Grunde sollte eine Eisensäge und nicht die Feinsäge verwendet werden.

Anmerkung 1: Wir wählen ein Bambusstück, das möglichst nur einen Knoten hat. Befindet sich der Knoten am einen Ende der Flöte, dient die Zwischenwand als Verschluß, und man kann auf einen Korkzapfen verzichten. Ein Verschlußzapfen hat jedoch gegenüber der Knotenwand den Vorteil, daß er sich zur Intonierung verschieben läßt. Der Knoten soll sich keinesfalls im Bereich der Grifflöcher befinden. Auch die Lage des Knotens zwischen Grifflöchern und Anblaseloch erweist sich nicht immer als günstig, weil man dann beim Überblasen Mühe mit der Reinheit der Oktaven hat. Ein eventueller zweiter Knoten kann nahe dem anderen Ende (unterhalb des tiefsten Tonloches) zu liegen kommen. Es ist besser, wenn die lichte Weite des Rohres gegen unten etwas abnimmt. Auch wenn man ganz gut ausraspelt, wird nämlich die Stelle, wo sich der Knoten befindet, etwas enger bleiben.

Anmerkung 2: Zur Erzeugung möglichst reiner überblasener Oktaven gibt es nur eine richtige Pfropfenstelle. Sie befindet sich etwa 3 mm vom Blasloch entfernt. Vergrößert man den Abstand des Pfropfens vom Mundloch, werden die Oktaven verkleinert, bringt man ihn näher heran, werden sie vergrößert.

2. Es empfiehlt sich, die Schnittflächen etwas zu schleifen. Auf alle Fälle müssen die Kanten nach jedem Absägen sofort gebrochen werden, damit der Bambus nicht aufspleißt.

3. Knoten, die nicht als Verschlußzapfen dienen, durchstoßen wir mit einer Rundfeile oder noch besser mit dem Stichling und raspeln und feilen bündig zur übrigen Wand aus.

4. Die Häutchen an der Innenwand der Röhre müssen mit einer Rundfeile oder mit einer Ausreibevorrichtung für Bambusröhren (→ Seite 241) sauber geputzt werden.

Vorsicht: Der obere Rand der Röhre darf dabei nicht verletzt werden.

5. Zum Bohren des Anblaseloches verwendet man am besten einen Dübelbohrer. Die Größe des Anblaseloches richtet sich nach der lichten Weite des Rohres, z. B.:

Lichte Weite	1,5 cm	1,4 cm
Ø des Anblaseloches	10 mm	9 mm

Das Anblaseloch wird mit Vorteil etwas unterschnitten, das heißt nach innen erweitert. Das Unterschneiden können wir mit dem F-Loch-Schnitzer oder mit einer halbrunden Nadelfeile ausführen. Befindet sich am Ende der Röhre ein Knoten, wird das Anblaseloch nahe der Zwischenwand des Knotens in einem Abstand von ca. 3 mm gebohrt. Wenn kein Knoten vorhanden ist, bohren wir es ca. 4–5 cm vom Ende der Röhre entfernt.

Anmerkung: Wer ein ovales Loch herstellen will, bohrt zuerst ein rundes Loch 1 mm kleiner als angegeben und erweitert es mit der Rundfeile rechts und links in der Längsachse zu einem Oval. Beim Feilen müssen die Wände senkrecht bleiben. Am Schluß wird mit dem F-Loch-Schnitzer oder mit einer halbrunden Nadelfeile unterschnitten.

6. Mit der halbrunden Nadelfeile entfernen wir eventuelle Bohrbrauen, achten aber darauf, daß die Wände des Loches nicht beschädigt werden.

7. Sofern keine Zwischenwand als Verschluß dient, wird jetzt der Pfropfen eingepaßt. Er braucht nur etwa 1 cm lang zu sein. Falls er noch zu lang ist, kürzen wir ihn mit einem scharfen Messer. Ist die lichte Weite der Röhre kleiner als der Zapfen, schleifen wir ihn mit feinem Schleifpapier zurecht. Das Ein- und Ausstoßen des Pfropfens geschieht mit einem Rundstäbchen, dessen Durchmesser ein wenig kleiner ist als der Durchmesser der Flötenröhre.

8. Wer nicht Traversflöte spielen kann, muß jetzt die Anblasetechnik erlernen, sonst ist ein Intonieren der Flöte unmöglich. Am besten läßt man sich die Anblasetechnik von einem Flötenspieler zeigen.

9. Der Grundton für unsere Flöte ist bereits festgelegt (→ Vorbemerkung).

10. Wir stimmen die Flöte auf diesen Grundton, indem wir am Fußende der Röhre Stück für Stück absägen oder abschleifen und so den Ton erhöhen, bis er stimmt.

Anmerkung: Die lichte Weite hat auf die Länge der Flöte einen Einfluß: Je größer die lichte Weite ist, desto kürzer wird die Röhre für den gleichen Grundton. Ist sie kleiner, wird die Röhre länger. Die oben angegebenen lichten Weiten haben sich bewährt.

11. Um mit dem Bohren der Grifflöcher beginnen zu können, wird aus der entsprechenden Tabelle mit Bleistift und Maßstab die Lage der Löcher auf das Instrument übertragen. Es ist dabei darauf zu achten, daß die Grifflöcher auf der gleichen Längsachse wie das Anblaseloch zu liegen kommen. Hat die Flöte 7 Tonlöcher, liegt das unterste Loch (für den kleinen Finger) rechts der Längsachse.

Anmerkung: Wenn andere lichte Weiten als in den Tabellen angegeben verwendet werden, verändert sich die Größe der Tonlöcher (kleinere lichte Weiten ergeben kleinere Löcher, größere lichte Weiten ergeben größere Löcher). Man kann diesem Umstand begegnen, indem man bei kleineren lichten Weiten die Tonlöcher etwas gegen das Fußende, bei größeren lichten Weiten gegen das Anblaseloch verschiebt. Auch die Wanddicke hat Einfluß auf die Größe der Tonlöcher (dünnere Wände ergeben kleinere Löcher, dickere Wände ergeben größere Löcher). Die Korrektur ist dieselbe wie bei der Änderung der lichten Weite.

Große Tonlöcher verbessern die Qualität und die Tragfähigkeit des Tones. Sie dürfen aber nur so groß werden, daß sie mit den Fingerbeeren noch bequem gedeckt werden können.

12. Mit der Vierkantahle stechen wir alle Grifflöcher vor (nicht durchstechen!).

13. Dann wird mit der Vierkantahle das unterste Loch durchgestochen und zuerst mit dem gleichen Werkzeug, später mit einer halbrunden Nadelfeile erweitert, indem man andauernd die Tonhöhe kontrolliert, bis sie stimmt. Das Stimmen geschieht mit dem Ohr oder mit einem elektroakustischen Stimmgerät. Auch das Stimmen nach einem gutgestimmten anderen Instrument ist möglich.

Anmerkung: Statt mit der Vierkantahle durchzustechen, können wir auch mit Eisenbohrer und Bohrhilfe die Grifflöcher bohren. Das Loch wird zu klein gebohrt und nachher stufenweise um jeweils 0,5 mm vergrößert. Größere Stufen als 0,5 mm sind nicht empfehlenswert, weil das Rohr dabei aufplatzen kann. Der nächstgrößere Bohrer darf in ein bereits vorhandenes Loch nur bei laufender Maschine eingeführt werden.

Achtung: Wenn das Loch die Tendenz aufweist, zu groß zu werden, erweitert man es mit der halbrunden Nadelfeile nur noch in Richtung des Anblaseloches.

14. Vor dem Überprüfen der Tonhöhe entfernen wir jedesmal mit der Rundfeile die Brauen, die im Innern der Röhre an den Grifflöchern entstanden sind. Auf der Außenseite werden sie mit der halbrunden Nadelfeile beseitigt.

15. Alle weiteren Grifflöcher werden auf gleiche Weise ausgearbeitet. Zum Überprüfen der Tonhöhen sind die Griffe aus der entsprechenden Tabelle zu verwenden.

Anmerkung: Sollte ein Ton zu hoch werden, kann das Tonloch mit Wachs wieder etwas geschlossen werden; richtiger aber ist, die Tonhöhe so zu überwachen, daß sie keinesfalls zu hoch wird.

16. Beim Stimmen der Flöte muß man daran denken, daß sich beim Spielen die Luft im Innern des Rohres durch den Atem nach und nach erwärmt und daß dadurch die Töne steigen. Es kann also nur gestimmt werden, wenn die Flöte genügend erwärmt ist. Der Stimmvorgang ist etwa folgender:

a) Wir stimmen die Flöte auf den Grundton ein.
b) Wir bohren das erste Tonloch.
c) Zeigt sich bei der neuerlichen Überprüfung des Grundtones, daß dieser tiefer geworden ist, wird die Röhrenlänge gekürzt, bis er wieder stimmt.
d) Wir stimmen das 1. Tonloch nach.
e) Wir bohren das 2. Tonloch.
f) Dann muß erneut der Grundton, das 1. und das 2. Tonloch überprüft, und wo es nötig ist, in dieser Reihenfolge korrigiert werden.
g) Mit den folgenden Tonlöchern verfahren wir in gleicher Weise.

Anmerkung 1: Das Absinken der vorher gestimmten Töne durch das Bohren eines neuen Tonloches ist eine Folge der Bohrlochtiefe, die jeweils mit der Fingerkuppe nur gedeckt, aber nicht ganz ausgefüllt wird.

Anmerkung 2: Auch durch weiteres Austrocknen der Bambusröhre kann sich die Stimmung der Flöte verändern.

Spielanleitung

1. Die Anblasetechnik lassen wir uns von einem Flötenspieler zeigen.
2. Die Griffe entnehmen wir der entsprechenden Grifftabelle. Gegebenenfalls müssen bei bestimmten Tönen eigene Griffe gefunden werden.
3. Es ist zu beachten, daß der gleiche Ton durch Abdrehen des Rohres und durch die Intensität des Blasens in seiner Höhe verändert werden kann.

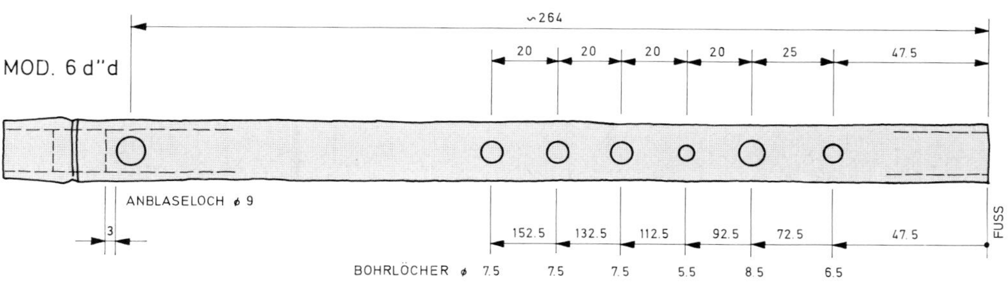

MOD. 6 c" d

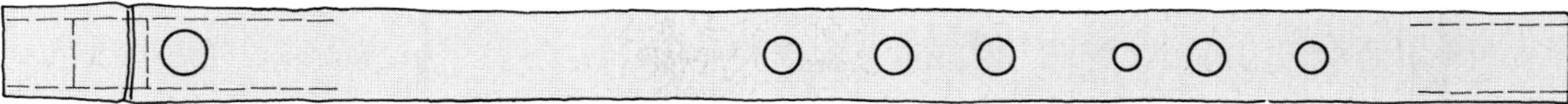

MOD. 7 c"e

Traversflöte d'' (Mod. 6 d''d) mit 6 Tonlöchern ohne Klappen

Lichte Weite 1,4 cm
Wandstärke 2,5 mm
Anblaseloch Ø 9 mm
Länge der schwingenden Luftsäule d.h. Mitte des Anblaseloches bis zum Fuß } ca. 26,4 cm

deutsche Griffart
Anordnung der Tonlöcher:

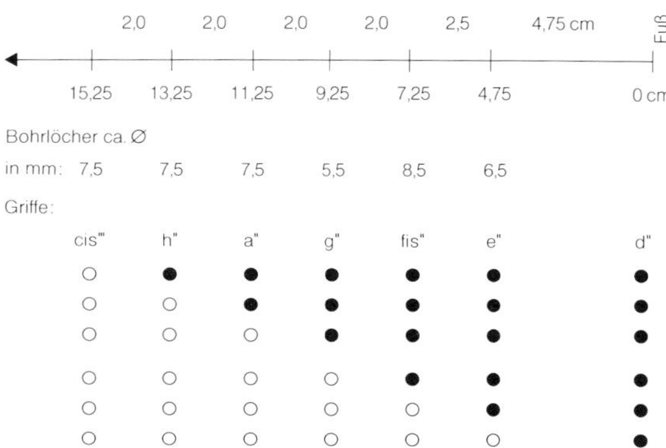

Grifftabelle für Traversflöte 6 d''d

d''	dis''	e''	f''	fis''	g''	gis''	a''	b''	h''	c'''	cis''''	d''''
●	●	●	●	●	●	●	●	●	●	○	○	○
●	●	●	●	●	●	●	●	○	○	●	○	●
●	●	●	●	●	●	○	○	●	○	●	○	●
●	●	●	●	●	○	●	○	●	○	○	○	●
●	●	●	Ø	○	○	●	○	○	○	○	○	●
●	Ø	○	○	○	○	●	○	○	○	○	○	●
											×	

(× = Der kleine Finger stützt)

d'''	dis'''	e'''	f'''	fis'''	g'''	gis'''	a'''	b'''	h'''	c''''	cis''''	d''''
○	○	●	●	●	●	●	●●	●	●●	○ ○ ○○	○	○
●	●	●	●	●	●	●	●●	○	○○	● ○ ○●	●	●
●	●	●	●	●	●	○	○○	●	○○	○[●]○○	●	●
●	●	●	●	●	○	●	○●	●	○●	● ● ○●	●	[●
●	●	●	○	○	○	●	○●	●	○●	● ● ●●	○	●
●	Ø	○	●	○	○	●	○●	●	○●	● ● ●○	○	●]
							✲		✲	✲		

(✲ bei konischer Bohrung)

Traversflöte c'' (Mod 6 c''d) mit 6 Tonlöchern ohne Klappen

Lichte Weite 1,5 cm
Wandstärke 2,5 mm
Anblaseloch Ø 10 mm
Länge der schwingenden Luftsäule d.h. Mitte des Anblaseloches bis zum Fuß } 29,8 cm

deutsche Griffart
Anordnung der Tonlöcher:

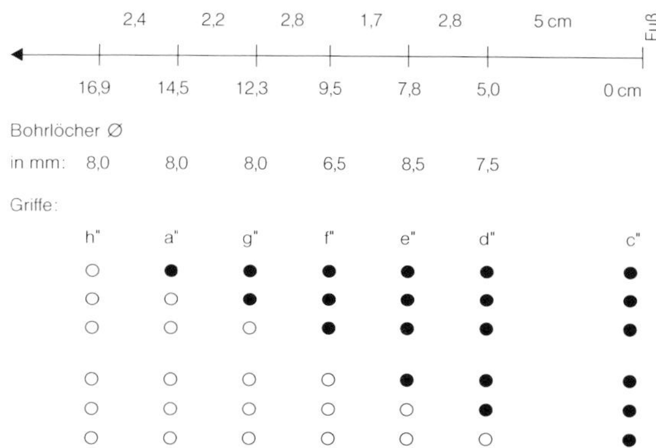

Grifftabelle für Traversflöte 6 c''d

c''	cis''	d''	dis''	e''	f''	fis''	g''	gis''	a''	b''	h''	c'''
●	●	●	●	●	●	●	●	●	●	○	○	○
●	●	●	●	●	●	●	●	○	○	●	○	●
●	●	●	●	●	●	○	○	●	○	●	○	●
●	●	●	●	●	○	●	○	●	○	○	○	●
●	●	●	Ø	○	○	●	○	○	○	○	○	●
●	Ø	○	○	○	○	●	○	○	○	○	○	●
											×	

(× = Der kleine Finger stützt)

c'''	cis'''	d'''	dis'''	e'''	f'''	fis'''	g'''	gis'''	a'''	b'''	h'''	c''''
○	○	●	●	●	●	●	●	●	●	○	○	○
●	●	●	●	●	●	●	●	○	○	●	●	●
●	●	●	●	●	●	○	○	●	○	○	●	●
●	●	●	●	●	○	●	○	●	○	●	●	[●
●	●	●	○	○	○	●	○	●	○	●	○	●
●	Ø	○	●	○	○	●	○	●	○	●	○	●]

Traversflöte c" (Mod 7 c" e) mit 7 Tonlöchern ohne Klappen

Lichte Weite 1,5 cm
Wandstärke 2,5 mm
Anblaseloch Ø 10 mm
Länge der schwingenden Luftsäule d. h. Mitte des Anblaseloches bis zum Fuß } 30 cm

englische (barocke) Griffart
Anordnung der Tonlöcher:
Anordnung der Tonlöcher:

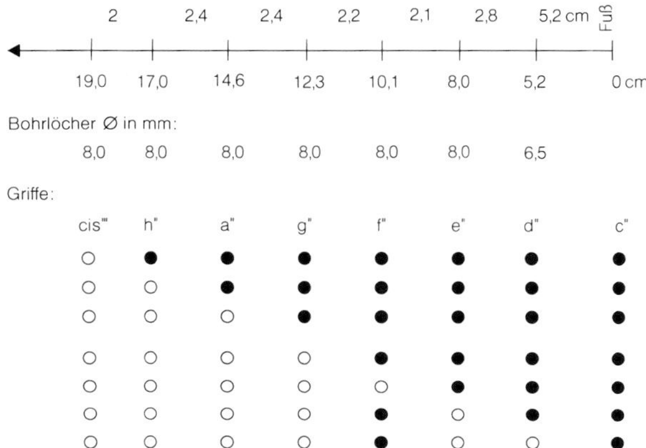

Grifftabelle für Traversflöte 7 c"e

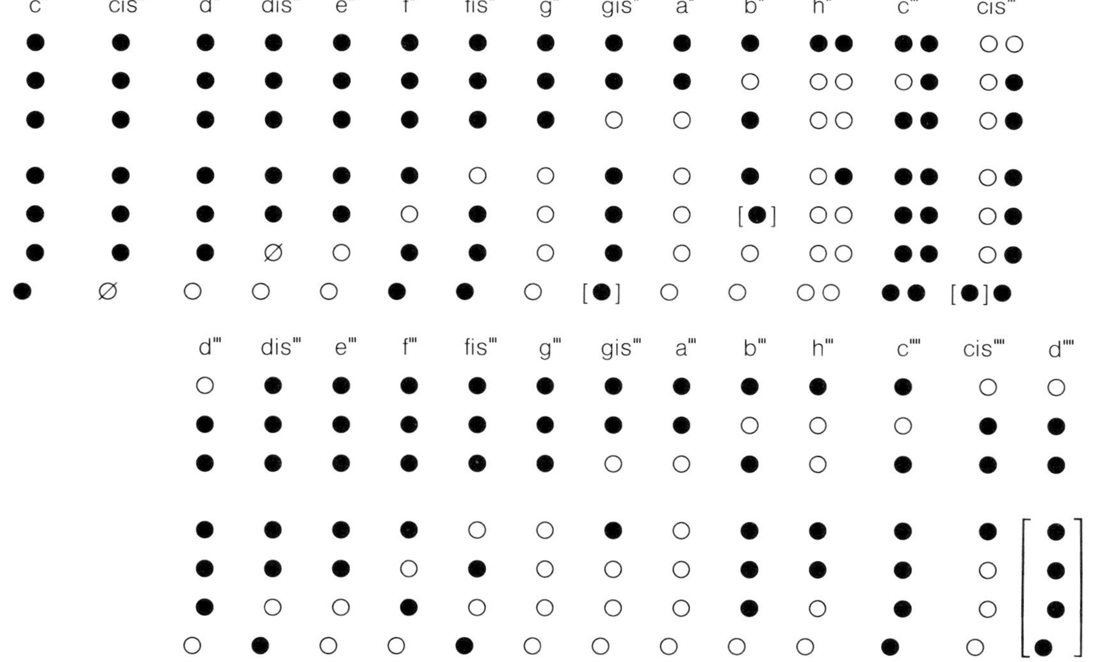

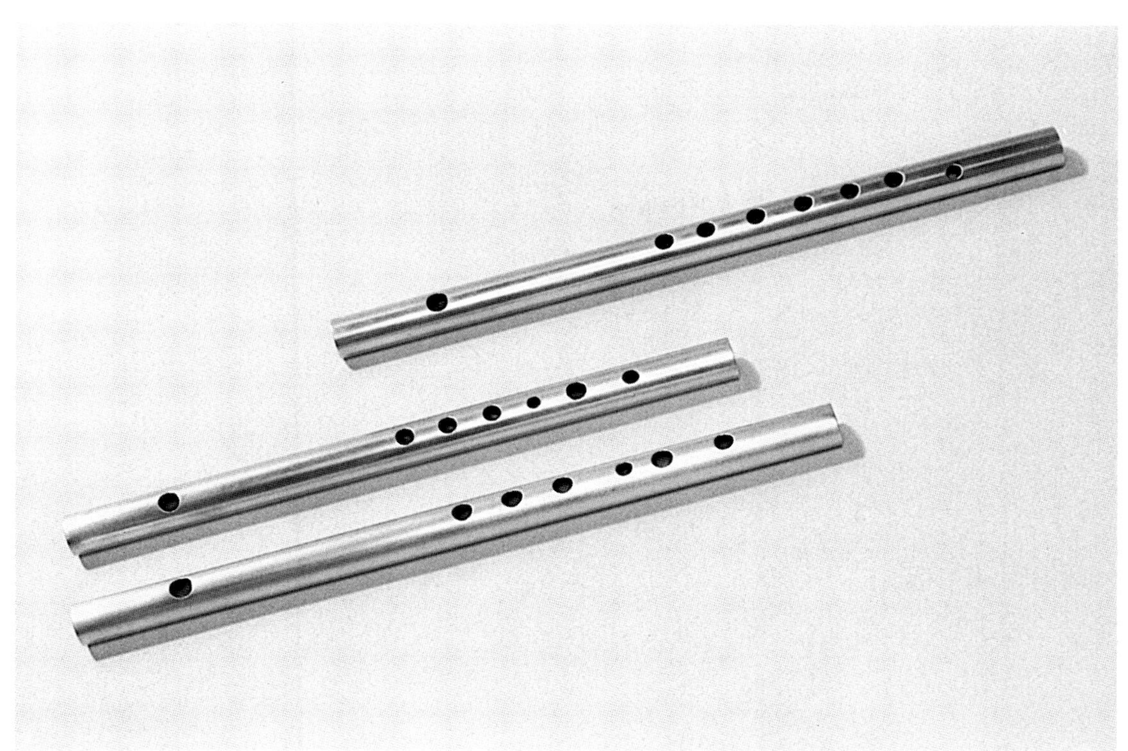

Traversflöte aus Antikorodalrohr

Material und Werkzeug
Ca. 40 cm Antikorodalrohr Ø 15/20 mm
Korkzapfen Ø 1,5 cm
50 cm Rundholz (als Stöpsel) Ø 10–12 mm
Schmirgeltuch (anstelle von Schleifpapier)
Stahlwatte
Evtl. Poliermittel und Lappen
Maßstab und Bleistift
Schieblehre
Bohrmaschine in Bohrständer
Maschinenschraubstock mit Bohrhilfe für Röhren
Bohrsatz 1–10 mm
Eisensäge
Rundfeilen verschiedener Dicke
Nadelfeile, halbrund
Körner und Hammer
Evtl. elektroakustisches Stimmgerät

Arbeitsvorgang

1. Der Arbeitsvorgang entspricht größtenteils demjenigen für Traversflöten aus Bambus und kann dort nachgelesen werden. Wir beachten aber dabei, daß wir mit Metall arbeiten und deshalb keine Holz-, sondern Eisenbohrer, keine Ahle, sondern den Körner verwenden müssen. Das Absägen der Röhre geschieht mit der Metallsäge.
Das Mundloch wird mit der halbrunden Nadelfeile unterschnitten und mit ihr die Bohrlöcher auch gegen innen entgratet. Die Lochwände schleift man mit feinstem Schmirgeltuch und der Schleifhilfe.
Das Antikorodalrohr wird mit Stahlwatte geputzt. Ein Polieren mit einem Poliermittel ist nicht unbedingt nötig.

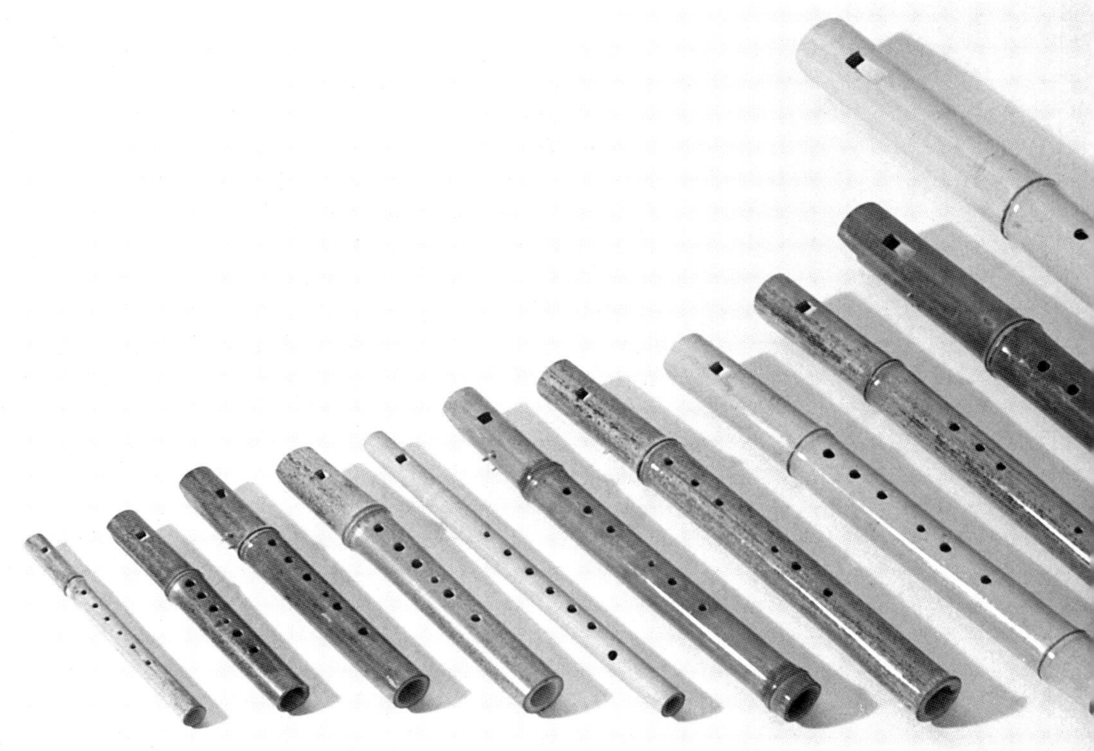

Sopran-Blockflöten-Modelle aus Bambus

Bei Mod. 6 d"d Ü und Mod. 6 c"d Ü handelt es sich um Flöten primitiver Bauart. Sie haben zwar ein Überblaseloch, erscheinen aber mit deutscher Bohrung, welche leicht zum Greifen ist, hingegen ein sauberes Spiel nur in wenigen Tonarten ermöglicht.
Für den Anfänger ist aus methodischen Gründen das Mod. 6 d"d Ü gegenüber dem Mod. 6 c"d Ü vorzuziehen, weil bei einem späteren Wechsel auf Mod. 7 c"e Ü zwar die Schwierigkeit mit dem Greifen des Kleinfingerloches dazukommt, im übrigen aber die gleichen Griffe für die gleichen Tonhöhen (außer fis) angewendet werden können. Die neue Flöte erscheint dann richtigerweise ganz einfach mit der Erweiterung nach unten um einen Ton.
Bei der deutschen Griffart muß das zweitunterste Tonloch sehr groß, das nächsthöhere jedoch umso kleiner sein. Der Vorteil der englischen (barocken) Bohrung ist, daß alle Tonlöcher fast gleich groß gebohrt werden können und ein chromatisches Spiel möglich wird.

	Tonlöcher	Grundton	Griffart
Mod. 6 d"d Ü:	6	d"	deutsche mit Überblaseloch
Mod. 6 c"d Ü:	6	c"	deutsche mit Überblaseloch
Mod. 7 c"e Ü:	7	c"	englische mit Überblaseloch

Es stehen für den Bau einer Sopran-Blockflöte aus Bambus Pläne für drei verschiedene Modelle zur Verfügung.

Vergleich der Griffe der Grundtonart in der ersten Oktave für Blockflöten

Mod. 6 d"d Ü	d"	e"	fis"	g"	a"	h"	c"'	cis"'	d"'
	●●	●●	●●	●●	●●	●●	●○	●○	○○
	●	●	●	●	●	○	●	○	○
	●	●	●	●	○	○	○	○	○
	●	●	●	○	○	○	○	○	○
	●	●	○	○	○	○	○	○	○
	●	○	○	○	○	○	○	○	○

Mod. 7 c"e Ü	c"	d"	e"	f"	g"	a"	h"	c"'	cis"'	d"'
	●●	●●	●●	●●	●●	●●	●●	●○	●○	○○
	●	●	●	●	●	●	○	●	○	●
	●	●	●	●	●	○	○	○	○	○
	●	●	●	●	○	○	○	○	○	○
	●	●	●	○	○	○	○	○	○	○
	●	●	○	●	○	○	○	○	○	○
	●	○	○	●	○	○	○	○	○	○

Blockflöte aus Bambus

A. Sopran-Blockflöte

Material und Werkzeug
Ca. 26–28 cm Bambusrohr mit einer lichten Weite von 1,8–2 cm für Mod. 6 d"d Ü und Mod. 6 c"d Ü
Ca. 34–36 cm Bambusrohr mit einer lichten Weite von 1,4–1,6 cm für Mod. 7 c"e Ü
Flaschenkorken (z. B. von Weinflaschen)
Schleifpapier, Korn: 120 und gröber
Maßstab und Bleistift
Evtl. Bohrmaschine mit Bohrsatz 3–6 mm und 3 mm-Dübelbohrer
Evtl. Schleifteller
Eisenfeinsäge oder Bandsäge
Evtl. Stichling Nr. 2
Nadelfeile, halbrund
Nadelfeile, flach, 4–5 mm breit
F-Loch-Schnitzer
Gewöhnliches (Sack-)Messer mit dünner und scharfer Klinge
Vierkantahle
Evtl. elektroakustisches Stimmgerät

Arbeitsvorgang

Vorbemerkung: Zuerst muß man sich darüber klar werden, welches Modell man bauen will. Zu diesem Zwecke studiert man gründlich die Angaben unter *Sopran-Blockflöten-Modelle,* Seite 126.

1. Vom Bambusstab wird ein Stück von 28 cm, beziehungsweise 36 cm abgeschnitten.

Achtung: Da Bambus beim Durchsägen gerne aufspleißt, sägen wir ihn vorher rundum an. Aus dem gleichen Grunde sollte eine Eisensäge und nicht die Feinsäge verwendet werden.

Anmerkung: Falls sich in dem Stück ein Knoten befindet, soll er etwas unterhalb der Mitte zwischen Labium und dem obersten Griffloch zu liegen kommen (→ Plan).

2. Es empfiehlt sich, die Schnittflächen etwas zu schleifen. Auf alle Fälle müssen die Kanten nach jedem Absägen sofort gebrochen werden.

3. Mit der Rundfeile oder noch besser mit dem Stichling durchstoßen wir die Zwischenwand des Knotens und raspeln und feilen bündig zur übrigen Wand aus.

4. Die Häutchen an der Innenwand der Röhre müssen mit einer Rundfeile oder mit einer Ausreibevorrichtung für Bambusröhren sauber ausgeputzt werden.

Vorsicht: Der obere Rand der Röhre darf dabei nicht verletzt werden.

5. Wir nehmen das Bambusrohr in die Hände und führen es zum Mund, als ob wir spielen wollten. Durch Drehen probiert man aus, wie die Flöte am besten in den Händen liegt. Dabei achtet man auf das Äußere des Rohres und kehrt die schönste Seite nach oben. Mit Bleistift bezeichnet man die Oberseite mit einem Strich der Längsachse nach.

Achtung: Es gibt Bambusrohre, die unterhalb des Knotens eine Rille haben. In diesem Falle darf sich die Rille weder oben noch unten befinden, sondern nur seitlich.

6. Am Kopfende des Rohres wird die Längsachse auf der Rückseite gezogen und auf dieser 1,8 cm abgetragen. Von diesem Punkt aus schrägen wir die Flöte ab (→ Plan *Kopfstück für Blockflöten*), entweder mit einer Eisenfeinsäge, wobei das Rohr in der Hand gehalten werden muß (Kopfende gegen die Hobelbank), oder aber mit einer Schleifmaschine.

Es gibt eine weitere Möglichkeit, welche für Ungeübte, die über keine Schleifmaschine verfügen, bedeutend einfacher auszuführen ist (→ Plan *Kopfstück für Blockflöten*). Der erste Schnitt wird nicht ganz bis zur Mitte des Rohres geführt. Schnitte 2 und 3 zeichnen wir auf und sägen zuerst den einen, dann den andern bis auf die Linie des ersten Schnittes.

7. Auf der Vorderachse messen wir 2,5 cm ab. Dieser Punkt bezeichnet die Mitte des Fensters. Jetzt kann das Fenster aufgezeichnet werden: Breite 5–8 mm, Höhe 3–4 mm.

Anmerkung 1: Bei niedriger Aufschnitthöhe ist die Zahl der Obertöne größer als bei hohem Aufschnitt, das heißt der Ton wird klangreicher. Bei schmalem Labium wird der Ton obertonarm, verhältnismäßig leise, aber sehr sauber. Bei breiterem Labium wird der Ton obertonreicher, kräftiger, neigt jedoch zu Nebengeräuschen. Für den Anfänger empfiehlt sich, sowohl Aufschnitthöhe wie -breite niedrig zu halten.

Anmerkung 2: Das Fenster beendet die Länge der Kernspalte. Je länger die Kernspalte ist, desto weniger läßt sich der Ton von der Mundhöhle aus beeinflussen. Ist sie aber zu kurz, so findet der Block der hinteren Abschrägung wegen zu wenig Halt in der Röhre.

8. Der Mittelpunkt des Fensters wird bezeichnet, mit der Vierkantahle an dieser Stelle ein kleines Löchlein gebohrt und mit dem Schnitzmesser auf die gewünschte Breite erweitert. Wir schnitzen das Fenster in Richtung des Fußes der Flöte 1 mm weniger hoch als geplant. Die endgültige Höhe erhält es erst beim Schneiden des Labiums. Mit der Nadelfeile feilen wir die Wände senkrecht und eben.

9. Nun muß die Lage des Luftkanales bezeichnet werden. Wir wenden das Fenster gegen unten und blicken vom Schnabelende her in die Röhre hinein, nehmen einen Bleistift und verlängern mit zwei Strichen die Fensterseiten gegen uns zu. Sie sollen gerade und parallel verlaufen. Der Abstand der Striche entspricht der Fensterbreite. Mit der flachen Nadelfeile wird nun der Luftkanal ausgenommen. Er soll beim Fenster 1 mm und bei der Anblasestelle etwas tiefer werden. Der Boden des Kanals soll flach und die Seitenwände sollen senkrecht und scharfkantig werden (→ Plan *Kopfstück für Blockflöten*). Man führt den Kanal in gleicher Breite noch ca. 1 cm über das Fenster hinaus weiter, jedoch nur noch in minimaler Tiefe und auslaufend.

10. Das Labium wird aufgezeichnet. Es beginnt an der unteren Kante des Fensters und weist die gleiche Breite wie das Fenster auf. Die Länge des Labiums entspricht ungefähr der doppelten Dicke der Rohrwand. Mit dem Schnitzmesser schneiden wir eine schräge Ebene auf das Fenster zu (→ Plan *Kopfstück für Blockflöten*).

Achtung: Die Schnitte müssen sehr sorgfältig geführt werden, damit durch zu tiefes Einschneiden das Fenster nicht vergrößert wird. Eventuell kann die Nadelfeile zum Ausglätten der Ebene verwendet werden. Die Nadelfeile dient auch zum Egalisieren der Labiumskante im Innern der Röhre.

11. Der Block wird aus einem Flaschenkork geschnitten. Gebrauchte Flaschenkorken weisen meist einen etwas ovalen Querschnitt auf. Mit dem Bleistift bezeichnen wir die Längsachse der höchsten Stelle, wobei diejenige Stelle verwendet werden soll, die weniger Querrillen hat. Diese Achse liegt später in der Mitte des Kanals. Mit einem scharfen Messer mit möglichst dünner Klinge wird das eine Ende des Korkens ebengeschnitten (nur 2–3 mm abschneiden!).

12. Beim Einpassen des Zapfens muß die mit Bleistift bezeichnete Längsachse immer gegen die Mitte des Kanals und das abgeschnittene Ende gegen das Fenster hinweisen. Ist der Zapfen noch ein bißchen zu dick, schneiden wir mit dem scharfen Messer hauchdünne Späne ab, aber niemals auf der eingezeichneten Längsachse selbst, sondern nur auf der gegenüberliegenden Seite und rechts und links davon. Der Zapfen soll sich nur etwa 1,5 cm ins Rohr schieben lassen. Er muß die Röhre ganz dicht verschließen und stramm sitzen. Diese Arbeit erfordert viel Geschicklichkeit, dauernde Überprüfung und Geduld. Die restlichen Zapfen dienen als Reserve.

13. Nun wird am Zapfen die Fläche geschnitten, die den Luftkanal bilden soll. Für die Tonerzeugung ist dieser Schnitt von entscheidender Bedeutung. Sollte die Flöte nicht gut klingen, suchen wir den Fehler immer zuerst an dieser Stelle. Über die Art des Schnittes orientiert der Plan *Kopfstück für Blockflöte.* Zum Schneiden stellen wir den Zapfen mit der bereits abgeschnittenen Fläche nach oben und mit der eingezeichneten Längsachse von uns abgewandt auf den Tisch, bezeichnen oben die Windkanalbreite, setzen das Messer mit scharfer und dünner Klinge knapp über den beiden Markierungen an und führen den Schnitt so nach unten, daß der Abschnitt zunehmend, jedoch höchstens 1 mm dicker wird.

Vorsicht: Nicht verkanten!

Achtung: Nicht verzweifeln!

14. Beim Einschieben des Zapfens muß darauf geachtet werden, daß Boden und Decke des Windkanals parallel zu liegen kommen. Wenn wir Glück haben, sitzt der Zapfen immer noch dicht in der Röhre und läßt sich bis auf die Höhe des Fensters einschieben. Sitzt er zu locker oder weist er undichte Stellen auf, muß ein neuer Block hergestellt werden.

15. Durch feines Anblasen wird der erste Ton erzeugt. Leichtes Zurückziehen des Zapfens verbessert unter Umständen die Tonqualität. Sind wir mit dem Ton zufrieden, schneiden oder schleifen wir vorsichtig den Korken ab (bei einem „Kopfstück a" bündig, bei einem „Kopfstück b" schräg, wie aus dem Plan ersichtlich).

16. Der Grundton ist für die Flöte bereits festgelegt (→ Vorbemerkung).

17. Wir stimmen die Flöte auf diesen Grundton, indem wir am Fußende Stück für Stück absägen oder abschleifen und so den Ton erhöhen, bis er stimmt.

Anmerkung 1: Es empfiehlt sich, die Flöte etwas unter dem Grundton einzustimmen, da sich dieser bei längerem Blasen durch die Erwärmung der Flöte anhebt.

Anmerkung 2: Die lichte Weite hat auf die Länge einen Einfluß: Je größer die lichte Weite ist, desto kürzer wird die Röhre für die gleiche Tonhöhe. Ist sie kleiner, wird die Röhre länger. Die oben angegebenen lichten Weiten haben sich bewährt.

18. Um mit dem Bohren der Grifflöcher beginnen zu können, wird aus der entsprechenden Tabelle und aus dem Plan mit Bleistift und Maßstab die Lage der Löcher auf das Instrument übertragen. Wir achten dabei darauf, daß die Grifflöcher auf der gleichen Längsachse wie das Fenster zu liegen kommen, und vergessen auch nicht das Überblaseloch (für den Daumen der linken Hand) aufzu-

zeichnen (→Tabelle *Blockflötenensemble,* Seite 133).
Hat die Flöte 7 Tonlöcher, liegt das unterste Loch (für den kleinen Finger) rechts der Längsachse. Bei diesem Modell (Mod. 7 c"e Ü) wählen wir eine lichte Weite von möglichst 1,5 cm, wie sie die Traversflöte Mod. 7 c"e aufweist. Die dort in der entsprechenden Tabelle angegebenen Bohrstellen können für die Tonlöcher der Blockflöte übernommen werden.
19. Mit der Vierkantahle stechen wir alle Grifflöcher vor (nicht durchstechen!).
20. Dann wird mit der Vierkantahle das unterste Loch durchgestochen und zuerst mit dem gleichen Werkzeug, später mit einer halbrunden Nadelfeile erweitert, indem man andauernd die Tonhöhe kontrolliert, bis sie stimmt. Das Stimmen geschieht mit dem Ohr oder mit einem elektroakustischen Stimmgerät. Auch das Stimmen nach einem gutgestimmten anderen Instrument ist möglich.
Anmerkung: Statt mit der Vierkantahle durchzustechen, können wir auch mit Eisenbohrer und Bohrhilfe die Grifflöcher bohren. Das Loch wird zu klein gebohrt und nachher stufenweise um jeweils 0,5 mm vergrößert. Größere Stufen als 0,5 mm sind nicht empfehlenswert, weil das Rohr dabei aufplatzen kann. Der nächstgrößere Bohrer darf in ein bereits vorhandenes Loch nur bei laufender Maschine eingeführt werden.
Achtung: Wenn das Loch die Tendenz aufweist, zu groß zu werden, erweitert man es mit der halbrunden Nadelfeile nur noch in Richtung des Fensters.
21. Vor dem Überprüfen der Tonhöhe entfernt man jedesmal mit der Rundfeile die Brauen, die im Innern der Röhre an den Grifflöchern entstanden sind. Auf der Außenseite werden sie mit einer halbrunden Nadelfeile entfernt.
22. Alle weiteren Grifflöcher werden auf gleiche Weise ausgearbeitet. Zum Überprüfen der Tonhöhen sind die Griffe aus der entsprechenden Tabelle zu verwenden.
Anmerkung: Sollte ein Ton zu hoch werden, kann das Tonloch mit Wachs wieder etwas geschlossen werden; richtiger aber ist, die Tonhöhe so zu überwachen, daß sie keinesfalls zu hoch wird.

Spielanleitung

1. Die Blastechnik gleicht derjenigen der handelsüblichen Blockflöten. Spielanleitungen finden sich somit in jeder guten „Blockflöten-Schule".
2. Der Ton ist aber bei einer Bambus-Blockflöte viel zarter. Das Hinhorchen auf die Reinheit und Klarheit des Tones muß zu einer feinen, niemals aggressiven Blastechnik führen. Der Ton kann nie laut und auch nie schrill werden.
3. Die Bambus-Blockflöten eignen sich gut als Ensemble-Instrumente. Die einzelnen Stimmen der Spielstücke sollten jedoch den Umfang einer Dezime nicht überschreiten.
4. Die Griffe entnehmen wir der Grifftabelle, die unserem Modell entspricht.

Anmerkung für das Ensemblespiel

Beim Ensemblespiel ist es nötig, daß die Flöten aufeinander abgestimmt werden können. Dazu bringen wir an den Flöten noch drei Stimmlöchlein an. Sie befinden sich etwa 1 cm unterhalb des Fensters, seitlich rechts (→Plan *Kopfstück für Blockflöten*). Die Löchlein werden mit der Vierkantahle durchgestochen. Sie müssen so klein sein, daß sie sich mit einem zugespitzten Zündholz noch gut verschließen lassen. Durch Schließen der Löchlein vertiefen wir die Stimmung, durch Öffnen erhöhen wir sie.

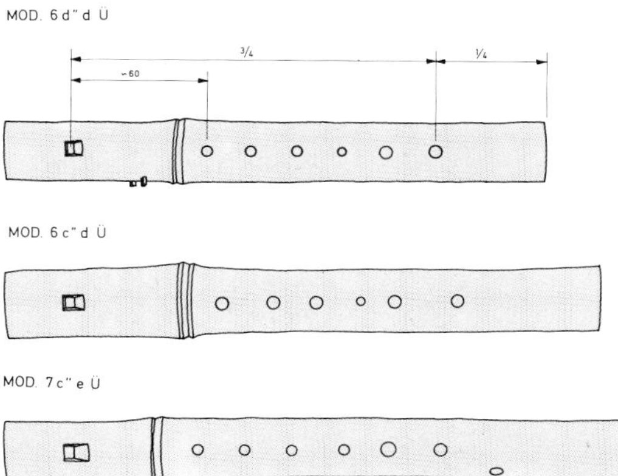

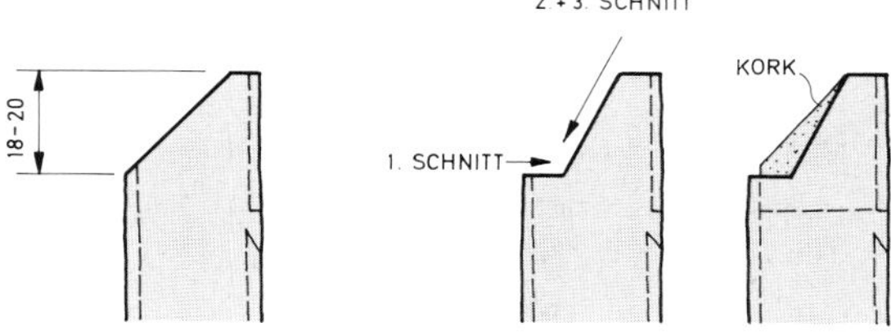

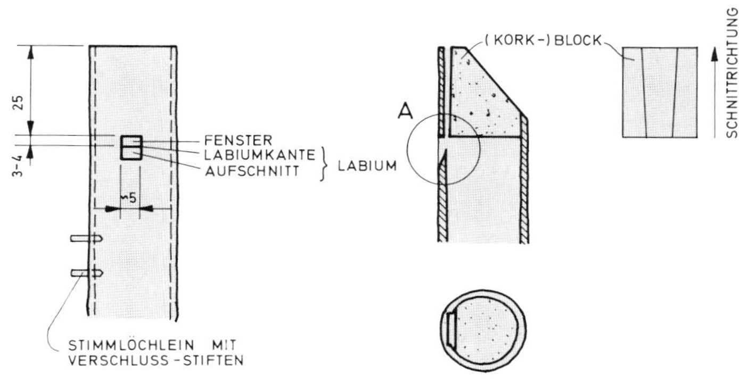

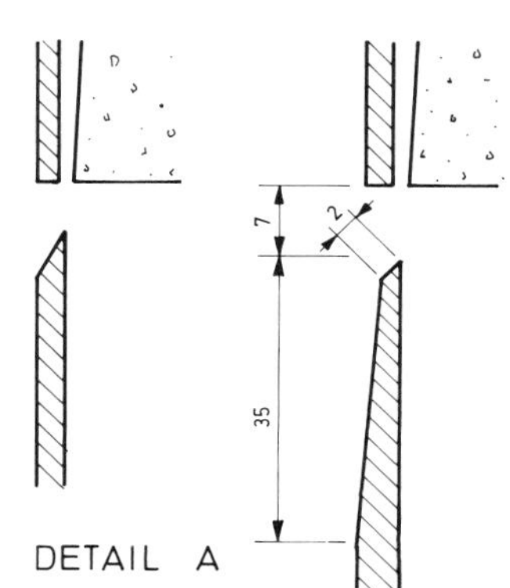

DETAIL A BEI BASSFLÖTE

Grifftabelle für Blockflöte 6 d"d Ü

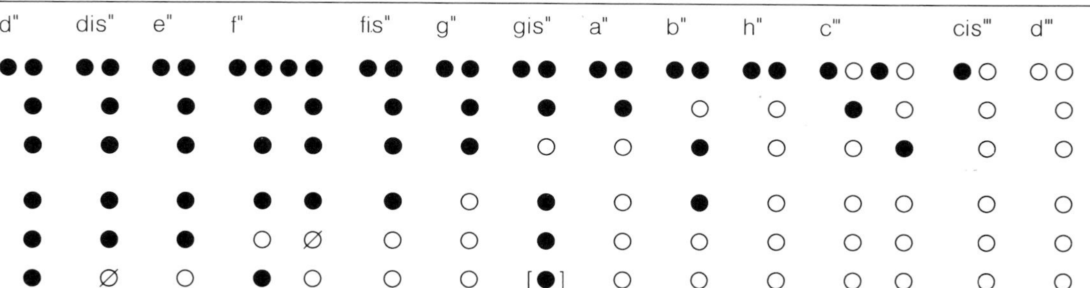

d"	dis"	e"	f"		fis"	g"	gis"	a"	b"	h"	c"'		cis"'	d"'
●●	●●	●●	●●	●●	●●	●●	●●	●●	●●	●●	●○	●○	●○	○○
●	●	●	●	●	●	●	●	●	○	○	●	○	○	○
●	●	●	●	●	●	●	○	○	●	○	○	●	○	○
●	●	●	●	●	●	○	●	○	●	○	○	○	○	○
●	●	●	○	∅	○	○	●	○	○	○	○	○	○	○
●	∅	○	●	○	○	○	[●]	○	○	○	○	○	○	○

d"'	e"'	f"'	fis"'
○○	○○	○○	○○
○	●	●	●
○	●	●	[●]
○	●	[●]	[●]
○	●	[●]	○
○	[●]	○	○
	✲	✲	✲

✲) Diese Griffe können von Flöte zu Flöte verschieden sein.

Grifftabelle für Blockflöte 6 c"d Ü

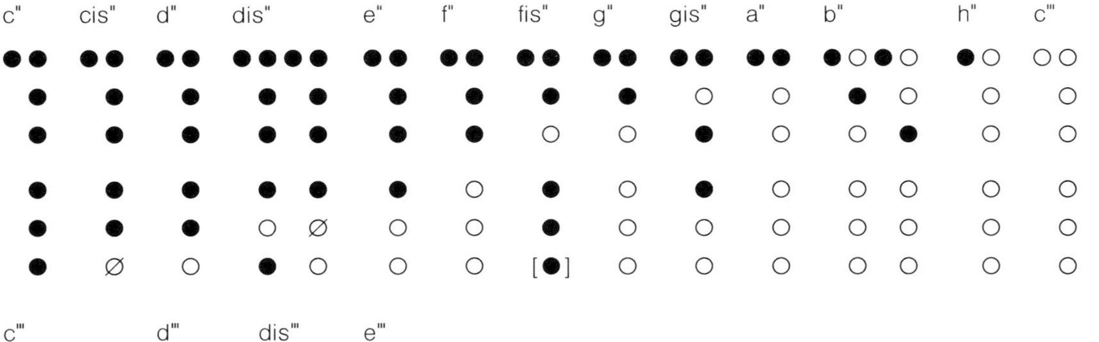

✲) Diese Griffe können von Flöte zu Flöte verschieden sein.

Grifftabelle für Blockflöte 7 c"e Ü

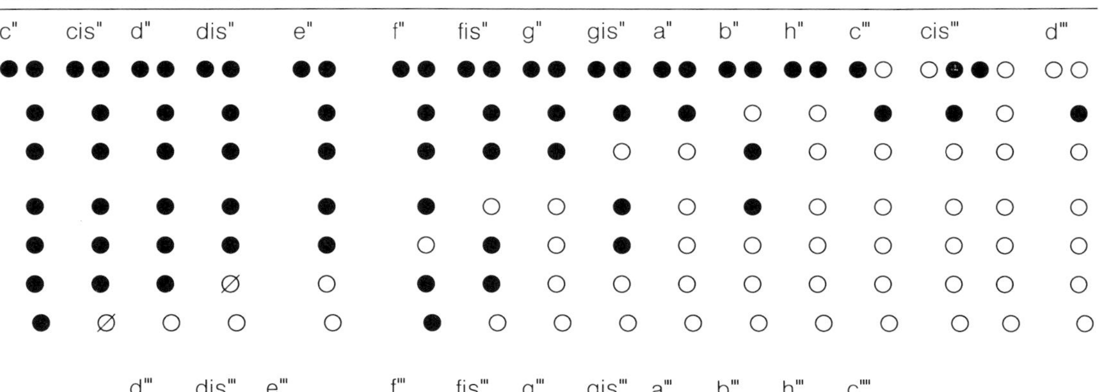

B. Bambus-Blockflöten-Ensemble

(Maße für Flöten mit 6 Tonlöchern und Überblasloch)

		Lichte Weite	Länge d. Rohres	1. Schnitt vom ob. Ende entfernt	Fenstermitte vom 1. Schnitt entfernt	Fenstergröße	Kanal
f" + g"	(Sopranino)	1,3–1,5 cm	26–28 cm	1,5 cm	0,8 cm	3 × 5 mm	1 mm tief
c" + d"	(Sopran)	1,8–2,0 cm	28–30 cm	1,8 cm	1,2 cm	4 × 5,5 mm	1 mm tief
a' + g'	(Alt)	2,3–2,6 cm	40–42 cm	1,8 cm	1,2 cm	5 × 7 mm	1–1,5 mm vorn tiefer als beim Fenster
f'	(Alt)	2,5–2,8 cm	46–48 cm	2,0 cm	1,8 cm	5 × 9 mm	1–1,5 mm vorn tiefer als beim Fenster
c' + d'	(Tenor)	3,2–3,6 cm	60–70 cm	2,0 cm	2,0 cm	7 × 9 mm	1–2 mm vorn tiefer als beim Fenster
g	(Baß)	3,8–4,1 cm	82–85 cm	3,0 cm	2,0 cm	7 × 12 mm	1–2 mm vorn tiefer als beim Fenster

		Labiumlänge (Fenstersims)	Lage des 1. Tonloches	Lage des 6. Tonloches	Überblaseloch (Daumenloch)
f" + g"	(Sopranino)	3–4 mm	¼ der Länge von Fenstermitte bis Fuß	5 cm unterhalb Fenstermitte	gegenüber dem 6. Loch
c" + d"	(Sopran)	4–5 mm	¼ der Länge von Fenstermitte bis Fuß	6 cm unterhalb Fenstermitte	gegenüber dem 6. Loch
a' + g'	(Alt)	6–7 mm ziemlich scharf	zwischen unterem Drittel und Viertel	9½ cm unterhalb Fenstermitte	gegenüber dem 6. Loch
f'	(Alt)	8 mm	zwischen unterem Drittel und Viertel	11,5 cm unterhalb Fenstermitte	1,5 cm höher als das 6. Loch
c' + d'	(Tenor)	35 mm Kante scharf*	2 cm über dem untersten Viertel	17 cm unterhalb Fenstermitte	1,5 cm höher als das 6. Loch
g	(Bass)	35 mm Kante scharf*	zwischen unterstem Viertel und Drittel; seitl. angebracht	26–28 cm unterh. Fenstermitte	2,5 cm höher als das 6. Loch

*siehe Plan: Kopfstück für Blockflöten

Ergänzung zu g (Bass):

2. Loch: mindestens 3,5 cm über dem 1. Loch noch etwas seitlich

3. Loch: 3 cm über dem 2. Loch

5. Loch: 3,5 cm unter dem 6. Loch etwas seitlich

4. Loch: 3,5 cm unter dem 5. Loch noch mehr seitlich

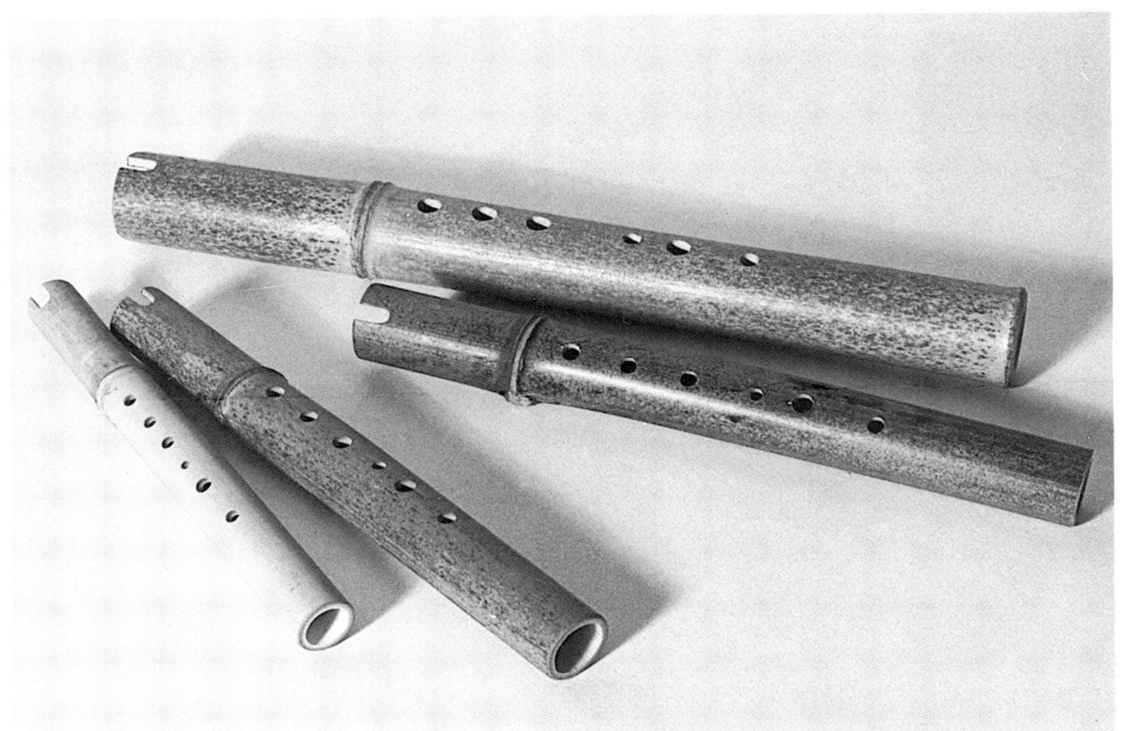

Kerbflöte aus Bambus

Material und Werkzeug
Bambusrohr mit einer lichten Weite von 1,5–1,8 cm
Schleifpapier, Korn: 120 und gröber
Maßstab und Bleistift
Bohrmaschine in Bohrständer
Bohrsatz Ø 3–8 mm (Metallbohrer, gut geschliffen)
Dübelbohrer Ø 6 oder 8 mm
Maschinenschraubstock mit Bohrhilfe für Röhren
Evtl. Schleifteller
Ausreibevorrichtung für Bambusröhren oder große Rundfeile
Eisen- oder Bandsäge
Evtl. Stichling Nr. 2
Rundfeilen verschiedener Dicke
Nadelfeile, halbrund
Stechbeitel oder Schnitzmesser
Vierkantahle
Evtl. elektroakustisches Stimmgerät

Arbeitsvorgang

Vorbemerkung: Beim Bau einer Kerbflöte erzielt man gute Ergebnisse mit dem Verhältnis:
Lichte Weite: Länge der schwingenden Luftsäule =1:16
(Labiumkante bis Fußende)

1. Vom Bambusstab wird ein Stück von 32 cm Länge abgeschnitten.

Achtung: Da Bambus beim Durchsägen gerne aufspleißt, sägen wir ihn vorher rundum an. Aus dem gleichen Grunde sollte eine Eisensäge und nicht die Feinsäge verwendet werden.

Anmerkung: Falls ein Knoten in der angegebenen Länge vorhanden ist, soll er sich etwas unterhalb der Mitte zwischen Anblasekerbe und dem obersten Griffloch befinden (→ Plan).

2. Es empfiehlt sich, die Schnittflächen etwas zu schleifen. Auf alle Fälle müssen die Kanten nach jedem Absägen sofort gebrochen werden.
3. Hat die Röhre einen Knoten, durchstoßen wir seine Zwischenwand mit der Rundfeile oder noch besser mit dem Stichling und raspeln und feilen bündig zur übrigen Wand aus.
4. Die Häutchen an der Innenwand der Röhre müssen mit einer Rundfeile oder einer Ausreibevorrichtung für Bambusröhren ausgeputzt werden.

Vorsicht: Der obere Rand der Röhre darf dabei nicht verletzt werden.

5. Wir nehmen das Bambusrohr in die Hände und führen es zum Mund, als ob wir auf einer Blockflöte spielen wollten. Durch Drehen probiert man aus, wie die Flöte am besten in den Händen liegt. Dabei achtet man auf das Äußere des Rohres und kehrt die schönste Seite nach oben. Sollte sich am Rohr eine Längsrille befinden, dreht man diese auf die Seite.

6. Mit dem 6 mm- oder mit dem 8 mm-Dübelbohrer wird 5 mm vom einen Ende des Rohres entfernt ein Loch gebohrt. Hat das Rohr einen Knoten, so liegt dieser am Kopfstück der Flöte, also gegen die Bohrstelle zu (→ oben: Anmerkung zu 1).

7. Mit dem Stechbeitel oder Schnitzmesser entfernen wir vom Loch ausgehend die „Brücke" zum Rohrrand hin. Der Schnitt muß senkrecht zur Faserrichtung geführt werden. Es entsteht eine 6 mm- oder 8 mm-Kerbe (→ Plan).

8. An der Bohrrundung wird das Labium geschnitten. Es weist einen Winkel von 20–30° auf; leichter aber ist es, sich folgendes zu merken: Wanddicke : Länge des Labiums = 1 : 2. Zur Herstellung des Labiums verwenden wir das Schnitzmesser und die halbrunde Nadelfeile.

9. Um den Grundton einstimmen zu können, müssen wir jetzt auf der Kerbflöte die Anblasetechnik üben. Man kann die Kerbflöte als Blockflöte betrachten, bei welcher der Block durch das Kinn gebildet wird. Die Röhre muß beim Spielen durch das Kinn dicht abgeschlossen werden. Nur vorn soll sich auf das Labium zu ein kleiner Luftkanal bilden. Das Anblasen können wir uns erleichtern, wenn wir das obere Rohrende gegen hinten leicht abschrägen. Den Neigungswinkel passen wir dem Kinn an.

10. Die Bohrung der Grifflöcher, beziehungsweise die verschiedenen Möglichkeiten, ersehen wir aus der Arbeitsanleitung für die *Blockflöte aus Bambus*, Seite 126.

Spielanleitung

Die Anblasetechnik wurde bereits unter Punkt 9 des Arbeitsvorganges beschrieben. Wir benutzen die gleichen Grifftabellen wie für die Blockflöte.

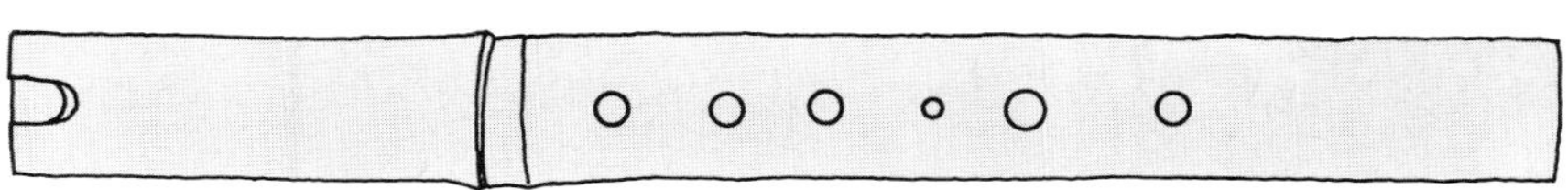

KOPFSTÜCK FÜR KERBFLÖTEN AUS BAMBUS

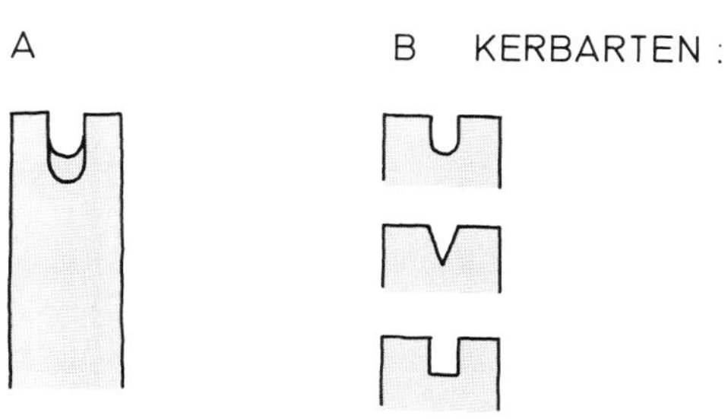

5. *Saiteninstrumente*

Bei den Saiteninstrumenten ist der wesentliche, tongebende Bestandteil die Saite. Nach der Art der Tonerzeugung unterscheiden wir:

- Zupfinstrumente (Psalterium, Kantele, Zither, Leier, Harfe, Scheitholt, Dulcimer, Cister, Gitarre, Mandoline, Ukulele, Balalaika, Banjo, Virginal, Spinett, Cembalo)
- Streichinstrumente (Drehleier, Lira, Rebec, Bumbass, Trumscheit, Violen, Fideln, Violinen)
- Instrumente, deren Saiten geschlagen werden (Saitentamburin, Hackbrett, Klavichord, Klavier)

Die gespannte Sehne eines Jagdbogens gibt einen Klang, wenn der Pfeil abgeschnellt wird. Diese Tatsache wird Anlaß gewesen sein zu den ersten primitiven Musikbögen. Wenn beim Zupfen das eine Bogenende mit dem Mund festgehalten wird, entsteht in der Mundhöhle ein Resonator, mit welchem der Ton verstärkt und verändert werden kann. Anstelle der Mundhöhle kann eine halbe Kalebassen- oder Kokosnußschale Verwendung finden. Aus solchen Anfängen werden nach und nach unsere heutigen Instrumente, bei denen Saiten und Resonanzkörper zur Klangerzeugung zusammentreten, entstanden sein. Dabei wurden vielfältige Arten zur Erregung der Saiten gefunden: Zupfen mit den Fingerbeeren, mit den Fingernägeln, mit Plektren, Schlagen mit Schlegeln, auch Zupfen oder Schlagen mittels einer mechanischen Einrichtung, also mit Klaviatur und Springer oder Hämmerchen, dann Streichen mit einem Bogen, wobei der ursprüngliche Musikbogen zu einem Streichbogen wird, auch Schlagen und Hüpfen mit dem Bogen (Springbogen).

Die Herstellung von Streichinstrumenten erfordert großes handwerkliches Geschick, viel Geduld und die mannigfachsten Einrichtungen und Werkzeuge. Wir haben deshalb auf Bauanleitungen aus dieser und ebenso aus der Gruppe der Tasteninstrumente verzichtet. Eine Ausnahme bildet der Bumbass. Unter den Zupfinstrumenten finden sich jedoch einige, die unser Interesse wecken können und deren Bau für den Laien zu meistern ist. Wir denken an den Psalter, die Kantele, das Scheitholt, den Dulcimer. Dazu treten gewissermaßen als Vorübung die Willkommharfe und das Saitentamburin.

Bei der Herstellung von Saiteninstrumenten sind die Faktoren zu beachten, die auf die Klangqualität der Instrumente Einfluß haben können: Holzsorte und Holzstruktur (z. B. feine, stehende Jahrgänge bei der Fichtendecke), Wandstärken, Form des Resonanzkastens.

Die Form der Schallöcher ist nicht maßgebend. Vergrößert man aber das Schalloch um ein Viertel, so steigt die Eigenfrequenz des Luftvolumens im Korpus um einen halben Ton. Das Steigen der Eigenfrequenz bewirkt, daß der Instrumentenklang heller, das Fallen dagegen, daß er dunkler wird. Eine gleiche Wirkung kann man aber auch durch die Veränderung des Korpusvolumens erreichen. Kein Faktor ist so entscheidend wie die Wandstärke: Bei zu großer Wandstärke klingen die Instrumente hell, hart, schalmeienhaft, näselnd. Bei zu geringer Wandstärke klingen sie hohl und dumpf. Ob mit dem Lackieren die Qualität wesentlich beeinflußt werden kann, ist umstritten. Bei unseren einfachen Instrumenten beschränken wir uns in dieser Hinsicht auf eine einfache Methode.

In den Baubeschreibungen dieses Kapitels setzen wir das Arbeiten nach Plan voraus, ebenso den Besitz einer Hobelbank, einer Antriebsmaschine mit Zubehör, eines Bohrständers und eines Maschinenschraubstockes. Es ist zudem nötig, daß der angehende Saiteninstrumentenbauer immerhin einige praktische Erfahrungen in der Holzbearbeitung und in der Handhabung der Werkzeuge mitbringt. Wer über keine oder nur geringe Praxis verfügt, möge mit Arbeiten aus einem andern Kapitel (z. B. Kapitel 1 oder 2) beginnen, damit die Baufreude nicht durch einen Mißerfolg zunichte wird.

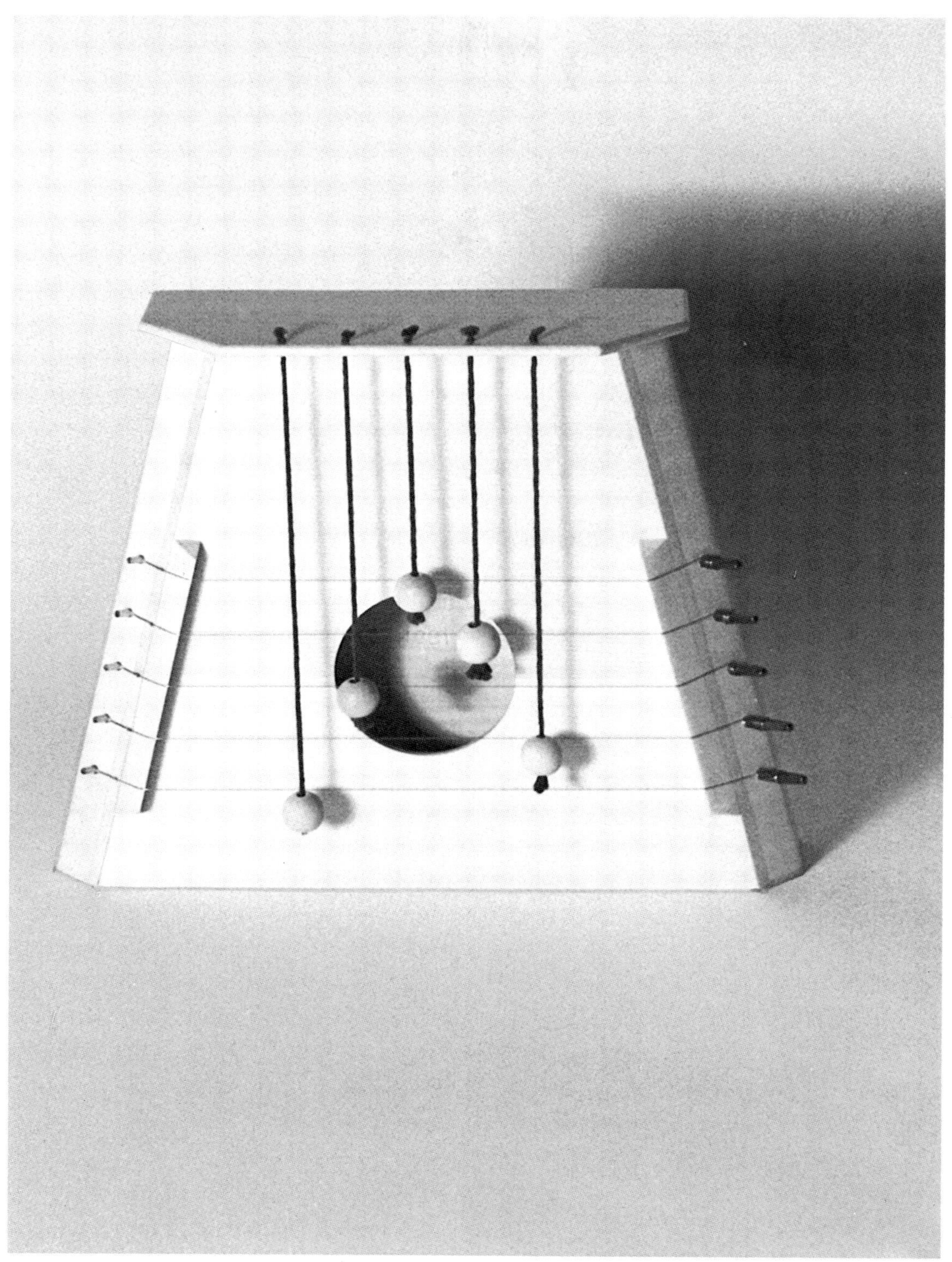

Willkommharfe / Türharfe

Material und Werkzeug

Hinweis: Angaben über geeignete Hölzer → Seite 244.

Deckenholz: Fichte mit feinen, stehenden Jahrgängen, so verleimt, daß die Leimfuge das Brettchen der Länge nach im Verhältnis 12,9 cm : 9 cm teilt:	27,5 × 21,5 × 0,5 cm
Bodenholz: Ahorn, evtl. in der Mitte verleimt:	27,5 × 21,5 × 0,3 cm
Zarge: Ahorn:	27,5 × 4 × 0,3 cm
Deckel: Ahorn:	17,5 × 7,5 × 0,5 cm
Stöcke: Ahorn, 2 Stück:	22,5 × 4 × 2 cm
Stegholz: Ahorn, 2 Stück:	11 × 1 × 0,8 cm
5 Stifte Ø 2,5 mm, Länge 2,5 cm	
5 Stimmschrauben Ø 5 mm, mit Rechtsgewinde	
1 Stimmschlüssel, zu den Stimmschrauben passend	
3 m Stahlsaiten Ø 0,3 mm	
5 Holzkugeln Ø 1,5 cm, mit möglichst kleinem Loch	
Garn	
2 Aufhänger	
Keile oder Hartholzleiste (als Zuhaltungen → *Leimen,* Seite 223, Abschnitt I 3.)	
Hartholzleiste (als Sägehilfe → *Sägen,* Seite 230, Abschnitt b)	
Rundholz (als Schleifhilfe) Ø 2–3 cm	
Lehre (zum Einschlagen der Stifte → *Saiten aufziehen,* Seite 231, Abschnitt d)	
Schleifpapier verschiedener Körnung: 80–250	
1 Bogen Millimeterpapier (für Plan)	
Ca. 20 Kartonstücke (als Zuhaltungen) 3 × 0,5 × ca. 0,2 cm	
Kunstharzleim und Lappen, evtl. Spachtel oder Pinsel	
Hartgrund, Pinsel und Stahlwatte	
Nitrolack und Pinsel oder Nitrolack in Spraydose	
Pinselreiniger	
Schreinerwinkel, Schrägmaß, Maßstab und Bleistift	
Schieblehre	
Hobelbank	
Bohrmaschine in Bohrständer mit Bohrtiefeneinstellung	
Bohrer Ø 1,5 mm, 2,3 mm und 4,9 mm	
Kreisschneider oder Glockensäge Ø ca. 6 cm	
Gummiteller mit Lammfellhaube	
Feinsäge und Absetzsäge oder Bandsäge	
Rasierklingenhobel oder kleiner Putzhobel oder Tellerschleifmaschine	
Flachzange	
Saitendreher	
Seitenschneider	
Schreinerhammer	
Ahle	
Schnitzmesser oder Dreikanthaarfeile	
Kartonmesser	
Schere und Drahtnadel	
Stechbeitel (zum Leimentfernen)	
Schleifkork	
Große und kleine Schraubzwingen mit Zulagen oder Klemmzwingen und Zuleimschrauben	

Arbeitsvorgang

Vorarbeit 1: Es muß ein genauer Plan im Maßstab 1 : 1 hergestellt werden.

Vorarbeit 2: Wir zeichnen zusammen (→ *Zusammenzeichnen,* Seite 238)

Hinweis: Die Stöcke und die Zarge sind noch etwas zu lang, der Boden und die Decke noch zu groß (Sicherheitsmaßnahme).

1. Auf der Innenseite des Bodens wird die genaue Lage der Stöcke, der Zarge und des Deckels (Dach) bezeichnet. Ist im Boden eine Leimfuge, so bildet sie die Mittellinie.
2. Nun sägen wir den Boden zu, lassen dabei aber einen Sicherheitsabstand (Überstand) von überall 5 mm stehen.
3. Die entsprechenden Winkel sind mit dem Schrägmaß auf die Holzstücke der beiden Stöcke zu übertragen.
4. Diese Winkel müssen exakt zugesägt (→ *Sägen,* Seite 230) und zugeschliffen (→ *Schleifen,* Seite 235) werden.
5. Auf der Außenseite des rechten Stockes bezeichnen wir die Bohrlöcher für die Stimmschrauben, stechen vor und bohren sie mit dem 4,9 mm-Bohrer ganz durch (→ *Saiten aufziehen,* Seite 231 Abschnitt b).
6. Auf der Außenseite des linken Stockes bezeichnen wir die Bohrlöcher für die Stifte, stechen vor und bohren mit dem 2,3 mm-Bohrer.
7. Nach dem Aufkleben von Kartonstückchen als Zuhaltungen (→ *Leimen,* Seite 223) werden die Stöcke auf den Boden geleimt.
8. Nach einem Tag entfernen wir die Schraubzwingen und leimen unter Verwendung von Zuhaltungen (Keilen) die Zarge an (→ *Leimen,* Seite 223, Abschnitt I 3.).
9. Wiederum nach dem vollständigen Austrocknen können die Schraubzwingen entfernt werden. Wir prüfen mit der Fingerkuppe, ob Stöcke und Zarge gleich hoch sind. Ist dies nicht der Fall, muß man sie eben schleifen (→ *Schleifen,* Seite 235, Abschnitt h). Wir entfernen auch die Kartonzuhaltungen.
10. Die Decke wird vorbereitet: Auf ihrer Innenseite bezeichnen wir die Bohrstelle für das Schalloch (→ Plan) und die Stellen, wo die Außenseiten der Stöcke die Leimfuge kreuzen.

Anmerkung: Das Schalloch wird von der Leimfuge halbiert, und die Leimfuge verläuft der Länge nach unter der Stelle, wo sich später die mittlere Saite befindet.

11. Auf der Außenseite der beiden Stöcke wird die Lage der mittleren Saite bezeichnet. Wir legen die Decke mit der Innenseite nach oben bereit, stürzen den Korpusunterteil darauf, so daß die vorhin bezeichneten Stellen genau auf die Leimfuge zu liegen kommen und beide Kreuzpunkte noch sichtbar sind. Dann wird der Umriß auf die Decke übertragen, indem wir mit einem spitzen Bleistift den Stöcken und der Zarge nachfahren.
12. Die Decke wird zugesägt. Wir lassen aber auch hier überall 5 mm Sicherheitsabstand stehen. (→ *Überstände abtragen,* Seite 238).
13. Das Schalloch wird vorgestochen und gebohrt (→ *Schallöcher herstellen,* Seite 234).
14. Nach dem Aufkleben von Kartonstückchen als Zuhaltungen wird die Decke aufgeleimt (→ *Leimen,* Seite 223, Abschnitt n).
15. Jetzt tragen wir alle Überstände vollständig ab, auch oben, wo der Korpus noch offen ist (→ *Überstände abtragen,* Seite 238 und *Schleifen,* Seite 235).
16. Der Korpus wird geschliffen (→ *Schleifen,* Seite 235).
17. Der Korpus wird mit Hartgrund und Lack behandelt (→ *Lackieren,* Seite 222).
18. Wir stellen die beiden Stege (Leistchen 11 × 1 × 0,7 cm) her (→ *Steg herstellen,* Seite 236), indem wir je eine Längskante abrunden. Die Enden der Stege können abgeschrägt oder auch nur ihre Kanten gebrochen werden.
19. Auf dem Deckelbrettchen werden die Bohrstellen zur Aufnahme der Garnfäden bezeichnet, man sticht vor und bohrt mit dem 1,5 mm-Bohrer.
20. Am Deckel runden wir die beiden Breitseiten und die den Bohrlöchern näherliegende Längsseite ab (→ *Kanten runden,* Seite 222), schleifen (→ *Schleifen,* Seite 235) und lackieren (→ *Lackieren,* Seite 222).
21. Der Deckel wird mit wenig Leim so aufgeleimt, daß die Bohrlöchlein nach vorne zu liegen kommen, die andere Längsseite bündig mit dem Boden verläuft und auf beiden Schmalseiten gleichviel Überstand vorhanden ist. Wir benutzen dazu die Hartholzleiste 30 × 4 × 3 cm als Zuhaltung auf der gegenüberliegenden Seite (→ *Leimen,* S. 223).
22. Die Aufhänger werden auf der Rückseite im Bereiche der Stöcke angebracht.
23. Die Stifte schlagen wir mit Hilfe einer Lehre ein und setzen die Stimmschrauben (→ *Saiten aufziehen,* Seite 231, Abschnitt c/d).
24. Die Stege erhalten feine Kerben für die Saiten und werden gemäß Plan aufgeleimt.
25. Jetzt können die Saiten aufgezogen werden (→ *Saiten aufziehen,* Seite 231, Abschnitt g). Sie werden nach Belieben gestimmt oder so, wie es im Stimmplan angegeben ist.
26. An 5 ca. 30 cm langen Garnfäden bringen wir an jedem auf der einen Seite einen Knoten an, der sich nicht mehr durch das Loch der Kugeln ziehen läßt. Mit der Drahtnadel werden die Kugeln aufgefädelt und die Fäden durch die Löchlein im Deckel gezogen. Die Fäden müssen über dem Deckel so verknotet werden, daß die Kugeln sich jeweils auf der Höhe der entsprechenden Saite befinden.

Verwendung

Wir hängen die Willkommharfe an einer Türe auf. Beim Öffnen und Schließen schlagen die Kugeln auf die Saiten und lassen sie erklingen.

Anmerkung: Wer einen etwas kräftigeren Ton der Türharfe wünscht, baut sich ein größeres Modell mit entsprechend tieferer Stimmung.

Stimmplan für Willkommharfe

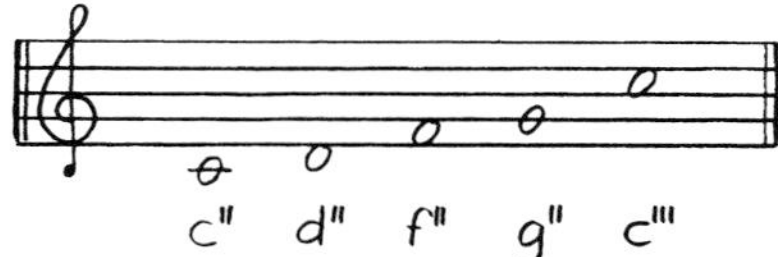

c" – f" (4↑)

c" – g" (5↑) – d" (4↓)

c" – c''' (8↑) – f" (5↓)

Die Töne dieser Stimmung entstammen einer pentatonischen Reihe. Sie erscheinen, wenn wir von c absehen.

z. B. in einem gregorianischen Choral:

in einem Kinderlied:

und in einem Weihnachtslied:

auch Kirchenglocken sind häufig so gestimmt.

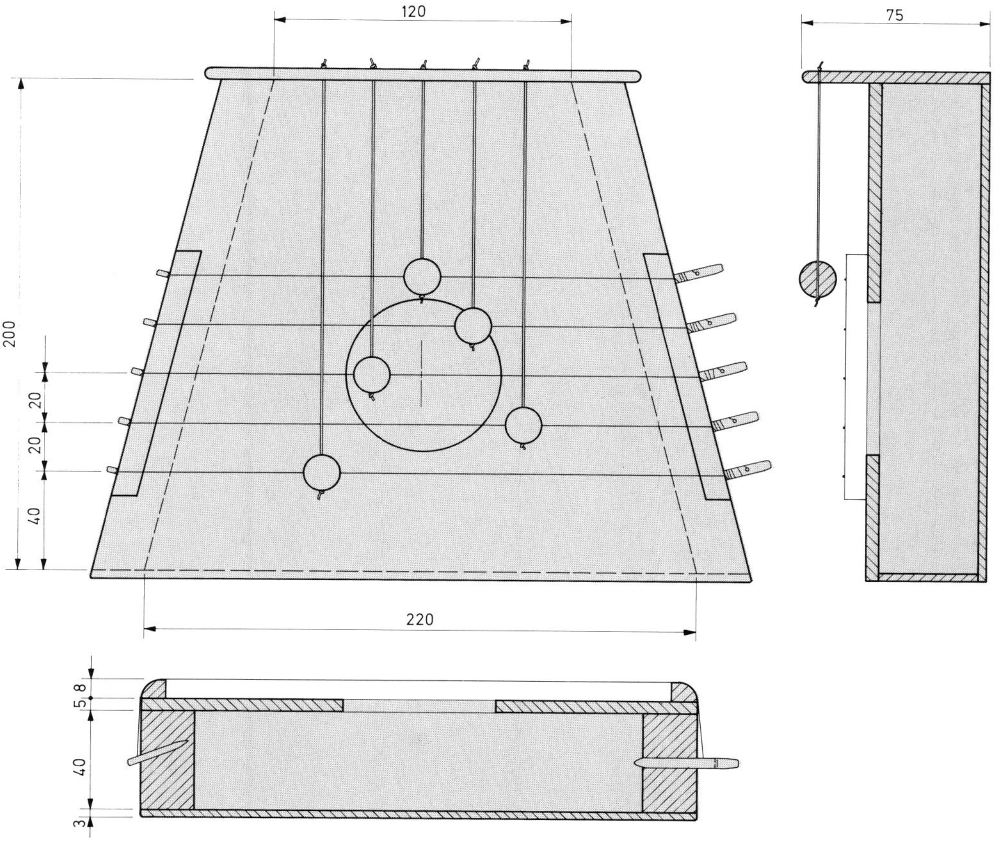

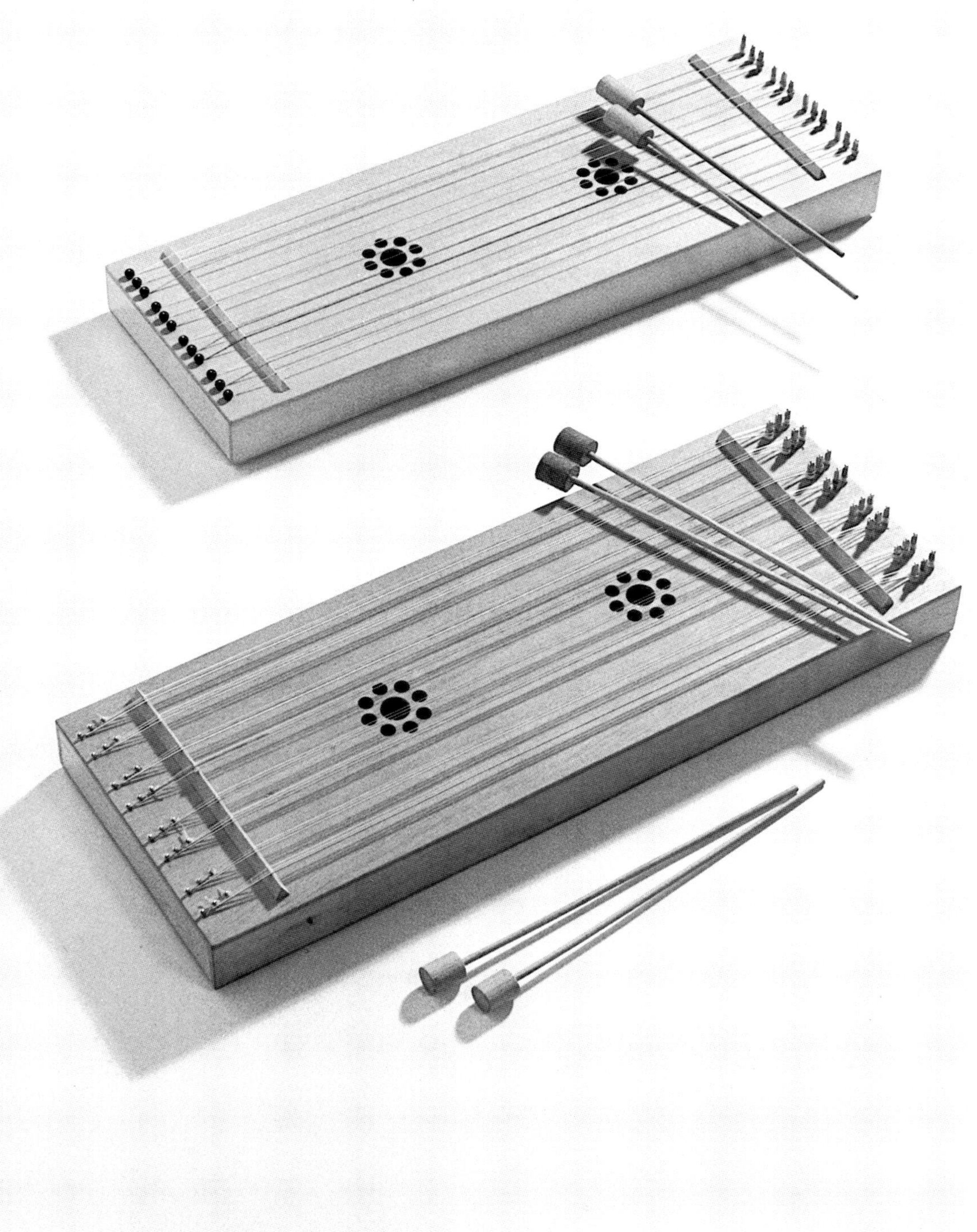

Saitentamburin I und II (4- und 8-chörig)

Material und Werkzeug

Hinweis: Angaben über geeignete Hölzer → Seite 244.

	Saitentamburin I	Saitentamburin II
Deckenholz: Fichte mit feinen, stehenden Jahrgängen, in der Mitte der Länge nach verleimt, feine Jahrgänge gegen die Leimfuge zu	61 × 20,5 × 0,5 cm	61 × 26,5 × 0,5 cm
Bodenholz: Ahorn, in der Mitte verleimt	61 × 20,5 × 0,3 cm	61 × 26,5 × 0,3 cm
Zargenholz: Ahorn, 2 Stück	61 × 4 × 0,3 cm	61 × 4 × 0,3 cm
Stockholz: Ahorn, 2 Stück, Masse und rechte Winkel exakt:	18,5 × 1,5 × 4 cm	24,5 × 3,5 × 4 cm
Stegholz: Ahorn, 2 Stück	20 × 1 × 0,8 cm	25 × 1 × 0,8 cm

Oder aber billigere Variante: Sperrholz für Decke, Boden und Zargen in den Maßen wie oben. Die Dicke kann der Einfachheit halber immer 0,5 cm betragen. Stöcke auf alle Fälle aus Ahorn.

- Stöckerle: 12 oder 24 Stück aus Plastik mit Rille zum Einlegen der Saite
- Stimmschrauben: 12 oder 24 Stück, Ø 5 mm mit Rechtsgewinde
- Gitarrensaiten: 12 oder 24 Stück (→ Tabelle *Saitenauswahl*)
- Stimmschlüssel, zu den Stimmschrauben passend
- 1 Rundholz Ø 8 mm und 1 Rundholz Ø 15 mm (als Schleifhilfen)
- Schleifpapier verschiedener Körnung: 80–250
- 1 Bogen Millimeterpapier (für Plan)
- Ca. 20 Kartonstücke: 3 × 0,5 × ca. 0,2 cm
- Kunstharzleim und Lappen, evtl. Spachtel oder Pinsel
- Hartgrund und Stahlwatte
- Nitrolack oder Nitrowachs mit Lappen und Roßhaar
- Pinsel und Pinselreiniger
- Evtl. Nitroverdünner
- Schreinerwinkel, Maßstab und Bleistift, Schieblehre
- Hobelbank
- Bohrmaschine in Bohrständer mit Bohrtiefeneinstellung
- Bohrer für Stöckerle: Ø 1,5 mm, 3 mm, 3,5 mm, 4 mm, 4,5 mm, 5 mm
  für Stimmschrauben: Ø 4,9 mm
- Holzbohrer für Schalloch: Ø 10 und 20 mm
- Ahle
- Schnitzmesser oder Dreikanthaarfeile
- Kartonmesser
- Stechbeitel (zum Leimentfernen)
- Schleifkork
- Evtl. Rasierklingenhobel oder kleiner Putzhobel oder Schleifteller
- Schreinerhammer
- Seitenschneider
- Große und kleine Schraubzwingen mit Zulagen oder Klemmzwingen und Zuleimschrauben

Material für Schlegel:	zum 4-chörigen	zum 8-chörigen
2 Rundhölzchen Ø 5 mm	Länge je 26 cm	Länge je 29 cm
2 Rundhölzchen Ø 2 cm	Länge je 4 cm	Länge je 2,5 cm

Arbeitsvorgang

Vorarbeit 1: Es muß ein genauer Plan im Maßstab 1 : 1 gezeichnet werden.

Vorarbeit 2: Wir zeichnen zusammen (→ *Zusammenzeichnen,* Seite 238).

Hinweis: Die Zargen sind noch etwas zu lang, der Boden und die Decke noch zu groß (Sicherheitsmaßnahme).

1. Auf der Innenseite des Bodens wird die genaue Lage der beiden Stöcke und Zargen bezeichnet. Mit Bleistift und Maßstab ziehen wir auf der Leimfuge des Bodenbrettes die Mittellinie über dessen ganze Länge. (Bei einem Sperrholzboden errichtet man die Mittellinie der Länge nach). Auch der Breite nach zeichnen wir die Mittellinie ein und ermitteln die Lage der Stöcke und Zargen.

Skizze A

4-chöriges Saitentamburin

Skizze B

8-chöriges Saitentamburin

Wir messen vom Mittelpunkt ausgehend gemäß der Skizze A oder B und ergänzen, bis alle Teile (Stöcke, Zargen) im Grundriß aufgezeichnet sind. Es müssen alle rechten Winkel genauestens eingehalten werden. Eine exakte Zeichnung trägt wesentlich zum guten Gelingen der folgenden Arbeiten bei.

2. Nach dem Aufkleben von Kartonstückchen als Zuhaltungen (→ *Leimen,* Seite 223) leimen wir die Stöcke auf den Boden.

Anmerkung: Für die Stöcke sollte Ahornholz verwendet werden, auch wenn die übrigen Teile aus Sperrholz sind. Dies garantiert, daß am Schluß die Stimmschrauben gut sitzen werden.

3. Nach einem Tag entfernen wir die Schraubzwingen und leimen die eine Zarge an, die andere erst nach dem Trocknen (→ *Leimen,* Seite 223, Abschnitt l 3).

4. Wiederum erst nach dem vollständigen Trocknen können die Schraubzwingen entfernt werden. Wir prüfen mit der Fingerkuppe, ob Stöcke und Zargen gleich hoch sind. Ist dies nicht der Fall, muß man sie eben schleifen (→ *Schleifen,* Seite 235, Abschnitt h). Wir entfernen auch die Kartonzuhaltungen.

5. Die Decke wird vorbereitet: Auf ihrer Innenseite bezeichnen wir die Bohrstellen für die Schallöcher (→ Plan) und die Stellen, wo die Außenseiten der Stöcke die Leimfuge kreuzen.

Anmerkung: Die Schallöcher werden von der Leimfuge halbiert. Die Leimfuge bildet die Mitte der Decke.

6. Auf der Außenseite der beiden Stöcke wird die Mitte bezeichnet. Wir legen die Decke mit der Innenseite nach oben bereit und stürzen den Korpusunterteil darauf, so daß die vorhin bezeichneten Stellen genau auf die Leimfuge zu liegen kommen und beide Kreuzpunkte noch sichtbar sind. Dann wird der Umriß auf die Decke übertragen, indem wir mit einem spitzen Bleistift den Stöcken und den Zargen nachfahren.

7. Die Schallöcher werden vorgestochen und gebohrt (→ *Schallöcher herstellen,* Seite 234).

8. Nach dem Aufkleben von Kartonstückchen als Zuhaltungen wird die Decke aufgeleimt (→ *Leimen,* Seite 223, Abschnitt n).

9. Jetzt tragen wir die Überstände ab (→ *Überstände abtragen,* Seite 238).

10. Die Stellen der Bohrlöcher für die Stimmschrauben und Stöckerle werden bezeichnet und vorgestochen.

11. Die Löcher für die Stimmschrauben werden mit dem 4,9 mm-Bohrer mit dem Bohrtiefenanschlag 3,5 cm tief gebohrt.

12. Wir bohren die Löcher für die Stöckerle (→ *Saiten aufziehen,* Seite 231, Abschnitt e).

13. Der Korpus wird geschliffen (→ *Schleifen,* Seite 235).

14. Der Korpus wird mit Hartgrund und Lack (→ *Lackieren,* Seite 222) oder mit Hartgrund und Nitrowachs (→ *Nitrowachs auftragen,* Seite 228) behandelt.

15. Wir verfertigen einen oder zwei Stege (→ *Steg herstellen,* Seite 236).

16. Die Stimmschrauben werden eingesetzt (→ *Saiten aufziehen,* Seite 231, Abschnitt b).

17. Die Stege erhalten feine Kerben für die Saiten und werden nach Plan auf der Decke plaziert. Wird nur ein Steg verwendet, kommt er auf die Seite der Stöckerle zu stehen.

18. Die Saiten werden aufgezogen (→ *Saiten aufziehen,* Seite 231, Abschnitt g/f). Der Besaitungsplan gibt Auskunft über die Anordnung der Saiten.

Anmerkung: Wer Saiten mit Stahlkern aufziehen möchte, muß anstelle der Stöckerle Stifte verwenden (→ *Saiten aufziehen,* Seite 231, Abschnitt c/d), deren Durchmesser dem Innendurchmesser der Saitenöse entspricht.

19. Damit die Saiten alle in eine Ebene zu liegen kommen, müssen die Kerben an den Stegen bei den dickeren Saiten vorsichtig nachgeschnitten werden.

Anmerkung: Wer nur einen Steg verwendet, achtet darauf, daß die Saiten auch gegen die Stimmschrauben zu alle in einer Ebene liegen.

20. Wir stimmen nach dem Stimmplan (→ auch *Stimmen,* Seite 236).

21. Die Herstellung der Zylinderkopfschlegel ist unter *Allerlei Schlegel,* Seite 74, beschrieben.

Spielanleitung

1. Wir halten die Schlegel locker in beiden Händen und schlagen jeweils die drei Saiten, die zusammen einen Chor bilden, mit einem Schlag gemeinsam an.
2. Nach jedem Schlag muß der Schlegel sofort zurückfedern, damit die Töne weiterklingen können.
3. Durch günstige Abfolge der Schläge mit der rechten und mit der linken Hand kann sowohl das Spieltempo als auch die Treffsicherheit gesteigert werden.
4. Die Begleitungen richten sich nach den Gesetzen der Harmonielehre. Die Akkordfolgen für das 4- und 8-chörige Saitentamburin sind in den beiliegenden Tabellen ausgeschrieben und ihre Tabulatur erklärt. Die Notenbeispiele sind in dieser Tabulatur notiert.
5. Das Saitentamburin eignet sich vorzüglich zur Begleitung von Volks- und Kinderliedern, sowie Spielmusiken und Tänzen (→ Beispiele, Seite 155).

Besaitung des 4-chörigen Saitentamburins

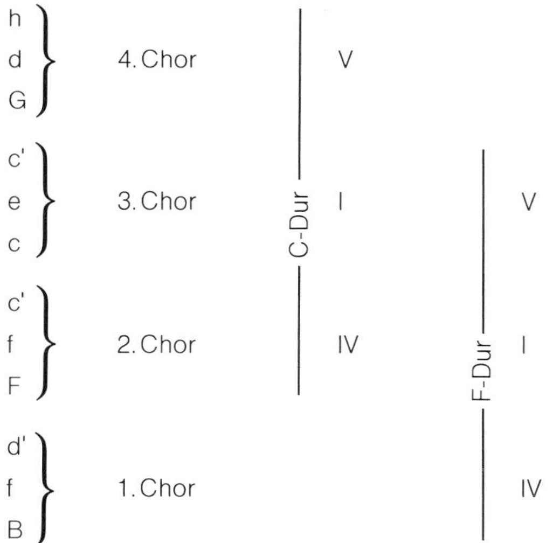

Saitenauswahl für das 4-chörige Saitentamburin

	Gitarrensaiten VI E	V A	IV d	III g	II h	I e'
h					×	
d			×			
G	×					
c'					×	
e			×			
c		×				
c'					×	
f			×			
F	×					
d'					×	
f			×			
B		×				

Akkordfolgen (Kadenzen) auf dem 4-chörigen Saitentamburin

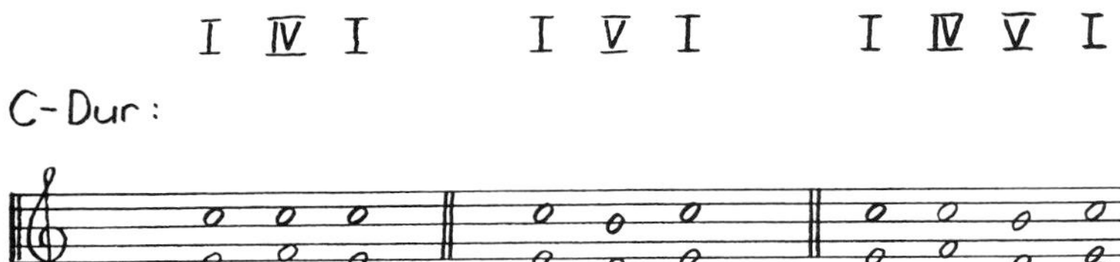

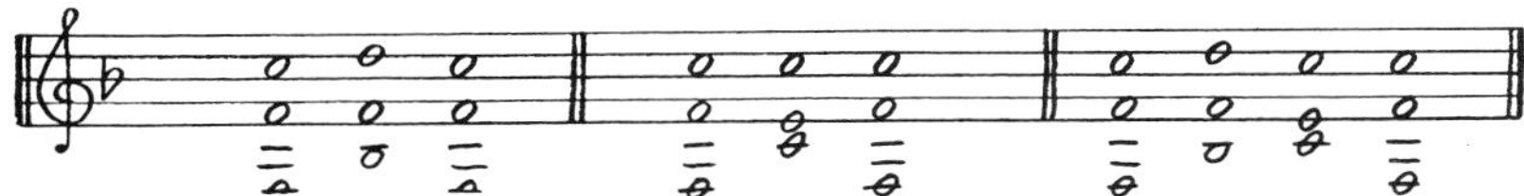

Stimmplan für das 4-chörige Saitentamburin

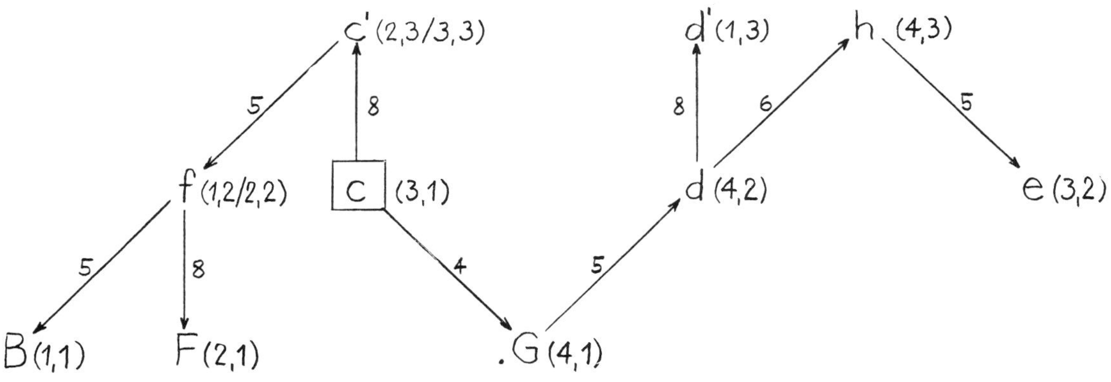

8 = reine Oktave
5 = reine Quinte
4 = reine Quarte
6 = große Sexte

4,3 = 4. Chor, oberste Saite
4,2 = 4. Chor, mittlere Saite
4,1 = 4. Chor, unterste Saite
3,3 = 3. Chor, oberste Saite
usw.

Tabulatur für das 4-chörige Saitentamburin

Chor	C-Dur Stufe	F-Dur Stufe
4.	V	
3.	I	V
2.	IV	I
1.		IV

Zu den einzelnen Tönen der Tonleiter (z. B. in C-Dur) lassen sich auf dem 4-chörigen Saitentamburin folgende Stufen verwenden:

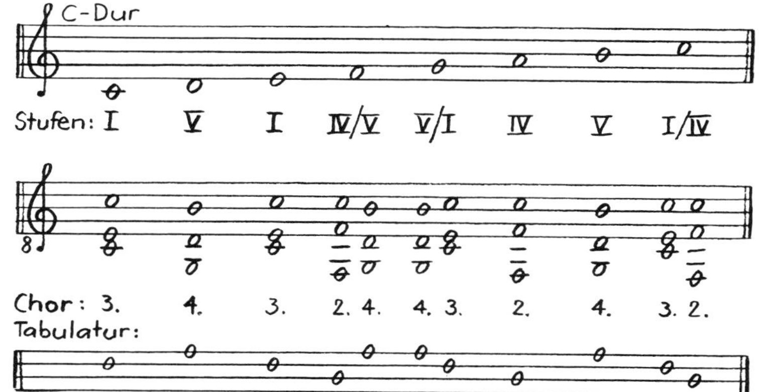

Dabei sind folgende Varianten der Stufenabfolge möglich:

	‖ I	IV	I ‖	I	V	I ‖	I	IV	V	I ‖
C-Dur:	3.	2.	3.	3.	4.	3.	3.	2.	4.	3. Chor
F-Dur:	2.	1.	2.	2.	3.	2.	2.	1.	3.	2. Chor

Saitentamburin I 4-chörig

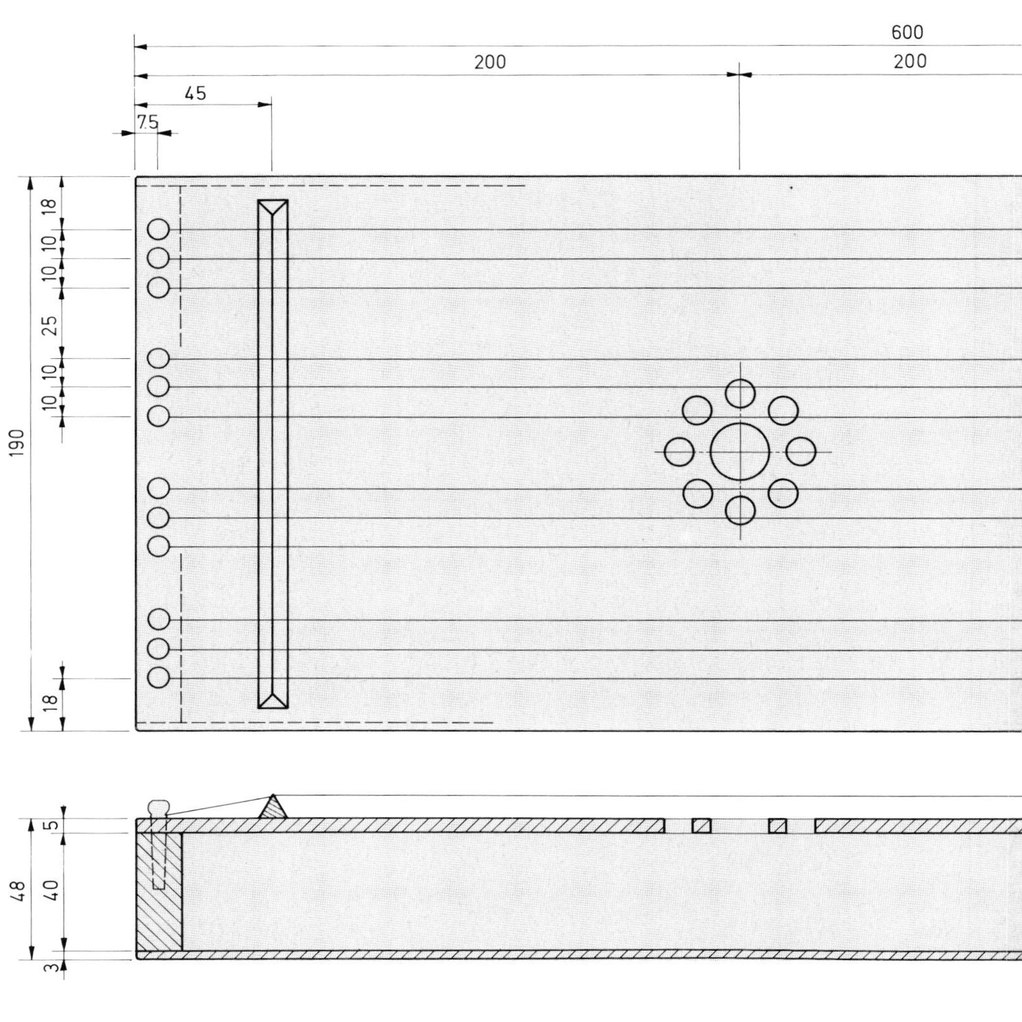

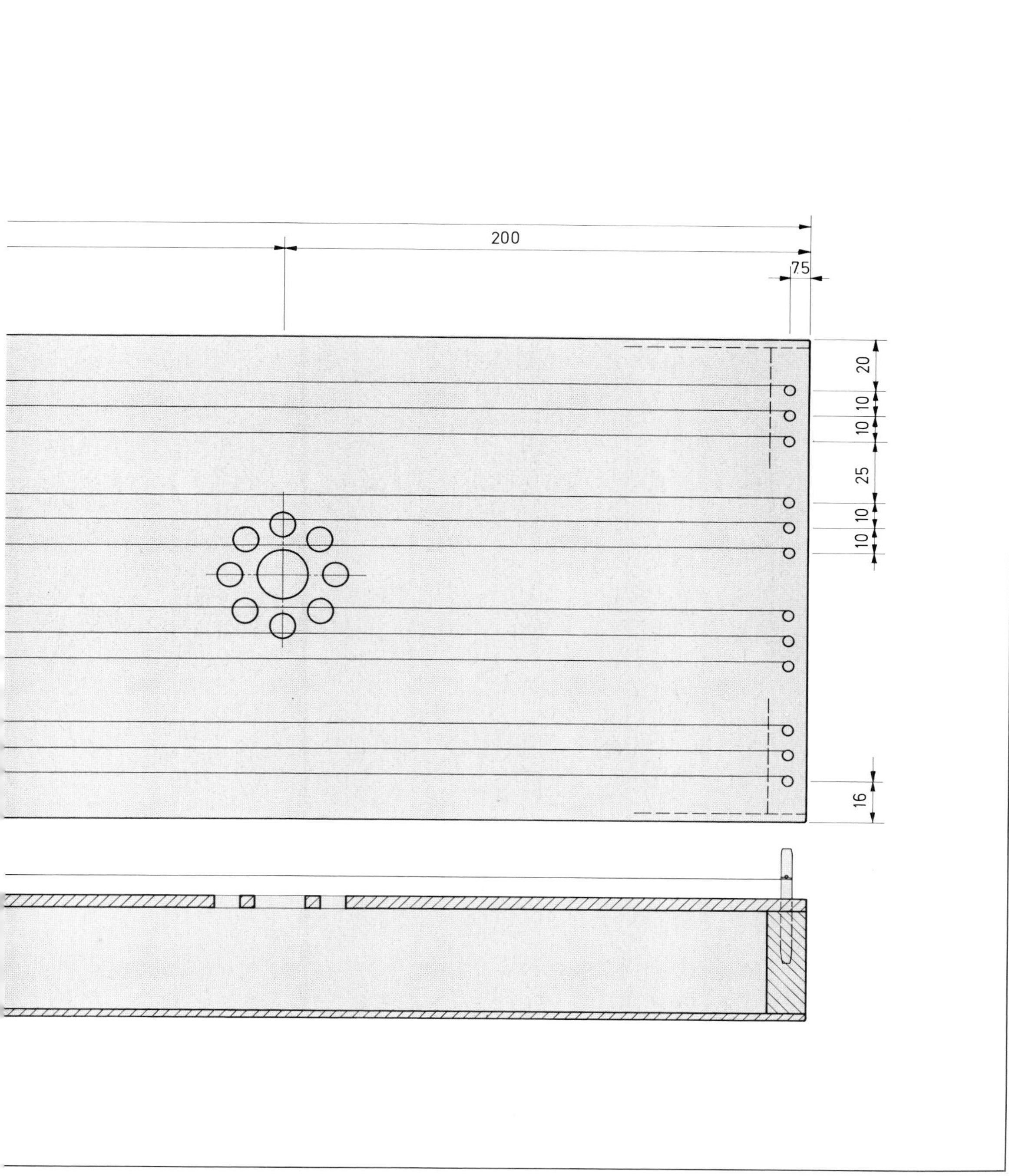

200
7.5
20
10
10
25
10
10
16

Saitentamburin II 8-chörig

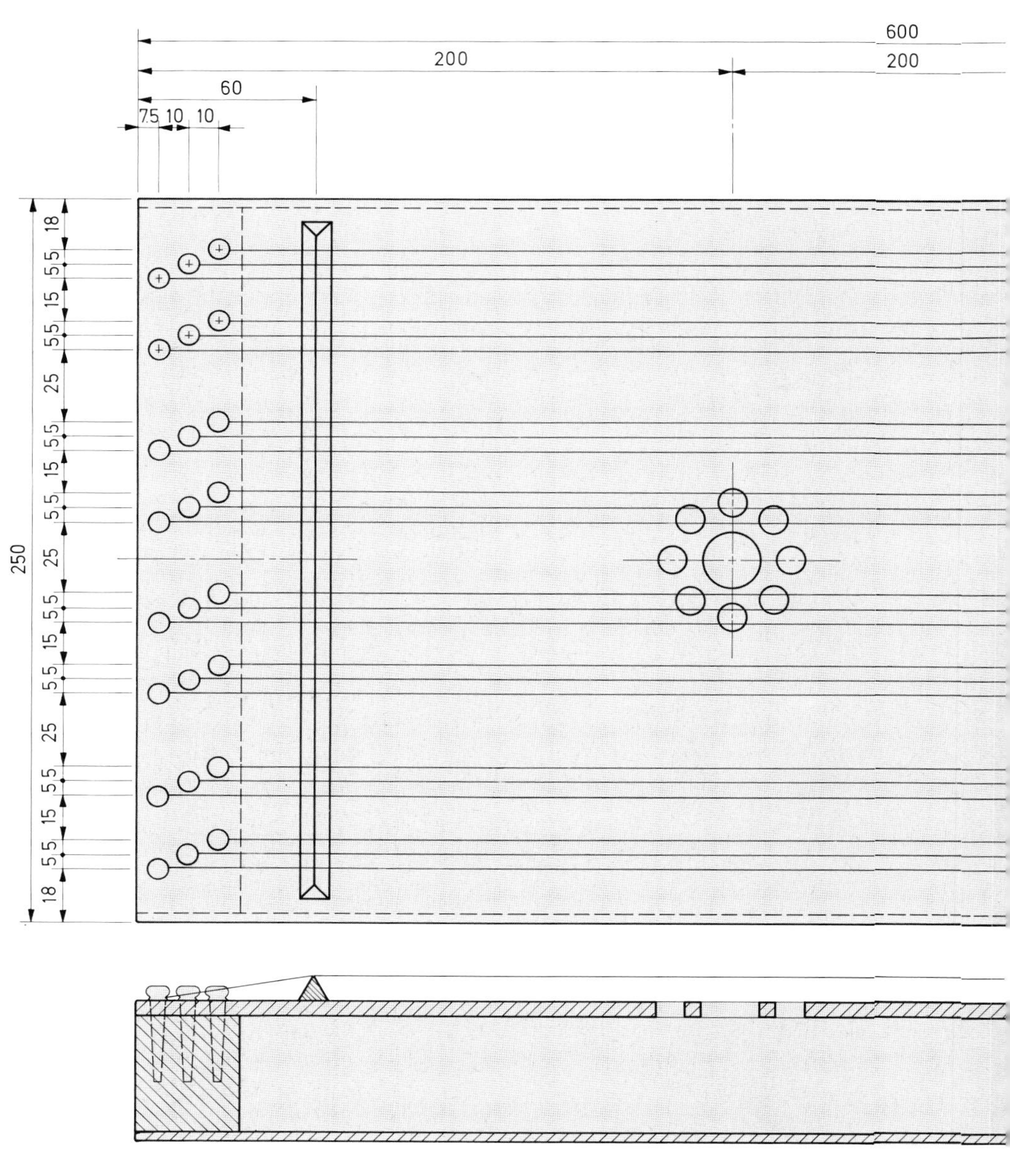

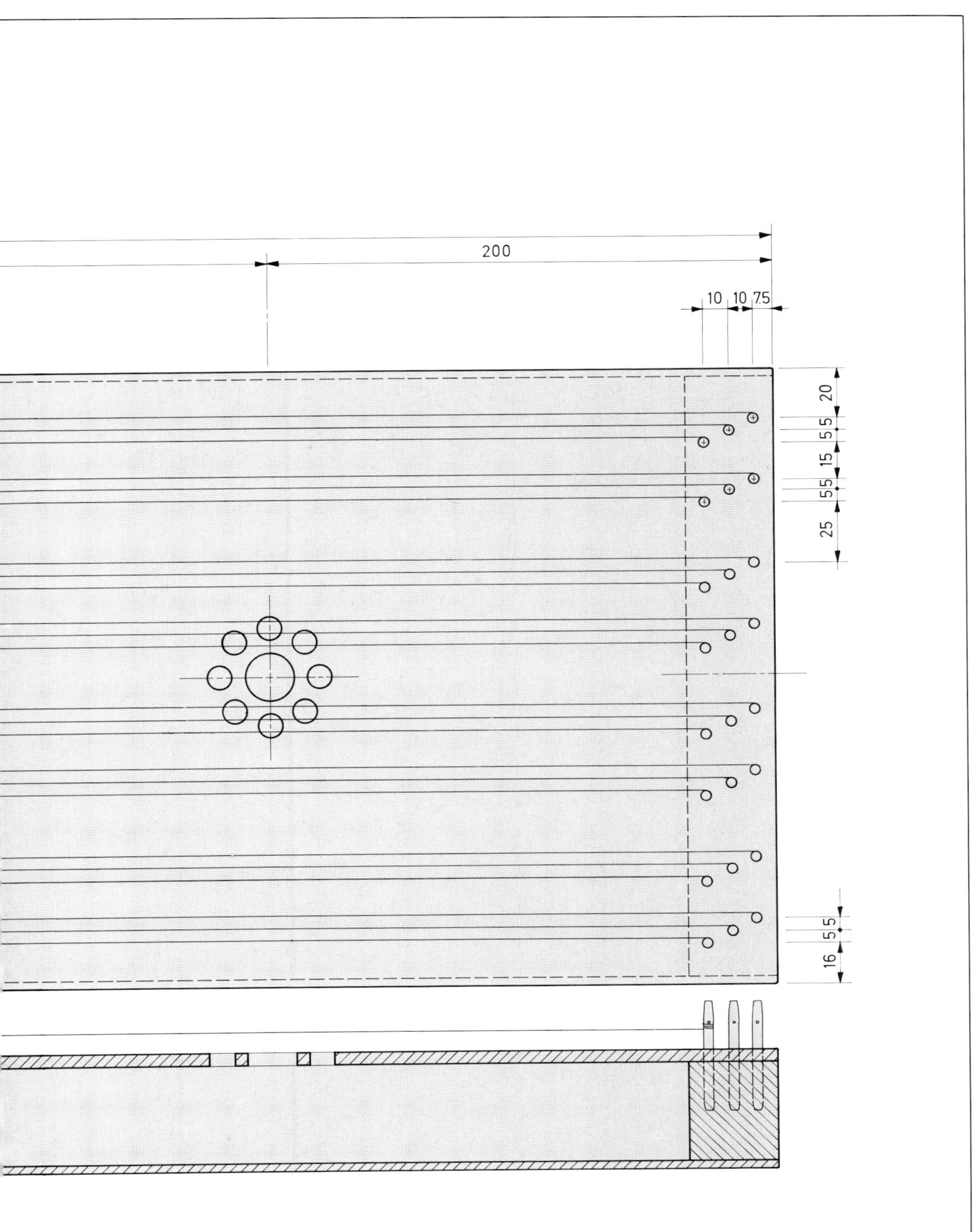
200
10
10
7.5
20
5
5
15
5
5
25
5
5
16

Besaitung des 8-chörigen Saitentamburins

Saiten	Chor	C-Dur	a-moll	F-Dur	d-moll
h d G	8. Chor	V	(VII)		
g e e	7. Chor	(III)	V		
c' e c	6. Chor	I	(III)	V	(VII)
a c A	5. Chor	(VI)	I	(III)	V
c' f F	4. Chor	IV	(VI)	I	(III)
a f d	3. Chor	(II)	IV	(VI)	I
d' f B	2. Chor			IV	(VI)
b g G	1. Chor			(II)	IV

Saitenauswahl für das 8-chörige Saitentamburin

	Gitarrensaiten					
	VI E	V A	IV d	III g	II h	I e'
h					×	
d			×			
G	×					
g				×		
e			×			
e			×			
c'					×	
e			×			
c		×				
a				×		
c		×				
A		×				
c'					×	
f			×			
F	×					
a				×		
f			×			
d			×			
d					×	
f			×			
B		×				
b				×		
g				×		
G	×					

Stimmplan für das 8-chörige Saitentamburin

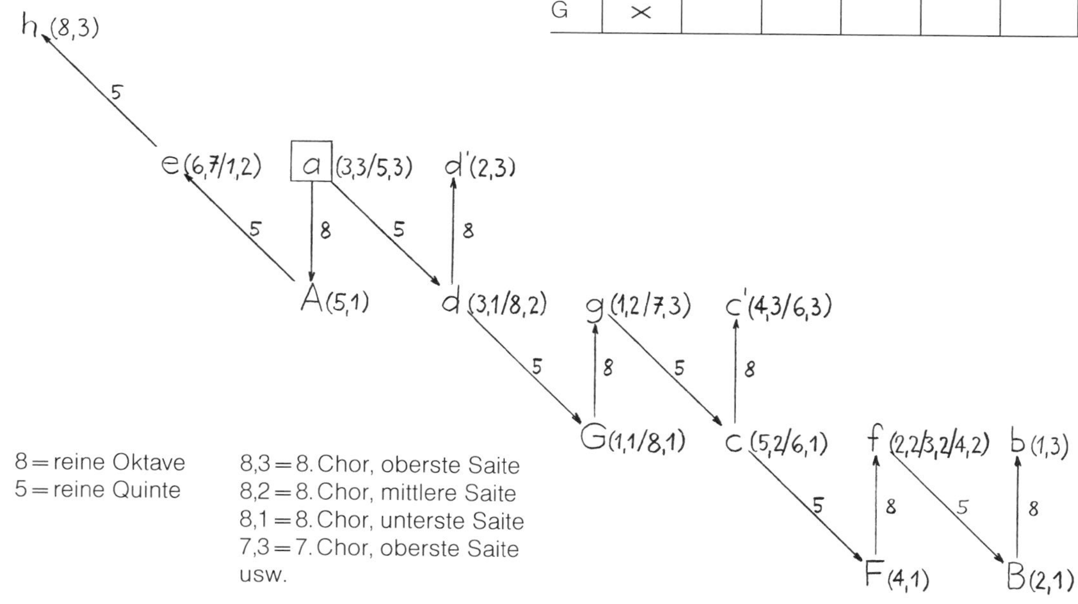

8 = reine Oktave
5 = reine Quinte

8,3 = 8. Chor, oberste Saite
8,2 = 8. Chor, mittlere Saite
8,1 = 8. Chor, unterste Saite
7,3 = 7. Chor, oberste Saite
usw.

Akkordfolgen (Kadenzen) auf dem 8-chörigen Saitentamburin

Dazu Modulationen
in Dur
in moll
zwischen Dur und moll

} im Bereich der gegebenen Tonarten

Tabulatur für das 8-chörige Saitentamburin

Chor	C-Dur Stufe	a-moll Stufe	F-Dur Stufe	d-moll Stufe
8.	V	VII		
7.	III	V		
6.	I	III	V	VII
5.	VI	I	III	V
4.	IV	VI	I	III
3.	II	IV	VI	I
2.			IV	VI
1.			II	IV

Zu den einzelnen Tönen der Tonleiter (z. B. in F-Dur) lassen sich auf dem 8-chörigen Saitentamburin folgende Stufen verwenden:

Mittels der Nebenstufen, welche die Hauptstufen vertreten können, erhalten die Normalkadenzen sowohl in Dur als auch in moll eine wesentliche Bereicherung.

Morgenkanon und Abendlied für Singstimmen und Saitentamburin

Bruder Jakob

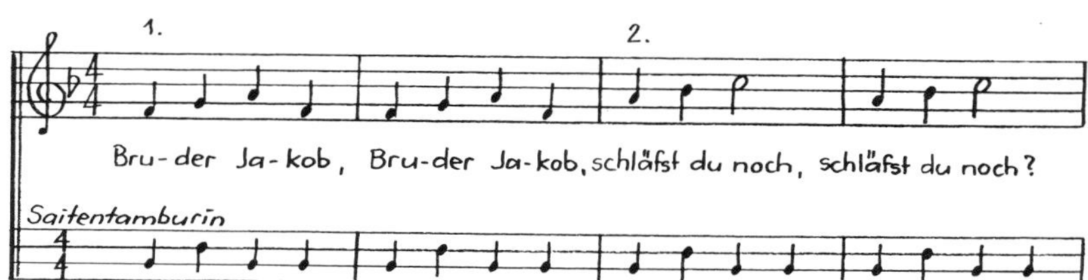

Der Mond ist aufgegangen

Der Mond ist aufgegangen,
die goldnen Sternlein prangen
am Himmel hell und klar;
der Wald steht schwarz und schweiget,
und aus den Wiesen steiget
der weiße Nebel wunderbar.

Wie ist die Welt so stille
und in der Dämmrung Hülle
so traulich und so hold,
als eine stille Kammer,
wo ihr des Tages Jammer
verschlafen und vergessen sollt!

Seht ihr den Mond dort stehen? –
Er ist nur halb zu sehen
und ist doch rund und schön!
So sind wohl manche Sachen,
die wir getrost belachen,
weil unsre Augen sie nicht sehn.

So legt euch denn, ihr Brüder,
in Gottes Namen nieder;
kalt ist der Abendhauch.
Verschon uns, Gott, mit Strafen,
und laß uns ruhig schlafen
und unsern kranken Nachbarn auch!

Fünf Tänze für zwei Melodieinstrumente: Saitentamburin und Schlagzeug

(Melodiestimmen aus: „Fröhliches Volk", Tanzweisen aus europäischen Ländern für zwei Sopranblockflöten, herausgegeben von Rud. Schoch und Rico Vonesch, Verlag Hug + Co., Zürich)

Holländischer Tanz

Schwedischer Tanz

Englischer Tanz

Norwegischer Tanz

Finnischer Tanz

Volkslied aus dem 16. Jahrhundert für drei Singstimmen, 8-chöriges Saitentamburin und Schlagzeug

Wo soll ich mich hinchehren

Wo soll ich mich hinchehren,
ich tumbes Brüederlein?
Wie soll ich mich ernähren?
Mein Guet ist viel zu klein.
Als ich ein Wesen han,
so muss ich bald darvon.
Was ich soll heur verzehren,
das han ich fernt vertan.

Ich bin zu früeh geboren,
ja won ich heut hinkumm,
mein Glück kommt mir erst morgen.
Hätt ich ein Kaisertum,
darzu den Zoll am Rhein,
und wär Venedig mein,
so wär es alls verloren:
Es müesst verschlemmet sein.

Ich will mein Gut verprassen
mit Schlemmen früeh und spat.
Und söll ein Sorgen lassen,
dem es zu Herzen gaht.

Ich nehm ein Ebenbild
an mangem Tierli wild,
das springt auf grüener Heide;
Gott phüet ihm sein Gefild.

Drei Würfel und ein Karten,
das ist mein Wappen frei;
sechs hübscher Fräulein zarte,
an jeder Seiten drei.
Ruck her, du schönes Weib,
erfreu mir das Herz im Leib.
Sollt ich bei dir heut schlafen,
mein Herz, das würd mir frei.

Steckt an den schweinen Braten,
darzu die Hüener jung!
Darzu mag uns geraten
ein küeler frischer Trunk!
Bringt her den gueten Wein,
und schenkt uns wacker ein!
Mir ist ein Beut geraten,
die muss verschlemmet sein!

Vorschlag für ein 7-chöriges Saitentamburin
(geeignet für Volksmusik)

Saiten	Chor	Es-Dur	B-Dur	F-Dur	C-Dur	G-Dur	D-Dur	A-Dur
a cis A	7. Chor						V	I
a fis d	6. Chor					V	I	IV
h d G	5. Chor				V	I	IV	
c' e c	4. Chor			V	I	IV		
c' a F	3. Chor		V	I	IV			
d' b B	2. Chor	V	I	IV				
es' g es	1. Chor	I	IV					

Saitenauswahl für das 7-chörige Saitentamburin

	Gitarrensaiten					
	VI E	V A	IV d	III g	II h	I e'
a				×		
cis			×			
A		×				
a				×		
fis			×			
d			×			
h					×	
d			×			
G	×					
c'					×	
e			×			
c		×				
c'					×	
a				×		
F	×					
d'					×	
b					×	
B		×				
es'					×	
g				×		
es			×			

Stimmplan für das 7-chörige Saitentamburin

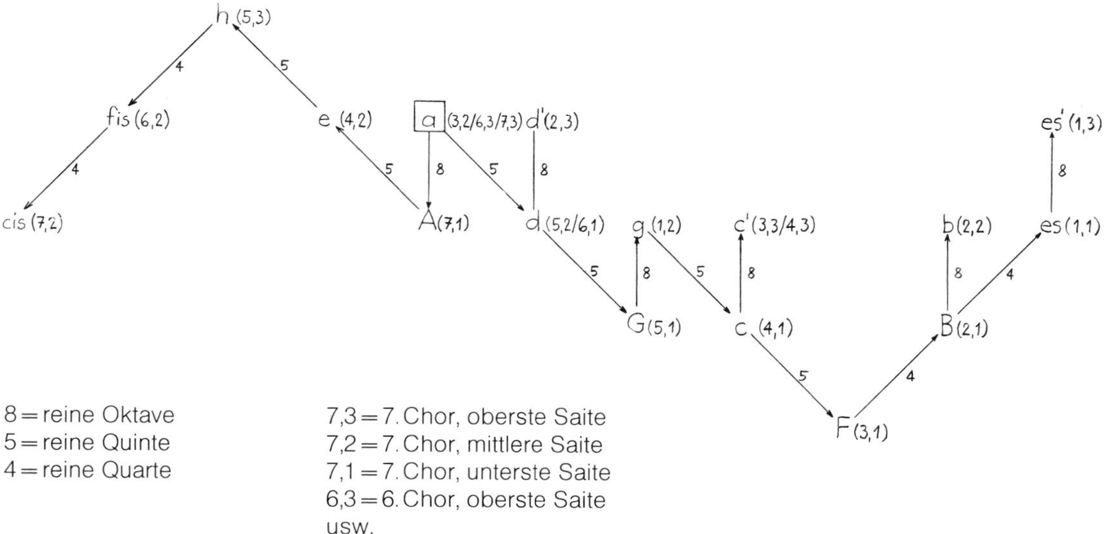

8 = reine Oktave
5 = reine Quinte
4 = reine Quarte

7,3 = 7. Chor, oberste Saite
7,2 = 7. Chor, mittlere Saite
7,1 = 7. Chor, unterste Saite
6,3 = 6. Chor, oberste Saite
usw.

Tabulatur für das 7-chörige Saitentamburin (Vorschlag)

C = C-Schlüssel. Er legt die Notenlinie für den 4. Chor (C-Dur-Akkord) fest. Bei gleichbleibender Stellung des C-Schlüssels können jeweils drei benachbarte Tonarten notiert werden:

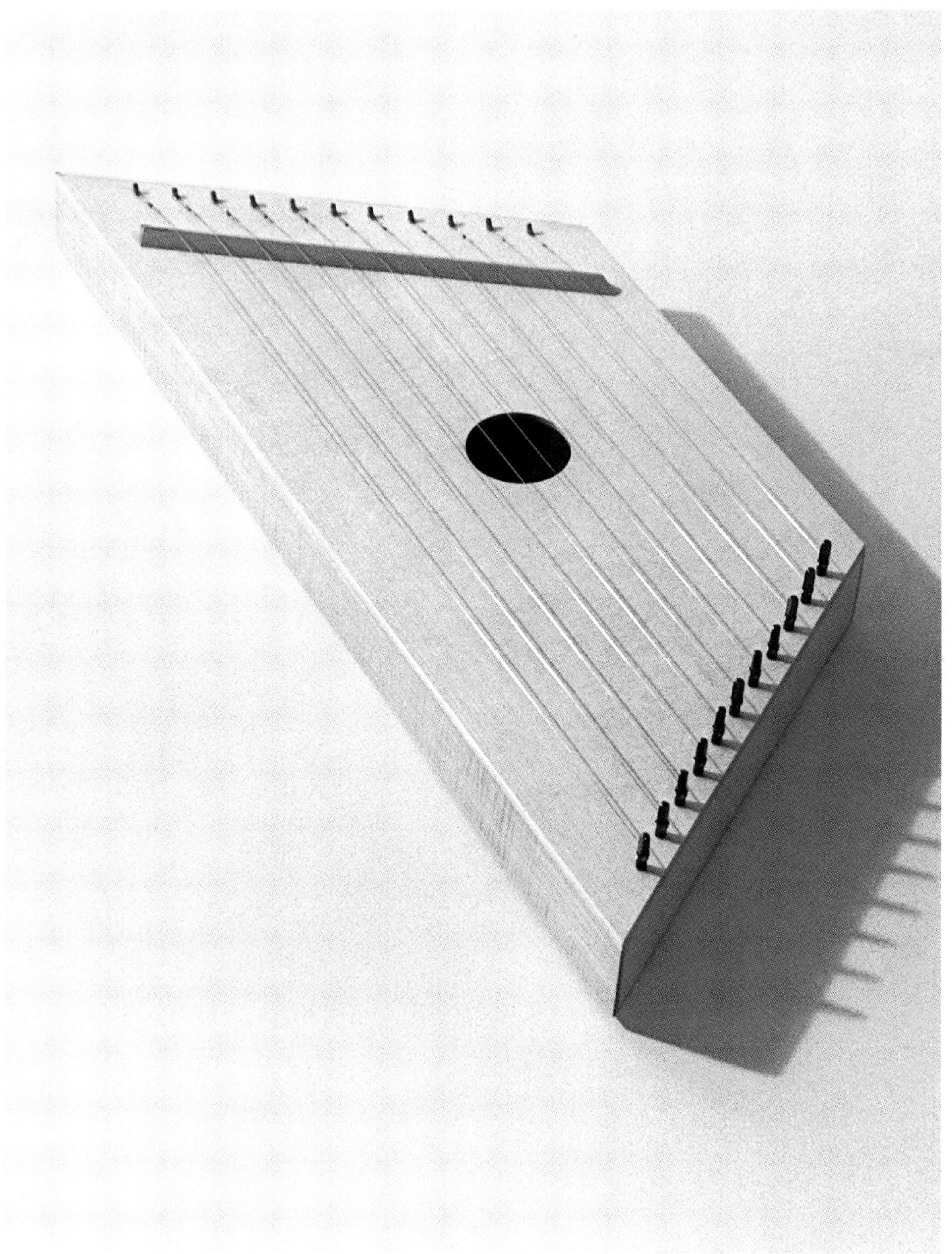

Psalter I

diatonisch c'–f''

Material und Werkzeug		
Hinweis: Angaben über geeignete Hölzer → Seite 244.		
Deckenholz: Fichte mit feinen, stehenden Jahrgängen, in der Mitte der Länge nach verleimt, feine Jahrgänge gegen die Leimfuge zu:		53 × 22 × 0,5 cm
Bodenholz: Ahorn, evtl. in der Mitte der Länge nach verleimt:		53 × 22 × 0,3 cm
Zargenholz: Ahorn:	1. Zarge:	25 × 4 × 0,3 cm
	2. Zarge:	53 × 4 × 0,3 cm
Stockholz: Ahorn,	2 Stück:	27 × 4 × 2 cm
Stegholz: Ahorn:		ca. 25 × 1 × 0,8 cm
11 Stifte Ø 2,5 mm, Länge 2,5 cm		
11 Stimmschrauben Ø 5 mm, mit Rechtsgewinde		
1 Stimmschlüssel, zu den Stimmschrauben passend		
Stahlsaiten verschiedener Dicke, Ø 0,3–0,5 mm		
Keile oder Hartholzleiste (als Zuhaltungen, → *Leimen,* Seite 223, Abschnitt I 3.)		
Hartholzleiste (als Sägehilfe) 30 × ca. 3 × 2 cm		
Rundholz (als Schleifhilfe) Ø 2–3 cm		
Winkelbohrhilfe		
Lehre (zum Einschlagen der Stifte, → *Saiten aufziehen,* Seite 231)		
Schleifpapier verschiedener Körnung: 80 bis 250		
1 Bogen Millimeterpapier (für Plan)		
Ca. 20 Kartonstücke (als Zuhaltungen) 3 × 0,5 × ca. 0,2 cm		
Kunstharzleim und Lappen, evtl. Spachtel oder Pinsel		
Hartgrund, Pinsel und Stahlwatte		
Nitrolack und Pinsel oder Nitrolack in Spraydose		
Pinselreiniger		
Schreinerwinkel, Schrägmaß, Maßstab und Bleistift, Schieblehre		
Hobelbank		
Bohrmaschine in Bohrständer mit Bohrtiefeneinstellung		
Bohrer Ø 2,3 mm, 4,9 mm		
Kreisschneider oder Glockensäge Ø ca. 4 cm		
Gummiteller mit Lammfellhaube		
Feinsäge und Absetzsäge oder Bandsäge		
Rasierklingenhobel oder kleiner Putzhobel oder Tellerschleifmaschine		
Flachzange		
Saitendreher		
Seitenschneider		
Schreinerhammer		
Ahle		
Schnitzmesser oder Dreikanthaarfeile		
Kartonmesser		
Stechbeitel (zum Leimentfernen)		
Schleifkork		
Große und kleine Schraubzwingen mit Zulagen oder Klemmzwingen und Zuleimschrauben		

Arbeitsvorgang

Vorarbeit 1: Es muß ein genauer Plan im Maßstab 1 : 1 gezeichnet werden.

Vorarbeit 2: Wir zeichnen zusammen (→ *Zusammenzeichnen,* Seite 238).

Hinweis: Die Stöcke und die Zargen sind noch etwas zu lang, der Boden und die Decke noch zu groß (Sicherheitsmaßnahme).

1. Auf der Innenseite des Bodens wird die genaue Lage der Stöcke und der Zargen bezeichnet. Ist im Boden eine Leimfuge vorhanden, bildet sie die Mittellinie der Länge nach. Sie befindet sich also unter der Stelle, wo später die mittlere Saite (a') liegt.
2. Wir sägen den Boden zu, lassen dabei aber einen Sicherheitsabstand (Überstand) von überall 5 mm stehen.
3. Die entsprechenden Winkel sind mit dem Schrägmaß auf die Holzstücke der beiden Stöcke zu übertragen.
4. Diese Winkel müssen exakt zugesägt (→ *Sägen,* Seite 230) und zugeschliffen (→ *Schleifen,* Seite 235) werden.
5. Nach dem Aufkleben von Kartonstückchen als Zuhaltungen (→ *Leimen,* Seite 223) leimen wir die Stöcke auf den Boden.
6. Nach einem Tag entfernen wir die Schraubzwingen und leimen unter Verwendung von Zuhaltungen zuerst die kürzere, dann die längere Zarge an (→ *Leimen,* Seite 223, Abschnitt I 3.). Nach dem Trocknen kann gegengleich die längere Zarge angeleimt werden.
7. Wiederum erst nach dem vollständigen Trocknen werden die Schraubzwingen entfernt. Wir prüfen mit der Fingerkuppe, ob Stöcke und Zargen gleich hoch sind. Ist dies nicht der Fall, muß man sie eben schleifen (→ *Schleifen,* Seite 235, Abschnitt h). Wir entfernen die Kartonzuhaltungen.
8. Die Decke wird vorbereitet: Auf ihrer Innenseite bezeichnen wir die Bohrstelle für das Schalloch (→ Plan) und die Stellen, wo die Außenseiten der Stöcke die Leimfuge kreuzen.

Anmerkung: Das Schalloch wird von der Leimfuge halbiert, und die Leimfuge verläuft der Länge nach unter der Stelle, wo sich später die mittlere Saite (a') befindet.

9. Auf der Außenseite der beiden Stöcke wird die Lage der mittleren Saite bezeichnet. Wir legen die Decke mit der Innenseite nach oben bereit und stürzen den Korpusunterteil darauf, so daß die vorhin bezeichneten Stellen genau auf die Leimfuge zu liegen kommen und beide Kreuzpunkte noch sichtbar sind. Dann wird der Umriß auf die Decke übertragen, indem wir mit einem spitzen Bleistift den Stöcken und der Zarge nachfahren.

Psalter I diatonisch c'–f"

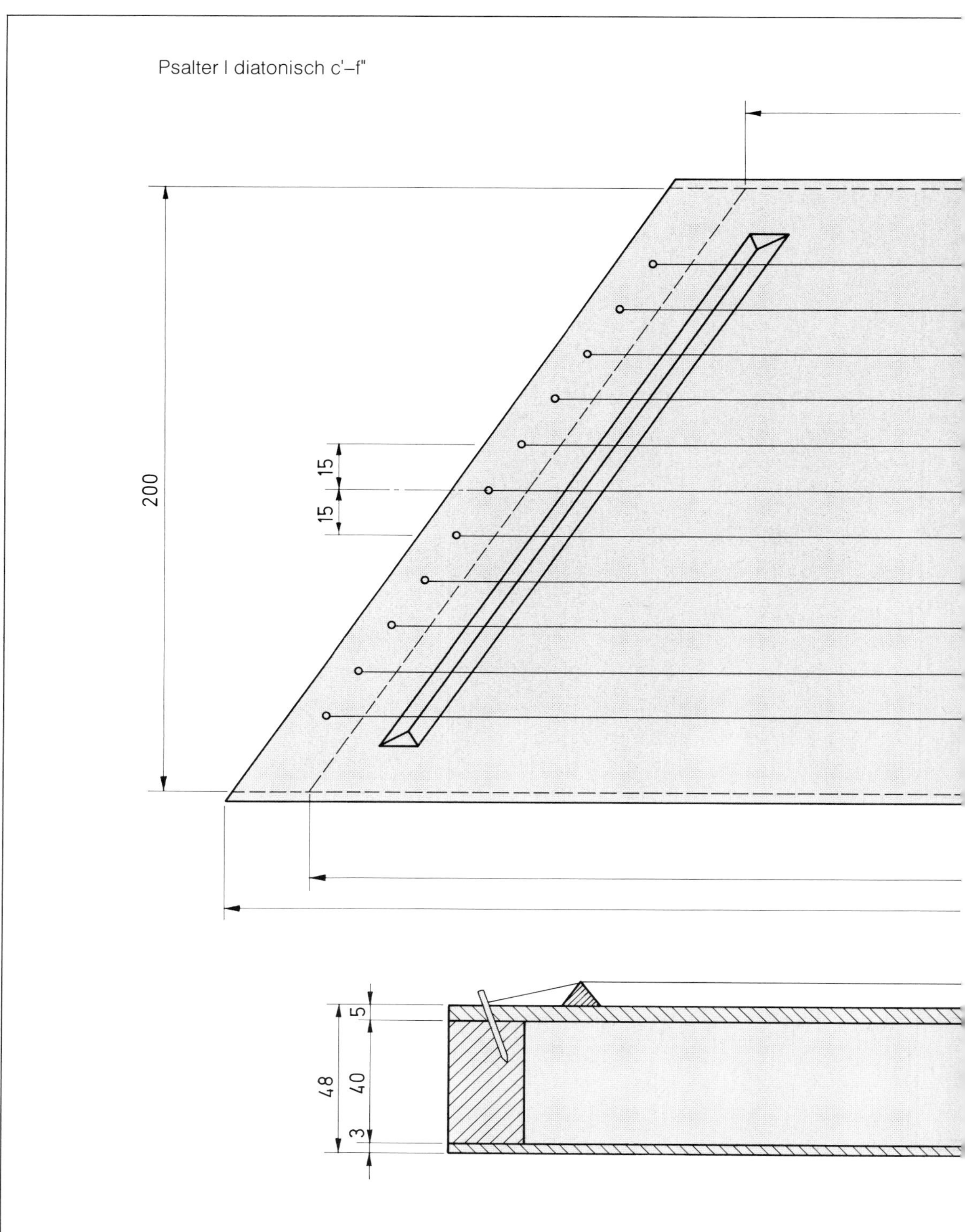

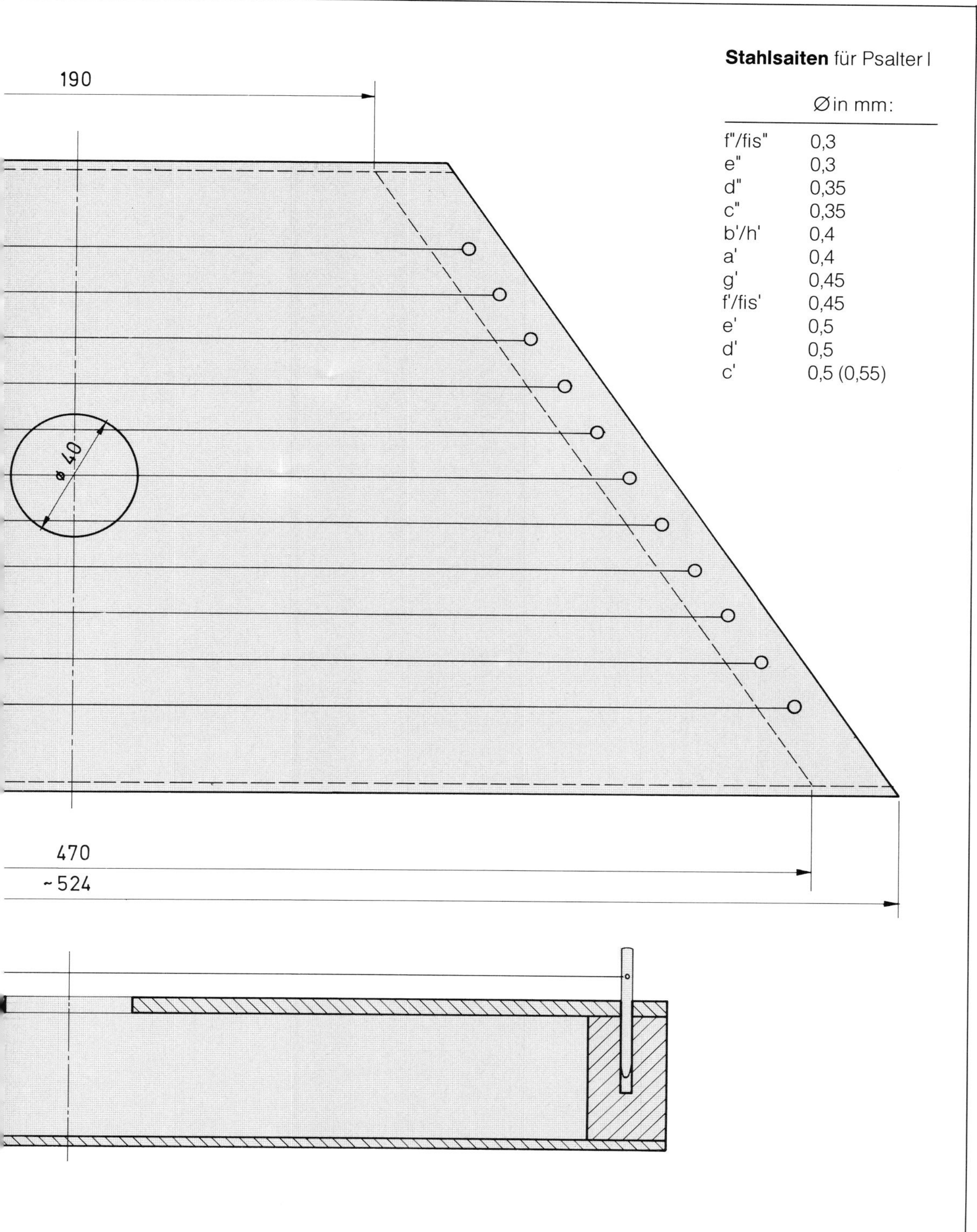

Stahlsaiten für Psalter I

	Ø in mm:
f"/fis"	0,3
e"	0,3
d"	0,35
c"	0,35
b'/h'	0,4
a'	0,4
g'	0,45
f'/fis'	0,45
e'	0,5
d'	0,5
c'	0,5 (0,55)

10. Die Decke wird zugesägt. Wir lassen aber auch hier überall 5 mm Sicherheitsabstand stehen (→ *Überstände abtragen,* Seite 238).
11. Das Schalloch wird vorgestochen und gebohrt (→ *Schallöcher herstellen,* Seite 234).
12. Nach dem Aufkleben von Kartonstückchen als Zuhaltungen wird die Decke aufgeleimt (→ *Leimen,* Seite 223, Abschnitt n).
13. Jetzt tragen wir alle Überstände vollständig ab (→ *Überstände abtragen,* Seite 238).
14. Die Stellen der Bohrlöcher für die Stimmschrauben und Stifte werden bezeichnet und vorgestochen.
15. Die Löcher für die Stimmschrauben werden mit dem 4,9 mm-Bohrer und dem Tiefenanschlag 3,5 cm tief gebohrt (→ *Saiten aufziehen,* Seite 231, Abschnitt b).
16. Die schrägen Löcher für die Stifte werden mit dem 2,3 mm-Bohrer unter Verwendung der Winkelbohrhilfe gebohrt (→ *Saiten aufziehen,* Seite 231, Abschnitt c).
17. Den Korpus schleifen (→ *Schleifen,* Seite 235).
18. Der Korpus wird mit Hartgrund und Nitrolack behandelt (→ *Lackieren,* Seite 222).
19. Wir verfertigen den Steg gemäß Plan (→ *Steg herstellen,* Seite 236).
20. Mit Hilfe einer Lehre schlagen wir die Stifte ein und setzen auch die Stimmschrauben (→ *Saiten aufziehen,* Seite 231, Abschnitt b).
21. Der Steg erhält feine Kerben für die Saiten und wird nach Plan auf der Decke plaziert.
22. Die Saiten werden aufgezogen (→ *Saiten aufziehen,* Seite 231, Abschnitt g). Im entsprechenden Besaitungsplan sind auch die Dicken der Saiten angegeben.
23. Wir stimmen nach dem Stimmplan (→ Auch *Stimmen,* Seite 236).

Spielanleitung

1. Wie man aus alten Abbildungen ersehen kann, gibt es verschiedene Spielhaltungen:
- Der Psalter liegt auf dem Tisch.
- Der Psalter wird in den Arm genommen und gegen die Brust gestützt.
- Der Psalter liegt auf dem Schoß.
- Der Psalter wird auf den Schoß gestellt und gegen den Körper gelehnt.

2. Wir zupfen die Saiten mit den Fingern oder mit einem Plektron. Wenn es die Haltung des Instrumentes zuläßt, können wir sowohl mit der linken als auch mit der rechten Hand zupfen.
3. Der Psalter I hat einen Stimmumfang, der für die meisten Volkslieder ausreicht, wenn wir das Instrument in F-Dur stimmen (also mit b' statt h').

Psalter II

diatonisch c'–c"

Material und Werkzeug	
Hinweis: Angaben über geeignete Hölzer → Seite 244.	
Deckenholz: Fichte mit feinen, stehenden Jahrgängen, in der Mitte der Länge nach verleimt, feine Jahrgänge gegen die Leimfuge zu:	58 × 28 × 0,5 cm
Bodenholz: Ahorn, evtl. in der Mitte der Länge nach verleimt:	58 × 28 × 0,3 cm
Zargenholz: Ahorn: 1. Zarge:	27 × 4 × 0,3 cm
2. Zarge:	55 × 4 × 0,3 cm
Stockholz: Ahorn, 2 Stück:	34 × 6 × 4 cm
Stegholz: Ahorn:	30 × 4,5 × 0,8 cm
15 Stifte Ø 2,5 mm, Länge 2,5 cm	
15 Stimmschrauben Ø 5 mm, mit Rechtsgewinde	
1 Stimmschlüssel, zu den Stimmschrauben passend	
Stahlsaiten verschiedener Dicke, Ø 0,2–0,5 mm	
Keile oder Hartholzleiste (als Zuhaltungen) → *Leimen,* Seite 223, Abschnitt l 3)	
1 Rundholz Ø 8 mm, 1 Rundholz Ø 15 mm (als Schleifhilfen)	
1 Rundholz Ø 2–3 cm, Länge ca. 20 cm (ebenfalls als Schleifhilfe)	
Winkelbohrhilfe	
Lehre (zum Einschlagen der Stifte: → *Saiten aufziehen,* Seite 231, Abschnitt d)	
Schleifpapier verschiedener Körnung: 80–250	
1 Bogen Millimeterpapier (für Plan)	
1 Bogen satiniertes Papier (für Schablonen)	
Ca. 20 Kartonstücke (als Zuhaltungen) 3 × 0,5 × ca. 0,2 cm	
Kunstharzleim und Lappen, evtl. Spachtel oder Pinsel	
Hartgrund, Pinsel und Stahlwatte	
Nitrolack und Pinsel oder Nitrolack in Spraydose	
Pinselreiniger	
Schreinerwinkel, Maßstab und Bleistift, Schieblehre	
Hobelbank	
Bohrmaschine in Bohrständer mit Bohrtiefeneinstellung	
Bohrer Ø 2,3 mm, 4,9 mm, 10 mm, 20 mm	
Schleifwalze	
Gummiteller mit Lammfellhaube	
Bandsäge und Tellerschleifmaschine oder Schweifsäge, Absetzsäge, Laubsäge, Konvexhobel, Raspel und Feile	
Rasierklingenhobel oder kleiner Putzhobel	
Flachzange	
Saitendreher	
Seitenschneider	
Schreinerhammer	
Ahle	
Schnitzmesser oder Dreikanthaarfeile	
Kartonmesser	
Stechbeitel (zum Leimentfernen), Schleifkork	
Große und kleine Schraubzwingen mit Zulagen oder Klemmzwingen und Zuleimschrauben	

Arbeitsvorgang

Vorarbeit 1: Es muß ein genauer Plan im Maßstab 1:1 gezeichnet werden.

Vorarbeit 2: Wir zeichnen zusammen (→ *Zusammenzeichnen,* Seite 238).

Hinweis: Die Stöcke und Zargen sind noch etwas zu lang, der Boden und die Decke noch zu groß (Sicherheitsmaßnahme).

1. Auf der Innenfläche des Bodens wird die genaue Lage der Stöcke und der Zargen bezeichnet. Ist im Boden eine Leimfuge vorhanden, bildet sie die Mittellinie der Länge nach. Sie befindet sich also unter der Stelle, wo später die mittlere Saite (c") liegt.
2. Nun sägen wir den Boden zu, lassen dabei aber einen Sicherheitsabstand (Überstand) von überall 5 mm stehen.
3. Wir stellen für die beiden Stöcke je eine Schablone aus satiniertem Papier her, schneiden sie aus und kleben sie spiegelbildlich auf die Stockhölzer (→ Plan).
4. Mit der Schweif- oder Bandsäge, mit der Raspel oder dem Konvexhobel gibt man den Stöcken die geschweifte Form und schleift sie mit dem dicken Rundholz als Schleifhilfe, oder man gibt ihnen mit der Schleifwalze die konkave und mit dem Schleifteller die konvexe Form. Die Winkel an den Stockenden müssen exakt geschliffen werden (→ *Schleifen,* Seite 235).
5. Nach dem Aufkleben von Kartonstückchen als Zuhaltungen (→ *Leimen,* Seite 223) leimen wir die Stöcke auf den Boden.
6. Nach einem Tag entfernen wir die Schraubzwingen und leimen unter Verwendung von Zuhaltungen zuerst die kürzere und nach dem Trocknen die längere Zarge an (→ *Leimen,* Seite 223, Abschnitt l 3.).
7. Wiederum erst nach dem vollständigen Trocknen werden die Schraubzwingen entfernt. Wir prüfen mit der Fingerkuppe, ob Stöcke und Zargen gleich hoch sind. Ist dies nicht der Fall, muß man sie eben schleifen (→ *Schleifen,* Seite 235, Abschnitt h). Wir entfernen die Kartonzuhaltungen.
8. Die Decke wird vorbereitet: Auf ihrer Innenseite bezeichnen wir die Bohrstellen für das Schalloch (→ Plan) und die Stellen, wo die Außenseiten der Stöcke die Leimfuge kreuzen.

Anmerkung: Das Schalloch wird von der Leimfuge halbiert, und die Leimfuge verläuft der Länge nach unter der Stelle, wo sich später die mittlere Saite (c") befindet.

9. Auf der Außenseite der beiden Stöcke wird die Lage der mittleren Saite bezeichnet. Wir legen die Decke mit der Innenseite nach oben bereit, stürzen den Korpusunterteil darauf, so daß die vorhin bezeichneten Stellen genau auf die Leimfuge zu liegen kommen und beide Kreuzpunkte noch sichtbar sind. Dann wird der Umriß auf die Decke übertragen, indem wir mit einem spitzen Bleistift den Stöcken und Zargen nachfahren.
10. Die Decke wird zugesägt. Wir lassen aber auch hier überall 5 mm Sicherheitsabstand stehen (→ *Überstände abtragen,* Seite 238).
11. Das Schalloch wird vorgestochen und gebohrt (→ *Schallöcher herstellen,* Seite 234).
12. Nach dem Aufkleben von Kartonstückchen als Zuhaltungen wird die Decke aufgeleimt (→ *Leimen,* Seite 223, Abschnitt n).
13. Jetzt tragen wir alle Überstände vollständig ab (→ *Überstände abtragen,* Seite 238).
14. Die Stellen der Bohrlöcher für die Stimmschrauben und Stifte werden bezeichnet und vorgestochen.
15. Die Löcher für die Stimmschrauben werden mit dem 4,9 mm-Bohrer und dem Tiefenanschlag 3,5 cm tief gebohrt (→ *Saiten aufziehen,* Seite 231, Abschnitt b).
16. Die schrägen Löcher für die Stifte werden mit dem 2,3 mm-Bohrer unter Verwendung der Winkelbohrhilfe gebohrt (→ *Saiten aufziehen,* Seite 231, Abschnitt c).
17. Der Korpus wird geschliffen (→ *Schleifen,* Seite 235).
18. Der Korpus wird mit Hartgrund und Nitrolack behandelt (→ *Lackieren,* Seite 222).
19. Den geschweiften Steg verfertigen wir gemäß Plan (→ *Steg herstellen,* Seite 236).
20. Mit Hilfe einer Lehre schlagen wir die Stifte ein und setzen auch die Stimmschrauben (→ *Saiten aufziehen,* Seite 231, Abschnitt d/b).
21. Der Steg erhält feine Kerben für die Saiten und wird nach Plan auf der Seite der Stifte auf der Dekke plaziert.
22. Die Saiten werden aufgezogen (→ *Saiten aufziehen,* Seite 231, Abschnitt g). Im entsprechenden Besaitungsplan sind auch die Dicken der Saiten angegeben.
23. Wir stimmen nach dem Stimmplan (→ auch *Stimmen,* Seite 236).

Psalter II diatonisch c' – c'''

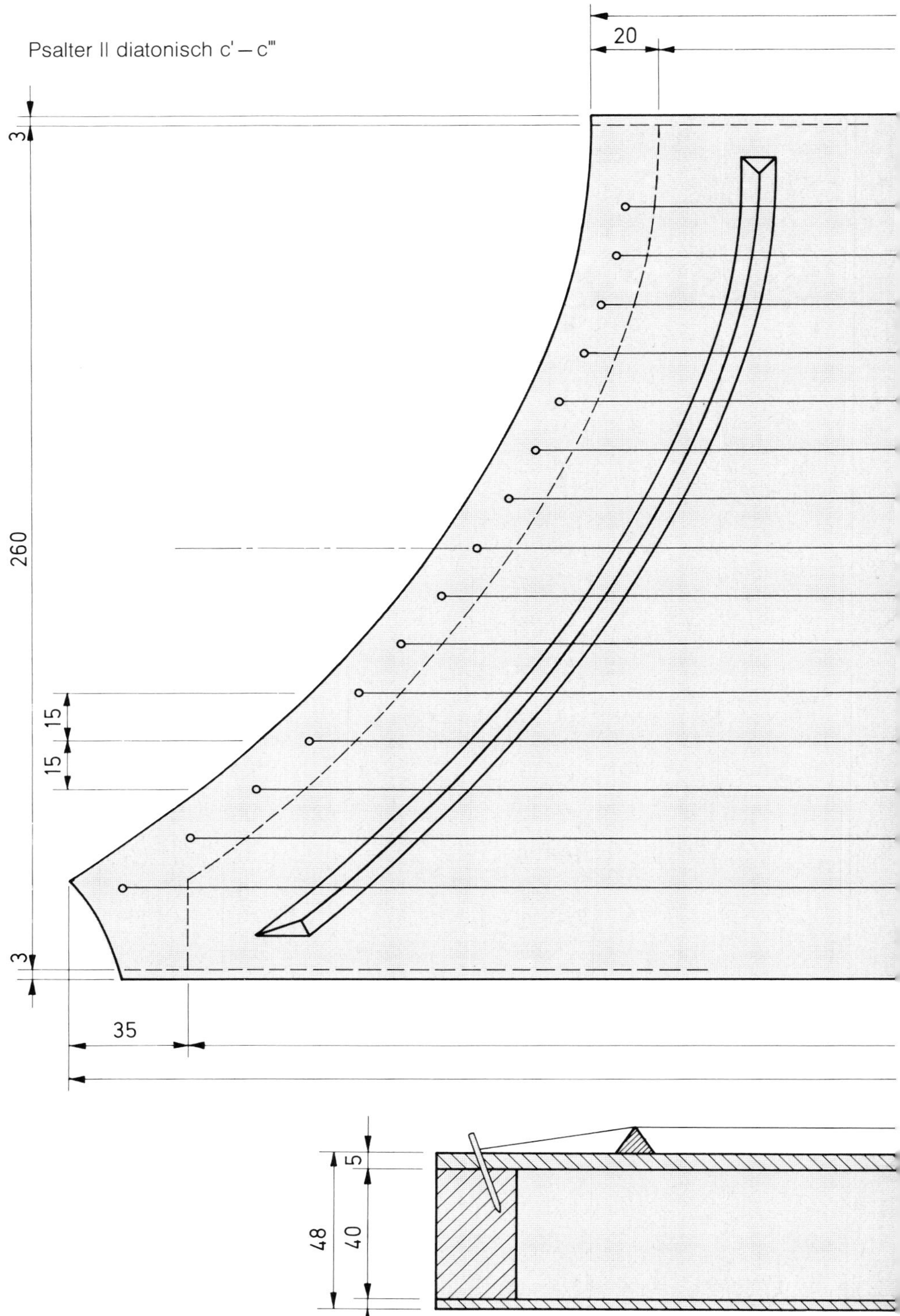

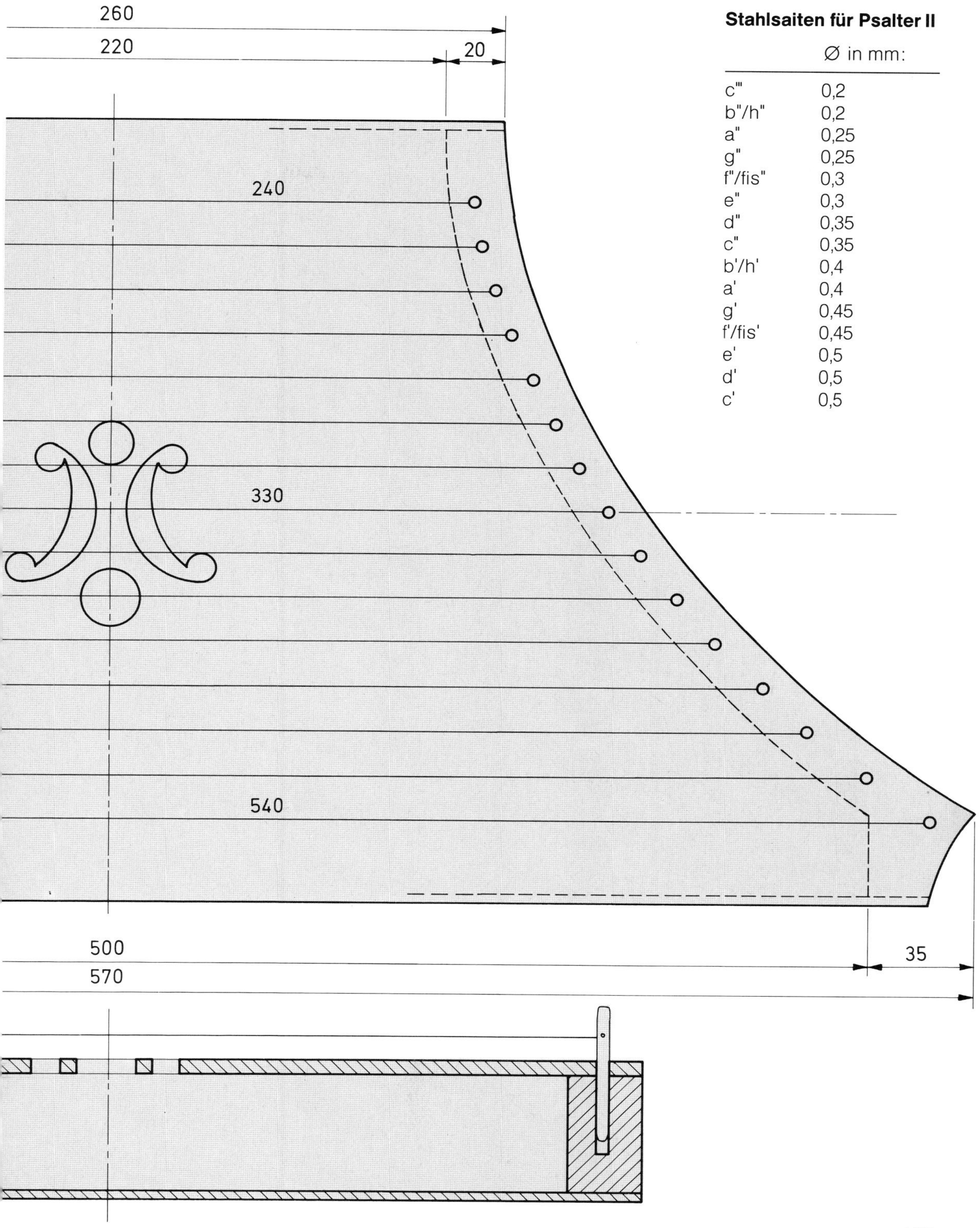

Stahlsaiten für Psalter II

	Ø in mm:
c'''	0,2
b''/h''	0,2
a''	0,25
g''	0,25
f''/fis''	0,3
e''	0,3
d''	0,35
c''	0,35
b'/h'	0,4
a'	0,4
g'	0,45
f'/fis'	0,45
e'	0,5
d'	0,5
c'	0,5

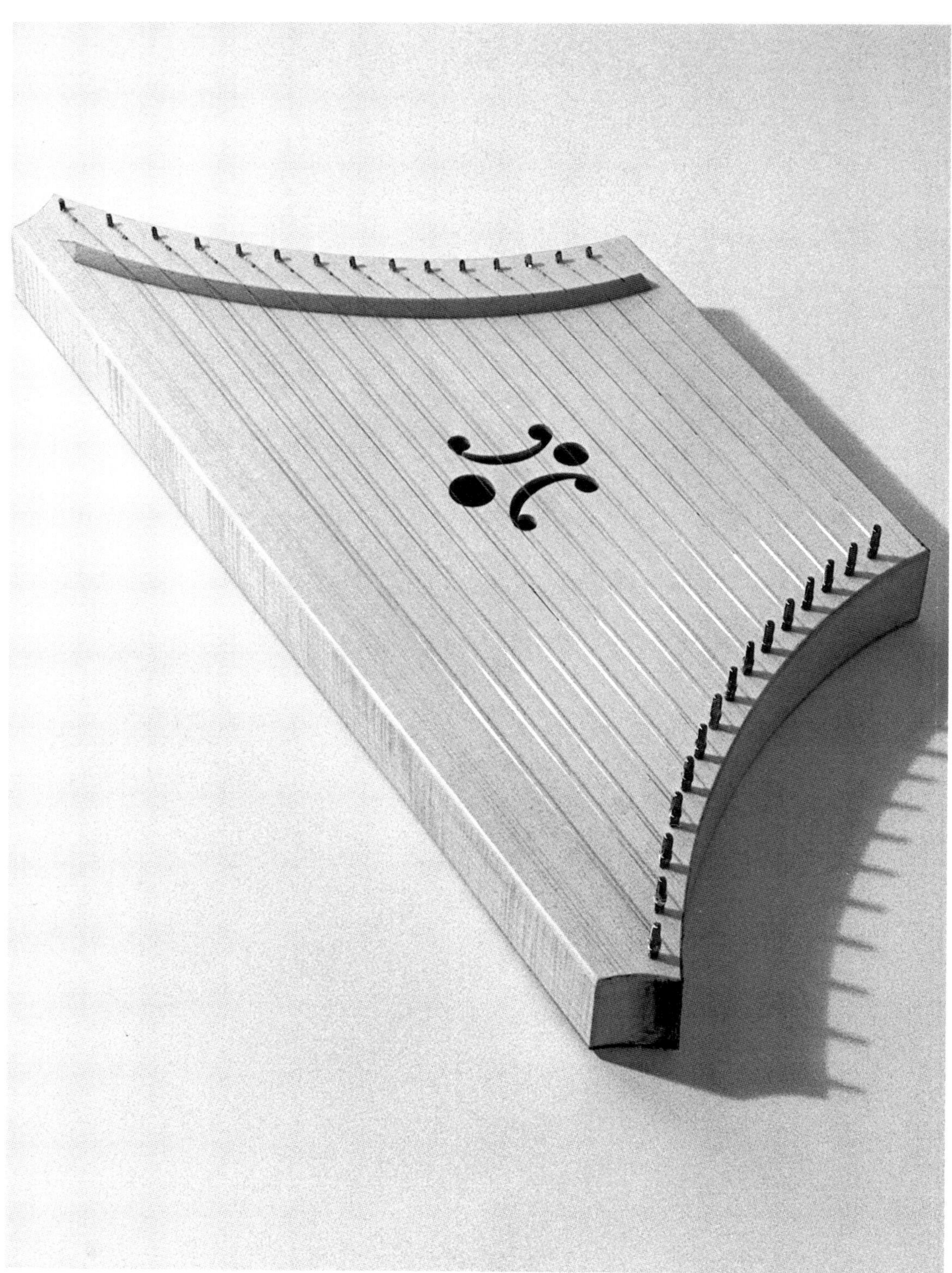

Spielanleitung

1. Wie man aus alten Abbildungen ersehen kann, gibt es verschiedene Spielhaltungen:

- Der Psalter liegt auf dem Tisch.
- Der Psalter wird in den Arm genommen und gegen die Brust gestützt.
- Der Psalter liegt auf dem Schoß.
- Der Psalter wird auf den Schoß gestellt und gegen den Körper gelehnt.

2. Wir zupfen die Saiten mit den Fingern oder mit einem Plektron. Wenn es die Haltung des Instrumentes zuläßt, können wir sowohl mit der linken als auch mit der rechten Hand in günstiger Abfolge zupfen.

3. Der Psalter II hat einen Spielumfang, der demjenigen der Tenorblockflöte entspricht.

Stimmplan für diatonische Saiteninstrumente c'–f''
(mit wahlweise fis oder b)

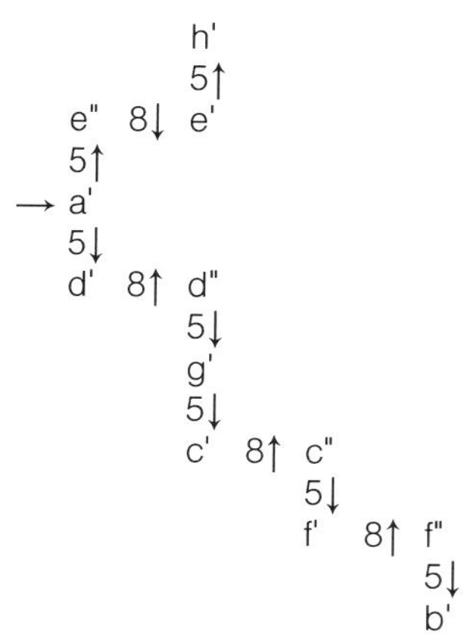

8 = reine Oktave
5 = reine Quinte
↑ = aufwärts
↓ = abwärts

Stimmplan für diatonische Saiteninstrumente c'–c'''
(mit wahlweise fis oder b)

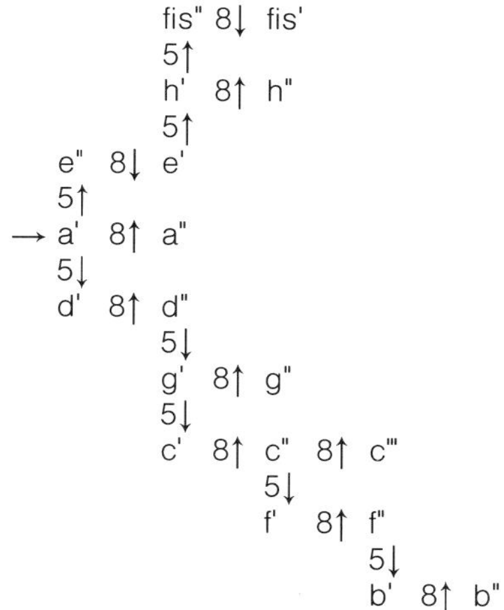

8 = reine Oktave
5 = reine Quinte
↑ = aufwärts
↓ = abwärts

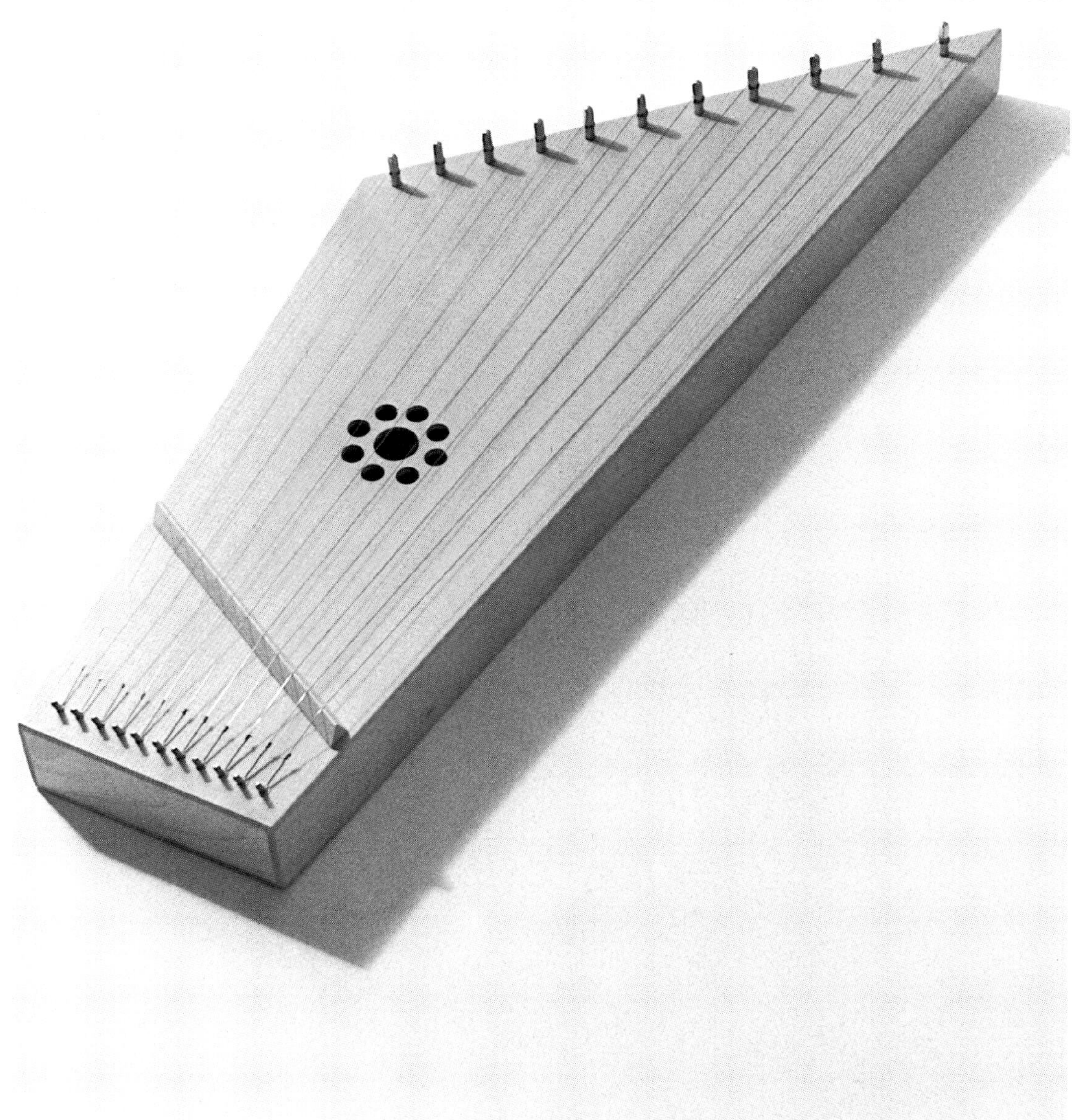

Kantele I

diatonisch c'–f'

Material und Werkzeug

Hinweis: Angaben über geeignete Hölzer → Seite 244.

Material und Werkzeug		
Deckenholz: Fichte mit feinen, stehenden Jahrgängen, in der Mitte der Länge nach verleimt, feine Jahrgänge gegen die Leimfuge zu:		62 × 29 × 0,5 cm
Bodenholz: Ahorn, in der Mitte der Länge nach verleimt:		62 × 29 × 0,3 cm
Zargenholz: Ahorn:	1. Zarge:	38 × 4 × 0,3 cm
	2. Zarge:	62 × 4 × 0,3 cm
Stockholz: Ahorn:	unterer Stock:	14 × 4 × 2 cm
	oberer Stock:	37 × 4 × 2 cm
Stegholz: Ahorn:		16 × 1 × 0,8 cm
11 Stifte Ø 2,5 mm, Länge 2,5 cm		
11 Stimmschrauben Ø 5 mm, mit Rechtsgewinde		
1 Stimmschlüssel, zu den Stimmschrauben passend		
Stahlsaiten verschiedener Dicke, Ø 0,2–0,5 mm		
Keile oder Hartholzleiste (als Zuhaltungen → *Leimen,* Seite 223, Abschnitt I 3.)		
Hartholzleiste (als Sägehilfe): 30 × ca. 3 × 2 cm		
1 Rundholz Ø 8 mm 1 Rundholz Ø 15 mm	(als Schleifhilfen)	
Winkelbohrhilfe		
Lehre (zum Einschlagen der Stifte: → *Saiten aufziehen,* Seite 231)		
Schleifpapier verschiedener Körnung: 80–250		
1 Bogen Millimeterpapier (für Plan)		
Ca. 20 Kartonstücke (als Zuhaltungen) 3 × 0,5 × ca. 0,2 cm		
Kunstharzleim und Lappen, evtl. Spachtel oder Pinsel		
Hartgrund, Pinsel und Stahlwatte		
Nitrolack und Pinsel oder Nitrolack in Spraydose		
Pinselreiniger		
Schrägmaß, Schreinerwinkel, Maßstab und Bleistift, Schieblehre		
Hobelbank		
Bohrmaschine in Bohrständer mit Bohrtiefeneinstellung		
Bohrer Ø 2,3 mm, 4,9 mm, 10 mm, 20 mm		
Gummiteller mit Lammfellhaube		
Feinsäge und Absetzsäge oder Bandsäge		
Rasierklingenhobel oder kleiner Putzhobel oder Tellerschleifmaschine		
Flachzange		
Saitendreher		
Seitenschneider		
Schreinerhammer		
Ahle		
Schnitzmesser oder Dreikanthaarfeile		
Kartonmesser		
Stechbeitel (zum Leimentfernen)		
Schleifkork		
Große und kleine Schraubzwingen mit Zulagen oder Klemmzwingen und Zuleimschrauben.		

Arbeitsvorgang

Vorarbeit 1: Es muß ein genauer Plan im Maßstab 1 : 1 gezeichnet werden.

Vorarbeit 2: Wir zeichnen zusammen (→ *Zusammenzeichnen,* Seite 238).

Hinweis: Die Stöcke und Zargen sind noch etwas zu lang, der Boden und die Decke noch zu groß (Sicherheitsmaßnahme).

1. Auf der Innenseite des Bodens wird die genaue Lage der Stöcke und der Zargen bezeichnet. Der untere Stock verläuft im rechten Winkel zur Leimfuge. Die Leimfuge befindet sich auch beim oberen Stock unter der Stelle, wo später die mittlere Saite (a') liegt.
2. Nun sägen wir den Boden zu, lassen dabei aber einen Sicherheitsabstand (Überstand) von überall 5 mm stehen.
3. Die entsprechenden Winkel sind mit dem Schrägmaß auf die Holzstücke der beiden Stöcke zu übertragen.
4. Diese Winkel müssen exakt zugesägt (→ *Sägen,* Seite 230) und zugeschliffen (→ *schleifen,* Seite 235) werden.
5. Nach dem Aufkleben von Kartonstückchen als Zuhaltungen (→ *Leimen,* Seite 223) leimen wir die Stöcke auf den Boden.
6. Nach einem Tag entfernen wir die Schraubzwingen und leimen unter Verwendung von Zuhaltungen zuerst die kürzere und nach dem Trocknen die längere Zarge an (→ *Leimen,* Seite 223, Abschnitt I 3.).
7. Wiederum erst nach dem vollständigen Trocknen werden die Schraubzwingen entfernt. Wir prüfen mit der Fingerkuppe, ob Stöcke und Zargen gleich hoch sind. Ist dies nicht der Fall, muß man eben schleifen (→ *Schleifen,* Seite 235, Abschnitt h). Wir entfernen die Kartonzuhaltungen.
8. Die Decke wird vorbereitet: Auf ihrer Innenseite bezeichnen wir die Bohrstellen für das Schalloch (→ Plan) und die Stellen, wo die Außenseiten der Stöcke die Leimfuge kreuzen.

Anmerkung: Das Schalloch wird von der Leimfuge halbiert, und die Leimfuge verläuft der Länge nach unter der Stelle, wo sich später die mittlere Saite (a') befindet.

9. Auf der Außenseite der beiden Stöcke wird die Lage der mittleren Saite bezeichnet. Wir legen die Decke mit der Innenseite nach oben bereit und stürzen den Korpusunterteil darauf, so daß die vorhin bezeichneten Stellen genau auf die Leimfuge zu liegen kommen und beide Kreuzpunkte noch sichtbar sind. Dann wird der Umriß auf die Decke übertragen, indem wir mit einem spitzen Bleistift den Stöcken und Zargen nachfahren.

Kantele I diatonisch c'–f"

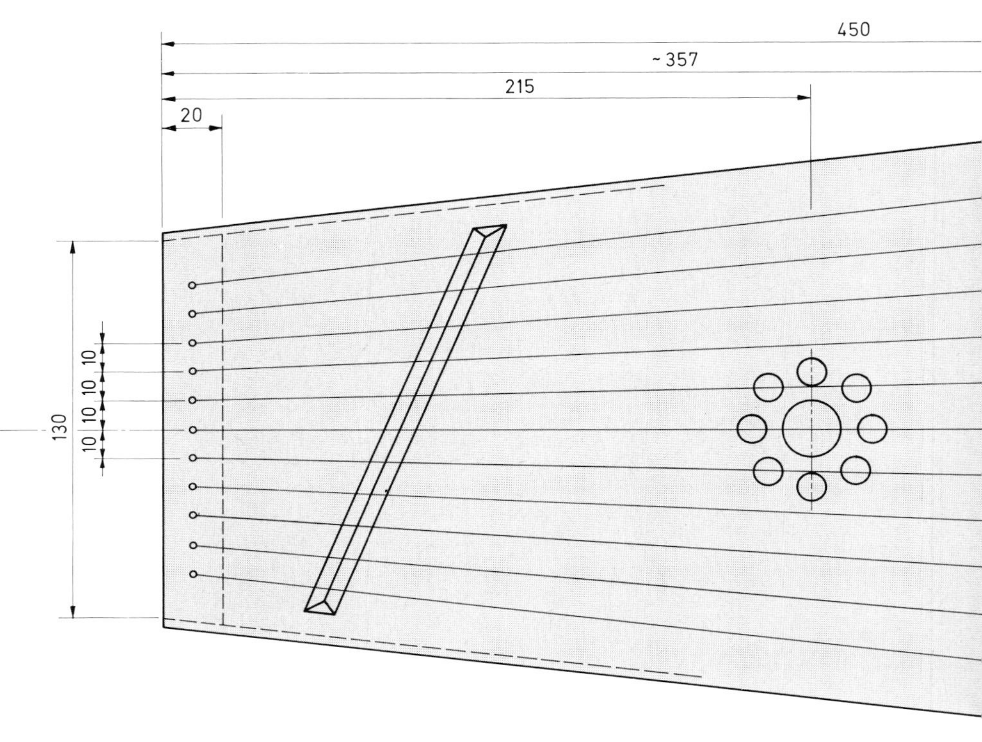

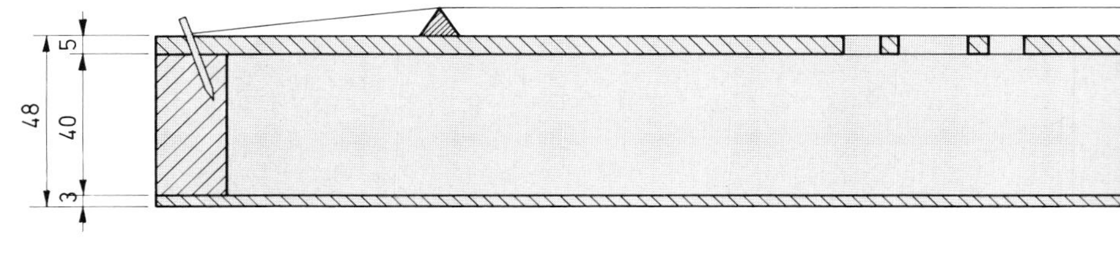

Stahlsaiten für Kantele I

	Ø in mm
f"/fis"	0,25
e"	0,25
d"	0,3
c"	0,3
b'/h'	0,35
a'	0,4
g'	0,4
f'/fis'	0,45
e'	0,5
d'	0,5
c'	0,5

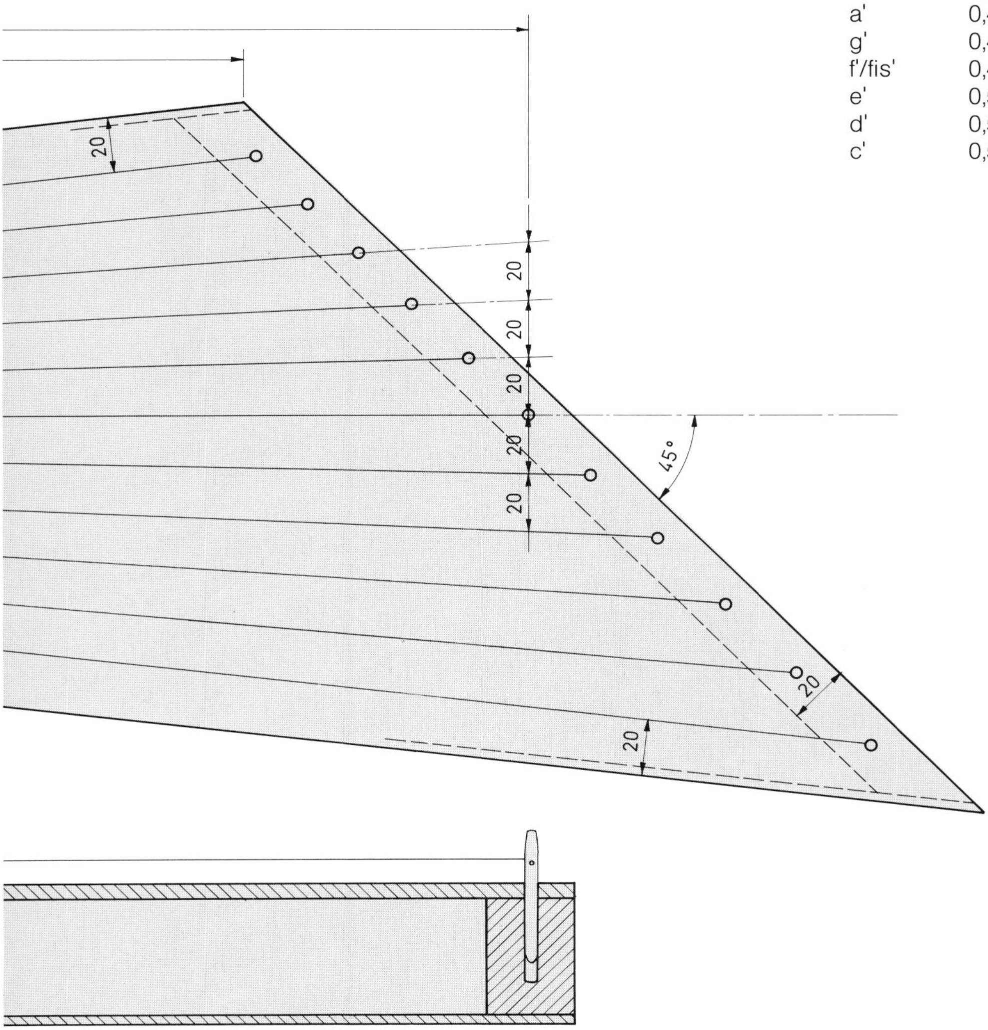

20

20

20

20

20

20

45°

20

20

10. Die Decke wird zugesägt. Wir lassen aber auch hier überall 5 mm Sicherheitsabstand stehen (→ *Überstände abtragen,* Seite 238).
11. Das Schalloch wird vorgestochen und gebohrt (→ *Schallöcher herstellen,* Seite 234).
12. Nach dem Aufkleben von Kartonstückchen als Zuhaltungen wird die Decke aufgeleimt (→ *Leimen,* Seite 223, Abschnitt n).
13. Jetzt tragen wir alle Überstände vollständig ab (→ *Überstände abtragen,* Seite 238).
14. Die Stellen der Bohrlöcher für die Stimmschrauben und Stifte werden bezeichnet und vorgestochen.
15. Die Löcher für die Stimmschrauben werden mit dem 4,9 mm-Bohrer und dem Tiefenanschlag 3,5 cm tief gebohrt (→ *Saiten aufziehen,* Seite 231, Abschnitt b).
16. Die schrägen Löcher für die Stifte werden mit dem 2,3 mm-Bohrer unter Verwendung der Winkelbohrhilfe gebohrt (→ *Saiten aufziehen,* Seite 231, Abschnitt c).
17. Der Korpus wird geschliffen (→ *Schleifen,* Seite 235).
18. Der Korpus wird mit Hartgrund und Nitrolack behandelt (→ *Lackieren,* Seite 222).
19. Den Steg verfertigen wir gemäß Plan (→ *Steg herstellen,* Seite 236).
20. Mit Hilfe einer Lehre schlagen wir die Stifte ein und setzen auch die Stimmschrauben (→ *Saiten aufziehen,* Seite 231, Abschnitt d/b).
21. Der Steg erhält feine Kerben für die Saiten und wird nach Plan auf der Seite der Stifte auf der Decke plaziert.
22. Die Saiten werden aufgezogen (→ *Saiten aufziehen,* Seite 231, Abschnitt g). Im entsprechenden Besaitungsplan sind auch die Dicken der Saiten angegeben.
23. Wir stimmen nach dem Stimmplan (→ auch *Stimmen,* Seite 236).

Spielanleitung

1. Für die Kantele gibt es verschiedene Spielhaltungen:

- Die Kantele liegt auf dem Tisch.
- Die Kantele wird in den Arm genommen und gegen die Brust gestützt.
- Die Kantele liegt auf dem Schoß.

2. Wir zupfen die Saiten mit den Fingern oder mit einem Plektron. Wenn es die Haltung des Instrumentes zuläßt, können wir sowohl mit der linken als auch mit der rechten Hand in günstiger Abfolge zupfen.
3. Die Kantele I hat einen Stimmumfang, der für die meisten Volkslieder ausreicht, wenn wir das Instrument in F-Dur stimmen (also mit b' statt mit h').

Finnisches Lied

Kantele II diatonisch c'–c'''

Material und Werkzeug		
Hinweis: Angaben über geeignete Hölzer → Seite 244.		
Deckenholz: Fichte mit feinen, stehenden Jahrgängen, in der Mitte der Länge nach verleimt, feine Jahrgänge gegen die Leimfuge zu:		66 × 30 × 0,5 cm
Bodenholz: Ahorn, in der Mitte der Länge nach verleimt:		66 × 30 × 0,3 cm
Zargenholz: Ahorn:	1. Zarge:	27 × 4 × 0,3 cm
	2. Zarge:	68 × 4 × 0,3 cm
Stockholz: Ahorn:	unterer Stock:	18 × 4 × 2 cm
	oberer Stock:	50 × 7 × 4 cm
Stegholz: Ahorn:		20 × 1 × 0,8 cm
15 Stifte ∅ 2,5 mm, Länge 2,5 cm		
15 Stimmschrauben ∅ 5 mm mit Rechtsgewinde		
1 Stimmschlüssel, zu den Stimmschrauben passend		
Stahlsaiten verschiedener Dicke, ∅ 0,3–0,45 mm		
Keile oder Hartholzleiste (als Zuhaltungen → *Leimen,* Seite 223, Abschnitt I 3.).		
Hartholzleiste (als Sägehilfe)		20 × ca. 3 × 2 cm
1 Rundholz ∅ 8 mm 1 Rundholz ∅ 15 mm	(als Schleifhilfen)	
1 Rundholz ∅ ca. 2–3 cm, Länge ca. 20 cm		
Winkelbohrhilfe		
Lehre (zum Einschlagen der Stifte: → *Saiten aufziehen,* Seite 231)		
Schleifpapier verschiedener Körnung: 80–250		
1 Bogen Millimeterpapier (für Plan)		
1 Bogen satiniertes Papier (für Schablone)		
Ca. 20 Kartonstücke 3 × 0,5 × ca. 0,2 cm		
Kunstharzleim und Lappen, evtl. Spachtel oder Pinsel		
Hartgrund, Pinsel und Stahlwatte		
Nitrolack und Pinsel oder Nitrolack in Spraydose		
Pinselreiniger		
Schrägmaß, Schreinerwinkel, Maßstab und Bleistift, Schieblehre		
Hobelbank		
Bohrmaschine in Bohrständer mit Bohrtiefeneinstellung		
Bohrer ∅ 2,3 mm, 4,9 mm, 10 mm, 20 mm		
Gummiteller mit Lammfellhaube		
Laubsäge, Feinsäge und Absetzsäge oder Bandsäge		
Rasierklingenhobel oder kleiner Putzhobel oder Tellerschleifmaschine		
Flachzange		
Saitendreher und Seitenschneider		
Schreinerhammer		
Ahle		
Schnitzmesser oder Dreikanthaarfeile		
Kartonmesser		
Stechbeitel (zum Leimentfernen)		
Schleifkork		
Große und kleine Schraubzwingen mit Zulagen oder Klemmzwingen und Zuleimschrauben		

Arbeitsvorgang

Vorarbeit 1: Es muß ein genauer Plan im Maßstab 1 : 1 gezeichnet werden.

Vorarbeit 2: Wir zeichnen zusammen (→ *Zusammenzeichnen,* Seite 238).

Hinweis: Die Stöcke und Zargen sind noch etwas zu lang, der Boden und die Decke zu groß (Sicherheitsmaßnahme).

1. Auf der Innenseite des Bodens wird die genaue Lage der Stöcke und der Zargen bezeichnet. Der untere Stock verläuft im rechten Winkel zur Leimfuge. Die Leimfuge befindet sich auch beim oberen Stock unter der Stelle, wo später die mittlere Saite (c'') liegt.
2. Nun sägen wir den Boden zu, lassen dabei aber einen Sicherheitsabstand (Überstand) von überall 5 mm stehen.
3. Die entsprechenden Winkel sind mit dem Schrägmaß auf das Holzstück des unteren Stokkes zu übertragen. Vom oberen Stock stellen wir eine Schablone her und kleben sie auf die Oberfläche des Holzes.
4. Mit der Schweif- oder Bandsäge, mit der Raspel oder dem Konvexhobel gibt man dem oberen Stock die geschweifte Form und schleift ihn mit dem dicken Rundholz als Schleifhilfe oder man gibt ihm mit der Schleifwalze die konkave und mit dem Schleifteller die konvexe Form. Die Winkel an den Stockenden (auch beim unteren Stock) müssen exakt geschliffen werden (→ *Schleifen,* Seite 235).
5. Nach dem Aufkleben von Kartonstückchen als Zuhaltungen (→ *Leimen,* Seite 223) leimen wir die Stöcke auf den Boden.
6. Nach einem Tag entfernen wir die Schraubzwingen und leimen unter Verwendung von Zuhaltungen zuerst die kürzere und nach dem Trocknen die längere Zarge an (→ *Leimen,* Seite 223, Abschnitt I 3.).
7. Wiederum erst nach dem vollständigen Trocknen werden die Schraubzwingen entfernt. Wir prüfen mit der Fingerkuppe, ob Stöcke und Zargen gleich hoch sind. Ist dies nicht der Fall, muß man eben schleifen (→ *Schleifen,* Seite 235, Abschnitt h). Wir entfernen die Kartonzuhaltungen.
8. Die Decke wird vorbereitet: Auf ihrer Innenseite bezeichnen wir die Bohrstellen für das Schalloch (→ Plan) und die Stellen, wo die Außenseiten der Stöcke die Leimfuge kreuzen.

Anmerkung: Das Schalloch wird von der Leimfuge halbiert, und die Leimfuge verläuft der Länge nach unter der Stelle, wo sich später die mittlere Saite (c'') befindet.

9. Auf der Außenseite der beiden Stöcke wird die

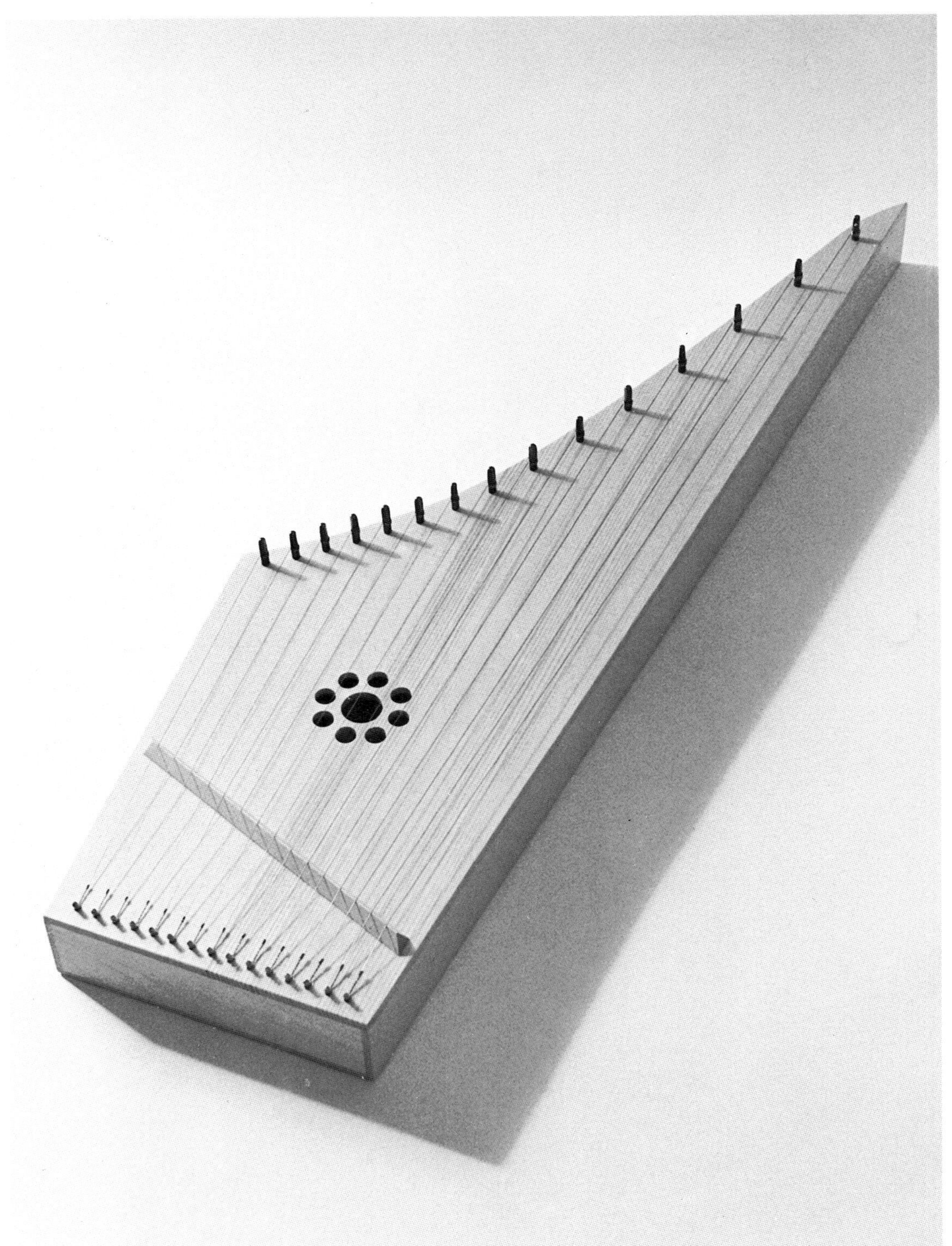

Lage der mittleren Saite bezeichnet. Wir legen die Decke mit der Innenseite nach oben bereit und, stürzen den Korpusunterteil darauf, so daß die vorhin bezeichneten Stellen genau auf die Leimfuge zu liegen kommen und beide Kreuzpunkte noch sichtbar sind. Dann wird der Umriß auf die Decke übertragen, indem wir mit einem spitzen Bleistift den Stöcken und Zargen nachfahren.

10. Die Decke wird zugesägt. Wir lassen aber auch hier überall 5 mm Sicherheitsabstand stehen (→ *Überstände abtragen,* Seite 238).

11. Das Schalloch wird vorgestochen und gebohrt (→ *Schallöcher herstellen,* Seite 234).

12. Nach dem Aufkleben von Kartonstückchen als Zuhaltungen wird die Decke aufgeleimt (→ *Leimen,* Seite 223, Abschnitt n).

13. Jetzt tragen wir alle Überstände vollständig ab (→ *Überstände abtragen,* Seite 238).

14. Die Stellen der Bohrlöcher für die Stimmschrauben und Stifte werden bezeichnet und vorgestochen.

15. Die Löcher für die Stimmschrauben werden mit dem 4,9 mm-Bohrer und dem Tiefenanschlag 3,5 cm tief gebohrt (→ *Saiten aufziehen,* Seite 231, Abschnitt b).

16. Die schrägen Löcher für die Stifte werden mit dem 2,3 mm-Bohrer unter Verwendung der Winkelbohrhilfe gebohrt (→ *Saiten aufziehen,* Seite 231, Abschnitt c).

17. Der Korpus wird geschliffen (→ *Schleifen,* Seite 235).

18. Der Korpus wird mit Hartgrund und Nitrolack behandelt (→ *Lackieren,* Seite 222).

19. Den Steg verfertigen wir gemäß Plan (→ *Steg herstellen,* Seite 236).

20. Mit Hilfe einer Lehre schlagen wir die Stifte ein und setzen auch die Stimmschrauben (→ *Saiten aufziehen,* Seite 231, Abschnitt d/b).

21. Der Steg erhält feine Kerben für die Saiten und wird nach Plan auf der Seite der Stifte auf der Dekke plaziert.

22. Die Saiten werden aufgezogen (→ *Saiten aufziehen,* Seite 231, Abschnitt g). Im entsprechenden Besaitungsplan sind auch die Dicken der Saiten angegeben.

23. Wir stimmen nach dem Stimmplan (→ auch *Stimmen,* Seite 236).

Spielanleitung

1. Für die Kantele gibt es verschiedene Spielhaltungen:

- Die Kantele liegt auf dem Tisch.
- Die Kantele wird in den Arm genommen und gegen die Brust gestützt.
- Die Kantele liegt auf dem Schoß.

2. Wir zupfen die Saiten mit den Fingern oder mit einem Plektron. Wenn es die Haltung des Instrumentes zuläßt, können wir sowohl mit der linken als auch mit der rechten Hand in günstiger Abfolge zupfen.

3. Die Kantele II hat einen Spielumfang, der demjenigen der Tenorblockflöte entspricht.

Kantele II diatonisch c'–c'''

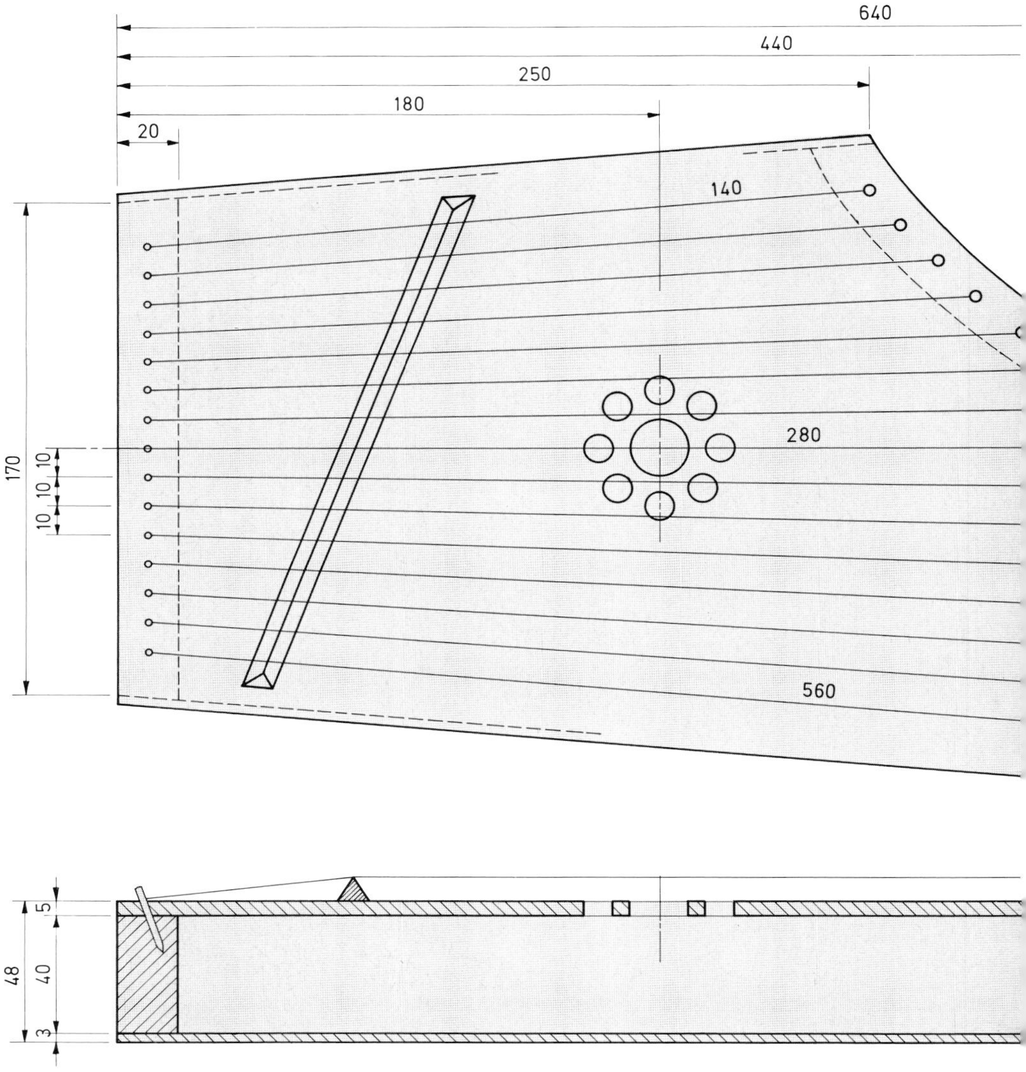

640
440
250
180
20
140
280
560
170
10
10
10

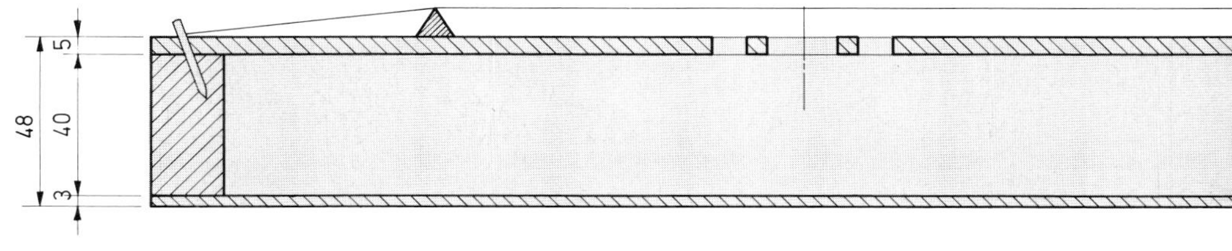

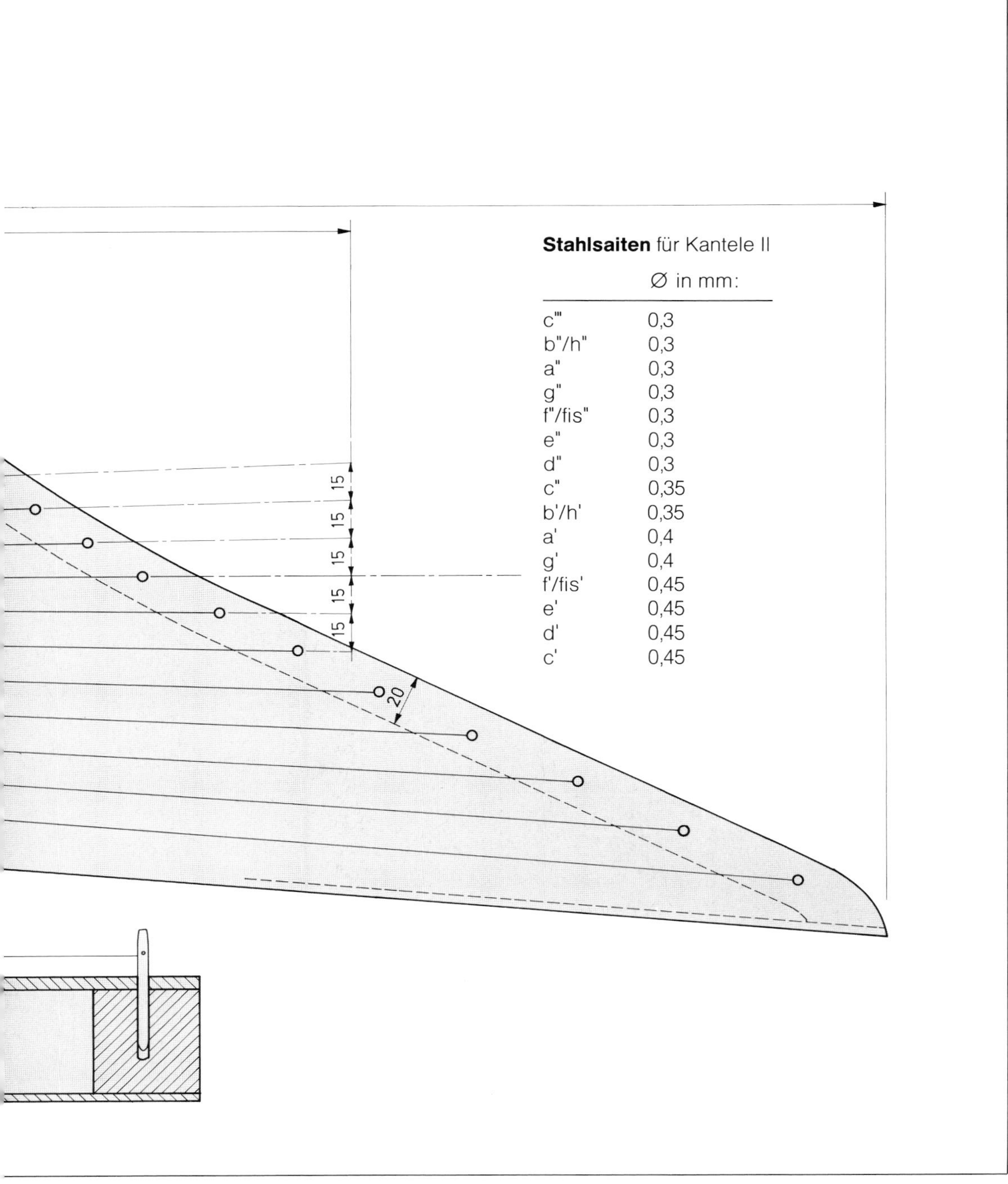

Stahlsaiten für Kantele II

	Ø in mm:
c'''	0,3
b''/h''	0,3
a''	0,3
g''	0,3
f''/fis''	0,3
e''	0,3
d''	0,3
c''	0,35
b'/h'	0,35
a'	0,4
g'	0,4
f'/fis'	0,45
e'	0,45
d'	0,45
c'	0,45

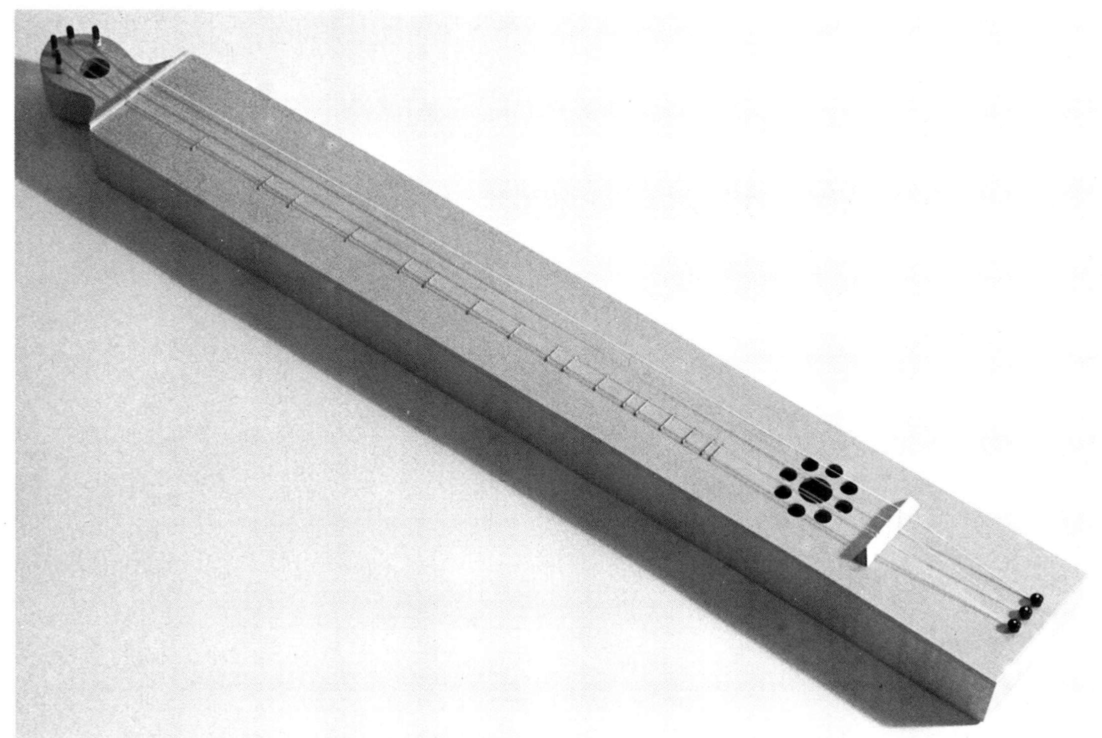

Scheitholt

diatonisch in Quint-Prim-Stimmung

Material und Werkzeug		
Hinweis: Angaben über geeignete Hölzer → Seite 244.		
Deckenholz: Fichte mit feinen, stehenden Jahrgängen:		72 × 12 × 0,5 cm
Bodenholz: Ahorn:		73 × 12 × 0,3 cm
Zargenholz: Ahorn, 2 Stück:		72 × 5 × 0,3 cm
Stockholz: Ahorn:	unterer Stock:	10 × 5 × 3 cm
	oberer Stock:	11 × 10 × 5,5 cm
Sattelholz: Ahorn:		11 × 0,8 × 0,5 cm
Stegholz: Ahorn:		7 × 1,1 × 1 cm
3 Stöckerle		
3 Stimmschrauben Ø 5 mm mit Rechtsgewinde		
1 Stimmschlüssel, zu den Stimmschrauben passend		
3 Saiten verschiedener Dicke		
75 cm Messingdraht Ø 1 mm		
1 Rundholz Ø 8 mm 1 Rundholz Ø 15 mm	(als Schleifhilfen)	
1 Rundholz Ø ca. 2–3 cm, Länge ca. 20 cm (ebenfalls als Schleifhilfe)		
Schleifpapier verschiedener Körnung: 80 bis 250		
1 Bogen Millimeterpapier (für Plan)		
1 Bogen satiniertes Papier (für Schablonen)		
Ca. 20 Kartonst. (als Zuhaltungen) 3 × 0,5 × ca. 0,2 cm		
Kunstharzleim und Lappen, evtl. Spachtel oder Pinsel		
Epoxidharz (Zweikomponentenkleber)		
Hartgrund, Pinsel und Stahlwatte		
Nitrolack und Pinsel oder Nitrolack in Spraydose		
Pinselreiniger		
Schreinerwinkel, Maßstab und Bleistift, Schieblehre		
Hobelbank		
Bohrmaschine in Bohrständer mit Bohrtiefeneinstellung		
Bohrsatz 1–10 mm, Bohrer Ø 4,9 mm und 25 oder 30 mm (Holzbohrer)		
Gummiteller mit Lammfellhaube		
Schweifsäge und Absetzsäge oder Bandsäge		
Rasierklingenhobel oder kleiner Putzhobel		
Tellerschleifmaschine und Schleifwalze oder Raspel und Feile		
Flach- und Beißzange		
Seitenschneider oder evtl. Schere		
Schreinerhammer		
Ahle		
Schnitzmesser oder Dreikanthaarfeile		
Kartonmesser		
Stechbeitel (zum Leimentfernen)		
Schleifkork		
Große und kleine Schraubzwingen mit Zulagen oder Klemmzwingen und Zuleimschrauben		

Arbeitsvorgang

Vorarbeit 1: Es muß ein genauer Plan im Maßstab 1 : 1 gezeichnet werden.

Vorarbeit 2: Wir zeichnen zusammen (→ *Zusammenzeichnen,* Seite 238).

Hinweis: Die Zargen sind noch etwas zu lang, der Boden und die Decke zu groß (Sicherheitsmaßnahme).

1. Auf der Innenseite des Bodens wird die genaue Lage der Stöcke und der Zargen bezeichnet. Die Stöcke verlaufen im rechten Winkel zur Längsrichtung. Der Boden weist einen Überstand auf (→ *Überstände abtragen,* Seite 238).

2. Zur genauen Formgebung des oberen Stockes verwenden wir zwei Schablonen aus satiniertem Papier. Die Aufsicht wird auf die Holzoberfläche, die Seitenansicht auf die Längsseite des Stockholzes geklebt.

3. Die Löcher für die Stimmschrauben und das große Mittelloch des oberen Stockes werden bezeichnet und vorgestochen. Das große Loch bohren wir mit dem 25 mm- oder 30 mm-Bohrer ganz durch, die Löcher für die Stimmschrauben mit dem 4,9 mm-Bohrer und dem Bohrtiefenanschlag 3,5 cm tief (→ *Saiten aufziehen,* Seite 231, Abschnitt b).

4. Mit der Schweif- oder Bandsäge, mit Raspel und Feile wird zuerst die Seitenansicht und dann erst die Aufsicht ausgearbeitet. Der Stock wird mit der Schleifhilfe und Schleifpapier oder mit dem Schleifteller und der Schleifwalze geschliffen und die noch vorhandene Schablone beseitigt. Zuletzt kürzen wir den Stock dort um 3 mm, wo später der Boden verleimt werden soll (→ Plan).

Anmerkung: Durch diese Maßnahme kann das Scheitholt später auf Kopf und Boden liegen.

5. Nachdem wir die Maße des unteren Stockes kontrolliert und auf das Bodenholz Kartonstückchen als Zuhaltungen geklebt haben, leimen wir beide Stöcke auf (→ *Leimen,* Seite 223).

6. Nach einem Tag entfernen wir die Schraubzwingen und leimen unter Verwendung von Zuhaltungen zuerst die eine und nach dem Trocknen die andere Zarge an (→ *Leimen,* Seite 223, Abschnitt I 3.).

7. Wiederum erst nach dem vollständigen Trocknen werden die Schraubzwingen entfernt. Wir prüfen mit der Fingerkuppe, ob Stöcke und Zargen gleich hoch sind. Ist dies nicht der Fall, muß man eben schleifen (→ *Schleifen,* Seite 235, Abschnitt h). Wir entfernen die Kartonzuhaltungen.

8. Die Decke wird vorbereitet: Auf ihrer Innenseite bezeichnen wir die Lage der Stöcke und Zargen, ebenso die Bohrstellen für das Schalloch (→ Plan).

Anmerkung: Das Schalloch wird von der Mittellinie halbiert, und die Mittellinie läuft der Länge nach unter der Stelle, wo sich später die mittlere Saite befindet.

9. Die Decke wird mit der Innenseite nach oben gelegt und darauf die Stellen bezeichnet, wo der untere Stock und die Zargen zu liegen kommen.

10. Aus Sicherheitsgründen haben wir die Größe der Decke so gewählt, daß auf allen Seiten Überstände entstehen (→ *Überstände,* Seite 238).

11. Auf der Außenseite des unteren Stockes bezeichnen wir die Mitte und stürzen den Korpusunterteil so auf die Decke, daß die Mitte des Stockes auf die Mittellinie und auf den bereits gezeichneten Umriß zu liegen kommt und korrigieren wenn nötig die Umrißzeichnung.

12. Auf der Mittellinie wird die Länge der Decke vom äußeren Kreuzpunkt des unteren Stockes abgemessen (→ Plan).

Anmerkung: Wie aus dem Plan zu ersehen ist, überlappt nämlich die Decke den oberen Stock ein Stück weit.

13. Jetzt wird die Decke zugesägt. Wir lassen auch hier überall 5 mm Sicherheitsabstand (Überstand) stehen, außer bei der Geraden, die auf den oberen Stock zu liegen kommt und an die der Sattel anschließen wird. Diese Kante muß genau abgesägt und rechtwinklig zur Mittellinie zugeschliffen werden.

14. Das Schalloch wird vorgestochen und gebohrt (→ *Schallöcher herstellen,* Seite 234).

15. Die Decke wird geschliffen (→ *Schleifen,* Seite 235).

16. Mit Hilfe einer Lehre biegen wir 17 Messingdrahtstücke von 3,5 cm Länge und 1 mm Dicke zu Bügeln (→ *Bünde herstellen,* Seite 217). Die Bundbreite sollte nach dem Biegen 1,5 cm betragen.

17. Zur Kontrolle wird die lichte Weite der Bügel direkt unter den Biegungen mit der Schieblehre vermessen. Beim nachfolgenden Aufzeichnen auf die Decke geben wir zum eben ermittelten Maß noch 1 mm zu.

18. Die Lage der Bünde bezeichnen wir auf der Außenseite der Decke gemäß Tabelle (→ *Bundeinteilung, diatonisch; Mensur: 60 cm,* Seite 193), markieren die Bohrlöchlein zum Einsetzen der Bügel, stechen vor und bohren mit dem 1 mm-Bohrer.

19. Die Bohrbrauen und Bleistiftstriche werden weggeschliffen.

20. Die Messingbügel werden in die Bohrlöcher der Decke gesteckt, die Decke umgestürzt und im Bereich der Bünde mit Schraubzwingen auf der Hobelbank so fixiert, daß die Bügel satt gegen die Decke gedrückt werden.

21. Nun mischen wir Zweikomponentenkleber (Epoxidharz) und versehen alle 34 Drahtenden so damit, daß nach dem vollständigen Aushärten die Bügel dicht an der Decke bleiben. Zur Sicherheit wiederholen wir diese Maßnahme.
22. Nach dem Aufkleben von Kartonstückchen als Zuhaltungen wird die Decke aufgeleimt (→ *Leimen,* Seite 223, Abschnitt n).
23. Wir bezeichnen die Bohrstellen für die Stökkerle, stechen vor und bohren (→ *Saiten aufziehen,* Seite 231, Abschnitt e).
24. Jetzt werden die Überstände vollständig abgetragen (→ *Überstände abtragen,* Seite 238), und das Scheitholt wird geschliffen (→ *Schleifen,* Seite 235).
25. Am Sattelholz wird die eine Längskante abgerundet (→ *Sattel herstellen,* Seite 234).
26. Wir leimen den Sattel auf, tragen die Überstände an den Enden ab und bringen für die Saiten feine Rillen an (→ *Sattel herstellen,* Seite 234).

Anmerkung: Ein zu hoher Sattel bewirkt, daß die Töne bei den ersten Bünden zu hoch erklingen; ein zu niedriger Sattel bringt die Saiten auf den Bünden zum Scheppern.
27. Der Korpus wird mit Hartgrund und Nitrolack behandelt (→ *Lackieren,* Seite 222).
28. Den Steg verfertigen wir gemäß Plan (→ *Steg herstellen,* Seite 236) und bringen feine Kerben für die Saiten an.
Die **Anmerkung** zu Punkt 26 gilt sinngemäß auch für den Steg.
29. Die Stimmschrauben werden eingesetzt (→ *Saiten aufziehen,* Seite 231, Abschnitt b).
30. Die Stöckerle werden durchbohrt (→ *Saiten aufziehen,* Seite 231, Abschnitt f).
31. Der Steg wird nach Plan auf der Decke plaziert. Sein Fuß muß eben sein und auf der Decke flach aufliegen.
Anmerkung: Die Mensur beträgt zwar 60 cm, erfahrungsgemäß muß aber der Steg noch ca. 5 mm

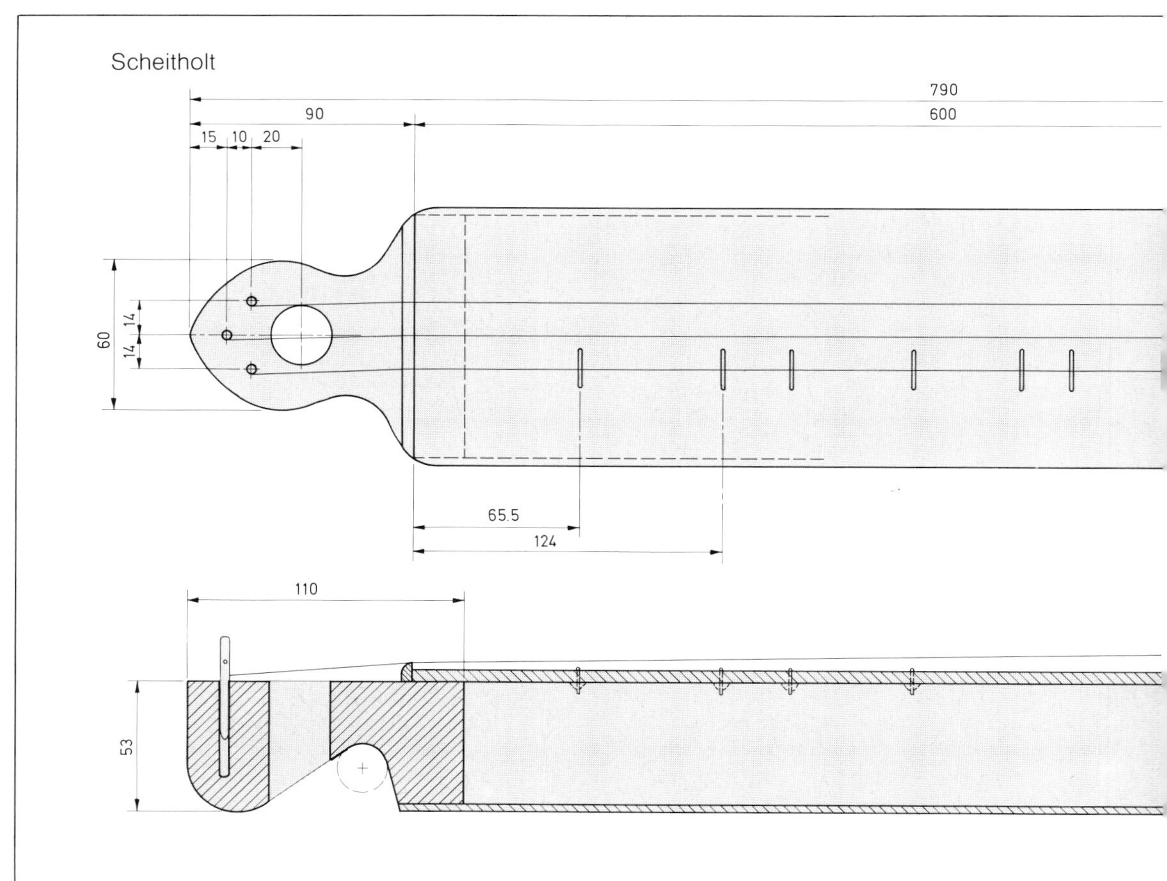

weiter vom Sattel weggerückt werden, damit beim Niederdrücken der Saiten auf die Bünde die Wirkung des Zuges (Erhöhung des Tones) ausgeglichen wird.

32. Die Saiten (Gitarrensaiten) werden gemäß Tabelle *Saitenauswahl für Dulcimer* (Seite 193) ausgewählt und aufgezogen (→ *Saiten aufziehen,* Seite 231, Abschnitt f/g).

33. Wir stimmen das Scheitholt gemäß *Stimmplan für den Dulcimer,* Seite 194.

Anmerkung: Beim Scheitholt können statt einer Melodiesaite (das ist die Saite, die mit Bünden unterlegt ist) auch zwei oder sogar drei im Einklang und eng beieinander über die entsprechend breiter gestalteten Bünde geführt werden. Der Nachteil von zwei Melodiesaiten liegt darin, daß sie schwer im Einklang zu halten sind. Bei drei Melodiesaiten fällt dieser Nachteil weniger ins Gewicht, jedoch wird die Spielbarkeit erschwert.

Spielanleitung

1. Wir legen das Scheitholt auf den Tisch oder auf den Schoß. Die Stimmschrauben befinden sich von uns aus gesehen links.
2. Die rechte Hand schlägt die Saiten im Bereich des Schalloches. Rückt man dem Steg näher, wird der Ton härter und lauter, rückt man den Bünden näher, wird er weicher und leiser.
3. Die linke Hand ist die Greifhand. Die einzelnen Finger greifen die Saiten beim Spielen dicht hinter den entsprechenden Bünden. Zum Niederdrücken der Saiten kann auch ein Rundhölzchen benutzt werden.
4. Die beiden „bund"-losen Saiten dienen als Bordunsaiten (→ *Bordun,* Seite 242). Sie werden zu der Melodie im gewünschten Rhythmus mitangeschlagen.

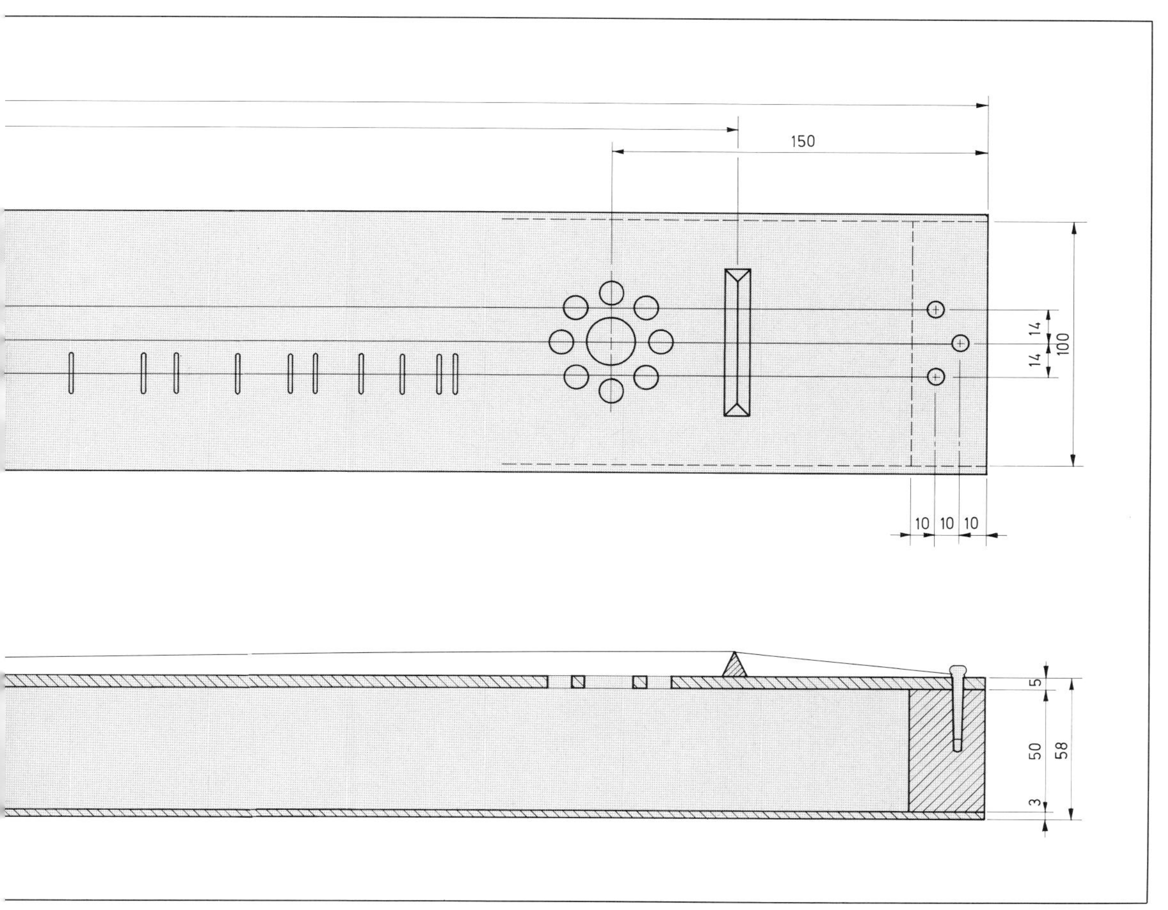

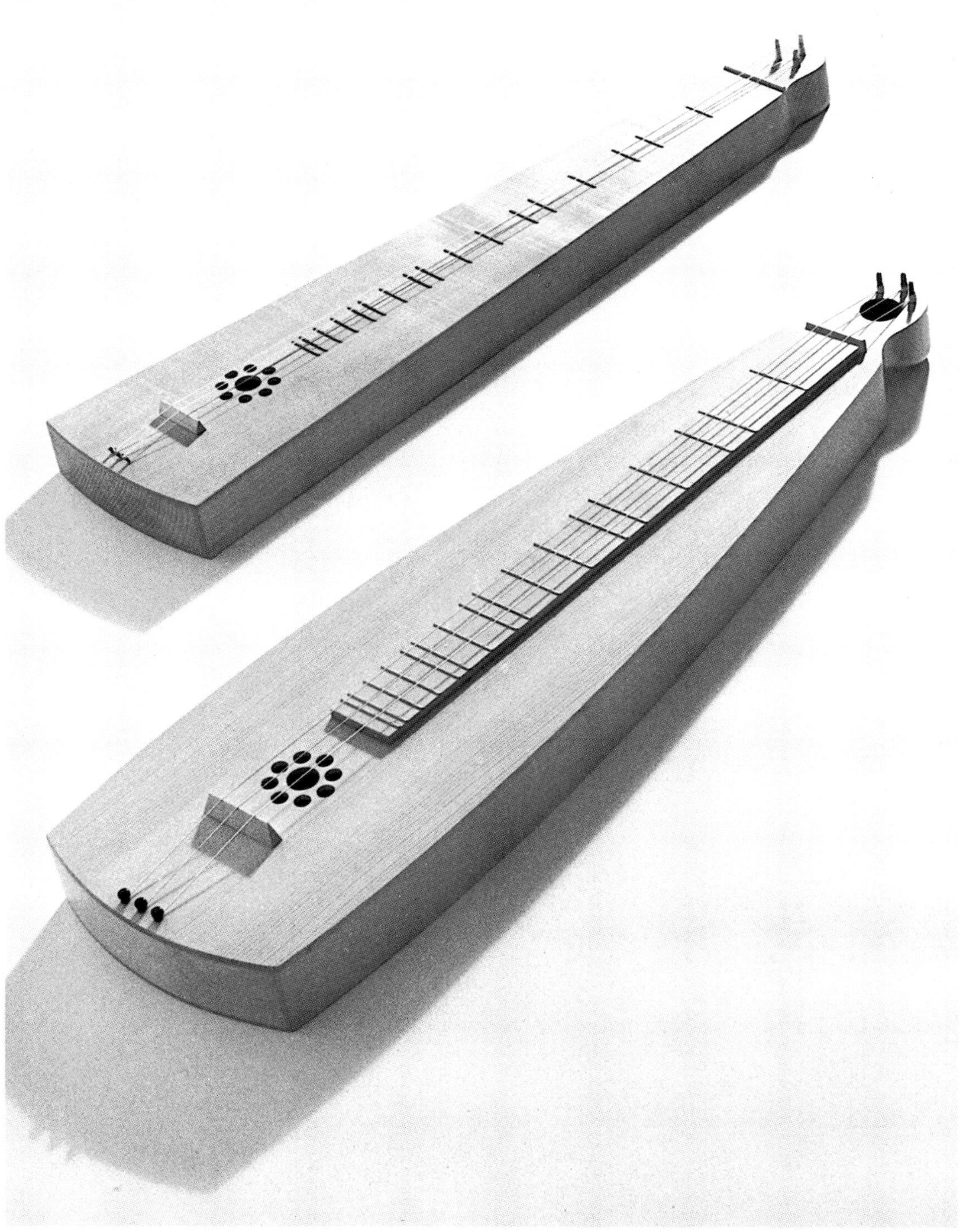

Dulcimer I + II diatonisch Quint-Prim-Stimmung

Material und Werkzeug

Hinweis: Angaben über geeignete Hölzer → Seite 244.

	Dulcimer I	Dulcimer II
Deckenholz: Fichte mit feinen, stehenden Jahrgängen, in der Mitte der Länge nach verleimt, feine Jahrgänge gegen die Leimfuge zu:	72 × 20 × 0,5 cm	72 × 25 × 0,5 cm
Bodenholz: Ahorn, evtl. in der Mitte der Länge nach verleimt:	73 × 20 × 0,3 cm	73 × 25 × 0,3 cm
Zargenholz: Ahorn, 2 Stück:	72 × 5 × 0,3 cm	72 × 5 × 0,3 cm
Stockholz: Ahorn: unterer Stock:	18 × 5 × 3 cm	20 × 5 × 4 cm
oberer Stock:	10 × 6,5 × 5,5 cm	12 × 9 × 5,5 cm
Griffbrett: Ahorn, eben und nicht drehwüchsig:	49,5 × 4 × 0,7 cm	49,5 × 4 × 0,7 cm
Sattelholz: Ahorn	7 × 1,6 × 0,5 cm	4 × 1,6 × 0,5 cm
Stegholz: Ahorn	6 × 1,6 × 1 cm	7 × 1,6 × 1 cm

- 3 Stöckerle
- 3 Stimmschrauben Ø 5 mm mit Rechtsgewinde
- 1 Stimmschlüssel, zu den Stimmschrauben passend
- 3 Saiten verschiedener Dicke
- 1 m Gitarrenbunddraht
- 4 Holzkeile (als Zuhaltungen für Dulcimer I), einseitig mit Schleifpapier beklebt: 5°
- 2 Holzkeile / 2 Holzkeile (als Zuhaltungen für Dulcimer II) * 11° / 6°
  * alle 4 einseitig mit Schleifpapier beklebt
- 1 Rundholz Ø 8 mm / 1 Rundholz Ø 15 mm (als Schleifhilfen)
- 1 Rundholz Ø ca. 2–3 cm, Länge ca. 20 cm (ebenfalls als Schleifhilfe)
- Schleifpapier verschiedener Körnung: 80 bis 250
- 1 Bogen Millimeterpapier (für Plan)
- 1 Bogen satiniertes Papier (für Schablonen)
- Ca. 20 Kartonstückchen (als Zuhaltungen) 3 × 0,5 × ca. 0,2 cm
- Kunstharzleim und Lappen, evtl. Spachtel oder Pinsel
- Schnellkleber
- Hartgrund, Pinsel und Stahlwatte
- Nitrolack und Pinsel oder Nitrolack in Spraydose
- Pinselreiniger
- Evtl. Gewichte (zum Beschweren)
- Schreinerwinkel, Schrägmaß, Maßstab und Bleistift
- Schieblehre
- Hobelbank
- Bohrmaschine in Bohrständer mit Bohrtiefeneinstellung
- Bohrer für Stöckerle: Ø 1,5 mm, 3 mm, 3,5 mm, 4 mm, 4,5 mm, 5 mm
  für Stimmschrauben: Ø 4,9 mm
- Holzbohrer für Schalloch: Ø 10 mm und 20 mm
  für Loch im oberen Stock: Ø 20 mm für Dulcimer I
  Ø 30 mm für Dulcimer II
- Gummiteller mit Lammfellhaube
- Laubsäge, Schweifsäge oder Bandsäge
- Eisen*fein*säge und Sägehilfe
- Rasierklingenhobel oder kleiner Putzhobel
- Tellerschleifmaschine und Schleifwalze oder Raspel und Feile
- Flach- und Beißzange
- Seitenschneider oder evtl. Schere
- Schreinerhammer und Holzhammer
- Ahle
- Schnitzmesser oder Dreikanthaarfeile
- Kartonmesser
- Stechbeitel (zum Leimentfernen)
- Große und kleine Schraubzwingen oder Klemmzwingen und Zuleimschrauben

Arbeitsvorgang

Vorarbeit 1: Es muß ein genauer Plan im Maßstab 1 : 1 gezeichnet werden.

Vorarbeit 2: Wir zeichnen zusammen (→ *Zusammenzeichnen,* Seite 238).

Hinweis: Die Zargen sind noch etwas zu lang, der Boden und die Decke zu groß (Sicherheitsmaßnahme).

1. Auf der Innenseite des Bodens wird die genaue Lage der Stöcke und der Zargen bezeichnet. Ist im Boden eine Leimfuge vorhanden, bildet diese die Mittellinie der Länge nach. Die Stöcke verlaufen im rechten Winkel zur Längsrichtung. Die Leimfuge befindet sich in der Mitte der Stöcke.
2. Wir sägen den Boden zu, lassen dabei aber einen Sicherheitsabstand (Überstand) von überall 5 mm stehen.
3. Zur genauen Formgebung der beiden Stöcke verwenden wir Schablonen aus satiniertem Papier, die auf die Holzoberfläche geklebt werden. Beim oberen Stock wird zusätzlich eine Schablone der Seitenansicht auf die eine Längsseite geklebt.
4. Die Löcher für die Stimmschrauben und das große Mittelloch des oberen Stockes werden bezeichnet und vorgestochen. Das große Loch bohren wir mit dem 20 mm- oder 30 mm-Bohrer ganz durch, die Löcher für die Stimmschrauben mit dem 4,9 mm-Bohrer und dem Bohrtiefenanschlag 3,5 cm tief (→ *Saiten aufziehen,* Seite 231, Abschnitt b).
5. Mit der Schweif- oder Bandsäge, mit Raspel und Feile wird zuerst die Seitenansicht am oberen Stock und dann erst werden die Aufsichten an beiden Stöcken ausgearbeitet.
6. Die Stöcke werden mit der Schleifhilfe und Schleifpapier oder mit dem Schleifteller und der Schleifwalze geschliffen und die noch vorhandenen Schablonen beseitigt. Zuletzt kürzen wir den Stock dort um 3 mm, wo später der Boden verleimt werden soll (→ Plan).

Anmerkung: Durch diese Maßnahme kann der Dulcimer später auf Kopf und Boden liegen.

7. Nach dem Aufkleben von Kartonstückchen als Zuhaltungen leimen wir beide Stöcke auf den Boden (→ *Leimen,* Seite 223).
8. Nach einem Tag entfernen wir die Schraubzwin-

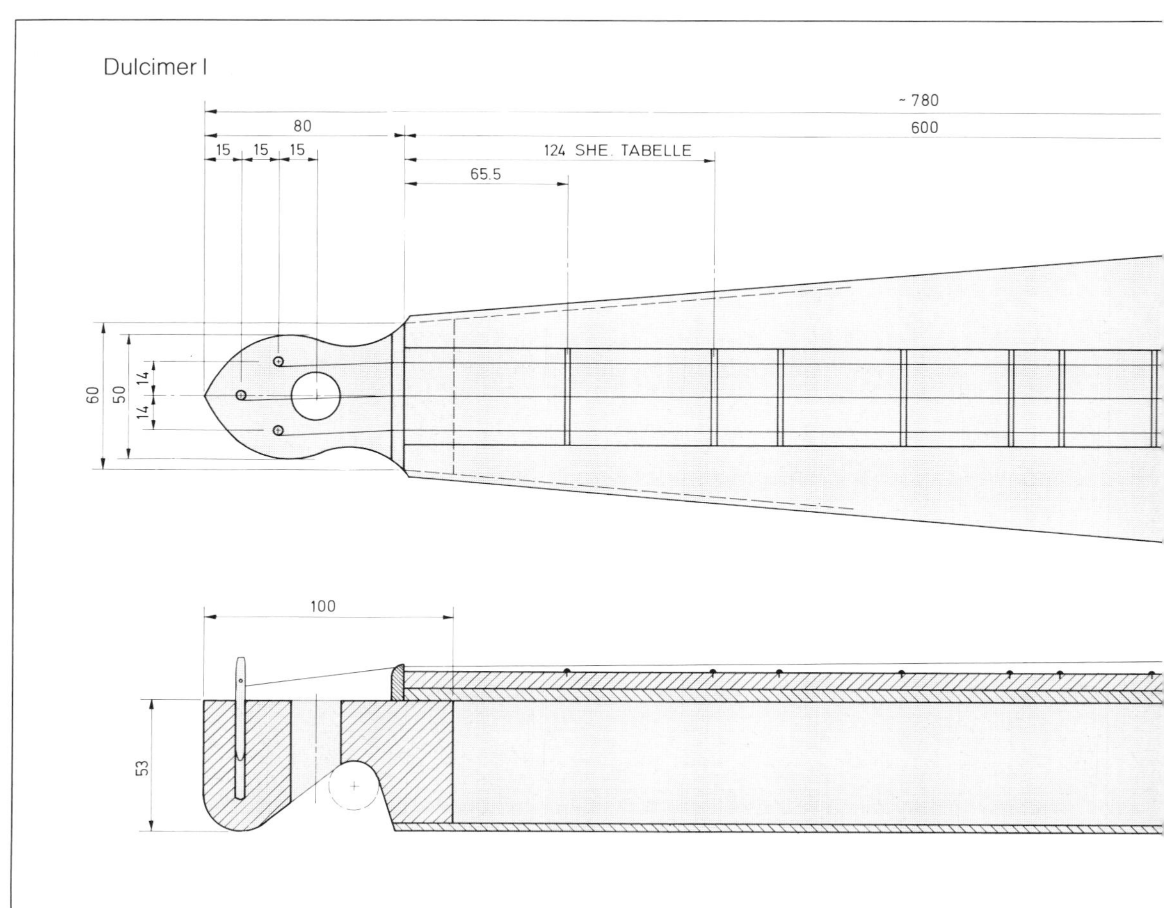

gen, und leimen unter Verwendung von Zuhaltungen zuerst die eine und nach dem Trocknen die andere Zarge an (→ *Leimen,* Seite 223, Abschnitt I 3.).

Anmerkung für Dulcimer II: Das Anleimen der Zargen führt man am besten zu zweit aus. Der eine biegt die Zarge und drückt sie zwischen den Kartonstückchen auf den Boden, der andere bringt die Zwingen an.

9. Wiederum erst nach dem vollständigen Trocknen werden die Schraubzwingen entfernt. Wir prüfen mit der Fingerkuppe, ob Stöcke und Zargen gleich hoch sind. Ist dies nicht der Fall, muß man eben schleifen (→ *Schleifen,* Seite 235, Abschnitt h). Wir entfernen die Kartonzuhaltungen.

10. Die Decke wird vorbereitet: Auf ihrer Innenseite bezeichnen wir die Lage der Stöcke und Zargen, ebenso die Bohrstellen für das Schalloch (→ Plan).

Anmerkung: Das Schalloch wird von der Leimfuge halbiert, und die Leimfuge läuft der Länge nach unter der Stelle, wo sich später die mittlere Saite befindet.

11. Die Decke wird mit der Innenseite nach oben gelegt und darauf die Stellen bezeichnet, wo der untere Stock und die Zargen zu liegen kommen.

12. Aus Sicherheitsgründen haben wir die Größe der Decke so gewählt, daß auf allen Seiten Überstände entstehen (→ *Überstände,* Seite 238).

13. Auf der gerundeten Außenseite des unteren Stockes bezeichnen wir die Mitte und stürzen den Korpusunterteil so auf die Decke, daß die Mitte des Stockes auf die Leimfuge und auf den bereits gezeichneten Umriß zu liegen kommt und korrigieren wenn nötig die Umrißzeichnung.

14. Auf der Leimfuge wird die Länge der Decke vom äußeren Kreuzpunkt des unteren Stockes abgemessen (→ Plan).

Anmerkung: Wie aus dem Plan zu ersehen ist,

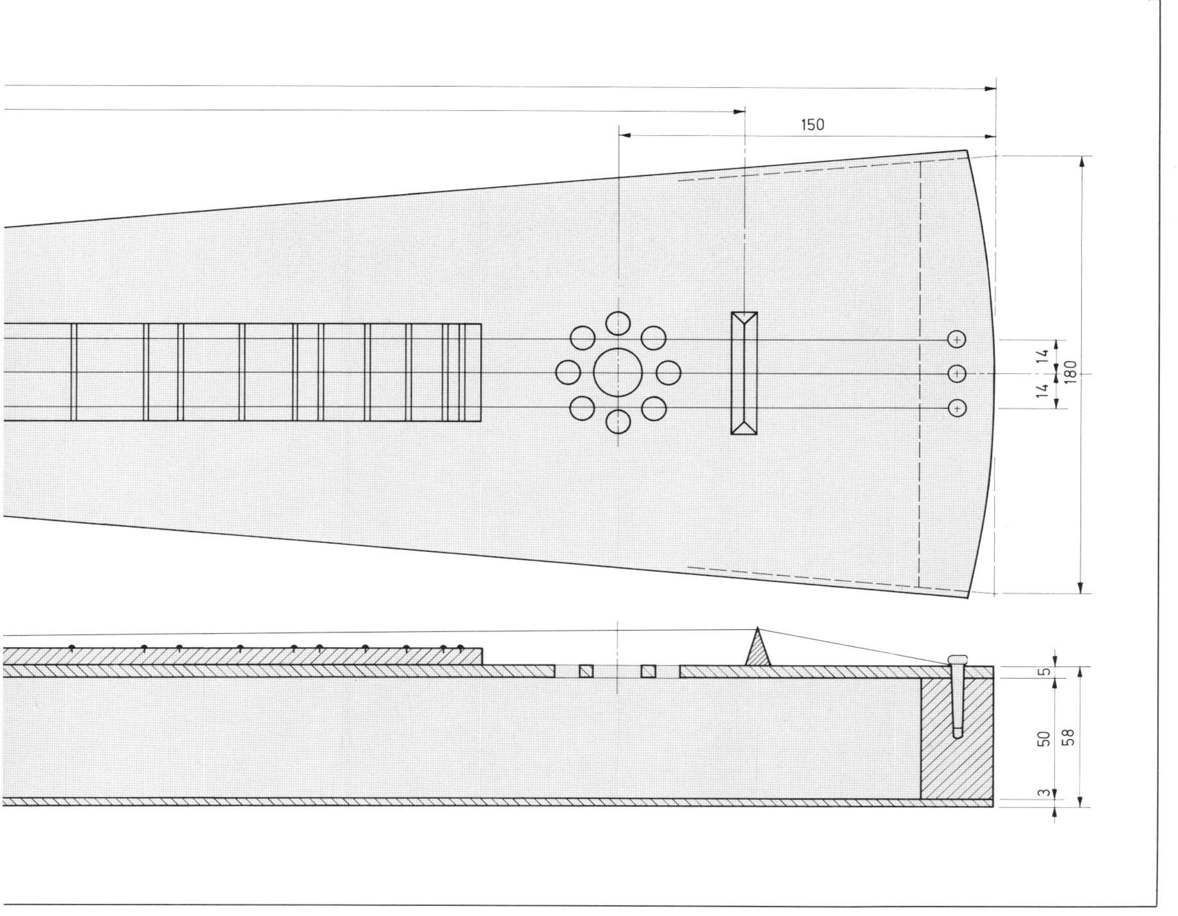

Dulcimer II

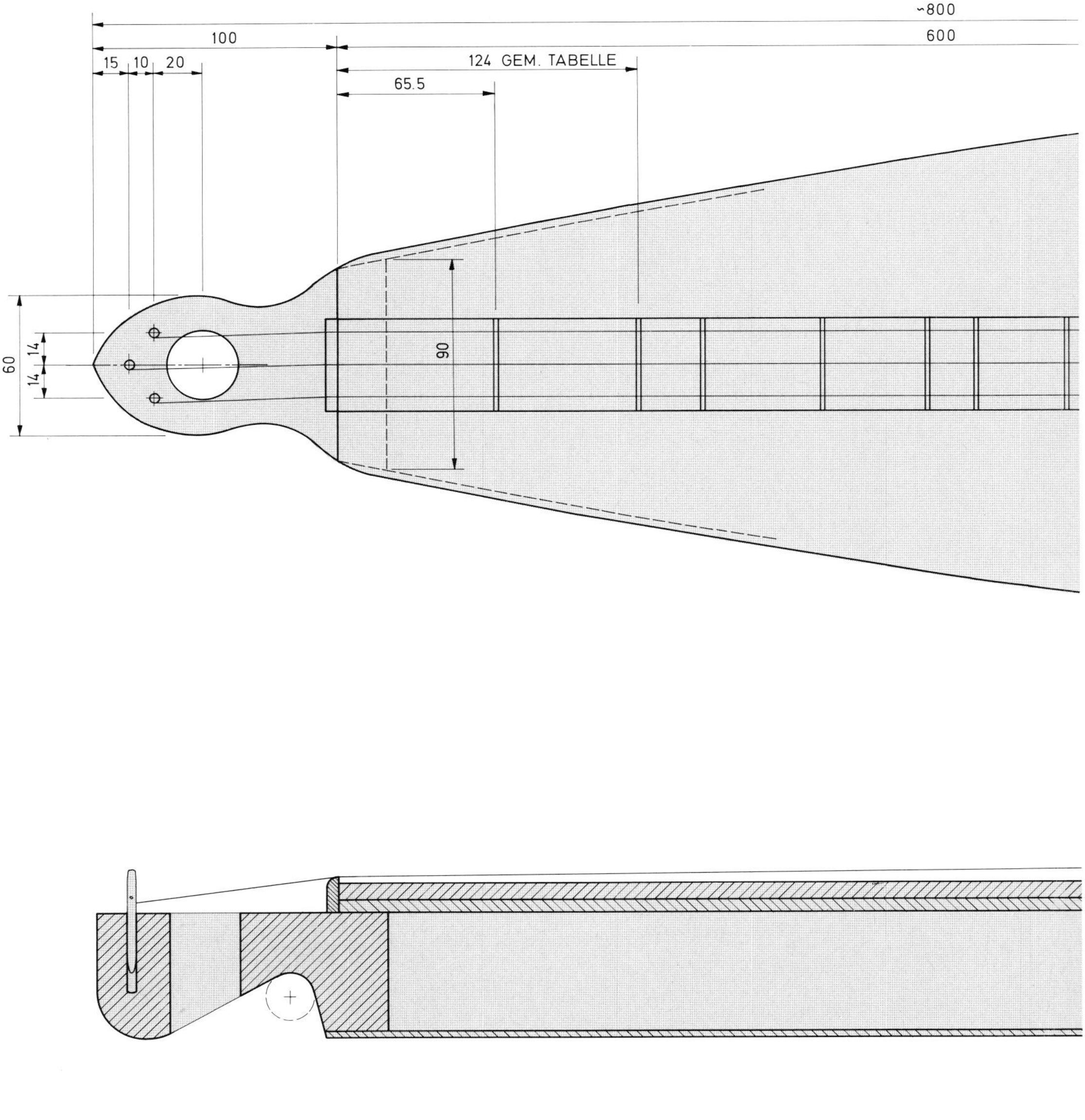

~800
600
100
15 10 20
124 GEM. TABELLE
65.5
90
60
14
14

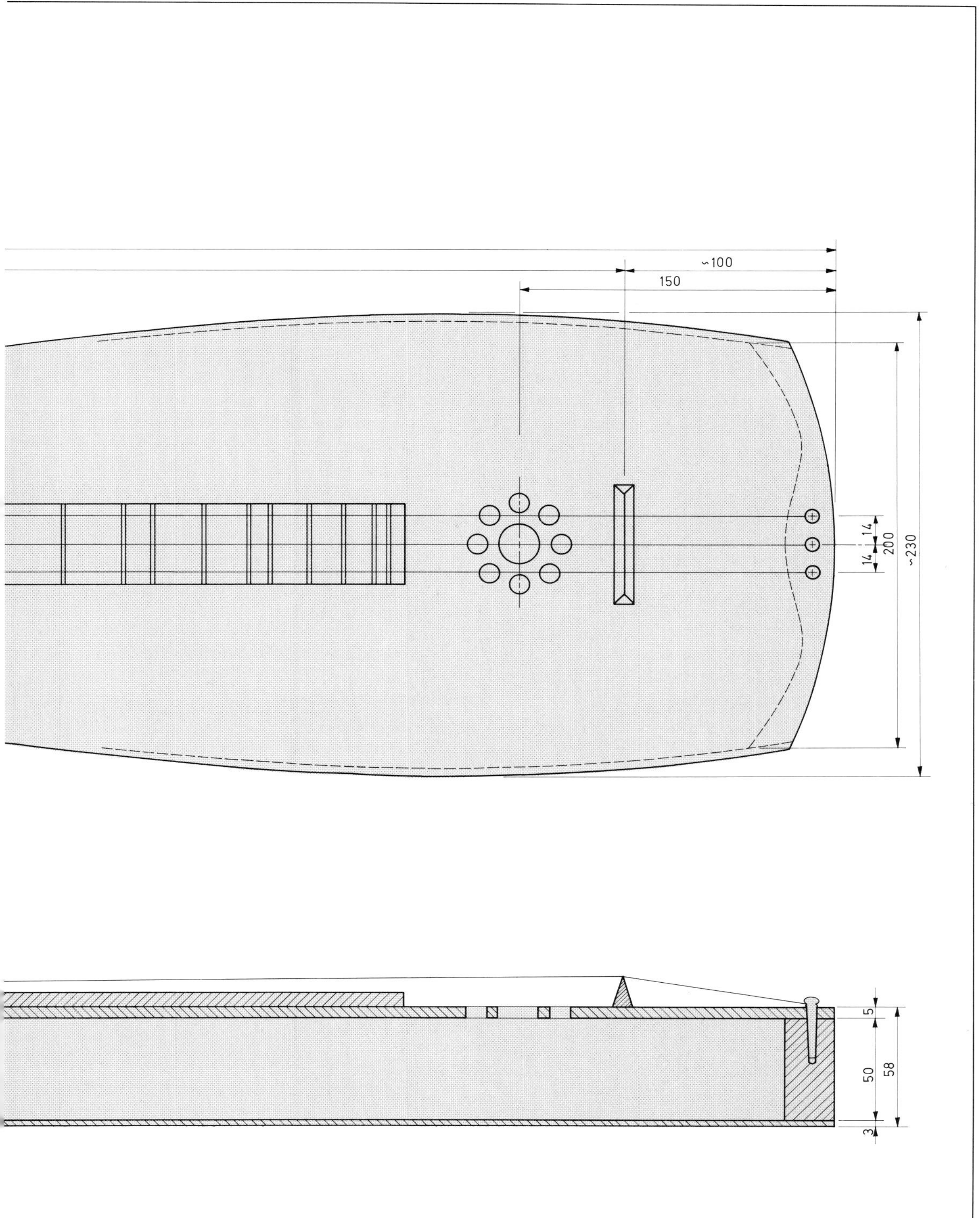

~100
150
14
14
200
~230
5
50
58
3

überlappt nämlich die Decke den oberen Stock ein Stück weit.

15. Jetzt wird die Decke zugesägt. Wir lassen auch hier überall 5 mm Sicherheitsabstand (Überstand) stehen, außer bei der Geraden, die auf den oberen Stock zu liegen kommt und an die der Sattel anschließen wird. Diese Kante muß genau abgesägt und rechtwinklig zur Leimfuge zugeschliffen werden.

16. Das Schalloch wird vorgestochen und gebohrt (→ *Schallöcher herstellen,* Seite 234).

17. Die Decke wird geschliffen (→ *Schleifen,* Seite 235).

18. Das Griffbrett (49,5 × 4 × 0,7 cm) wird ebenfalls geschliffen. Die Kanten, die gegen die Decke oder zum Sattel hin liegen, werden nicht gebrochen.

19. Auf der Oberseite des Griffbrettes bezeichnen wir die Lage der Bünde gemäß der Tabelle: *Bundeinteilung, diatonisch; Mensur: 60 cm;* Seite 193.

20. Die Bünde werden hergestellt. Man braucht dazu: Eisen*fein*säge, Sägehilfe, Schraubzwinge, Gitarrenbunddraht, Schnellkleber und Holzhammer (→ *Bünde herstellen,* Seite 217, Abschnitt d).

21. Die Enden der Bunddrähte schleifen wir bündig zu den Seiten des Griffbrettes ab und brechen deren Kanten.

22. Auf der Decke wird die Lage des Griffbrettes bezeichnet.

23. Die engen Bundabstände liegen beim Aufleimen des Griffbrettes auf die Decke gegen das Schalloch zu. An den Rändern des Griffbrettes darf nur wenig Leim aufgetragen werden, und Leim, der beim Aufpressen hervorquillt, muß sofort entfernt werden.

Anmerkung: Sollte die Ausladung der Schraubzwingen im Bereich der Schallöcher nicht genügen, um das Griffbrett auf die Decke zu drücken, behilft man sich mit Gewichten. Die Decke ist in diesem Fall wegen der bereits gesetzten Schraubzwingen zu unterlegen.

24. Nach dem Aufkleben von Kartonstückchen als Zuhaltungen wird die Decke aufgeleimt (→ *Leimen,* Seite 223, Abschnitt n).

25. Wir bezeichnen die Bohrstellen für die Stökkerle, stechen vor und bohren (→ *Saiten aufziehen,* Seite 231, Abschnitt e).

26. Jetzt werden die Überstände vollständig abgetragen (→ *Überstände abtragen,* Seite 238) und der Dulcimer geschliffen (→ *Schleifen,* Seite 235).

27. Am Sattelholz wird die eine Längskante abgerundet (→ *Sattel herstellen,* Seite 234).

28. Nach dem Aufleimen des Sattels bringen wir für die Saiten feine Rillen an (→ *Sattel herstellen,* Seite 234).

Anmerkung: Ein zu hoher Sattel bewirkt, daß die Töne bei den ersten Bünden zu hoch erklingen; ein zu niedriger Sattel bringt die Saiten auf den Bünden zum Scheppern.

29. Der Korpus wird mit Hartgrund und Nitrolack behandelt (→ *Lackieren,* Seite 222).

30. Den Steg verfertigen wir gemäß Plan (→ *Steg herstellen,* Seite 236) und bringen feine Kerben für die Saiten an. Die **Anmerkung** zu Punkt 28 gilt sinngemäß auch für den Steg.

31. Die Stimmschrauben werden eingesetzt (→ *Saiten aufziehen,* Seite 231, Abschnitt b).

32. Die Stöckerle werden durchbohrt (→ *Saiten aufziehen,* Seite 231, Abschnitt f).

33. Der Steg wird auf der Decke laut Plan plaziert. Sein Fuß muß eben sein und auf der Decke flach aufliegen.

Anmerkung: Die Mensur beträgt zwar 60 cm, erfahrungsgemäß muß aber der Steg noch ca. 5 mm weiter vom Sattel weggerückt werden, damit beim Niederdrücken der Saiten auf die Bünde die Wirkung des Zuges (Erhöhung des Tones) ausgeglichen wird.

34. Die Saiten (Gitarrensaiten) werden gemäß Tabelle *Saitenauswahl für Dulcimer* (Seite 193) ausgewählt und aufgezogen (→ *Saiten aufziehen,* Seite 231, Abschnitt g).

35. Wir stimmen den Dulcimer gemäß Stimmplan (Seite 194).

Spielanleitung

1. Wir legen den Dulcimer auf den Tisch oder auf den Schoß. Die Stimmschrauben befinden sich von uns aus gesehen links.

2. Die rechte Hand zupft die Saiten im Bereich des Schalloches. Rückt man dem Steg näher, wird der Ton härter und lauter, rückt man den Bünden näher, wird er weicher und leiser. Zum Zupfen kann auch ein Plektrum benutzt werden und zum Schlagen sogar ein Zylinderkopfschlegel (→ *Allerlei Schlegel,* Seite 78), sofern als Begleitung zur Melodie eine Dudelsackquinte (wie beim Scheitholt) gewünscht wird.

3. Die linke Hand ist die Greifhand. Die einzelnen Finger greifen die Saiten beim Spielen dicht hinter den entsprechenden Bünden. Dabei kann die Tonhöhe durch die Stellung der Finger etwas beeinflußt werden.

4. Wir können sowohl Tonfolgen (Melodie oder gebrochene Akkorde) als auch zwei- oder dreistimmige Akkorde greifen.

5. Notenbeispiele für das Spiel auf dem Dulcimer finden sich auf Seite 196 ff., ebenso die Erklärung der Tabulatur.

Bundeinteilung diatonisch; Mensur: 60 cm

Bund	Saitenlänge in cm	Bund	Saitenlänge in cm	Bund	Saitenlänge in cm
0	60,00		30,00		15,00
	–3,35		–1,70		–0,85
	56,65		28,30		14,15
	–3,20		–1,60		–0,80
1.	53,45	8.	26,70	15.	13,35
	–3,00		–1,50		–0,75
	50,45		25,20		12,60
	–2,85		–1,40		–0,70
2.	47,60	9.	23,80	16.	11,90
	–2,65		–1,35		–0,65
3.	44,95	10.	22,45	17.	11,25
	–2,50		–1,25		
	42,45		21,20		
	–2,40		–1,20		
4.	40,05	11.	20,00		
	–2,25		–1,10		
	37,80		18,90		
	–2,10		–1,05		
5.	35,70	12.	17,85		
	–2,00		–1,00		
6.	33,70	13.	16,85		
	–1,90		–0,95		
	31,80		15,90		
	–1,80		–0,90		
7.	30,00	14.	15,00		

Bundeinteilung diatonisch; Mensur: 60 cm

Saitenlänge vom Sattel aus gemessen

Bund	in cm	Bund	in cm
0.	0	9.	36,20
1.	6,55	10.	37,55
2.	12,40	11.	40,00
3.	15,05	12.	42,15
4.	19,95	13.	43,15
5.	24,30	14.	45,00
6.	26,30	15.	46,65
7.	30,00	16.	48,10
8.	33,30	17.	48,75

Saitenauswahl für Dulcimer; Mensur: 60 cm

Stimmung	Gitarrensaiten	Stimmung
F	VI E/V A	G
c	IV d	d
c	IV d	d
c	IV d	d
g	III g	a
g	III g	a
f	IV d/III g	g
c'	II h/I e'	d'
c'	II h/I e'	d'

Stimmung des Dulcimers

a)

Saite	0 (Sattel)	1.	2.	3.	4.	5.	6.	7.	8.	9.	10.	11.	12.	13.	14.	15.	16.	17.
3.	F	G	A	B	c	d	es	f	g	a	b	c'	d'	es'	f'	g'	a'	b'
2.	c	d	e	f	g	a	b	c'	d'	e'	f'	g'	a'	b'	c"	d"	e"	f"
1.	c	d	e	f	g	a	b	c'	d'	e'	f'	g'	a'	b'	c"	d"	e"	f"

Stimmung auch: f c' c'

b)

Saite	0 (Sattel)	1.	2.	3.	4.	5.	6.	7.	8.	9.	10.	11.	12.	13.	14.	15.	16.	17.
3.	c	d	e	f	g	a	b	c'	d'	e'	f'	g'	a'	b'	c"	d"	e"	f"
2.	g	a	h	c'	d'	e'	f'	g'	a'	h'	c"	d"	e"	f"	g"	a"	h"	c"'
1.	g	a	h	c'	d'	e'	f'	g'	a'	h'	c"	d"	e"	f"	g"	a"	h"	c"'

(Saite – Sattel – Bund)

Tabulatur für Dulcimer in Quint-Prim-Stimmung

Die Tabulatur für den Dulcimer verwendet den Saiten entsprechend drei Linien in einem System. Auf diesen Linien sind die Griffe in Zahlen angegeben. Die Zahlen bezeichnen die Bünde, bei welchen gegriffen werden soll. Null bedeutet leere Saite:

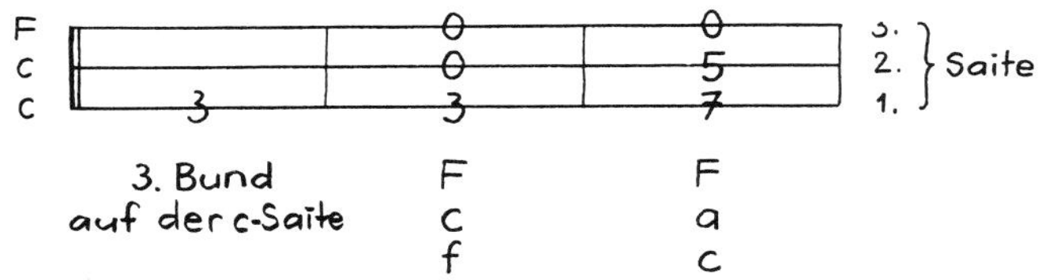

Anmerkung: Die Notierung in der Tabulatur gilt selbstverständlich für alle Quint-Prim-Stimmungen. Sie ist in bezug auf die Tonhöhe relativ, auch wenn hier aus Platzgründen nur die Ausdeutung für die F-c-c-Stimmung erfolgt.
Es werden Taktstriche verwendet wie bei der Mensuralnotation. Der Nenner der Taktangabe gibt die Zähleinheit. Dabei bedeuten die Zeichen:

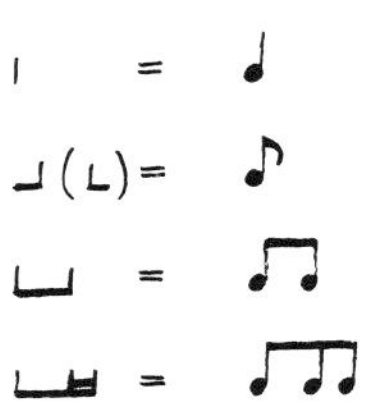

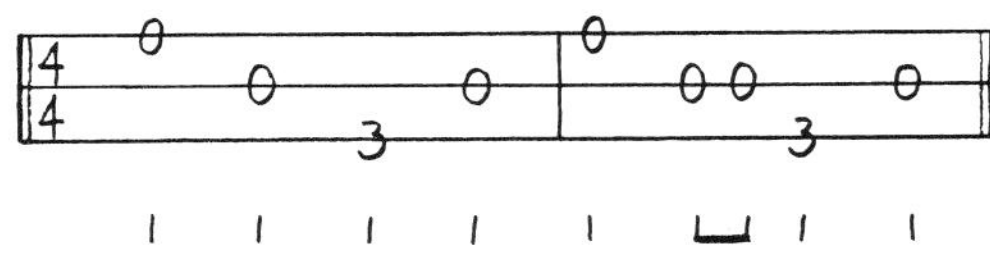

Gespielt wird nur dort, wo über der Rhythmusangabe eine Zahl steht. Somit ist auch die halbe und die ganze Note darstellbar.

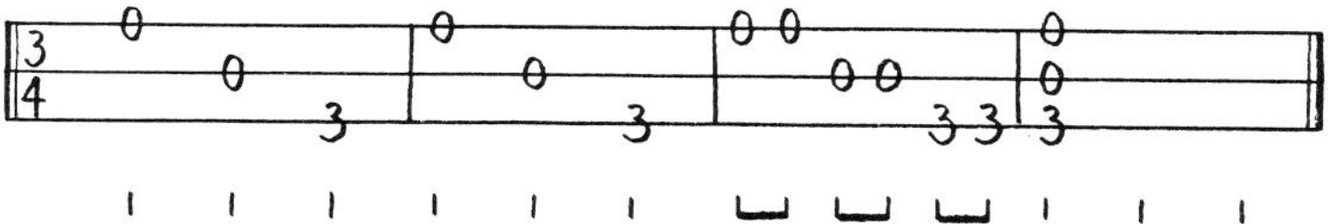

Noten und Tabulatur

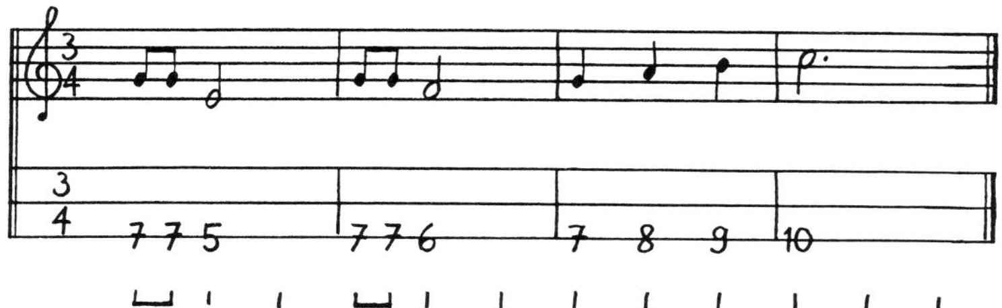

Beim Zupfen verwenden wir für die erste Saite den Daumen (D), für die mittlere den Zeigefinger (Z) und für die tiefste den Mittelfinger (M). Wir zupfen mit den Fingernägeln. Sie müssen deshalb an der rechten Hand lang sein.

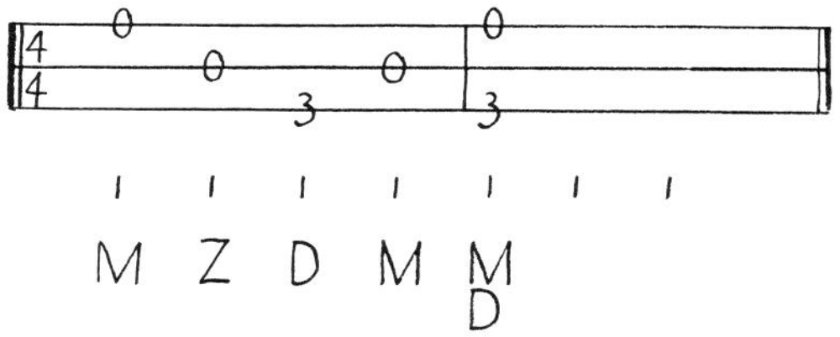

Wir können auch nur mit der Fingerbeere des Zeigefingers spielen, und bei Akkorden mit zwei oder drei Tönen kann man von der tiefsten Saite her je nachdem über die entsprechenden zwei oder über alle drei Saiten in rascher Bewegung streichen.

Eine Akkordfolge (Kadenz) kann z. B. so aussehen:

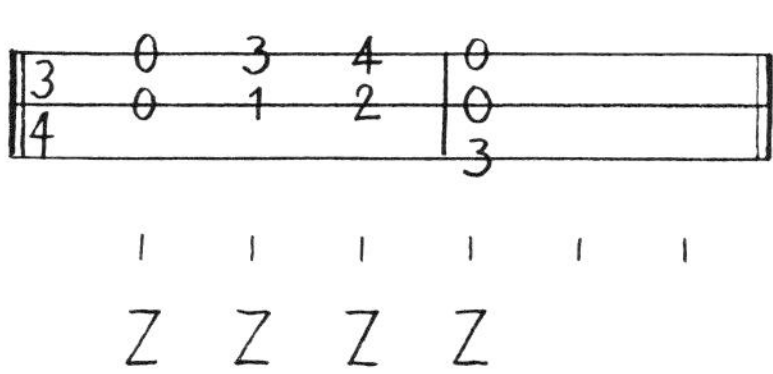

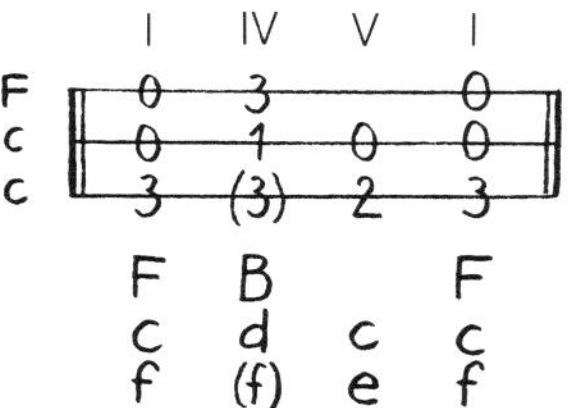

Sätze zu Kanons und Liedern in Tabulaturen für Dulcimer (Quint-Prim-Stimmung) als einfache Spielanleitung

Die Melodien der Lieder sind außer einer in F-Dur notiert und erfordern für diese Tonart einen Dulcimer mit der Stimmung F-c-c. Auf einem Dulcimer in anderer Stimmlage ändert sich bei gleichbleibenden Griffen selbstverständlich die Tonart. So erklingen sie auf einem Dulcimer mit der Stimmung c-g-g in C-Dur, bei der Stimmung G-d-d in G-Dur usw.

Bruder Jakob, schläfst du noch?
Hörst du nicht die Glocken? Bim bam bum.

Are you sleeping, brother John?
Morning bells are ringing: Ding dang dong.

Frère Jacques, dormez-vous?
Sonnez les matines: Dig ding dong!

S Vroni schnooget s Bärgli uuf;
äne wider abe: uff em Buuch.

San Martino, campanaro, dormi tu?
Suona la campano: Din don dan!

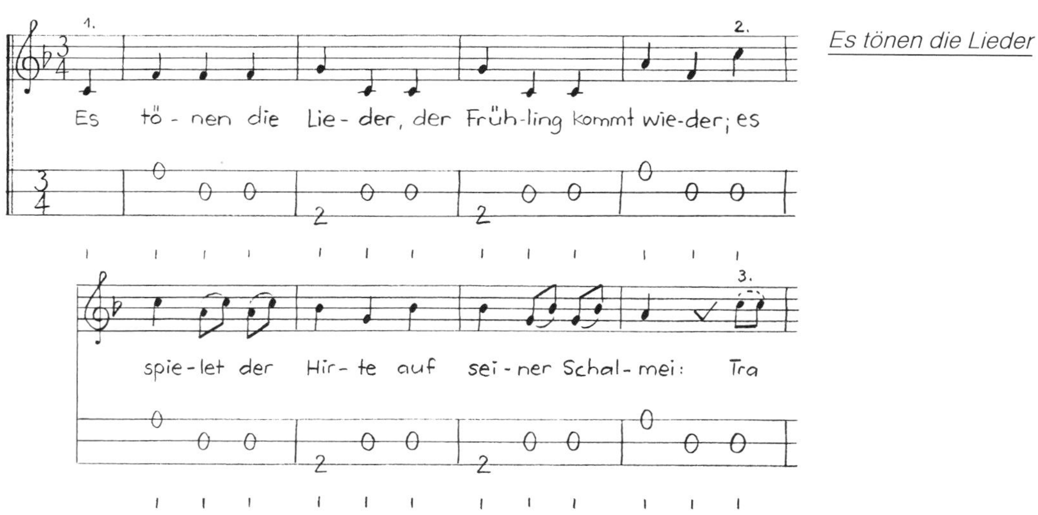

la la la la la la la la, tra la la la la la la la la!

Es tönen die Lieder, der Frühling kommt wieder;
es spielet der Hirte auf seiner Schalmei:
Tra la la la la la la la la!

Die Buchfinklein lüpfen die Flügel und hüpfen
und tänzeln und schwänzeln im Nestlein herum:
Zi zi will will will ze speu zi a!

Die Bienelein summsen so selig und brummsen;
sie saugen sich Honig aus Blüten so süß:
Sum sum sum sum sum sum sum sum sum!

Die Lerchlein sich schwingen zum Himmel und
singen und preisen den Schöpfer, der
alles vollbracht:
Trrr ri li ri li ri li ri!

Le coq est mort

1.
2.
Le coq est mort, le coq est mort. Le coq est mort, le coq est mort.
3.
4.
Il ne di-ra plus: co co di, co co da, il ne di-ra plus: co co di, co co da,
5.
co co di co da, co co di co da.

Es tönen die Lieder
(Melodie (→ S. 196))

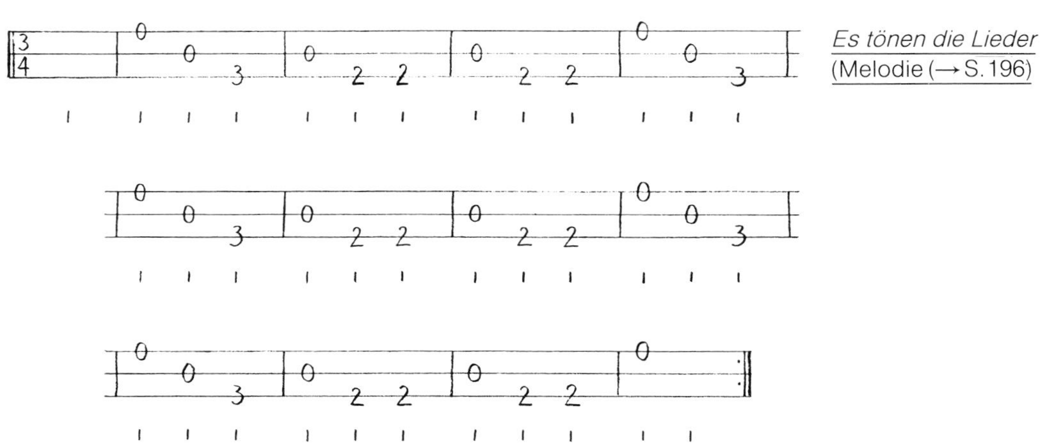

Erwacht, ihr Schläferinnen!

Er-wacht, ihr Schlä-fe-rin - nen! Der Kuk-kuck hat ge-schrien. Er-
wa - chet, er- wa - chet! Der Kuk-kuck hat ge-schrien. Kuk-
kuck, Kuk-kuck, Kuk-kuck, Kuk-kuck.

Erwacht, ihr Schläferinnen!
Der Kuckuck hat geschrien.
Erwachet, erwachet, der Kuckuck hat geschrien.
Kuckuck, Kuckuck, Kuckuck, Kuckuck!

Hoch auf des Berges Zinnen
seht ihr die Sonn erglühn …
Die Vögelein lobsingen, die Blumen all erblühn …
Drum auf zum frohen Springen
im frischen Maiengrün! …

Nicht lange mehr ist Winter

1. Nicht lan-ge mehr ist Win - ter, schon glänzt der Son-ne Schein, 2. dann kehrt mit neu-en Lie - dern der Früh-ling bei uns ein. 3. Im Fel-de singt die Ler - che, der Kuk-kuck ruft im Hain: 4. „Kuk-kuck, Kuk-kuck", da wol-len wir uns freun.

Zum Kanon: „Nicht lange mehr ist Winter" paßt auch die Begleitung von: „Erwacht, ihr Schläferinnen" oder:

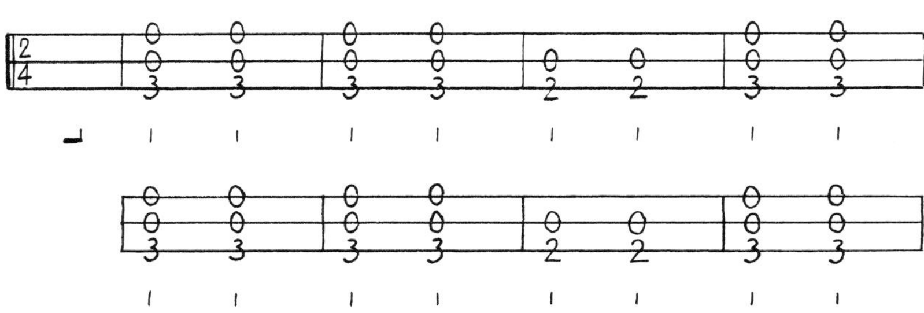

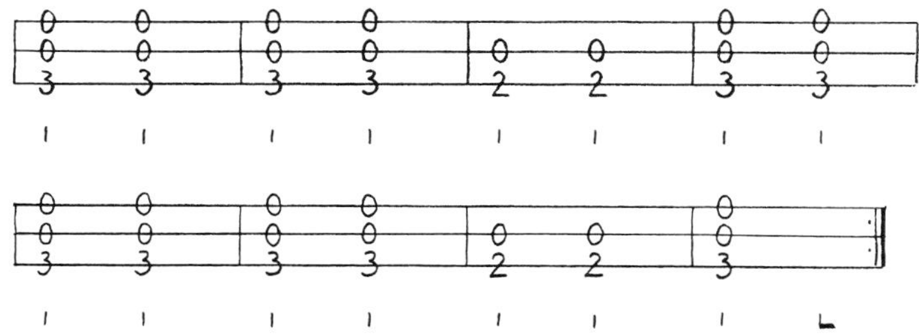

Eine weitere Begleitung in Akkorden zu „Le coq est mort“:

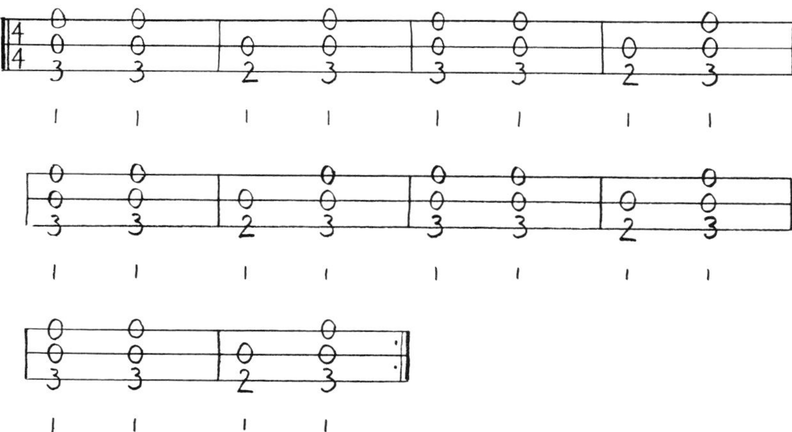

Man kann auch Melodie und Begleitung miteinander verbinden:

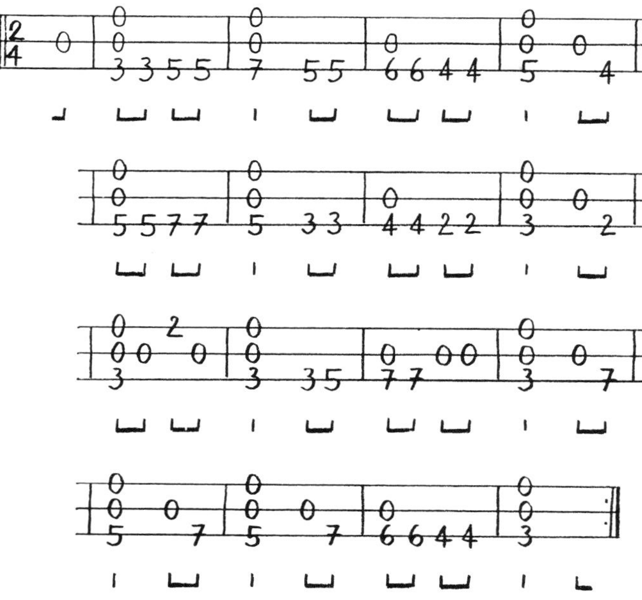

Alle meine Entchen

Al-le mei-ne Ent-chen schwim-men auf dem See,

Köpf-chen in dem Was-ser, Schwänz-chen in der Höh.

Alle meine Entchen schwimmen auf dem See,
Köpfchen in dem Wasser, Schwänzchen in der Höh.

Alle meine Entchen steigen aus dem See,
schütteln das Gefieder, schlafen in dem Klee.

Alle meine Entchen gucken in die Höh,
watscheln auf die Seite, plumpsen in den See.

Alle meine Kindchen freuen sich so sehr,
klatschen in die Hände, tanzen rings umher.

Bin e Wittfrau

Bin e Witt-frau, bin e Witt-frau, s isch zwar na-nig acht Tag; we-le
will mi, we-le will mi: Bi scho wi-der pa-rat.

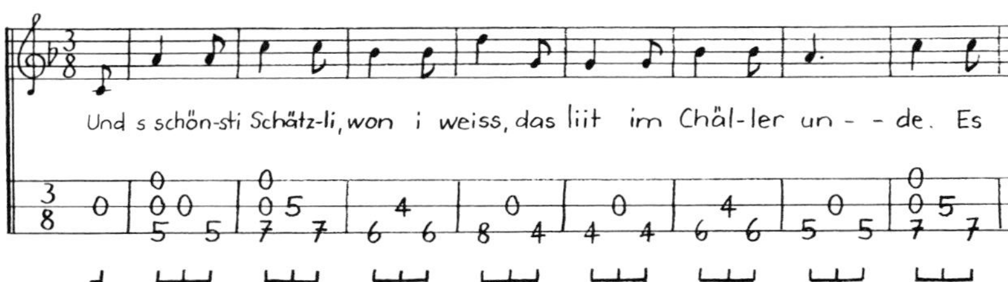
Und s schön-sti Schätz-li, won i weiss, das liit im Chäl-ler un - - de. Es

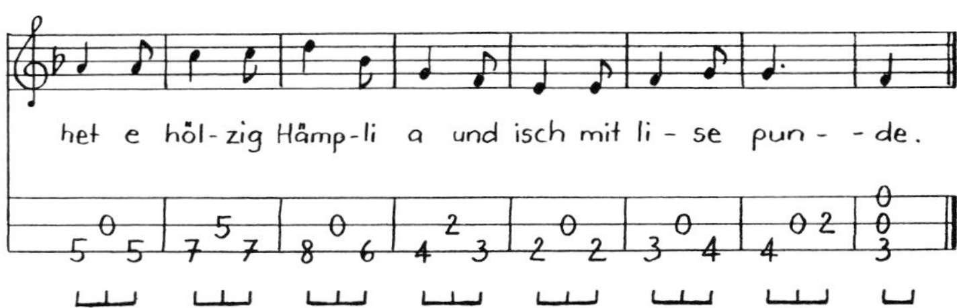
het e höl-zig Hämp-li a und isch mit li - se pun - - de.

Und s schönsti Schätzli, won i weiss,
das liit im Chäller unde.
Es het a hölzig Hämpli aa
und isch mit lise punde.

Und wänn min Schatz en Igel wär
und ich en wilde Bär,
so stiigt i z nacht zum Feister ii
und hinder der Igel här.

I wett, daß mich der Tüüfel nähm,
und ich wär in der Höll,
und daß die Höll voll Jumpfere wär,
und ich wär ire Gsell.

Der Frühling hat sich eingestellt

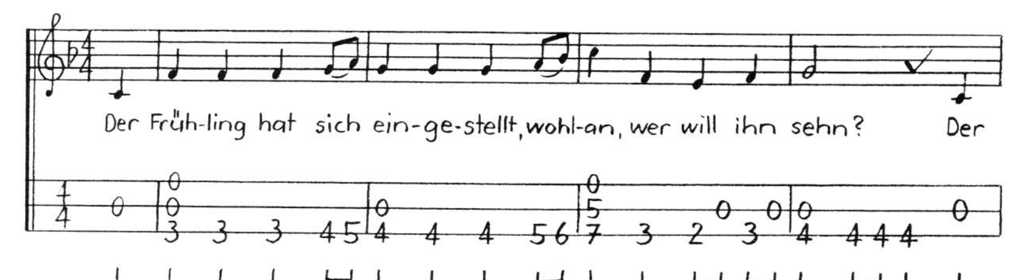

Der Früh-ling hat sich ein-ge-stellt, wohl-an, wer will ihn sehn? Der

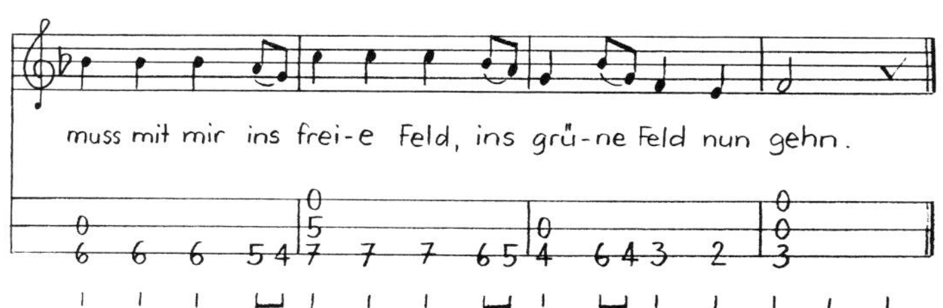

muss mit mir ins frei-e Feld, ins grü-ne Feld nun gehn.

Der Frühling hat sich eingestellt,
wohlan, wer will ihn sehn?
Der muß mit mir ins freie Feld,
ins grüne Feld nun gehn.

Er hielt im Walde sich versteckt,
daß niemand ihn mehr sah;
ein Vöglein hat ihn aufgeweckt,
jetzt ist er wieder da.

Jetzt ist der Frühling wieder da,
ihm folgt, wohin er zieht,
nur lauter Freude fern und nah
und lauter Spiel und Lied.

Und allen hat er, groß und klein,
was Schönes mitgebracht,
und sollt's auch nur ein Sträußchen sein,
er hat an uns gedacht.

Drum frisch hinaus ins freie Feld,
ins grüne Feld hinaus!
Der Frühling hat sich eingestellt,
wer bliebe da zu Haus!

Hoffmann von Fallersleben
(1798–1874)

Es, es, es und es, es ist ein harter Schluß,
weil, weil, weil und weil, weil ich aus Frankfurt muß.
Drum schlag ich Frankfurt aus dem Sinn
und wende mich weiß Gott wohin.
Ich will mein Glück probieren, marschieren.

Er, er, er und er, Herr Meister, leb er wohl!
Ich sag's ihm grad frei ins Gesicht:
Seine Arbeit, die gefällt mir nicht.
Ich will mein Glück probieren, marschieren.

Sie, sie, sie und sie, Frau Meistrin, leb sie wohl!
Ich sag's ihr grad frei ins Gesicht:
Ihr Speck und Kraut, das schmeckt mir nicht.
Ich will mein Glück probieren, marschieren.

Ihr, ihr, ihr und ihr, ihr Brüder, lebet wohl!
Hab ich euch was zuleid getan,
so bitt ich um Verzeihung an.
Ich will mein Glück probieren, marschieren.

Lustig ist das Zigeunerleben

Lu- stig ist das Zi - geu - ner - le - ben, fa - ria, fa - ri - a!
Brau-chen dem Kai-ser kein Geld zu ge - ben, fa - ria, fa - ri - a!
Lu - stig ist's im grü - nen Wald, wo des Zi - geu - ners Auf-ent-halt.
Fa-ri-a, fa-ri-a, fa - ria, fa-ri-a, fa - - ri - - - a.

Lustig ist das Zigeunerleben, faria, faria!
Brauchen dem Kaiser kein Geld zu geben, faria, faria!
Lustig ist's im grünen Wald,
wo des Zigeuners Aufenthalt.
Faria, faria, faria, faria faria!

Sollt uns einmal der Hunger plagen,
gehn wir uns ein Hirschlein jagen.
Hirschlein nimm dich wohl in acht,
wenn des Jägers Büchse kracht!

Sollt uns einmal der Durst sehr quälen,
gehn wir hin zu Wasserquellen,
trinken das Wasser vom moosgen Stein,
meinen, es müsse Champagner sein.

Wenn wir auch kein Federbett haben,
tun wir uns ein Loch ausgraben,
legen Moos und Reisig nein,
das soll unsre Bettstatt sein.

Und geht dann die Sonne nieder,
brennt das Lagerfeuer wieder,
reich mir schnell die Fiedel zu,
schwarzbraun Mädel, tanz dazu!

Der Jä - ger in dem grü - nen Wald, tra la la la, tra la la la, da
sucht er sei-nen Auf-ent-halt, tra la la la la la.

Der Jäger in dem grünen Wald, tra la la la, tra la la la,
da sucht er seinen Aufenthalt, tra la la la, tra la la la.

Er ging im Wald wohl hin und her,
ob auch nichts anzutreffen wär.

Mein Hündlein hab ich stets bei mir
in diesem grünen Waldrevier.

Mein Hündlein jagt, mein Herz, das lacht,
meine Augen leuchten hell und klar.

Ich sing mein Lied aus voller Brust;
der Hirsch tut einen Satz vor Lust.

Der Fink, der pfeift, und der Kuckuck schreit,
und die Hasen kratzen sich am Bart.

Ach bittrer Winter

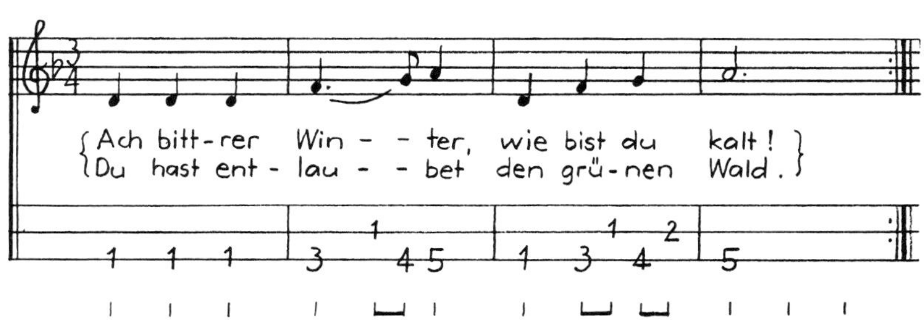
Ach bitt-rer Win - - ter, wie bist du kalt!
Du hast ent - lau - - bet den grü-nen Wald.
1 1 1 3 1 4 5 1 3 1 4 2 5

Du hast ver - blüht die Blüm - lein auf der
3 3 3 3 1 5 6 4 5 4 1 3

Hei - - - den.
2 2 0 1

Ach bittrer Winter, wie bist du kalt!
Du hast entlaubet den grünen Wald.
Du hast verblüht die Blümlein auf der Heide.

Die bunten Blümlein sind worden fahl,
entflogen ist uns Frau Nachtigall.
Sie ist entflogen und wird uns nicht mehr singen.

Ich spring an disem Ringe

Ich spring an disem ringe,
des pesten, so ichs kann,
von hübschen frewlein singe,
als ichs geleret han.
he – !
Ich rait durch fremde lande,
da sach ich mancher hande,
da ich die frewlein fand.

Die frewelein von Francken,
die sich ich alzeit gern,
nach in sten mein gedancken:
sie geben süssen Kern.
he – !
Sie sind die feinsten Dirnen,
wolt got, solt ich in zwirnen –
und spinnen wolt ich lern.

Die frewelein von Swaben,
die haben gulden har,
so dürfens frischlich wagen,
sie spinnen über jar.
he – !
Der in den flachs will swingen,
der darf nit sein geringe,
das sag ich euch fürwar!

Die frewelein vom Reine,
die lob ich oft und dick,
sie sind gar hübsch und feine
und geben freuntlich plick.
he – !
Sie können seiden spinnen,
die newen liedlein singen –
sie sind der lieb ein strick.

Die frewelein von Baiern,
die können kochen wol
mit kesen und mit aiern;
ir kuchen, die sind vol.
he – !
Sie haben schöne pfannen,
weiter dann die wannen,
heisser dann ein kol.

Die frewelein von Sachsen,
die haben schewern weit,
darin so posst man flachse,
der in der schewern leit.
he – !
Der in den flachs will possen,
muss habn ein slegel grosse
und dreschen alle zeit.

Den frewlein man hofiere
alzeit und weil man mag:
die zeit, die kummet schire,
es wirrt sich alle tag.
he – !
Nu pin ich worden alde,
zum wein muß ich mich halden
all die weil ich mag.

do halt ichs auch mit!

frater Judocus de Winssheim
Anno 1460

Drei französische Duette für zwei Melodie-Instrumente und Dulcimer-Begleitung

(Melodiestimmen aus: „Alte französische Duette", für Blockflöten oder andere Melodieinstrumente, herausgegeben von Rudolf Schoch, Verlag Herm. Moeck, Celle

Faut il boire, faut il aimer

Menuet

Varia für die Begleitung zum Menuet

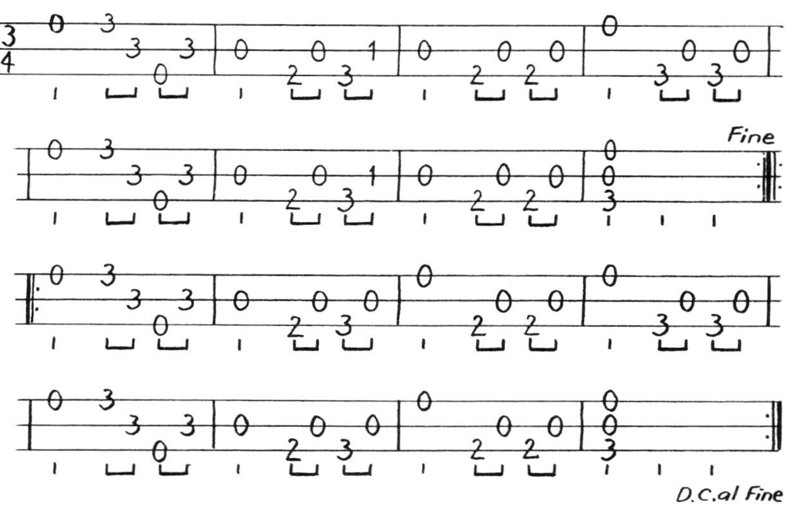

Pendant la jeunesse

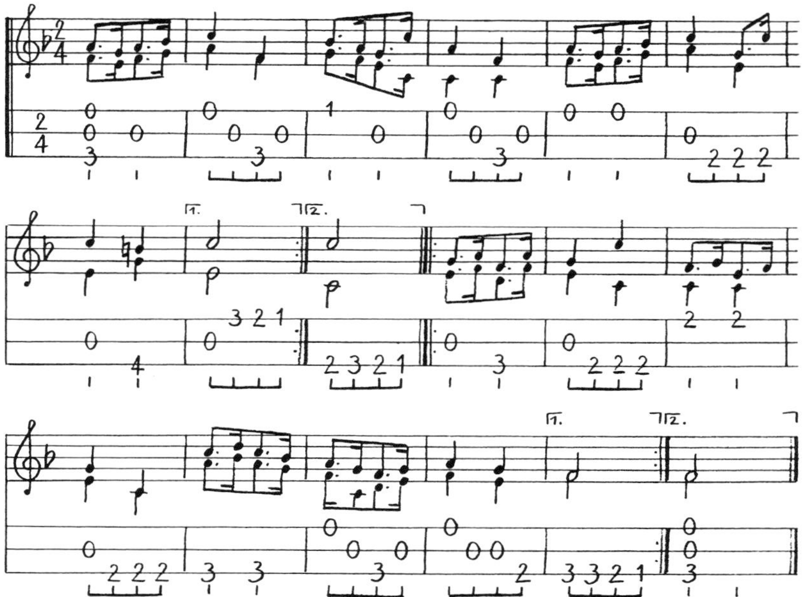

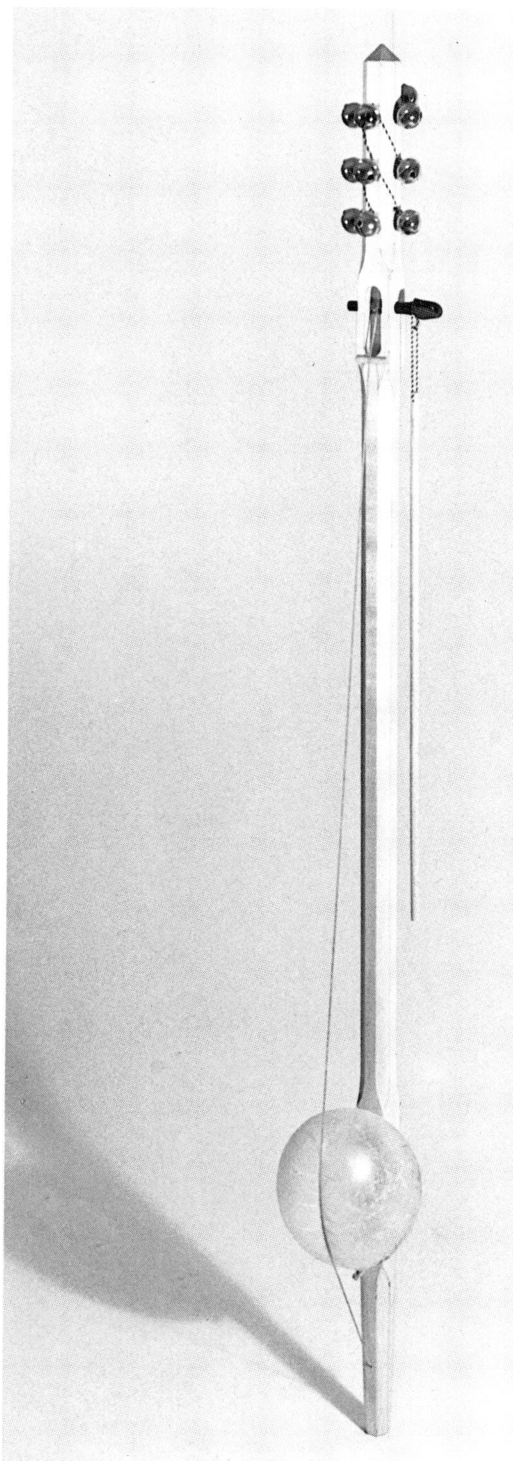

Bumbaß

Material und Werkzeug
1 Hartholzstab, Ahorn 190 × 4 × 4 cm
Sattelholz, Ahorn 4 × 0,5 × 0,5 cm
1 Rundholz (als Schlagstab) ∅ 10 mm, Länge 65 cm oder Bogen eines Streichinstrumentes und Kolophonium
1 Baßgeigenwirbel
1 oberste Baßgeigensaite
1 große Schweinsblase
12 große Schellen ∅ 3 cm
Garn
1 Filzscheibe, selbstklebend
1 Rundholz (als Schleifhilfe) ∅ 15 mm, Länge ca. 20 cm
Schleifpapier verschiedener Körnung: 80–180
Kunstharzleim und Lappen, evtl. Spachtel oder Pinsel
Hartgrund, Pinsel und Stahlwatte
Nitrowachs, Lappen und Roßhaar (oder auch Stahlwatte)
Pinselreiniger
Trockene Kernseife
Becken mit heißem Wasser
Schreinerwinkel, Maßstab und Bleistift
Schieblehre
Hobelbank
Bohrmaschine in Bohrständer mit Bohrtiefeneinstellung
Bohrer ∅ 3 mm
Holzbohrer ∅ 10 mm (je nach Wirbel), 20 mm
Schleifwalze
Raspel und Feile (halbrund), evtl. Feilenhobel (flach)
Konvexhobel
Ziehklinge
Stechbeitel mittlerer Breite
Bildhauereisen, Stich 3 und 5
Holzhammer
Ahle
Drahtnadel
Schere
Fahrradpumpe
2 kleine Schraubzwingen

Arbeitsvorgang

Vorbemerkung 1: Die Formgebung bleibt grundsätzlich für den Stab frei. Jedoch müssen die Maße für das Aufhängeloch der Saite, für die Vertiefung zur Plazierung der Schweinsblase sowie für die Lage des Wirbelloches einigermaßen eingehalten werden.

Vorbemerkung 2: Beim vorliegenden Modell wurde ein achteckiger Querschnitt gewählt. Nur beim Wirbelkasten und bei der Vertiefung für die Schweinsblase bleibt die ursprüngliche quadratische Form erhalten. Oben verläuft der Stab in eine

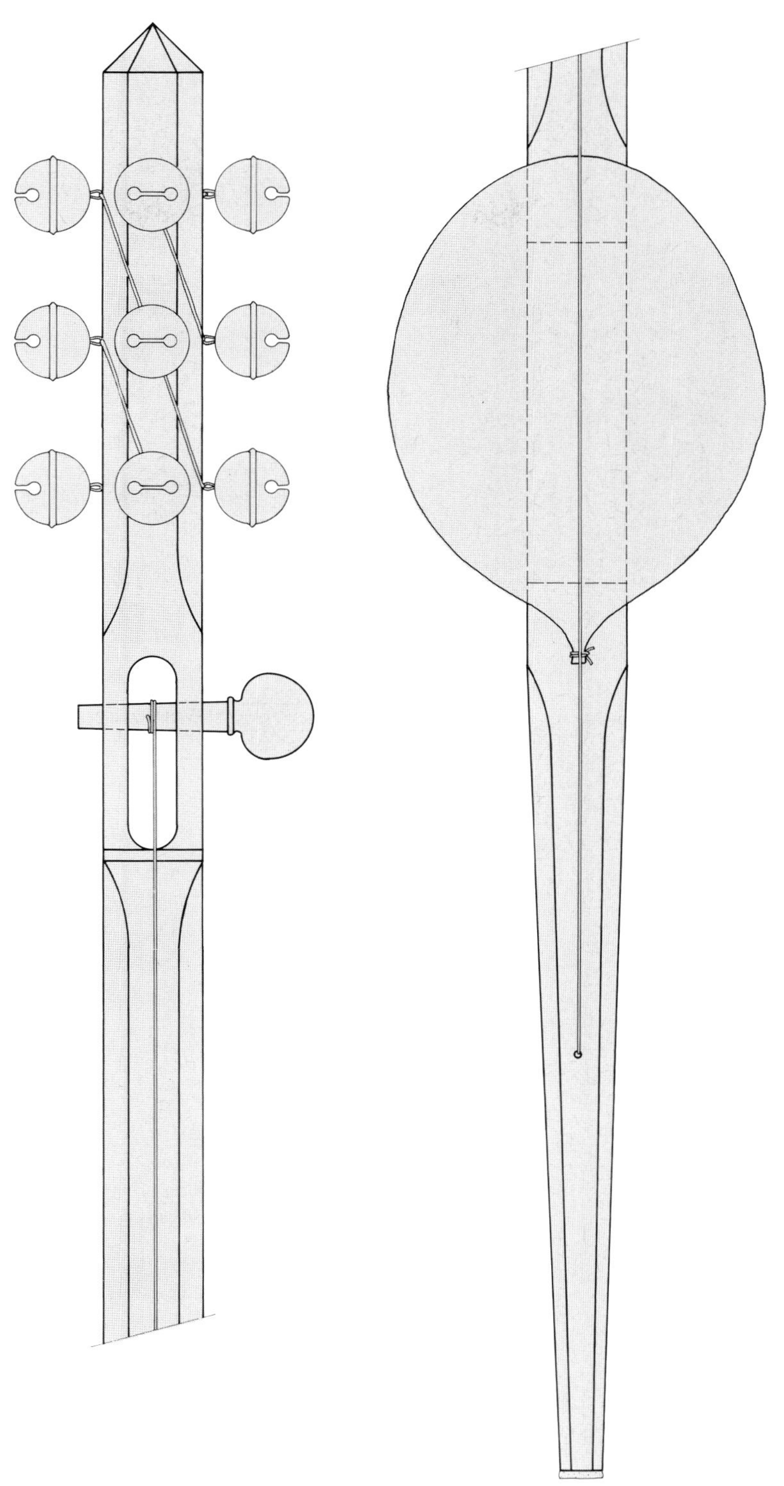

kurze Spitze, während der Fuß sich gegen das Ende zu nur langsam verjüngt.

1. Wir teilen den Stab ein und bezeichnen alle Bohrlöcher sowohl von der Eintritt- als auch von der Austrittstelle her (Bohrloch für die Saitenhalterung, vier Bohrlöcher für den Wirbelkasten, Bohrloch für den Wirbel und sechs Bohrlöcher für die Schellen).
2. Mit der Schieblehre wird die Dicke des Baßgeigenwirbels an seinem Fußende (dünnste Stelle) gemessen, vorgestochen und das Loch von beiden Seiten her auf die Mitte zu gebohrt, und zwar 1 mm kleiner als gemessen (Ø wahrscheinlich 10 mm).

Anmerkung: Wenn ein dickes und dazu noch schmales Holzstück durchbohrt werden soll, kann der Bohrer „verlaufen", das heißt, er tritt an einer anderen Stelle aus als geplant. Um dieser Gefahr zu begegnen, bohren wir das Loch von beiden Seiten her bis etwas über die Mitte. Diese Art setzt jedoch ein genaues Aufzeichnen der Bohrstellen auf beiden Seiten voraus.

3. Zur Herstellung des Wirbelkastens werden auf seiner Mittelachse vier Punkte im Abstand von 1 cm – 2 cm – 2 cm – 2 cm bezeichnet, vorgestochen und mit dem 20 mm-Bohrer gebohrt, und zwar wiederum von beiden Seiten her auf die Mitte zu.
4. Nun werden auch die Löcher für die Saiten- und Schellenaufhängung wie oben beschrieben gebohrt.
5. Mit dem Stechbeitel und Holzhammer arbeiten wir ebenfalls von beiden Seiten her den Wirbelkasten fertig aus und schleifen ihn mit dem Rundholz als Schleifhilfe.
6. Die achteckige Form des Stabes wird in mühsamer Handarbeit erreicht. Man verwendet dazu Raspel, Feile, Feilenhobel, Ziehklinge. Eine Tellerschleifmaschine mit Schleiftisch oder eine Bandsäge, deren Tisch auf 45° neigbar ist, kann jedoch die Arbeit erheblich erleichtern.
7. Mit dem Konvexhobel oder mit Raspel und Feile und mit der Schleifwalze wird die Vertiefung für die Schweinsblase ausgearbeitet.
8. Wenn wir nur eine frische Schweinsblase erhalten, müssen wir sie mit einer Fahrradpumpe selbst aufblasen, zubinden und an einem luftigen Ort aufhängen, bis sie vollständig ausgetrocknet ist.
9. Der ganze Stab wird geschliffen (→ *Schleifen,* Seite 235) und mit Hartgrund und Nitrowachs behandelt (→ *Nitrowachs auftragen,* Seite 228).
10. Nun stellen wir den Sattel her (→ *Sattel herstellen,* Seite 234), behandeln ihn mit Nitrowachs und leimen ihn mit wenig Leim am unteren Ende des Wirbelkastens auf. Seine abgerundete Seite liegt gegen den Wirbelkasten zu. In der Mitte hat er eine Kerbe.
11. Auf das untere Ende des Bumbaßstabes kann man eine Filzscheibe kleben.
12. Das 65 cm lange Rundholz wird geschliffen und mit Nitrowachs behandelt. Es dient als Schlagstab.

Anmerkung: Wenn am einen Ende des Rundholzes ein Löchlein gebohrt und eine kurze Kordel als Schlaufe eingezogen wird, kann der Stab bei Nichtgebrauch am Wirbelhals aufgehängt werden.

13. Bei einem Geigenbauer lassen wir das Wirbelloch ausreiben, das heißt, der konischen Form des Wirbels anpassen.

Anmerkung: Der Kauf eines Ausreibers für große Wirbellöcher lohnt sich nicht.

14. Wir drehen zwei Kordeln (→ *Flechten, zwirnen und knüpfen,* Seite 220) und befestigen die Schellen damit kreuzweise am Stab, ähnlich, wie es beim *Schellenbaum* (Seite 32) beschrieben ist.
15. Am einen Ende der Saite bringt man einen Knoten an und zieht sie durch das Loch im Fußende des Stabes, wie es aus dem Plan ersichtlich ist.
16. Der Wirbel wird durch das Loch im Wirbelkasten gesteckt, die Saite zum Wirbel geführt und ihr Ende ein Stückchen durch das Löchlein im Wirbel gestoßen. Durch Drehen am Wirbelkopf wird die Saite um den Wirbel gewickelt. Wir bringen beidseitig des Löchleins Windungen an. Am Schluß soll sich die Saite ungefähr in der Mitte des Wirbelkastens befinden, damit sie bequem in die Sattelkerbe gelegt werden kann.
17. Noch bevor die Saite straff ist, wird die prall aufgeblasene Schweinsblase zwischen Saite und Vertiefung plaziert.
18. Wir stimmen den Bumbaß (Beim Ton F sitzt die Saite gut straff).

Spielanleitung

1. Der Bumbaß ist ein Rhythmus- und Borduninstrument, das in der Volksmusik Verwendung findet. Der Ton kann durch Zupfen mit den Fingern, durch Schlagen mit einem Stab oder durch Streichen mit einem Bogen erzeugt werden.
2. Zum Spielen stehen wir. Wenn man den Bumbaß leicht anhebt und gegen den Boden stößt, erklingen die Schellen.
3. Wir kombinieren Bordun- und Schellenrhythmus.
4. Wer einen kräftigen Rhythmusschlag wünscht, verzichtet auf die Filzscheibe am Fußende des Bumbasses.

6. Grundlegende Arbeiten beim Instrumentenbau

Abmessen → *Messen* S. 227

Auf Stoß arbeiten → *Sägen* S. 230

Ausputzen und ausreiben von Bambusröhren

a) Bambusröhren sind im Innern nicht sauber; sie enthalten Häutchen, die dem Klang abträglich sind: deshalb müssen sie ausgeputzt werden.

b) Bei dünnen Röhren verwendet man dazu entweder eine alte Fahrradspeiche (Schraube als Putzer) oder einen Draht von etwa gleicher Dicke, dessen vorderes Ende umgebogen wurde. Mit diesen Werkzeugen lassen sich die Wände der Röhren sauber ausputzen.

Vorsicht: Damit uns keine Staubpartikel in die Augen fallen, wenn wir in die Röhre schauen wollen, empfiehlt es sich, jedesmal vorher den Staub auszublasen oder auszuklopfen.

c) Bei dickeren Röhren (z. B. für Traversen oder Blockflöten) spannt man die Ausreibevorrichtung (→ *Ausreibevorrichtung)* ins Bohrfutter der Antriebsmaschine, die waagerecht aufgebockt sein muß. Aus Schleifpapier (Korn 80–120) schneidet man einen Streifen in der Breite des Röhrenschlitzes zurecht. Das Einstecken und Aufwickeln des Schleifpapieres ist aus der Skizze ersichtlich (→ *Ausreibevorrichtung*). Es müssen soviele Wicklungen genommen werden, daß sich die Ausreibevorrichtung gerade noch in die Bambusröhre schieben läßt. Wenn wir die Antriebsmaschine laufen lassen, muß das Bambusrohr bereits einige Zentimeter über die Ausreibevorrichtung gestülpt sein, ohne daß sie verkantet ist, sonst gerät das Ende der Metallröhre in eine Schleuderbewegung. Die Bambusröhre wird zum Ausreiben langsam und ohne jegliche Gewalt auf das Bohrfutter zu gestoßen. Wenn man Widerstand spürt, fährt man etwas zurück. Wegen erneuter Schleudergefahr darf aber die Röhre nicht ganz abgezogen werden. Auf diese Weise reiben wir die Bambusröhre etwas weiter als bis zur Mitte aus, ziehen sie aber nicht vollständig weg und stellen die Antriebsmaschine ab. Wir wenden das Bambusrohr und bearbeiten es von der anderen Seite her. Das Wenden ist eine Vorsichtsmaßnahme, da die meisten Bambusrohre etwas gebogen sind. Das Schleifpapier muß beim Ausreiben häufig gewechselt werden.

Boden schleifen → *Schleifen* S. 235

Bohren

a) Bohrwinde, Drillbohrer oder Handbohrmaschine eignen sich für unsere Arbeiten in den seltensten Fällen, da es sehr schwierig ist, den Bohrer so zu führen, daß er genau senkrecht ins Werkstück eindringt. Wir empfehlen die Verwendung einer elektrischen Bohrmaschine mit einem tauglichen Bohrständer (→ *Antriebsmaschine).*

b) Je nach Bedarf werden Holz- oder Metallbohrer verwendet (→ *Bohrer).*

c) Vor dem Bohren messen wir mit der Schieblehre den Durchmesser des Bohrers am nicht gerillten Ende und stechen im Holz mit einer Ahle vor, im Metall körnen wir mit Körner und Hammer. Das Vorstechen und Körnen erleichtert das Ansetzen des Bohrers. Auf der glatten Metalloberfläche würde ohne Körnung der Bohrer abrutschen, und es würde ein zu großes, ungenaues und unrundes Loch entstehen; auf einem Metallrohr würde der Bohrer abgleiten. Im Holz erleichtert das vorgestochene Löchlein dem laufenden Bohrer, die Bohrstelle genau zu treffen, indem die Bohrspitze, wenn wir das Werkstück einen Augenblick lang lose halten (nicht loslassen!), die richtige Stelle fast von selbst findet. Trotzdem muß schon vor dem Bohren das Werkstück so genau wie möglich unter den Bohrer gelegt werden, weil es sich bei dessen Verschiebung durch die Bohrspitze nur um Bruchteile eines Millimeters handeln kann. Dem Anfänger empfehlen wir, auf einem Abfallstück zu üben. Und wer mit dieser Bohrart nicht zurechtkommt, sollte mit einem Partner zusammenarbeiten: Wir legen das Werkstück auf den Bohrtisch, fahren probeweise bei abgestellter Maschine mit der Bohrspitze in das vorgestochene Löchlein, der Partner steht im rechten Winkel dazu und kontrolliert, ob wir die Bohrstelle genau treffen. Wir halten das Werkstück gut fest und ziehen den Bohrer nur ein wenig zurück. Der Helfer schaltet nun die Maschine ein, und wir bohren.

Anmerkung: Zum Bohren in Metall wird eine niedrige Drehzahl an der Bohrmaschine eingestellt, in Holz eine hohe.

d) Um Bohrtisch und Bohrer zu schonen, wird unter das Werkstück ein ebenes Brett gelegt (aus Abfallholz und möglichst so groß wie der Bohrtisch). Nach jedem gebohrten Loch wird das Unterlagebrett ein wenig verschoben, um das Ausreißen des Bohrlochendes zu vermeiden. Man spürt jeweils, wenn das Werkstück durchgebohrt ist und man ins Unterlagebrett eindringt. Sobald bei einem Werkstück nur bis in eine gewisse Tiefe gebohrt werden muß, lassen wir das Unterlagebrett weg.

e) Beim Bohren von tiefen Löchern oder solchen mit großem Durchmesser läuft der Bohrer bald heiß. Sobald Rauch aufsteigt, ziehen wir den Bohrer etwas (nicht ganz) zurück, stellen die Maschine ab und lassen den Bohrer erkalten. (Die Hitze schadet dem Bohrer. Er wird schnell stumpf). Durch das Zurückziehen werden gleichzeitig Bohrspäne herausgeworfen, was nachher das Weiterbohren erleichtert.

Eine Ausnahme bildet das Bohren der Löcher für die Stimmschrauben. Hier sollte man während des Bohrvorgangs nicht anhalten. Vor dem Bohren des nächsten Loches muß der Bohrer wieder erkalten.

f) Bohrlochränder sind scharf. Sie werden im Holz mit dem Krauskopf oder Versenker gebrochen. Beim Metallbohren entstehen Brauen. Wir entfernen sie mit dem Entgrater.

g) Daß ein Bohrloch versenkt werden muß, kann verschiedene Gründe haben: Bei einem versenkten Loch kann eine Versenkschraube so tief eingeschraubt werden, daß ihr ebener Kopf mit dem Holz bündig ist. Im Instrumentenbau versenken wir die Haltelöcher bei Klangplatten, um die Bohrbrauen zu entfernen und damit die Platten sich besser auf die Haltenägel schieben lassen.

h) Zum Versenken wird der Versenker oder der Entgrater wie ein Bohrer in der (Hand-)Bohrmaschine befestigt. Mit wenigen Drehungen schon wird der gewünschte Effekt, nämlich die knappe Erweiterung des Bohrloches an seiner Anfangsstelle, erreicht sein. Es kommt dabei auf die Stärke des Bohrdruckes an.

Große Löcher werden mit der Glockensäge oder mit dem Kreisschneider gebohrt (→ *Bohrer*).

i) Zum Durchbohren von Rundholz und Röhren ist die Bohrhilfe sehr nützlich (Skizze → *Bohrhilfe* S. 242). Wir spannen die Bohrhilfe in den Maschinenschraubstock. Diesen befestigen wir auf dem Bohrtisch so, daß die Spitze des Bohrers genau auf die tiefste Stelle der Bohrhilfe weist. Den Bohrtiefenanschlag stellen wir so ein, daß der Bohrer einerseits die Bohrhilfe nicht durchbohren kann, andrerseits jedoch ganz durch die Röhre oder das Rundholz dringt. Sind mehrere Löcher in der gleichen Flucht zu bohren, steckt man in das erste, gebohrte Loch einen gut sitzenden Nagel oder ein Rundhölzchen ein, wie es die Skizze zeigt, und schaut von der Seite her, daß Bohrer und Nagel oder Rundhölzchen parallel verlaufen.

k) Zum Bohren von Löchern, die in einem anderen als dem rechten Winkel zum Holz stehen sollen, benutzt man die Winkelbohrhilfe (Skizze → *Saiten aufziehen* S. 232).

l) Das Bohren im Fichtenholz hat seine Tücken: Der harte Teil eines Jahrringes kann die Spitze des Bohrers in den weichen Teil ablenken, und das Bohrloch „verläuft" an eine andere Stelle als vorgesehen.

Bohren mit Bohrhilfe → *Bohren* S. 216 Abschn. i

Bohren mit Winkelbohrhilfe → *Saiten aufziehen* S. 232

Bohrlöcher entgraten → *Bohren* S. 215

Bohrlöcher versenken → *Bohren* S. 215

Bünde berechnen

a) Wer die Bünde (B) für ein Saiteninstrument berechnen will, muß zuerst dessen Mensur (M), das heißt den freischwingenden Teil der Saiten, kennen oder festlegen.

b) Zur Berechnung der Bünde dient der Teiler 17,8.

Die Strecke vom Sattel bis zum ersten Bund (B_1) errechnet sich somit folgendermaßen: $B_1 = \frac{M}{17,8}$

Die Strecke vom ersten bis zum zweiten Bund (B_2):

$$B_2 = \frac{M - B_1}{17,8}$$

Die Strecke vom zweiten bis zum dritten Bund (B_3):

$$B_3 = \frac{(M - B_1) - B_2}{17,8} \quad \text{usw.}$$

So entsteht eine chromatische Tonreihe. Beim zwölften Bund muß deshalb die Mitte der Saite erreicht sein: $B_{12} = \frac{M}{2}$

Bünde herstellen

a) Bünde bei Zupfinstrumenten sind aus Metall.

b) Für kurze Bünde bis ca. 2 cm Breite wie beim Scheitholt nehmen wir 1 mm dicken Messingdraht, biegen das eine Ende des Drahtes mit der Flachzange rechtwinklig ab und formen ihn über einer Lehre aus Metall zu einem Bügel (→ Skizze). Die Lehre muß der Bundbreite entsprechen.

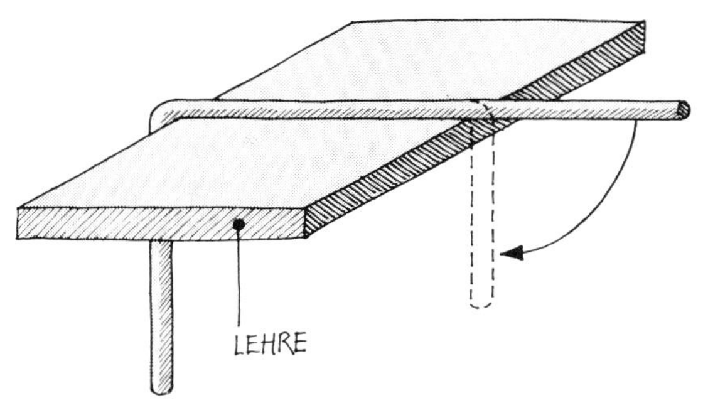

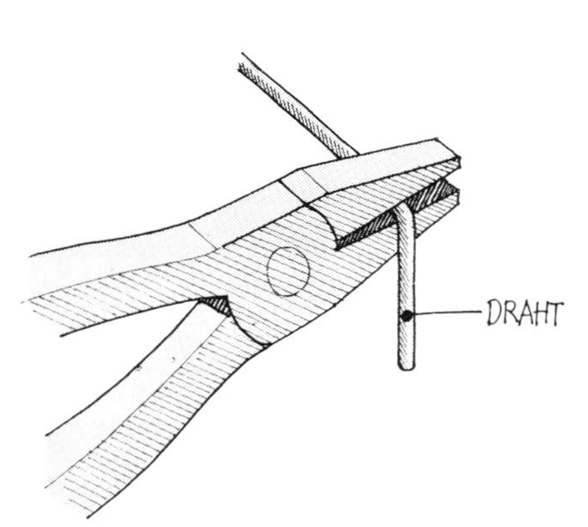

c) Die kurzen Messingbünde können direkt in die Decke eingesetzt werden. Um die Bohrstellen zu erhalten, wird zur Kontrolle die lichte Weite der fertigen Bügel direkt unter den Biegungen mit der Schieblehre gemessen und zum ermittelten Maß 1 mm dazugezählt. An den Bundstellen werden die Löchlein in diesem Abstand gebohrt, die Bünde eingesetzt und satt auf die Decke gedrückt. Wir wenden die Decke um und fixieren die Enden der Bügel, indem wir Epoxidharz darum streichen, das ein wenig auf der Unterseite der Decke breit fließt. Nach dem Trocknen wiederholen wir den Vorgang, damit nach dem völligen Aushärten die Bügel nicht mehr zurückweichen können.

d) Für längere Bünde, wie beim Dulcimer, verwenden wir speziellen Bunddraht, der aber nur auf einem Griffbrett angebracht werden kann: Mit der Eisen*fein*säge und der Sägehilfe, die mit einer Schraubzwinge befestigt wurde, sägt man an der Stelle des Bundes rechtwinklig zum Griffbrett eine 1,5 mm tiefe Rille und leimt mit Schnellkleber ein der Griffbrettbreite entsprechendes Stück Bunddraht ein, das man nach dem Einsetzen sofort mit dem Holzhammer satt an das Griffbrett schlägt.

e) Bünde an Streichinstrumenten werden aus Nylonfaden von 0,55–0,6 mm Dicke hergestellt. Früher verwendete man dazu eine dünne Darmsaite.

f) Der Bundknoten ist aus der Skizze ersichtlich. Die Saitenenden fassen wir mit zwei Flachzangen und ziehen den Knoten an. Nun werden sie kurz abgeschnitten und einen Moment lang über eine Kerzenflamme gehalten. Dabei schmilzt das Nylon

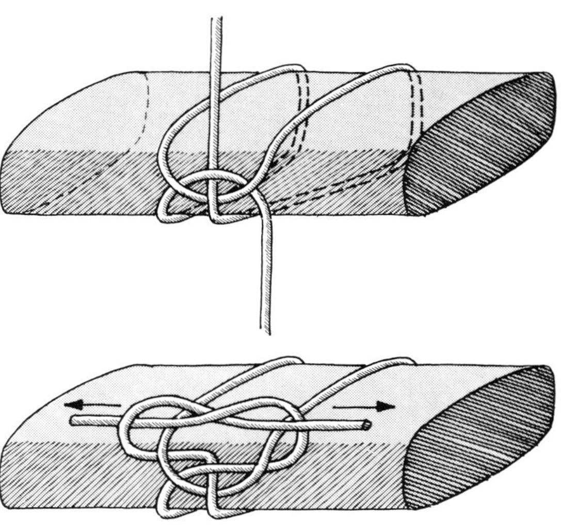

und bildet ein Klümpchen, welches nach dem Erkalten verhindert, daß sich der Bundknoten wieder löst. Den ersten Bund binden wir dicht neben dem Sattel und schieben ihn erst nach dem Erkalten der Enden an die richtige Stelle. Da das Griffbrett sich zum Korpus hin verbreitert, bewirkt die Verschiebung eine Straffung des Bundes. Der zweite Bund wird dicht neben dem ersten geknüpft und wieder an die richtige Stelle verschoben. So fahren wir weiter bis zum siebenten Bund.

Decke aufleimen → *Leimen* S. 223

Decke schleifen → *Schleifen* S. 235

Decke zurichten

a) Eine Decke selbst zurichten (das heißt hobeln, fügen und haltbar verleimen) kann nur ein geübter Handwerker. Es ist zu empfehlen, die Decken fachmännisch gehobelt und verleimt zu kaufen. Wer es trotzdem versuchen will, möge so vorgehen:

b) Ein geeignetes Riftbrett einer Fichte (→ *Hölzer,* S. 244) lassen wir in ca. 6 mm dicke Bretter aufschneiden. Diese Bretter müssen sogleich bezeichnet und numeriert werden, um ein späteres Verwechseln zu vermeiden. Die Bretter müssen gut trocken sein. Am besten lagern wir sie eine Zeitlang auf einem offenen Gestell über einem geheizten Ofen. Auf diese Weise getrocknete Decken reißen später selten. Die Bretter sollten etwas mehr als halb so breit wie die gewünschte Decke sein.

c) Wir messen die erforderliche Länge (Zugabe nicht vergessen!) an zwei benachbarten Brettern ab (z. B. Brett 1 und 2) und sägen sie vorsichtig zu.

d) Nun müssen die vom Aufschneiden gerauhten Flächen eben gehobelt werden. Man verwendet dazu einen sehr fein eingestellten und gut geschärften Putzhobel und hobelt damit schräg zu den Jahrgängen die Bretter gleich dick (ca. 4 mm).

e) Wir stürzen die beiden Bretter so gegeneinander, daß das feinjährige Holz in die Mitte zu liegen kommt. Die beiden zusammenstürzenden Holzkanten müssen vor dem Verleimen gefügt werden. Dazu benötigt man eine Stoßlade mit einer Rauhbank. Die Stoßlade wird mit den Bankeisen befestigt. Nun legen wir das eine Brett mit der Schmalseite an die Stoßlade und lassen es nur wenig vorstehen. Das Eisen der Rauhbank muß geschärft und fein eingestellt sein. Wir kippen die Rauhbank auf die eine Seite (Eisen gegen die Stoßlade) und hobeln in exakt geführten Stößen die Längskante des Brettes eben. Das zweite Brett wird auf gleiche Weise bearbeitet.

f) Zur Probe halten wir die Kanten der beiden Dek-

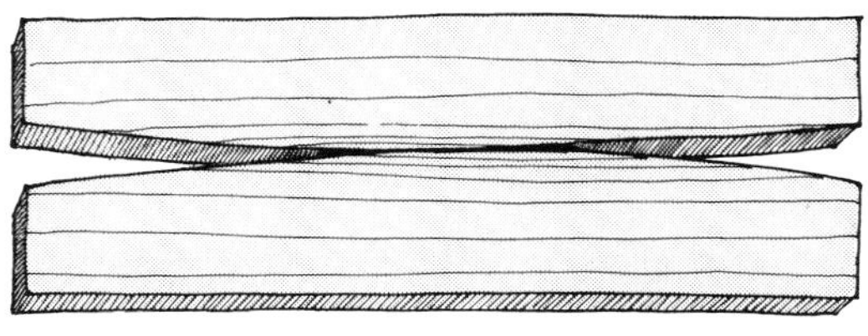

FALSCH

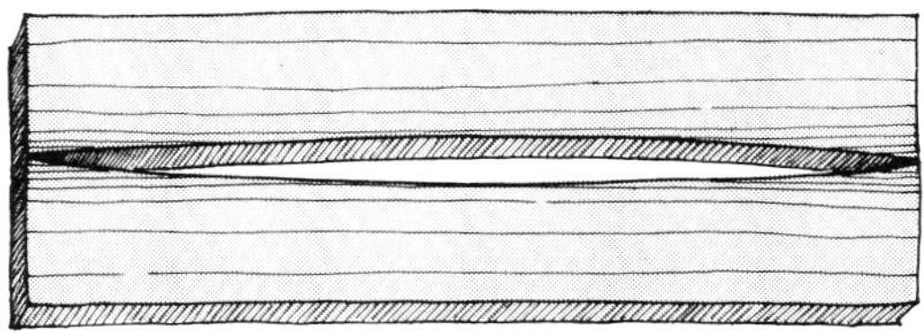

RICHTIG

kenbretter gegeneinander. Keinesfalls darf die Fuge wie in Skizze 1 aussehen: im Gegenteil, die Fuge sollte in der Mitte der Bretter ein klein wenig Luft haben (etwa um Papierdicke). Nur dann wird die Leimfuge in der Decke dauerhaft sein (→ Skizze 2).

g) Zum Verleimen benötigen wir ein ebenes, ca. 2 cm dickes Brett, das etwas länger und 4 cm breiter als die Decke sein soll.

h) Den Längsseiten nach werden im Abstand von 1 cm zum äußeren Rand alle 4–5 cm solide Nägel eingeschlagen (Skizze). Zu jedem Nagel benötigt man einen Holzkeil (Länge: 0,5 cm weniger als der Abstand der Nägel; Breite: 1,5 cm).

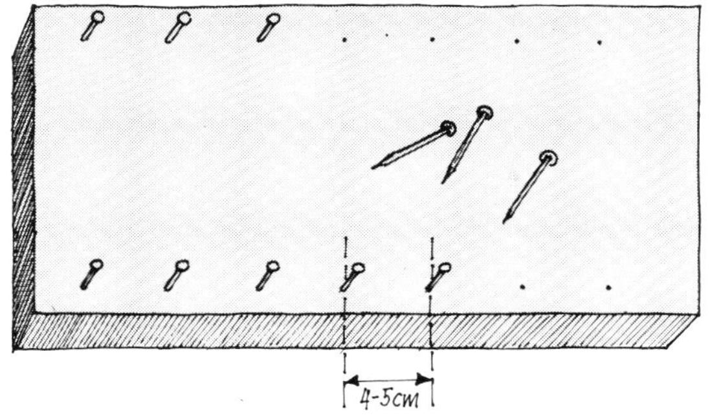

i) Wir schneiden zwei schmale Papierstreifen in der Länge der Deckenbretter zu. Ferner braucht man 3 Holzbrettchen als Zulagen, deren Länge der Breite der Decke entspricht. Die Zulagen sollten so breit sein, daß sich eine Zwinge bequem ansetzen läßt. Sechs starke Schraubzwingen werden ebenfalls benötigt.

k) Nun wird der eine Papierstreifen in die Mitte auf das Verleimbrett gelegt und auf beide Längskanten der Deckenbretter Leim gegeben. Sie werden über dem Papierstreifen zwischen die Nägel gelegt und exakt zusammengestoßen. Der zweite Papierstreifen wird über die Leimfuge gelegt. Nun zwingen wir die drei Zulagen, wie die Skizze es anzeigt, zuerst nur schwach an und verkeilen die Decke. Erst jetzt werden die Zwingen fest angezogen. Es empfiehlt sich, die Leimfuge einen Tag lang trocknen zu lassen und erst dann die Keile und die Zwingen wieder zu lösen.

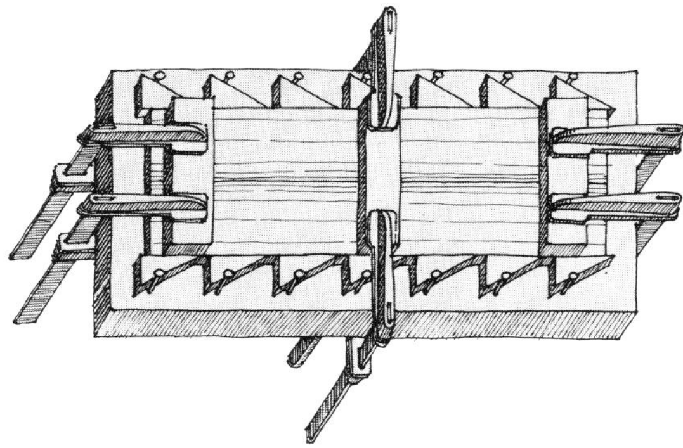

l) Die Papierstreifen und die Leimspuren auf der Decke werden in der Holzrichtung abgeschliffen.

Drahtnadel herstellen

Die Drahtnadel wird aus dünnem Eisendraht (0,3–0,5 mm) hergestellt. Wir klemmen vom Draht ein Stück ab, das doppelt so lang ist, wie die Nadel am Schluß sein soll, knicken den Draht in der Mitte und legen die beiden Schenkel aneinander. Die Knickstelle wird mit einem Flachzänglein zusammengedrückt, und die Drahtnadel ist fertig.

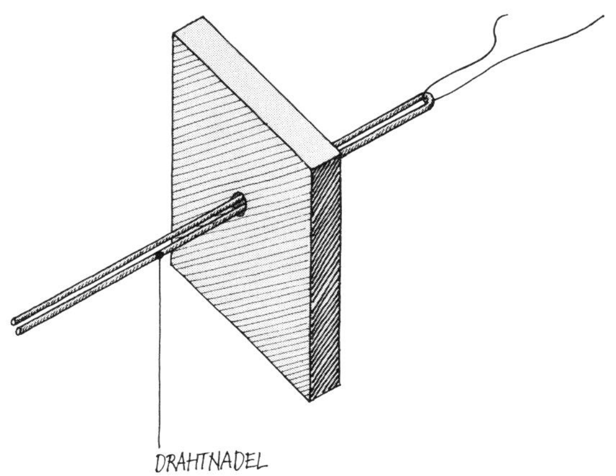

Eben schleifen → *Schleifen* S. 235

Entgraten → *Bohren* S. 215

Feilen, raspeln

a) Wenn man Holzpartien an Stellen entfernen muß (z. B. beim Runden von Enden), wo es mit dem Hobel nicht möglich und Schleifpapier zu wenig wirksam wäre, verwendet man Feile und Raspel. Die Hauptarbeit leisten wir mit der Raspel, und erst wenn die abzutragenden Teile annähernd entfernt sind, greifen wir zur Feile. Zuletzt werden mit Schleifpapier die Feilspuren weggeschliffen.

b) Gute Dienste für fast alle Raspel- und Feilarbeiten leistet eine Feilkluppe, die in die Hinterzange der Hobelbank eingespannt wird und die das Werkstück in einer bequemen Arbeitshöhe festhält. Sollten wir keine Bankkluppe besitzen, müssen wir das Werkstück direkt in die Hobelbank einspannen (Zulagen nicht vergessen!). Die Arbeit kann dann aber nur in gebückter Haltung ausgeführt werden.

c) Beim Raspeln und Feilen arbeite man stets vom Werkstück weg und niemals in der Gegenrichtung, sonst reißt das Holz aus (→ Skizze!).

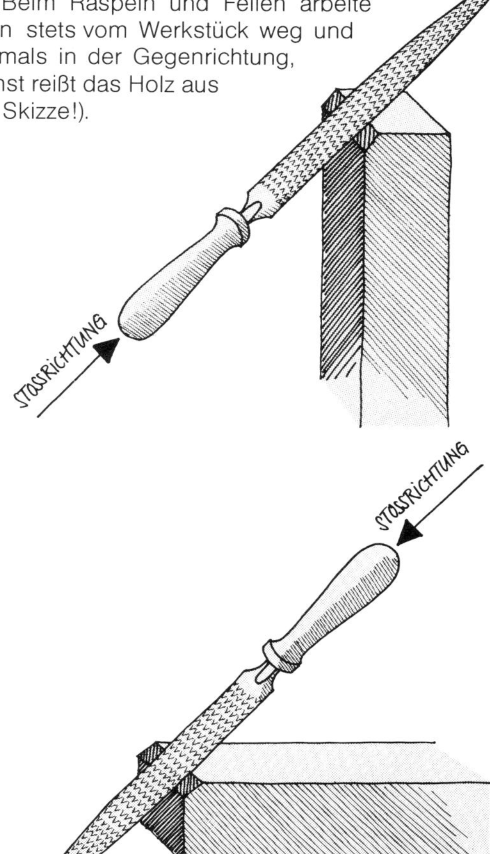

d) Mit einer Tellerschleifmaschine kann man Rundungen an Leisten in kürzester Zeit sehr präzise herstellen. Wichtig dabei ist es, daß das zu bearbeitende Holz auf dem Schleiftisch ohne großen Druck gegen die linke Seite des Schleiftellers gehalten wird. Indem wir mit den Händen, die das Werkstück führen, eine halbe Kreisbewegung hin und her ausführen, schleifen wir die gewünschte Form zu (→ Skizze!). Es ist sinnvoll, zuerst an Abfallstücken zu üben.

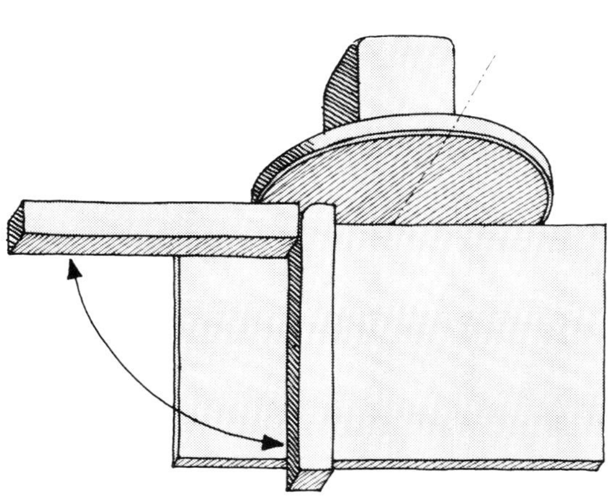

e) Ein Rundstab wird in gleicher Weise abgerundet wie eine Leiste, nur muß er während des Schleifens noch zusätzlich ständig um seine eigene Achse gedreht werden (→ Skizze).

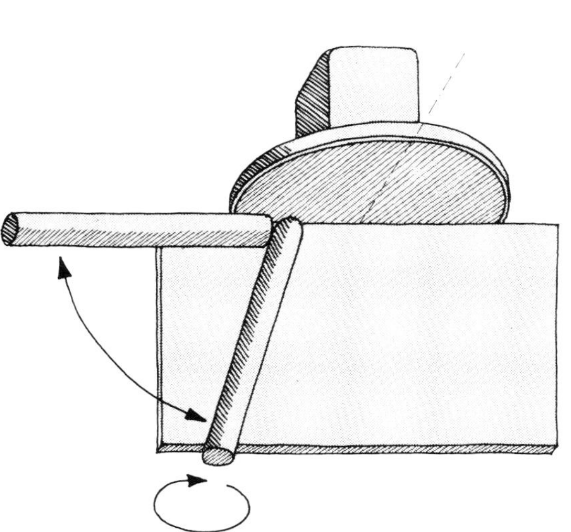

Flechten, zwirnen und knüpfen

a) Bei der Herstellung von Schlaginstrumenten ist es hin und wieder nötig, Garnfäden zu flechten, zu zwirnen oder zu knüpfen. Hier die einfachsten Arten dieser drei Techniken:

Mit drei Strängen geflochtener Zopf:

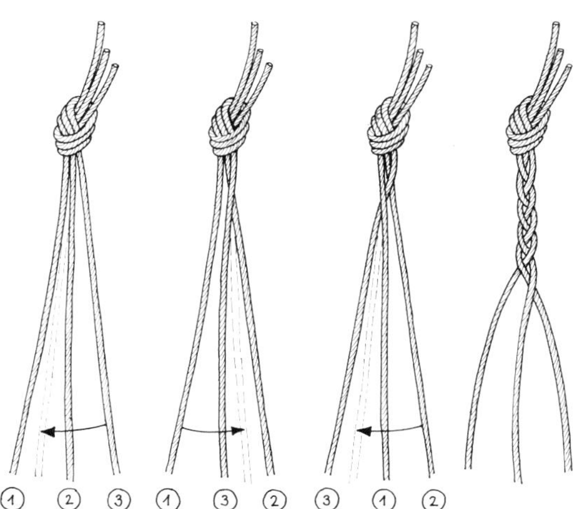

Mit zwei Fäden gezwirnte Kordel:

Abschlußknoten an einem und an zwei Fäden:

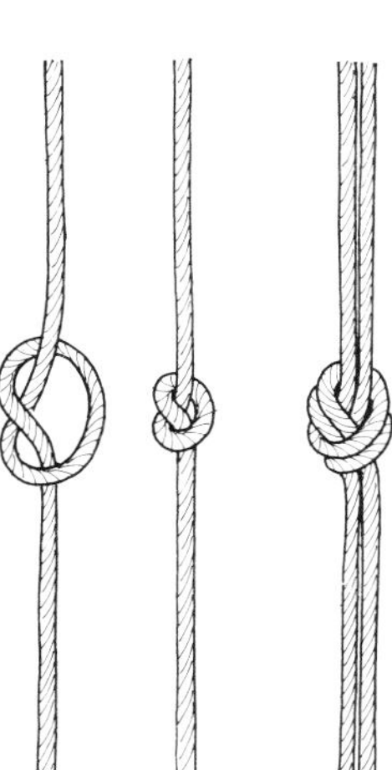

Samariter- oder Fischerknoten:

Bindbaumknoten:

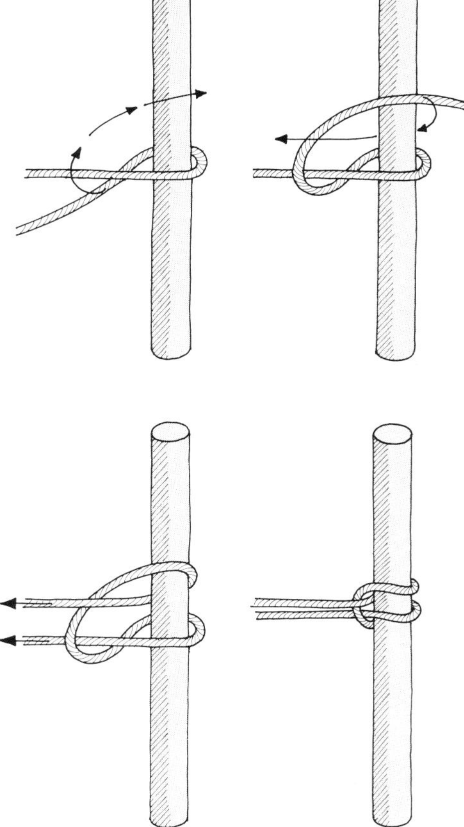

Netz:

b) Das Zopfflechten dürfte allgemein bekannt sein, so daß sich eine Anleitung dazu erübrigt. (→ Skizze)

c) Das Zwirnen führen wir zu zweit aus. Jedes hält ein Ende des stets gestreckten Fadens. Dieser Faden ist in jedem Fall bereits einmal gezwirnt. Wir drehen an beiden Enden des Fadens in der Weise, daß dabei die bereits vorhandene Zwirnung nicht geöffnet wird. Man muß so lange drehen, bis es nicht mehr geht. Der Faden muß dabei stets gestreckt gehalten werden, sonst bilden sich knötchenartige Verdrehungen. Der eine faßt jetzt mit seiner freien Hand die Mitte des Fadens und gibt das Ende, das er in der andern Hand hält, dem Partner. Dabei muß der Faden immer noch gestreckt bleiben. Die Mitte wird nun zum Ende des neuen Zwirns. Wir geben davon Stückchen um Stückchen frei, und die Fäden zwirnen sich selbst zur Kordel. Die Verzwirnung ist jetzt gegenläufig. Die freien Enden werden miteinander verknotet.
Kurze Kordeln kann man auch alleine herstellen. Wir befestigen dazu das eine Ende des Fadens an einem Häkchen, knüpfen am andern Ende eine Schlaufe, die wir dann beim Doppeltlegen ebenfalls an das Häkchen hängen können.

d) Der Abschlußknoten mit zwei Strängen kann auch zum Knüpfen eines Netzes verwendet werden, wenn man immer von neuem zwei benachbarte Stränge zusammenknüpft (→ Skizze)

e) Den Bindbaumknoten aus einer dünnen Schnur verwenden wir zum Herausziehen der Stöckerle, wenn neue Saiten aufgezogen werden müssen. Wir schlingen ihn um den Kopf des Stökkerles, fassen die Enden der Schnur und ziehen es heraus.

Grundieren → *Lackieren* S. 222

Hämmern

a) Zum Hämmern wird entweder der Schreiner- oder der Holzhammer benutzt.

b) Den Schreinerhammer verwendet man zum Einschlagen von Nägeln und Stiften. Vor dem Gebrauch des Hammers soll die Schlagfläche mit einem feinen Schleifpapier gereinigt werden. Man fasse den Hammerstiel zum Schlagen nicht in der Mitte, sondern ganz hinten an.

c) Den Holzhammer verwendet man immer beim Schlagen auf Werkzeughefte (von Stechbeiteln, Bildhauereisen) und beim Schlagen auf Holz (also z. B. beim Zusammenfügen von Holzteilen, ebenso beim Zerlegen, wenn sie nur probeweise zusammengesteckt wurden).

Hobeln

a) Leisten, Böden, Decken, Zargen und Stöcke, die wir zum Bau von Musikinstrumenten benötigen, sollten in den Abmessungen ganz genau stimmen. Wer das Hobeln gut beherrscht und ein Werkstück millimetergenau zurichten kann, sei es von Hand oder mit einer Hobelmaschine, kann sich die Stücke selbst zurichten. Allen andern aber sei dringend geraten, die entsprechenden Hölzer gehobelt und auf das Maß zu kaufen, das in der jeweiligen Materialliste angegeben ist. Da jedoch auch Fachleute oft ungenau arbeiten, raten wir den Käufern an, alle Holzteile genau nachzumessen. Mit dieser kleinen Maßnahme ersparen wir uns viel Ärger.

b) Wenn wir das Hobeln selbst ausführen wollen, benötigen wir vor allem einen sehr guten Putzhobel, unterlassen aber das Hobeln im Stirnholz (Ausreißgefahr, besonders beim Fichtenholz).

c) Falls eine Hobelmaschine benutzt wird, ist darauf zu achten, daß die Messer stets geschärft und ganz fein eingestellt sind. Ausgerissene Stellen im Ahornholz, das beim Instrumentenbau oft verwendet wird, sind schwer wieder auszuschleifen.

d) Wenn wir die Kanten an den Instrumenten nicht brechen, sondern runden wollen, muß der Korpus mit geeigneten Zulagen sorgfältig zwischen den Bankeisen eingespannt werden. Man hobelt mit einem fein eingestellten und gut geschärften Putzhobel im Winkel von 45° die Kante über die ganze Länge ein wenig ab. Es entstehen dabei zwei seitliche Kanten. Diese hobelt man in einem Winkel von 22,5° wiederum ab. Es entstehen vier Kanten. Wenn gut gehobelt ist, laufen sie parallel, und die drei Hobelflächen sind genau gleich breit. Mit je einem oder zwei Hobelzügen werden diese vier Kanten entfernt und die Rundungen mit einem feinen Schleifpapier, das in der bloßen Hand gehalten wird, nachgeschliffen (→ Skizze).

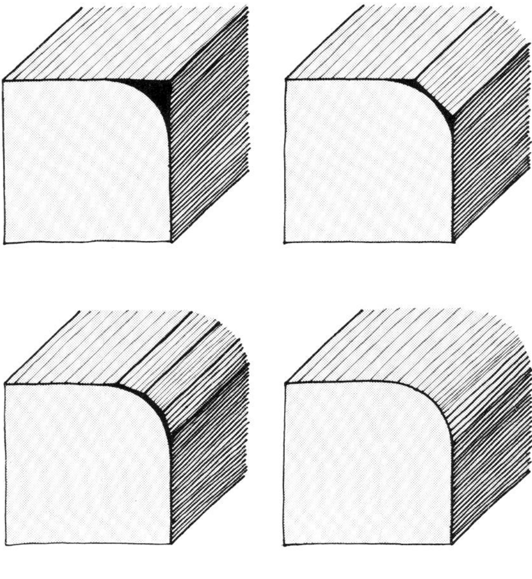

Kanten brechen → *Schleifen* S. 235

Kanten runden → *Hobeln* S. 222

Knüpfen → *Flechten, zwirnen und knüpfen* S. 220

Körnen → *Bohren* S. 215

Korpus schleifen → *Schleifen* S. 235

Lackieren

a) Die Herstellung einer gleichmäßig schönen Lackschicht ist eine heikle Angelegenheit. Für unsere Saiteninstrumente ist eine Innenbehandlung nicht nötig, und für die Außenbehandlung schlagen wir ein verhältnismäßig einfaches Verfahren unter Verwendung von Hartgrund (1. Schicht) und Nitrolack (folgende Schichten) vor:

b) Nach dem Feinschleifen und vor dem Anbringen von Stimmschrauben und Haltenägeln (Stegstiften) oder Stöckerlen tragen wir in einem staubfreien Raume mit einem Pinsel Hartgrund dünn auf.

Das Grundieren muß in zwei Etappen geschehen:
1. Boden und Zargen
2. Decke
Wir stellen das Instrument dazu auf Holzblöckchen. Diese Holzblöckchen sollen nirgends hervorragen. Sie müssen im Gegenteil kürzer sein als der Korpus, damit sie beim Lackieren nicht behindern. Man kann jeweils erst weiterarbeiten, wenn eine Seite trocken ist. Hartgrund läßt sich mit Nitroverdünner verdünnen. Der Pinsel muß sofort nach Gebrauch mit Nitroverdünner oder Pinselreiniger gereinigt werden. Wenn der Hartgrund trocken ist, wird mit feinstem Schleifpapier glattgeschliffen.

c) Es folgt das Auftragen des Lackes. Das gleichmäßige Lackauftragen mit dem Pinsel ist sehr schwierig; leichter ist die Verwendung eines Lakkes aus der Spraydose. Wir sprühen im Abstand von etwa 30 cm eine dünne Schicht Lack auf, wie beim Grundieren jeweils in zwei Etappen. Der Korpus soll erst umgedreht werden, wenn der Lack trocken ist. Auch vor dem Aufsprühen einer zweiten und dritten Schicht muß der Lack jeweils vollständig trocken sein. Ebenso darf das folgende Schleifen mit feinstem und bereits gebrauchtem Schleifpapier nicht vor dem vollständigen Trocknen der Lackschichten vorgenommen werden. Das Schleifen muß sehr sorgfältig und ohne Druck geschehen. Die Oberfläche wird dabei matt. Es folgen weitere Lackschichten mit anschließendem Schleifen. Die Arbeit ist beendet, wenn die Lackschicht schön gleichmäßig erscheint; dann sollte sie dick genug sein, um das Instrument vor Beschädigungen schützen zu können.

d) Zuletzt polieren wir. Das Polieren kann von Hand geschehen mit Stahlwatte, alten Stricksachen (z.B. Socken) oder aber mit dem Gummiteller und der Lammfellhaube, die es als Zubehör zur Antriebsmaschine gibt.

e) Wem diese einfache Art der Lackierung nicht genügt, der möge sich über die Zubereitung und Anwendung der Instrumentenlacke in der einschlägigen Fachliteratur (z.B. über Geigen- oder Gitarrenbau) informieren.

Leimen

a) Bevor mit dem Leimen begonnen werden kann, muß alles gut vorbereitet werden: Wir brauchen viel Platz, z.B. eine aufgeräumte Hobelbank oder einen leeren Tisch. Bereitgestellt werden: Werkstücke, Leimdose(n), Lappen, genügend Schraubzwingen, Zulagen zum Schutz der Werkstücke und ein Stechbeitel. Da wir nach dem Auftragen des Leimes die Werkstücke zusammenpressen und festhalten sollten und gleichzeitig zwei Hände zum Ansetzen und Festschrauben der Zwingen brauchen, empfehlen wir, diese Arbeit zu zweit auszuführen und eine „Trockenprobe“ vorzunehmen. Die Trockenprobe besteht darin, daß die Werkstücke ohne Leim genau zusammengefügt und die Schraubzwingen mit Zulagen angesetzt werden. Dabei können sich Mängel zeigen: Es fehlen z.B. Zulagen, es sind zu wenige oder zu kurze Schraubzwingen vorhanden, oder vielleicht muß noch eine Zuhaltung hergestellt werden. Wenn bei der Trokkenprobe alles vorhanden ist und genau paßt, wird Schraubzwinge um Schraubzwinge, Zulage um Zulage sorgfältig wieder abgenommen und alles so rings um die Werkstücke gelegt, wie es beim Verleimen der Reihe nach benötigt wird. Es darf keinesfalls vorkommen, daß wir nach dem Leimauftragen eine Zulage oder eine Zwinge suchen müssen. Der Helfer muß bereits bei der Trockenprobe dabei sein, und die Verantwortung für die einzelnen Arbeitsvorgänge muß genau verteilt und eingeübt sein. Er muß wissen, wer an welcher Stelle Leim auftragen soll. Erst jetzt kann mit dem Leimen begonnen werden.

b) Das Auftragen des Leimes könnte mit einem Spachtel oder Pinsel geschehen; aber bei den kleinen Flächen, auf die bei unseren Arbeiten Leim aufzubringen ist, eignet sich dafür am besten der Zeigefinger: Er fällt nicht auf den Boden, rollt nicht auf das Werkstück, beschmutzt den Tisch oder die Hobelbank nicht und ist an einem Lappen bequem abzuputzen, so daß das mühselige Reinigen des Pinsels entfällt. Wir tragen den Leim sorgfältig, nicht zu dick und nicht zu dünn auf die zu leimenden Stellen auf, ohne die übrigen Teile der Werkstücke zu beschmutzen. Stirnholzseiten saugen den Leim stark auf und müssen unter Umständen zweimal bestrichen werden. Es ist gut, wenn beim Zusammenpressen aus den Leimfugen etwas Leim hervorquillt; das ist der Beweis dafür, daß er in genügendem Maße vorhanden ist. Wird aber zuviel Leim aufgetragen, „schwimmen“ die Werkstükke beim Anziehen der Schraubzwingen davon, daß heißt, sie verschieben sich, und man hat dann große Mühe, sie wieder an die richtige Stelle zu zwingen.

c) Folgende Faustregel sollte man beim Leimen beachten: Der Leim wird stets auf das kleinere, beweglichere Teilstück aufgebracht. Geschieht dies sorgfältig, ist es nicht notwendig, die Gegenseite auch mit Leim zu versehen.

d) Nach dem Auftragen des Leimes werden die beiden Teile exakt zusammengebracht und eine Weile mit der Hand festgedrückt. Nun müssen die Zulagen und Schraubzwingen angebracht werden.

Der eine sorgt dafür, daß sich die Werkstücke beim Anziehen der Schraubzwingen weder verschieben noch verziehen. Der andere bringt Zwinge um Zwinge an.

e) Die Eisenschraubzwingen haben für den Instrumentenbau Nachteile: Sie sind schwer; bei ihrem Gebrauch sind Zulagen nötig, und sogar beim Beachten dieser Regel kann es geschehen, daß durch zu starkes Anziehen der Schrauben die Oberfläche des Instrumentes gequetscht oder verletzt wird, ein Schaden, der nur mühsam wieder zu beheben ist. Demjenigen, der sich eingehender mit Musikinstrumentenbau beschäftigen möchte, empfehlen wir deshalb die Anschaffung von Klemmzwingen aus Weißbuchenholz mit Korkauflagen oder von Zuleimschrauben, wie sie der professionelle Instrumentenbauer verwendet. Beide haben den Vorteil, daß sie die Werkstücke nicht verletzen und daß deshalb keine Zulagen benötigt werden, was die Arbeit vereinfacht.

f) Gleich nach dem Anbringen der Schraubzwingen muß kontrolliert werden, ob die Werkstücke sich weder verschoben noch verzogen haben, was oft geschieht, da sowohl Schraub- wie Klemmzwingen exzentrisch anziehen und da das Bodenholz drehwüchsig sein kann. Eine eventuelle Verschiebung muß sofort durch Lösen der Zwingen, erneutes Zurechtrücken der Werkstücke und abermaliges Anziehen der Zwingen behoben werden. Das Verziehen wird korrigiert, indem man die eine Seite der Schraubzwinge etwas höher oder tiefer ansetzt.

g) Nun kontrollieren wir, ob alle Leimfugen überall dicht geschlossen sind. Sollte dies nicht der Fall sein, so sind an den fraglichen Stellen noch Zwingen anzubringen. Professionelle Instrumentenbauer setzen beim Verleimen eines Resonanzkastens Zwinge dicht neben Zwinge. Folglich sollten auch wir über eine Anzahl von ca. 20–30 Stück verfügen können.

h) Wenn alle Zwingen sitzen, ziehen wir mit einem Stechbeitel, den wir hochkant zur Leimfuge aufstellen, sämtliche Leimspuren weg, wobei der Stechbeitel immer wieder an einem Lappen abgeputzt wird.

i) Das Werkstück muß vor der Weiterbearbeitung lange genug trocknen, am besten bis zum folgenden Tag.

k) Zum Verleimen der Stöcke müssen Zuhaltungen angefertigt werden, denn je größer die Leimflächen sind, desto eher geraten sie beim Zusammenpressen ins „Schwimmen". Wir verfahren wie folgt: Nachdem auf der Innenseite des Bodens die Lage der Klötze eingezeichnet wurde, schneidet man mit dem Kartonmesser für jeden Klotz vier Kartonstückchen von 3 × 0,5 × ca. 0,2 cm zurecht und klebt sie auf den Boden gemäß Skizze. Der Klotz muß genau zwischen diese Zuhaltungen passen. Auf der Stirnseite lassen wir sie weg, weil später dort die Zargen verleimt werden müssen. Beim Entfernen des Kartons könnte der Boden verletzt werden. Nun muß beim Verleimen der Stöcke nur noch auf eine mögliche seitliche Verschiebung geachtet werden. Sie läßt sich vermeiden, wenn man zuvor auf Stock und Boden eine Markierung anbringt (Skizze!), auf die beim Anziehen der Schraubzwingen geachtet werden kann.

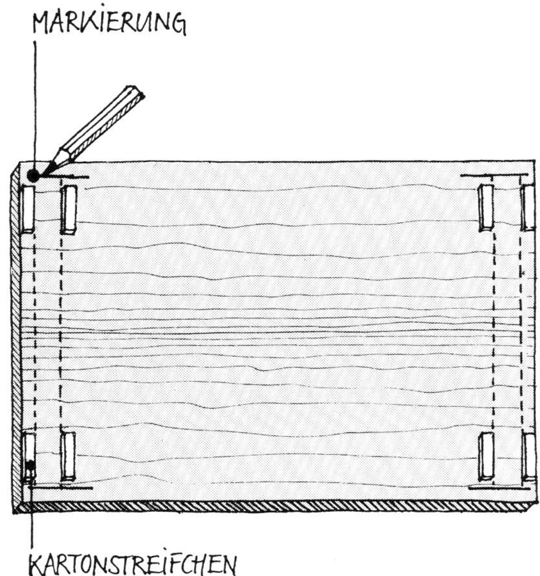

l) Beim Anleimen der Zargen wird nicht nur auf die untere Kante der Zarge Leim gegeben, sondern auch auf die entsprechenden Stirnseiten der Klötze, was leicht vergessen wird. Damit sich die Zarge beim Verleimen nicht verzieht, sichert man ihren Platz ebenfalls mit Kartonstückchen. Zum Anpressen der Zarge braucht man nicht nur kleine Schraubzwingen (besser Zuleimschrauben), sondern auch zwei oder vier lange (→ Skizze). Wir gehen dabei wie folgt vor:

1. Zuerst werden die langen Schraubzwingen angebracht, jedoch nur wenig festgezogen.
2. Mit den kleinen Schraubzwingen wird mit äußerster Sorgfalt die Zarge gegen den Boden gepreßt, denn sie muß senkrecht bleiben (Kontrolle mit dem

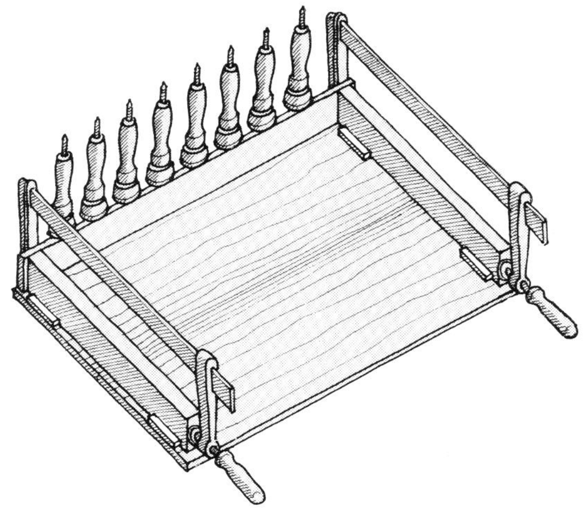

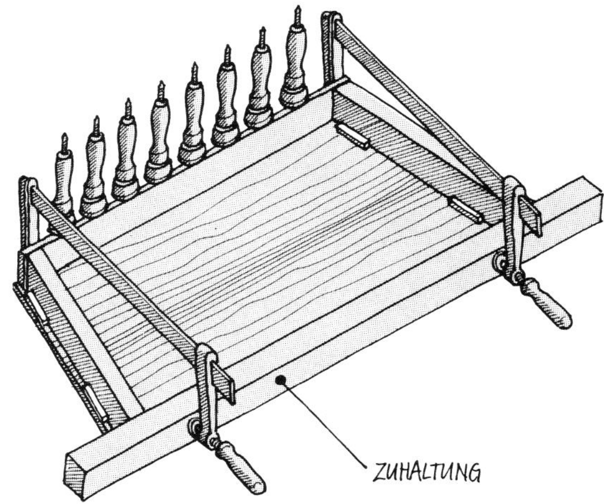

Winkel!), darf sich nicht verbiegen und muß genau auf der vorgezeichneten Linie stehen. Andrerseits muß die Zarge überall genügend stark auf den Boden gedrückt werden, so daß nirgends mehr eine offene Fuge bleibt.

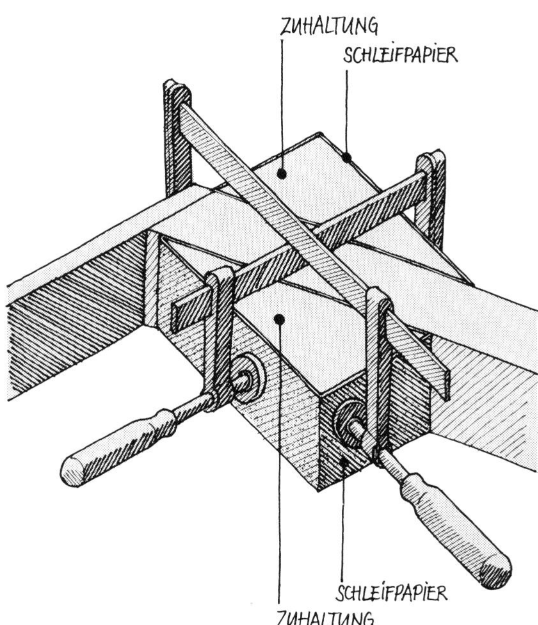

3. Jetzt erst werden die langen Schraubzwingen fest angezogen. Sind die Stöcke auf der Stirnseite abgeschrägt, müssen Zuhaltungen (→ *Zuhaltung,* S. 252) benutzt werden, das sind entweder mit Schleifpapier beklebte Keile (etwas weniger hoch als die Zargen) oder Hartholzleisten (ca. 3 × 4 cm und in entsprechender Länge), damit die Schraubzwingen nicht abrutschen.

m) Eine derartig schmale Leimstelle, wie sie die untere Kante der Zarge darstellt, erfordert eine lange Trockenzeit nach dem Grundsatz: Je kleiner die Leimstelle, desto länger die Trockenzeit.

n) Bevor mit dem Aufleimen der Decke begonnen wird, bezeichnet man auf ihrer Unterseite mit einem feinen Strich die Mittel-Längsachse. Sie entspricht der Leimfuge. Ebenso markiert man auf der Außenseite der Stöcke die Mittellinie bezüglich der Breitseite des Instrumentes. Eventuell muß auch die Mittellinie auf den Zargen und der Unterseite der Decke in bezug auf die Länge markiert werden (so bei der Willkommharfe, den beiden Saitentamburinen und den beiden Psaltern). Mit zwei Zwingen befestigt man die Decke (ohne Leim) so auf den Stöcken, daß die Markierungen exakt aufeinander liegen. Wenn die Decke auf diese Weise provisorisch befestigt ist, können wir mit Bleistift auf der Unterseite des Deckenholzes den eigentlichen Umriß fein nachzeichnen. Die Zwingen werden nun wieder gelöst und die Unterseite der Decke nach oben gedreht. Auf allen vier Seiten sind außerhalb des Umrisses schmale Holzüberstände. Mit dem Kartonmesser schneiden wir acht Kartonstückchen von 3 × 0,5 × ca. 0,2 cm zurecht und kleben sie auf die Holzüberstände in die Nähe der Ecken bündig mit der Umrißlinie auf (→ Skizze). Wendet man die Decke um, kann man sie dank dieser Zuhaltungen genau auf den Kasten stülpen. Nun wird alles zum Leimen vorbereitet (→ oben!), die Oberfläche der Stöcke und die Kanten der Zargen mit Leim bestrichen, die Decke darüber gelegt und

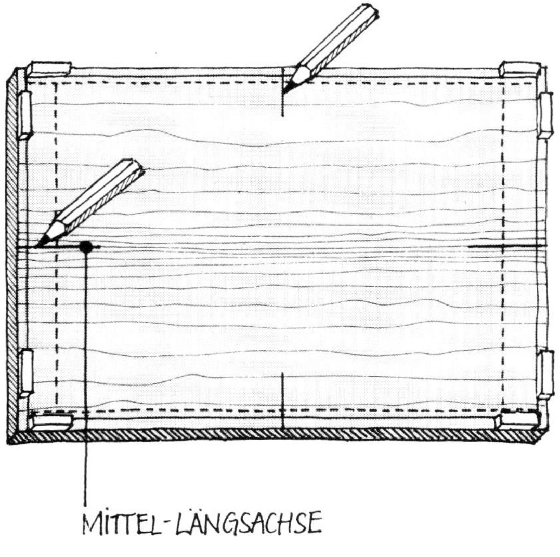

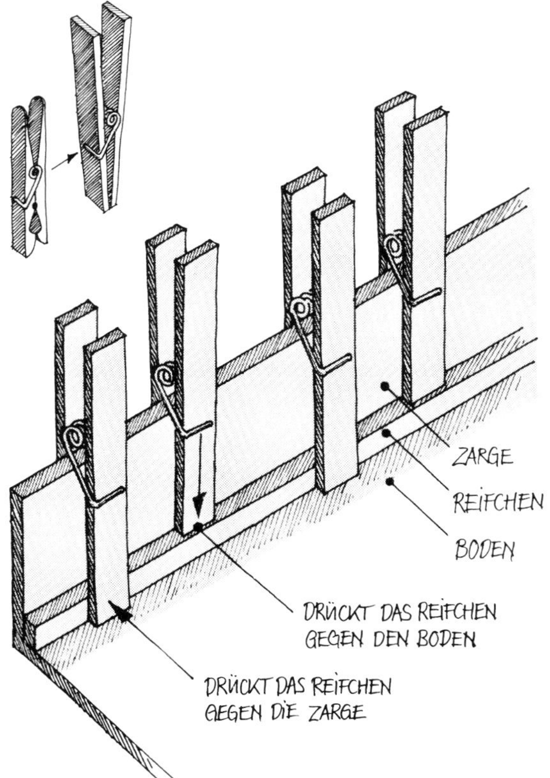

ringsum mit Zwingen (→ ebenfalls oben!) befestigt.

o) Zur Verstärkung dünner Zargen werden dort Reifchen eingeleimt, wo diese mit dem Boden und der Decke zusammenstoßen. Sie verbreitern die Leimfuge zwischen Zarge und Boden und zwischen Zarge und Decke.

p) Solange Zargen von 3 mm Dicke verwendet werden, kann man auf Reifchen verzichten. Sobald aber dünnere Zargen verwendet werden, kann man sie nicht mehr weglassen.

q) Die Reifchen stellen wir aus Ahornholz oder aus Fichtenholz her, dessen Jahrgänge in der Längsrichtung der Reifchen verlaufen und senkrecht stehen. Am besten sägt man sie mit der Bandsäge etwa 5 mm hoch und 2–3 mm dick.

r) Werden die unteren Reifchen erst nach dem Aufleimen der Zargen auf den Boden angebracht, benötigt man zum Verleimen Klammern mit langen Schenkeln. Diese können wir selbst herstellen, indem wir aus Hartholzleistchen Schenkel zuschneiden und sie dann mit Federn zusammenstecken, die von gewöhnlichen Wäscheklammern stammen (→ Skizze!). Stärker aber sind Federklammern, wie sie bei Metallarbeiten verwendet werden.

s) Ein Profi-Modell würde so aussehen:

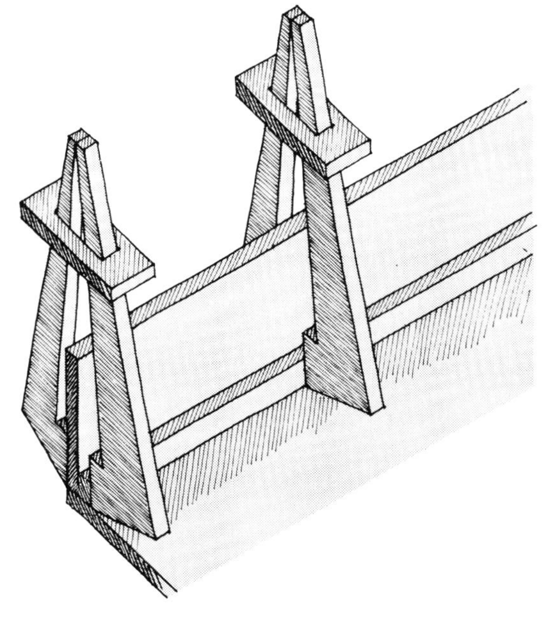

Messen

a) Das exakte Abmessen der einzelnen Teile sowie deren Winkel ist zum guten Gelingen unserer Arbeiten von höchster Wichtigkeit. Ein ungefähres Messen darf es nicht geben. Es empfiehlt sich, immer denselben Maßstab und Winkel zu verwenden, da leider von Maßstab zu Maßstab, von Winkel zu Winkel erhebliche Abweichungen vorkommen können. Wir messen ohne Hast und kontrollieren die Maße nach.

b) Auf recht einfache Weise kann man prüfen, ob der Winkel (Schreiner oder Schlosserwinkel) genau rechtwinklig ist. Wir benötigen dazu eine flache Holzleiste und prüfen auf einem Tisch oder auf der Hobelbank nach, ob sie wirklich ebenmäßig ist. Nun legt man den Winkel an und zeichnet ihm entlang quer über die Leiste einen Bleistiftstrich. Dann wird der Winkel gewendet (→ Skizze) und erneut an die Bleistiftlinie gelegt. Wenn der Winkel genau parallel zu diesem Strich liegt, stimmt er, das heißt, er weist genau 90° auf.

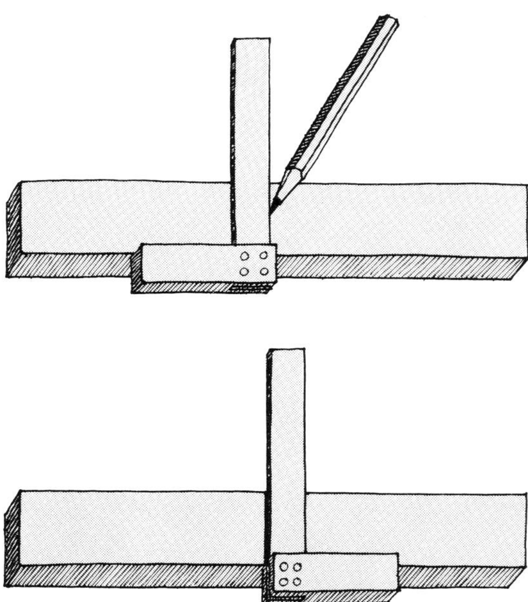

c) Die Durchmesser von Rundhölzern, von Bohrern, Schrauben und Stiften, lichte Weiten von Röhren und Hohlraumtiefen werden mit der Schieblehre (Skizze → *Schieblehre*) gemessen.

d) Saitendicken mißt man mit einem Mikrometer (Skizze → *Mikrometer*).

Nageln

a) Im Instrumentenbau werden zum Zusammenfügen zweier Holzteile niemals Nägel benutzt. Man verwendet ausschließlich Stifte (→ *Stifte,* S. 250), die jedoch nur als Halterungen für Klangplatten und Saiten dienen.

b) Bevor wir einen Stift einschlagen, müssen wir vorbohren, damit sich das Holz nicht spaltet. Der Durchmesser des Bohrers muß ca. 0,5 mm kleiner sein als derjenige des Stiftes. Vor dem Bohren bestimmen wir die Bohrtiefe und stellen diese am Bohrständer ein. Kann man die Bohrtiefe nicht einstellen, behilft man sich mit einem Klebeband, das an der entsprechenden Stelle um den Bohrer gewickelt wird (→ Skizze).

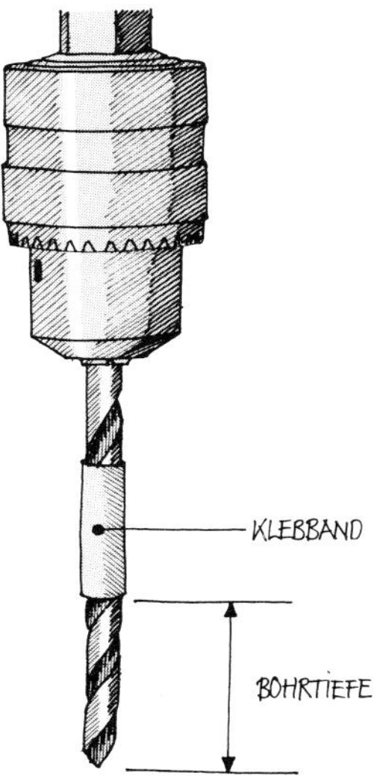

c) Die Stifte, welche die Klangplatten halten sollen, stehen senkrecht; das Bohren der entsprechenden Bohrlöcher sollte deshalb keine Schwierigkeiten bereiten.

d) Die Stifte, die als Halterungen für Saiten dienen sollen, müssen hingegen schräg stehen, damit der starke Zug der gespannten Saiten sie nicht aus ihrer Richtung ziehen oder verbiegen kann. Zum Schrägbohren von Löchern benötigen wir eine Lehre (→ *Lehre,* S. 245).

e) Stifte werden mit dem Hammer eingeschlagen. Wir halten den Hammer am *Ende* des Stieles und führen ihn so, daß seine Schlagfläche beim Auftreffen rechtwinklig zum Stift steht. Wird der Hammer schräg geführt, so gleitet er leicht ab, oder der Stift wird krumm. Die gute Führung des Hammers ist besonders wichtig, wenn schrägstehende Stifte eingeschlagen werden müssen. Wir dosieren das Einschlagen in mehrere feine Schläge. Für den Anfänger empfiehlt es sich, das Nageln auf Abfallholz zu üben.

Nitrowachs auftragen

a) Die Oberflächenbehandlung des Holzes mit Nitrowachs ist jedem Anfänger anzuraten.

b) Das Auftragen des Wachses geschieht mit einem Läppchen und ist problemlos. Wir tragen eine dünne Schicht auf und polieren mit einem Büschel Roßhaar oder mit Stahlwatte.

c) Sollte das Nitrowachs zu hart sein und sich nicht mehr gut auftragen lassen, kann es durch Beifügen von Nitroverdünner wieder streichfähig gemacht werden. (Büchse nach Gebrauch stets gut schließen!).

d) Bei einem Instrumentenkorpus behandeln wir Seite um Seite. Gerät dabei Wachs auf eine anstoßende Fläche wird es sofort weggewischt, und es muß nachpoliert werden. Es empfiehlt sich, den Korpus mehrere Male zu wachsen, wobei aber Zwischenpausen zum vollständigen Austrocknen nötig sind.

e) Für feine Arbeiten ist eine Vorbehandlung mit Hartgrund empfehlenswert.

Pinsel reinigen

a) Nach jedem Gebrauch sind Pinsel gründlich zu reinigen.

b) Kunstharzleim entfernen wir vor dem Antrocknen mit Wasser, Grundierung, Lack, Spannlack und Lackfarben mit Nitroverdünner oder Pinselreiniger.

c) Um Nitroverdünner oder Pinselreiniger zu sparen, wird der Pinsel zuerst an der entsprechenden Büchse und dann an einem Lappen möglichst gut abgestreift. Nach dem Reinigen mit Nitroverdünner oder Pinselreiniger trocknet man den Pinsel mit einem sauberen Lappen.

Plan lesen und Plan zeichnen

a) Ansichten:
Zur eindeutigen Darstellung eines Werkstückes (Instrumentes) sind oft mehrere Ansichten und eventuell Schnitte notwendig. Da wir nebst Plan immer noch eine genaue Erklärung und ein Foto haben, wird als Plan oft nur ein Schnitt gezeigt (→ z. B. Wassertrillerpfeife).
Die Ansicht, die am meisten vom Instrument zeigt, bezeichnen wir als Aufriß (A) (→ Abb. 1). Die weiteren Ansichten werden gemäß Abb. 1 angeordnet.

Abb. 1

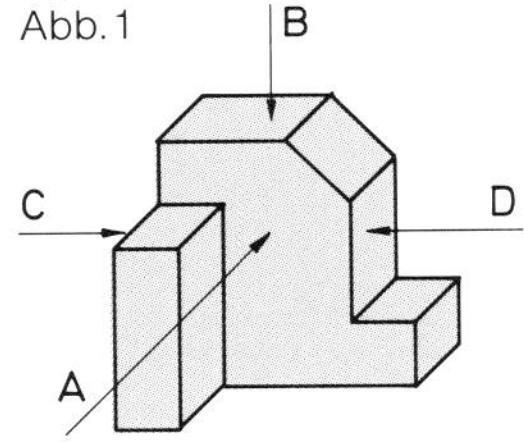

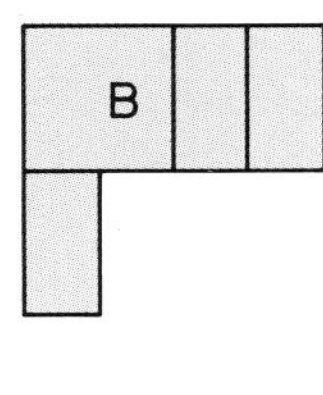

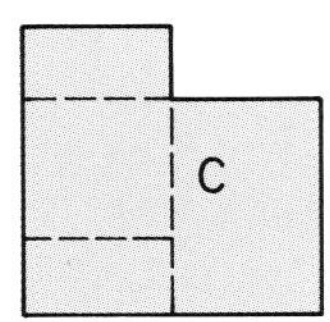

ANSICHT VON LINKS

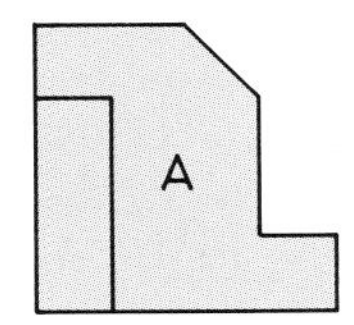

ANSICHT VON VORN

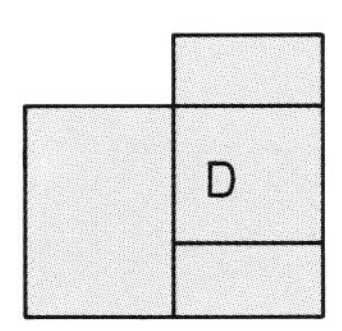

ANSICHT VON RECHTS

b) Schnitt:
Schnittflächen werden schraffiert gezeichnet (→ Abb. 2).

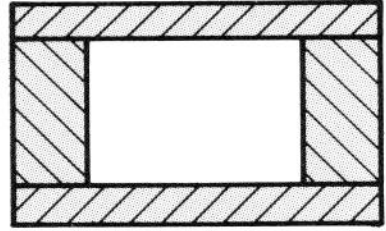

Abb. 2

Rohre werden mit zwei Zahlen bezeichnet: Die erste gibt den Außen-, die zweite den Innendurchmesser an (→ Abb. 3).

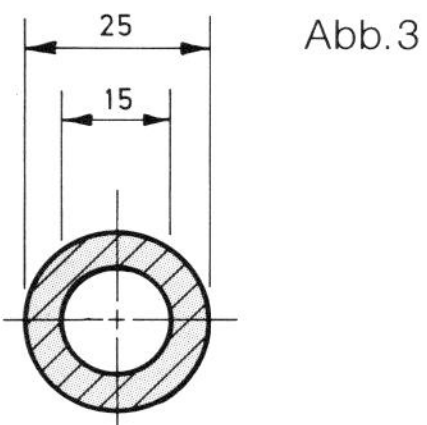

Abb. 3

c) Vermaßung:
Es werden Maßlinien mit Pfeilen verwendet (→Abb. 4). Das Maß steht über der Maßlinie und ist immer in mm ausgedrückt, wie es beim technischen Zeichnen üblich ist. Falls der Platz zwischen den Hilfslinien zu knapp ist, werden die Pfeile außen gezeichnet (→Abb. 5).

Abb. 4 Abb. 5

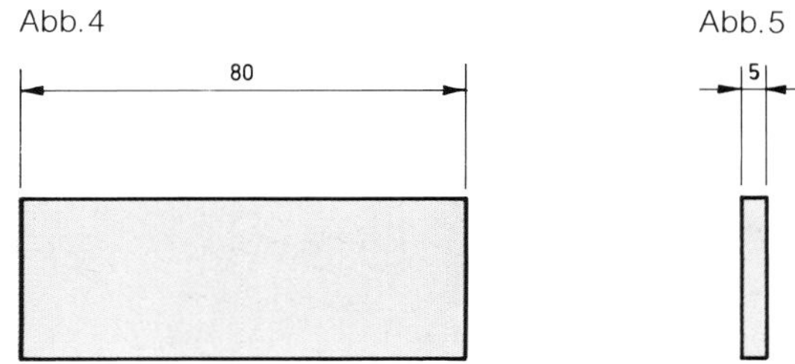

Sehr lange Gegenstände können verkürzt gezeichnet sein. Das Maß gibt die wirkliche Länge an (→Abb. 6).

Abb. 6

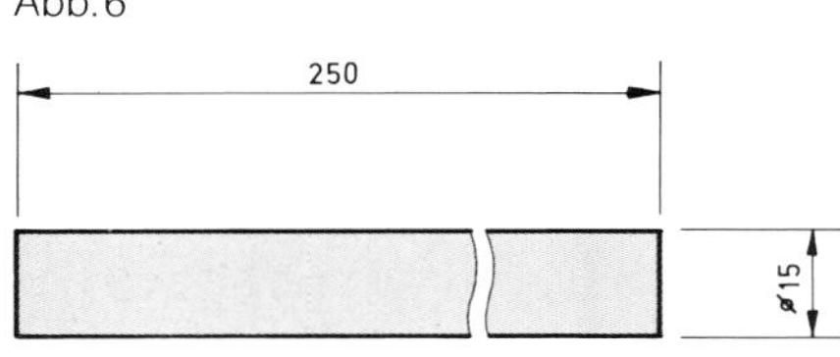

Das Beispiel in Abb. 6 zeigt ein Rundholz, was am Zeichen Ø zu erkennen ist.

Eine Reihe von Löchern usw. mit gleichbleibendem Abstand kann, wie Abb. 7 es zeigt, vermaßt sein.

Abb. 7

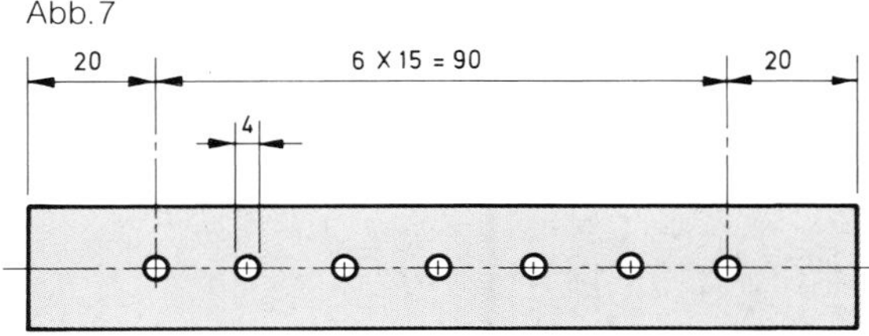

Radien werden durch ein R vor der Maßzahl angegeben (→Abb. 8).

Abb. 8

Anmerkung: In den Materiallisten sind die Holzstücke aus praktischen Gründen in cm angegeben.

d) Da die Pläne in unserem Buch nicht im Maßstab 1:1 erscheinen, ist es notwendig, daß wir sie in Originalgröße selbst noch einmal zeichnen. Das gilt vor allem für die komplizierteren Pläne der Saiteninstrumente. Ein genauer Plan im Maßstab 1:1 ist hier gewissermaßen Vorbedingung zum Gelingen der praktischen Arbeit, denn durch das Erstellen des Planes werden wir gezwungen, uns mit den Bauproblemen bereits auseinanderzusetzen, solange Fehler noch korrigierbar sind.

e) Wenn in den Plänen keine Maßzahlen vermerkt sind, ist die Wahl der Maße frei, und die Beschreibung bietet lediglich eine denkbare, ästhetisch möglichst befriedigende Lösung an.

Polieren

a) Wenn Metalle poliert werden, beginnen sie zu glänzen. Auch Lack auf Holz kann durch Polieren zum Glänzen gebracht werden.

b) Angaben über das Polieren von Lack lesen wir unter *Lackieren,* S. 222, Abschnitt d nach.

c) Zum Polieren von Metall braucht man ein Poliermittel. Verschiedene Metalle erfordern auch verschiedene Poliermittel. Ob eine Universal-Polierpaste genügt, muß man selbst entscheiden.

d) Polieren von Hand ist mühsam. Als Zubehör zur Antriebsmaschine gibt es eine Polierscheibe aus Filz. Diese erleichtert die Arbeit wesentlich. Ein weiches Poliermittel läßt sich mit einem Läppchen auf das Werkstück auftragen. Eine feste Poliermasse können wir an die laufende Filzscheibe halten und so das Poliermittel aufbringen. Mit der Zeit merken wir, wieviel Poliermittel nötig ist. Lieber einmal etwas zu wenig als zu viel.

e) Zum Polieren wird die Antriebsmaschine waagrecht in einen Aufspannbock gespannt und das Werkstück gegen die laufende Filzscheibe gedrückt. Man kann aber auch das Werkstück (z. B. Klangplatten aus Metall) zwischen die Bankeisen spannen und, indem man die laufende Antriebsmaschine in den Händen hält, mit der Filzscheibe polieren.

f) Nach dem Polieren wird das Werkstück mit einem sauberen Lappen nachgerieben. Man kann dazu auch die Filzscheibe benutzen, muß sie aber zuvor reinigen. Das geschieht mit Schmirgeltuch oder Schleifpapier, das leicht gegen die laufende Filzscheibe gedrückt wird.

g) Achtung: Beim Polieren von Metall werden die Werkstücke heiß. Wenn Antikorodal beim Polieren zu heiß wird, weist es am Schluß Verfärbungen auf.

Punzen

a) Zum Kennzeichnen der Klangplatten benutzt man sowohl auf Holz wie auf Metall die gleichen Buchstabenpunzen.

b) Beim Holz ist das Punzen auf der Stirnseite leichter als auf der Oberseite.

c) Es ist wichtig, daß wir die Punze genau im rechten Winkel ansetzen und daß der Hammer die Punze nicht schräg trifft. Wie stark der Schlag sein muß oder sein darf, hängt von der Materialhärte des Werkstückes ab. Versuche an Probierstücken sind hier unumgänglich.

d) Die Wiederholung eines zu schwachen Schlages gelingt selten gut, wenn die Punze neu angesetzt werden muß. Es entsteht dann meistens eine etwas verschobene zweite Punzung.

Raspeln → *Feilen und raspeln*

Reifchen einleimen → *Leimen*

Sägen

a) Zum Sägen verwenden wir: Laubsäge, Feinsäge, Metallsäge (Eisensäge), Absetzsäge oder Schweifsäge. Jede von diesen Sägen dient einem bestimmten Zweck. Alle haben jedoch gemeinsam, daß sie ein gezähntes und geschränktes Stahlblatt besitzen. Die Zahnung kann so:

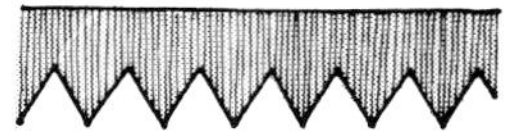

aussehen. Mit der ersten Zahnung kann beim Ziehen und Stoßen gesägt werden; mit der zweiten Zahnung ist das Sägen nur in einer Richtung möglich, und das Sägeblatt wird stets so gerichtet, daß man damit auf Stoß arbeiten kann (Ausnahme: Laubsäge!). Wir verwenden nur Sägen mit der zweiten Zahnung, weil mit ihnen ein genaueres Arbeiten möglich ist. Die Zähne müssen abwechslungsweise gegen links und rechts gleichmäßig abgewinkelt, das heißt geschränkt sein, sonst klemmt die Säge beim Arbeiten. Außer bei der Feinsäge müssen die Sägeblätter zum Arbeiten gespannt und nach dem Sägen wieder entspannt werden. Bei der Absetzsäge und Schweifsäge kann das Blatt vor dem Spannen schräg gestellt werden, was die Arbeit wesentlich erleichtert (→ Skizze).

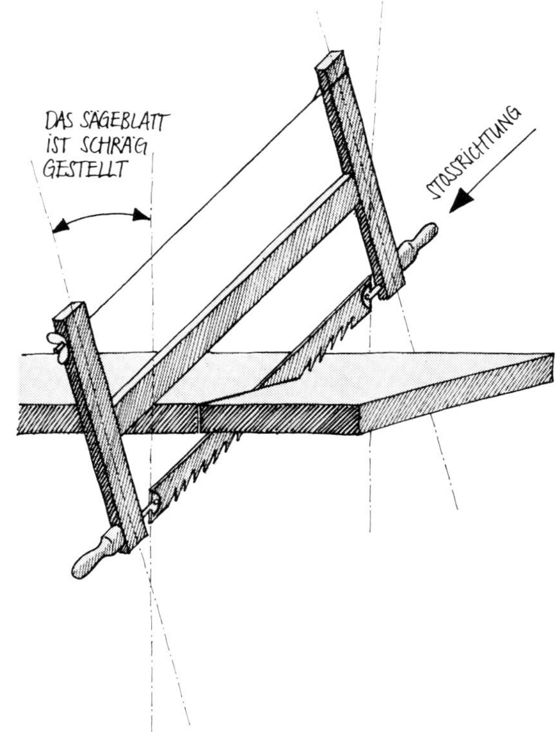

b) Mit Bleistift und Winkel bezeichnen wir die exakte Länge des Werkstückes. Würde man aber genau auf diesem Strich absägen, wäre das Holzstück am Schluß wegen der Breite des Sägeschnittes ein wenig zu kurz, und man könnte es nicht mehr genau zuschleifen. Deshalb geben wir bei jedem Absägen etwa 1–2 mm zu (Hartholz: 1 mm; Weichholz: 2 mm). Der Anfänger tut gut daran, sich die Schnittstelle ebenfalls mit Bleistift und Winkel zu bezeichnen. Zum Sägen spannen wir das Werkstück ein. Beim Ansetzen der Säge stellt man den Daumen der freien Hand so auf, daß sich sein Nagel genau auf dem Strich befindet und als Führung für das Sägeblatt dient. Obwohl die Säge auf Stoß eingestellt ist, zieht man sie zu Beginn 2–3mal gegen sich, bis eine kleine Kerbe entstanden ist. Dann erst arbeitet man auf Stoß. Beim Sägen soll weder Kraft noch Druck angewendet werden. Wir nutzen die Länge des Sägeblattes aus. Eile und Hast führen zu schlechten Resultaten. Die Körperhaltung ist für ein rhythmisches Sägen wesentlich: Wir stehen im Vorschritt mit leicht gespreizten Beinen; der hintere Fuß wird nach außen gedreht. Die Säge soll beim Arbeiten vorn nach unten geneigt sein (→ Skizze). Während des Sägens kontrolliert man mehrmals, ob der Schnitt genau auf dem Strich verläuft. Wenn das Werkstück beinahe durchgesägt ist, ist äußerste Vorsicht nötig,

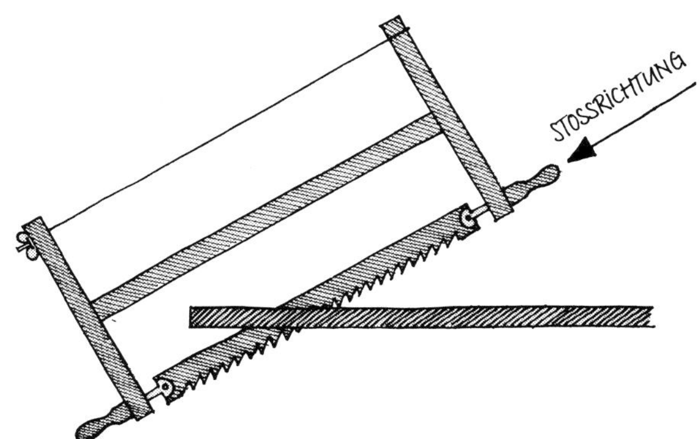

werden sie mit dem Stimmschlüssel, der zu den Stimmschrauben passen muß, eingedreht, und zwar so lange, bis die Windungen verschwunden sind. Nun drehen wir alle Schrauben um ca. 5 Windungen wieder in die Höhe. Mit dieser Maßnahme erreicht man, daß alle Stimmschrauben gleich hoch stehen. Wenn nämlich die Saite fertig aufgezogen ist, sollen die Windungen gerade wieder im Holz verschwunden sein.

c) Die Löchlein für die Stifte müssen wir vorbohren. Sie müssen schief gebohrt werden (→ Skizze),

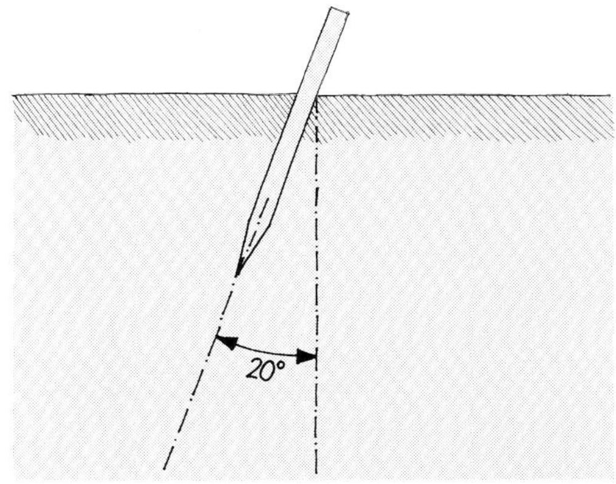

damit sie den enormen Zug der Saiten (50–80 kg pro Saite) auffangen können, ohne aus der Richtung gerissen zu werden (Gegenzug). Damit wir die einzelnen Löchlein immer gleich schräg bohren können, benötigen wir eine Winkelbohrhilfe. Sie besteht aus zwei rechtwinklig zusammengefügten Holzleisten und wird mit zwei Flachrundschrauben am Bohrständertisch befestigt (→ Skizze S. 232). Die gegen den Bohrer aufragende Leiste liegt direkt unter dem Bohrer, damit sie dessen Druck auffangen kann. Die Höhe der Leiste muß so gewählt werden, daß der Instrumentenkorpus, wenn man ihn darüberlegt und gleichzeitig auf den vorderen Rand des Bohrtisches abstützt, einen Winkel von 20° aufweist. Auf diese Art erhält jedes Bohrloch immer die gleiche Schräge.
Zum Bohren der Löchlein wird ein Bohrer benutzt, der einen 0,2 mm kleineren Durchmesser aufweist als der Stift. Die Bohrlochtiefe entspricht der Länge der Stifte.

d) Damit nach dem Einschlagen der Stifte alle etwa 5 mm über die Decke herausragen, benötigen wir eine Lehre. Sie besteht aus einem 5 mm dicken Hartholzbrettchen und ist so breit, daß sie die Decke bei ungeschickten Schlägen schützt. Die Breite muß etwas weniger betragen als die Di-

sonst spleißt bei den letzten Zügen das Holz aus. Steht keine Bandsäge zur Verfügung, benutzt man zum Zusägen von Decken und Böden die Sägehilfe (→ *Sägehilfe* S. 247). Wir legen die Sägehilfe auf das Brett, bündig mit der zu sägenden Geraden, befestigen sie mit Schraubzwingen und fahren mit der Feinsäge ohne Druck genau an der Leiste entlang hin und her. Alle Zähne berühren gleichzeitig das Brett. Die Sägehilfe liegt bei dieser Arbeit nie auf der Seite des Abfallholzes, sondern sie schützt das Boden- oder Deckenbrett vor Beschädigung.

Saiten aufziehen

a) Soll eine Saite zum Klingen gebracht werden, muß sie über einen Korpus (Resonanzraum) gespannt werden. Das Spannen ermöglichen zwei voneinander verschiedene Halterungen (in den Stöcken). Die eine ist starr (Stift, Stöckerle), die andere kann gedreht werden (Stimmschraube, Wirbel). So wird die Saite stimmbar.

b) Es gibt Stimmschrauben mit Rechts- und Linksgewinde. Linksgewinde werden nur in speziellen Fällen verwendet. Für Stimmschrauben mit einem Durchmesser von 5 mm wird ein Loch mit dem 4,9 mm-Bohrer gebohrt, für Stimmschrauben mit einem Durchmesser von 4 mm ein Loch mit dem 3,9 mm-Bohrer. Die Löcher für die Stimmschrauben müssen genügend tief gebohrt werden, damit sie beim Einschrauben nicht das Lochende erreichen und beim Weiterschrauben das im Holz entstandene Gewinde wieder zerstören. In den meisten Fällen bohrt man aber das Loch trotzdem nicht ganz durch den Korpus. Die Löcher für die Stimmschrauben können senkrecht oder schräg gebohrt werden. Für unsere Zwecke genügt ein senkrechtes Bohrloch. Die Stimmschrauben werden mit dem Hammer so weit eingeschlagen, bis sie die Fichtendecke durchdrungen und das Hartholz des Stockes erreicht haben, was wir am veränderten Klang der Schläge hören können. Dann

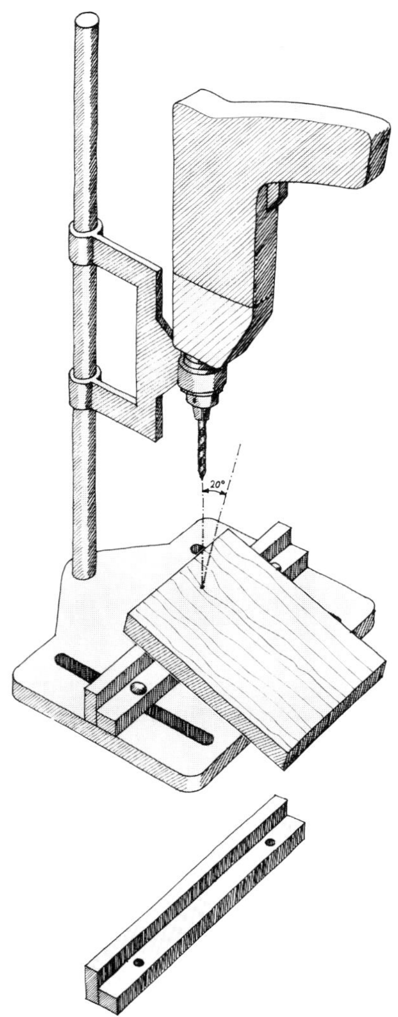

stanz zwischen dem ersten und dritten Stift. In die Mitte dieses Brettchens wird ein Löchlein mit dem gleichen Durchmesser, den die Stifte aufweisen, und in der gleichen Schräge, wie wir sie oben beschrieben haben, gebohrt. Wir befestigen den ersten Nagel mit einem leichten Schlag im Bohrloch, stülpen die Lehre darüber und schlagen den Nagel bündig zum Brettchen ein.

Dieses Verfahren wendet man auch für die übrigen Stifte an, so daß schließlich alle gleich hoch über die Decke herausragen.

e) Anstelle von Stiften kann man auch Stöckerle (Gitarrenknöpfe) setzen. Diese eignen sich vor allem für dickere Saiten (Nylonsaiten, blank und umsponnen). Beim Kauf der Stöckerle achten wir darauf, daß sie eine seitliche Rille aufweisen. Die Stök-

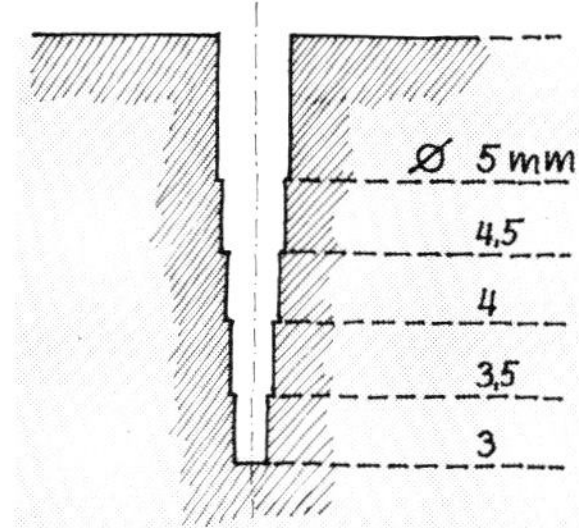

kerle haben einen konischen Körper. Das Loch, in das sie gesteckt werden sollen, muß deshalb auch konisch sein. Es wird in verschiedenen Stufen gebohrt. Bei jeder Stufe wird der Bohrer um 0,5 mm kleiner genommen. Die Distanz von Stufe zu Stufe richtet sich nach dem Konus des Stöckerles. Da es verschiedene Fabrikate gibt, müssen wir durch eigenes Ausmessen und durch Probebohrungen die richtigen Bohrtiefen ermitteln (Übungsklötzchen!). Wir bohren so, daß der Kopf des Stöckerles die Decke nur berührt, wenn wir beim Einsetzen etwas Druck ausüben. Das Bohrloch muß so tief gebohrt werden, wie das Stöckerle mitsamt dem Kopf lang ist. Die Saite muß an einem Ende einen Knoten aufweisen. Wenn er fehlt, bringen wir einen an. Beim Anbringen eines Knotens kann die Umspinnung an tieferen Saiten leicht verletzt werden, und es besteht die Gefahr, daß die Saite bald an dieser Stelle reißt. Es ist von Vorteil, statt eines Knotens viele Umwickelungen mit Sternzwirn anzubringen und mit Schnellkleber zu fixieren, so daß eine genügend große Verdickung entsteht, die nicht mehr durch die Rille des Stöckerles rutschen kann.

f) Im Gitarrenbau ist es üblich, daß die Rille des Stöckerles beim Setzen der Stimmschraube zugewendet wird. Da bei unseren Instrumenten jedoch die Saite nicht über eine Hartholzauflage geführt wird, würden sich auf diese Weise die Saiten in die weiche Decke eingraben (→ Skizze). Das wird ver-

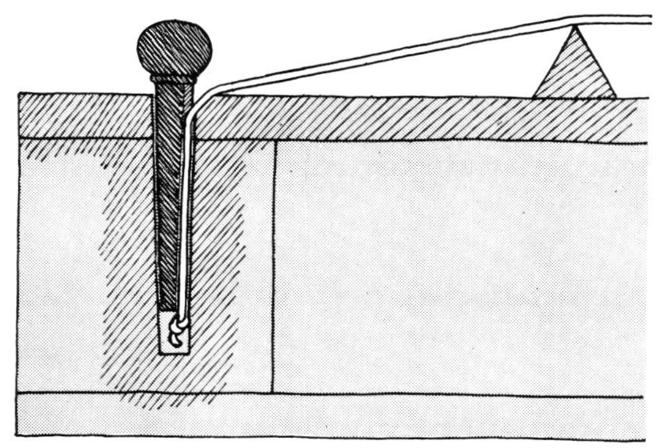

mieden, wenn man in jedes Stöckerle unterhalb seines Kopfes von der Rille her ein Löchlein durchs Zentrum bohrt, wie es die Skizze zeigt.

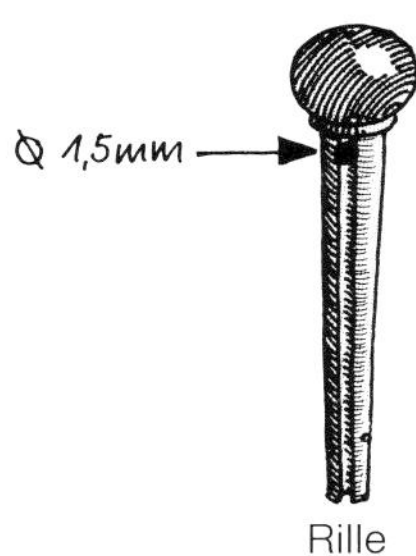

Beim Setzen des Stöckerles kommt die Rille auf die dem Steg abgewendete Seite zu stehen (→ Skizze!). So schneidet sich die Saite nicht mehr ins weiche Holz der Fichtendecke ein.

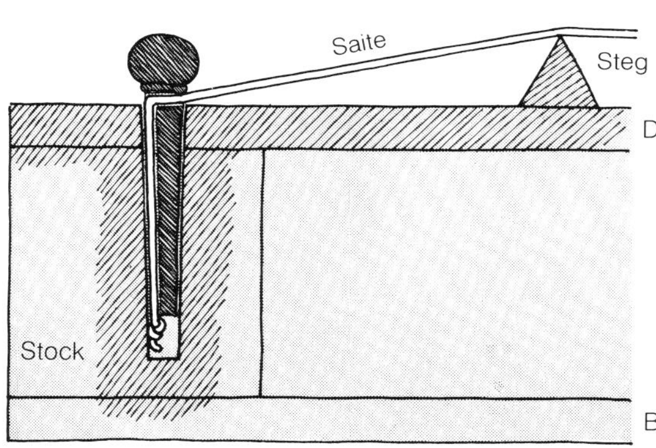

g) Die Saiten (Stahl, Messing oder Bronze), die an Stiften befestigt werden, müssen am einen Ende eine Schlinge erhalten. Diese Schlinge stellen wir mit einem Saitendreher und einer Klemmzange her. Der Saitendreher besteht aus einem Rundhölzchen (Ø ca. 1 cm), in dessen einem Ende ein

Hakenschräubchen eingedreht wurde. Die Dicke des Hakenschräubchens muß etwas größer als die Dicke des Stiftes sein. Sie ist maßgebend für die Größe der entstehenden Schlaufe. Es gibt verschiedene Möglichkeiten, die Schlaufe zu drehen:

1.1 Wir schneiden ein entsprechendes Stück Saite ab. Es muß bedeutend (ca. 20 cm) länger sein, als es die schwingende Saite am Schluß ist.

1.2 Das eine Ende der Saite spannen wir in den Schraubstock und halten das andere mit der Klemmzange in der einen Hand.

1.3 In der anderen Hand halten wir den Saitendreher und packen mit der Ringschraube die Saite an der Stelle, an welcher die Schlaufe entstehen soll (ca. 10 cm vom Ende der Saite entfernt).

1.4 Mit dem Saitendreher wird die Saite so gezogen, daß der längere Teil zum kürzeren einen Winkel von 45° bildet (→ Skizze).

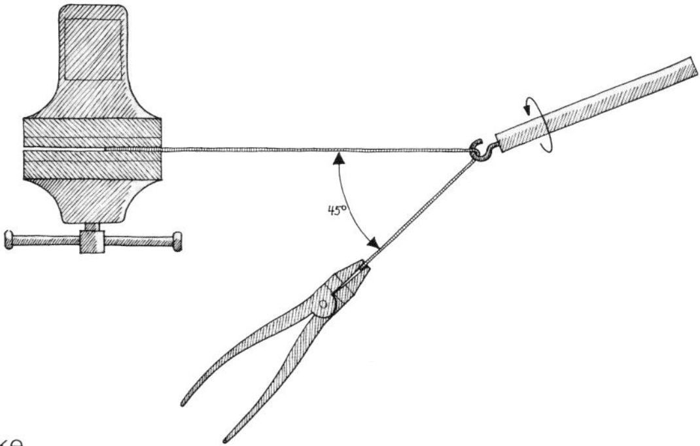

1.5 Der Saitendreher wird ringsum gedreht, bis eine etwa 1 cm lange Verzwirnung entstanden ist. Die Verzwirnung wird aber nur gut, wenn die Saite immer sehr straff gehalten wird und wenn der Winkel stimmt. Die Richtung des Saitenhalters soll diesen Winkel halbieren.

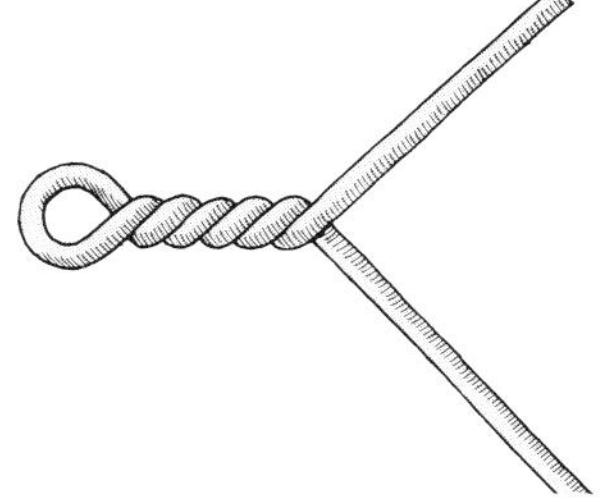

1.6 Als Abschluß erfolgt eine Wickelung mit dem kürzeren um das längere Drahtstück: Beim Drehen muß das kürzere Ende zum längeren Draht im rechten Winkel stehen.

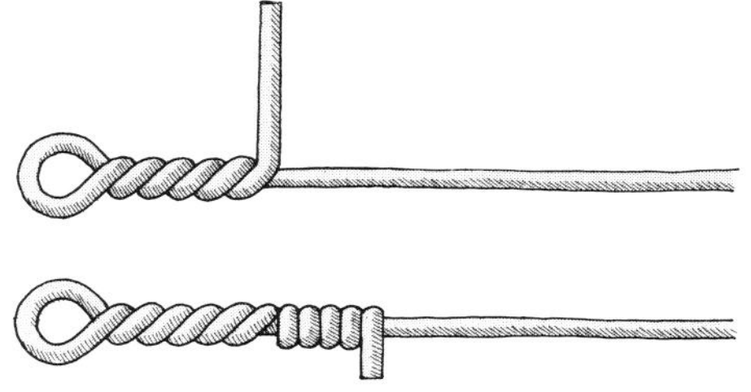

Die Wickelungen selbst werden mit Daumen und Zeigefinger der einen Hand ausgeführt. Sie sollen dicht nebeneinander liegen.
Eine andere Möglichkeit, die Schlaufe zu drehen, ist folgende:

2.1 Der Musikdraht wird dort, wo die Schlaufe sein soll, von Hand umgebogen.

2.2 Etwa 1 cm von der Schlaufe entfernt, fassen wir mit der Klemmzange beide Drähte. Die Zange liegt dabei in Längsrichtung gegen die Schlaufe und läßt diese frei. Die Drähte dürfen in der Zange nicht übereinanderliegen.

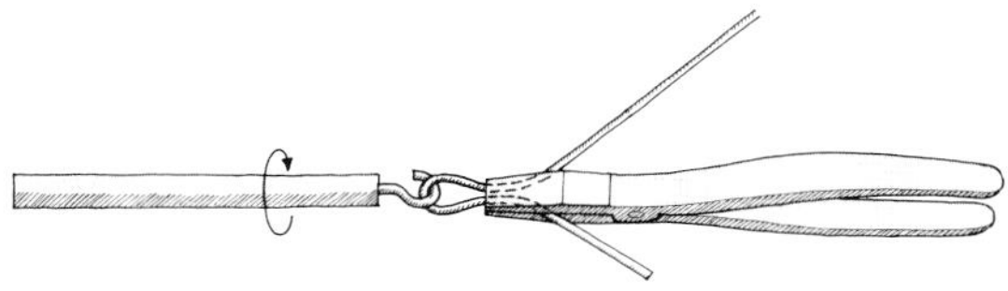

2.3 Mit der Ringschraube des Saitendrehers fassen wir die Schlaufe und drehen den Saitendreher rundum, bis die Verzwirnung etwa 1 cm lang und ganz dicht ist. Das Verzwirnen gelingt nur, wenn der Draht immer ganz straff gehalten wird. Auf einen bestimmten Winkel braucht man bei dieser Art nicht zu achten.

h) Bei beiden Arten des Schlaufendrehens ist darauf zu achten, daß alle Schlaufen gleichlaufende Verzwirnungen aufweisen.

i) Die Saite wird mit der Schlaufe an den Stift gehängt. Die Schlaufe muß auf der Decke liegen und darf bei den folgenden Arbeiten nicht in die Höhe rutschen, sonst wird der Stift aus seiner Lage gerissen. Nun wird das andere Saitenende über den Steg zur Stimmschraube geführt, durch das Löchlein gesteckt und mit dem Seitenschneider so abgeschnitten, daß noch ca. 8 cm Draht hervorsteht.

k) Die Saite wird soweit zurückgezogen, bis sie nur noch ca. 8 mm aus dem Löchlein herausragt. Dieses Ende knicken wir von Hand nach unten um und halten es in dieser Lage fest. In der Gegengewinderichtung der Stimmschraube wickeln wir so viele Windungen um diese, wie es das Saitenmaterial zuläßt. Dabei ist zu beachten, daß die Windungen sich nicht überdecken und dicht nebeneinander liegen, wobei sie das umgeknickte Saitenende in der angegebenen Lage fixieren.

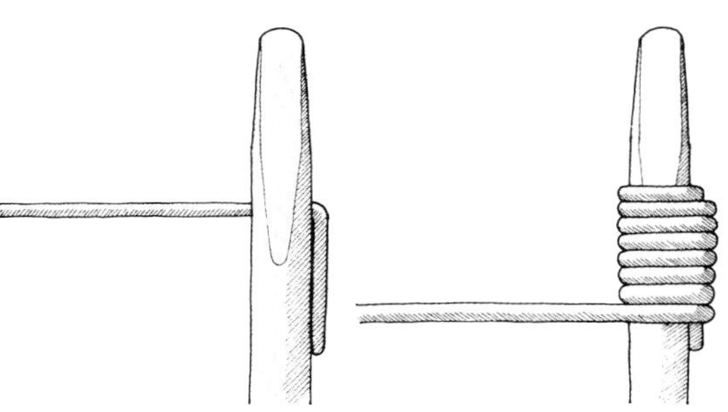

Anmerkung: Die Saite kann auch ohne Umknicken des Endes aufgezogen werden. Die erste Wickelung wird so um die Stimmschraube geführt, daß sie oberhalb, die übrigen hingegen eng beisammen unterhalb des Saitenendes verlaufen. Ist die Saite gestimmt, wird deren Ende mit dem Seitenschneider abgeschnitten.

l) Nun drehen wir mit dem Stimmschlüssel weiter und legen so viele Windungen an, bis die Saite gespannt ist und ein tiefer Ton hörbar wird. Dabei wird beachtet, daß die Saite den Steg berührt. Die Lage des Steges muß beim Stimmen immer wieder überprüft werden, da er beim Anziehen der Saite seine Lage oft verändert. Wir stimmen weiter, bis die in der entsprechenden Tabelle angegebene Tonhöhe erreicht ist. Das Aufziehen der Saiten soll ohne Hast geschehen. Sowohl Saiten wie auch der Instrumentenkorpus müssen sich an die immer größer werdende Spannung gewöhnen können. Bis sich beide beruhigt haben, muß oftmals nachgestimmt werden.

Sattel herstellen

Der Sattel wird aus einem Hartholzleistchen mit rechteckigem Querschnitt hergestellt. Die eine Längskante rundet man ab. Beim Aufleimen wenden wir die abgerundete Seite nach oben den Stimmschrauben zu und bringen der Saitendicke entsprechend breite und 1 mm tiefe Rillen dort an, wo die Saiten später liegen sollen. Sind die Rillen zu tief, beginnen die Saiten zu scheppern.

Schallöcher herstellen

a) Die Herstellung von Schallöchern im Fichtenholz ist eine delikate Angelegenheit. Das Holz reißt leicht ein, und der Wechsel zwischen Sommerholz (weich) und Winterholz (hart) erschwert die Arbeit. Es ist sinnvoll, zuerst an einem Versuchsbrettchen aus Fichtenholz zu üben.

b) Am leichtesten sind Schallöcher herzustellen, bei denen nur gebohrt werden muß. Andere als Kreisformen müssen mit der Laubsäge ausgesägt und mit dem Schnitzmesser sauber ausgearbeitet werden.

c) Beim Aufzeichnen des Schalloches muß man sich bemühen, so feine Striche wie möglich zu ziehen, damit die Decke keinen Schaden leidet. Bei einem Schalloch, das man bohren kann, wird jeweils nur das Bohrlochzentrum angegeben. Tiefe Bleistiftstriche lassen sich kaum mehr herausschleifen.

d) Bevor die Schallöcher gebohrt werden, müssen wir die Tiefeneinstellung für den Dübelbohrer so einrichten, daß beim Bohren seine Zentrumsspitze nur gerade sichtbar das Holz durchdringt. Dann wenden wir das Holz, setzen die Zentrumsspitze des Bohrers vorsichtig in das vorhandene Löchlein und bohren das Schalloch fertig aus.

Anmerkung 1: Es kann sein, daß bei einigen Saiteninstrumenten die Ausladung eines üblichen Tischbohrständers zum Bohren der Schallöcher nicht genügt. Wir suchen deshalb eine Werkstätte auf, in der eine Bohrmaschine mit genügender Ausladung zur Verfügung steht, denn es empfiehlt sich nicht, die Schallöcher aus freier Hand zu bohren.

Anmerkung 2: Wenn der Bohrständer keinen Bohrtiefenanschlag hat, klebt man um den Bohrer einen Streifen Klebeband als Markierung für die erforderliche Bohrtiefe.

e) Die runden Bohrlöcher werden ausgeschliffen. Wir benutzen dazu als Schleifhilfen Rundhölzchen, die einen etwas kleineren Durchmesser als das Loch haben und etwa 15 cm lang sind. Um diese wickeln wir feinstes Schleifpapier (220–250) und schleifen vorsichtig senkrecht auf und ab.

Schleifen

a) Zum Schleifen werden Schleifpapier und Schleifkork benötigt. Eine große Arbeitserleichterung bringt eine Tellerschleifmaschine. Zur Antriebsmaschine mit Aufspannbock gibt es als Zubehör einen Schleifteller, der jedoch den Nachteil hat, daß ein geeigneter Schleiftisch mit Winkelanschlag fehlt. Man ist also gezwungen, sich den Schleiftisch selbst herzustellen. Das exakte Schleifen von Winkeln an der Stirnholzseite der Stöcke kann nur mit einer Tellerschleifmaschine oder einem Schleifteller ausgeführt werden. Auch eine Bandschleifmaschine kann unter Umständen gute Dienste leisten. Von einem Schwingschleifer ist eher abzuraten: Auf den feinen Hölzern, die wir verwenden, entstehen durch die Schwingbewegungen kreisförmige Kratzer, die nur schwer und mit mühsamer Handarbeit wieder zu entfernen sind.

b) Es ist wichtig, mit Schleifpapier und Schleifkork immer in Faserrichtung zu schleifen und ja nicht quer zur Faser, da sonst Kratzer entstehen.

c) Befinden sich auf der Holzoberfläche starke Unebenheiten, wird zuerst mit grobkörnigem Schleifpapier geschliffen. Nach und nach geht man zu immer feinerem Papier über, bis die Fläche fein geschliffen ist. Bei Rhythmusinstrumenten können wir mit einem 150er Papier abschließen, während beim Korpus eines Saiteninstrumentes bis zu einer Feinheit von mindestens 250 weitergearbeitet werden soll.

d) Um den Korpus eines Saiteninstrumentes nicht zu verletzen, steht es frei, die Überstände abzuschleifen, ohne den Korpus einzuspannen. Wenn er aber eingespannt wird, muß es mit größter Vorsicht in der Vorderzange geschehen. Die Vorderzange darf keine Beschädigungen aufweisen, weil die Fichtenholzdecke leicht verletzbar ist. Wird zu stark angezogen, entstehen ebenfalls Eindrücke. Deshalb verwendet man eine weiche Zulage. Beim Schleifen halten wir trotz dem Einspannen als Vorsichtsmaßnahme den Korpus noch mit der einen Hand fest und schleifen beide Überstände an Dekke und Boden gleichzeitig ab. Der Schleifkork darf nicht verkantet werden.

e) Zum Schleifen des Bodens und der Decke können wir den Korpus vorsichtig gegen ein Bankeisen drücken, wobei er mit einer weichen Zulage vor dem Zerkratzen geschützt werden sollte, oder das Einspannen muß wiederum mit größter Vorsicht unter Verwendung von weichen Zulagen zwischen Korpus und Bankeisen geschehen; also nur wenig anziehen!

f) Nach dem Schleifen mit Korn 150 werden alle Kanten gebrochen (→ Abschnitt g). Damit der Korpus beim letzten Feinschleifen nicht mehr zerkratzt wird, legt man ihn zum Weiterarbeiten auf ein weiches Tuch. Der Korpus wird weiter geschliffen, bis selbst der feinste Kratzer verschwunden ist (Korn 180, 200, 220, 250). Die dafür aufgewendete

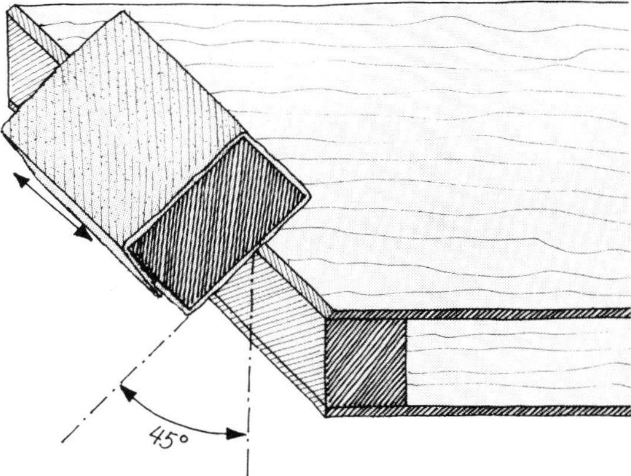

Zeit und Geduld lohnen sich; die Freude am fertigen Instrument wird viel größer sein.
g) Zum Brechen der Kanten muß der Korpus oder das Werkobjekt nicht eingespannt werden. Man fährt mit dem Schleifkork immer in Längsrichtung und abgewinkelt zur Kante (→ Skizze).
h) Zum Ebenschleifen der Zargen und Stöcke am halbfertigen Korpus dient eine genügend große Tischlerplatte, die mit Schleifpapier beklebt wurde. Die Schleifpapierbogen sollen dicht aneinanderstoßen, dürfen aber keinesfalls überlappen. Zum Schleifen des Randes wird der Korpus, ohne daß man ihn verkantet, über das Schleifpapier hin und her gestoßen. Man schleift so lange, bis die oberen Ränder an Stöcken und Zargen eben sind. Zur Kontrolle dient die Hobelbankplatte. Sie zeigt an, wo man noch Material abtragen muß.

Schmirgeln

a) Beim Absägen von Metall entstehen Brauen. Diese müssen abgeschmirgelt werden.
b) Das Schmirgeln von Metallteilen geschieht richtigerweise mit Schmirgeltuch. Für unsere Verhältnisse genügt jedoch auch feines Schleifpapier, das eigentlich zum Schleifen von Holz benutzt wird.

Steg herstellen

a) Bei Saiteninstrumenten werden die Saiten über Stege geführt. Sie bestehen aus Ahornholz.
b) Bei einfachen selbstgebauten Zupfinstrumenten handelt es sich um gerade Stege, deren Querschnitt ein Dreieck ist.
c) Zur Herstellung der Stege wählen wir ein Leistchen mit rechteckigem oder quadratischem Querschnitt, der Höhe und Breite des fertigen Steges entsprechend. Auf den beiden Stirnseiten des Leistchens zeichnet man den Querschnitt auf. Von Spitze zu Spitze der beiden Dreiecke wird eine Gerade gezeichnet. Es entsteht auf einer Seite des Leistchens eine Mittellinie. Nun spannt man das Leistchen vorsichtig zwischen die Bankeisen. Es darf sich nicht durchbiegen und muß so eingespannt werden, daß es möglich ist, mit dem Putz- oder Rasierklingenhobel die eine Kante abzutragen. Nach dem Abhobeln wird das Einspannen schwieriger, denn jetzt muß auch die gegenüberliegende Seite noch abgetragen werden. Ist die Rohform fertig, wird sie geschliffen. Dabei besteht die Gefahr, daß man ungewollt die Seitenflächen rundet.
d) Ein solcher Steg kann auch mit der Schleifmaschine hergestellt werden. Das Halten und Führen des Leistchens über die Schleifscheibe ist recht schwierig. Die Leiste sollte auf alle Fälle auf beiden Seiten um Handbreite länger sein als die erforderliche Länge und als der Durchmesser der Scheibe. Erst nach dem Schleifen wird der Steg auf die richtige Länge zurechtgesägt.
e) Mit der Bandsäge läßt sich ein Steg auf bequemste Art herstellen, wenn der Sägetisch um 30° schwenkbar ist. Das Leistchen muß wegen des Sägeschnittes 5 mm breiter sein als oben beschrieben. Der Anschlag wird möglichst nahe am Sägeblatt fixiert.
f) Geschweifte Stege müssen in mühsamer Handarbeit zuerst gesägt und dann geschliffen werden.
g) Stege von Streichinstrumenten weisen komplizierte Formen auf.
h) Die Stege werden nie lackiert, sondern nur fein geschliffen.
i) Stege werden nicht aufgeleimt (Ausnahme: Willkommharfe), ihr Fuß muß jedoch der Decke ganz exakt angepaßt werden.
k) Bei gewissen Saiteninstrumenten (Saitentamburin, Psalter, Kantele) stellt sich die Frage, ob ein Steg (auf der Seite der Stifte oder Stöckerle) oder zwei Stege (der erste auf der Seite der Stifte oder Stöckerle; der zweite auf der Seite der Stimmwirbel) angebracht werden sollen. Der Steg auf der Seite der Stifte bringt die Saiten in den richtigen Abstand zur Decke und ist deshalb unbedingt erforderlich. Der Abstand der Saiten zur Decke auf der Seite der Stimmschrauben läßt sich mit diesen regulieren; das Regulieren braucht jedoch viel Zeit. Um das zu umgehen, können wir auch hier einen Steg anbringen. Besonders beim Saitentamburin ist es wichtig, daß sich alle Saiten auf der gleichen Höhe befinden, da jeweils drei gleichzeitig angeschlagen werden müssen. Es ist jedoch wahrscheinlich, daß die Saiten bei der Verwendung von nur einem Steg etwas freier schwingen können.
l) Damit die Saiten dem Plan entsprechend über den Steg laufen, werden mit einem Schnitzmesser oder einer Dreikanthaarfeile Kerben angebracht, die höchstens 1 mm tief sind. Sind die Kerben zu tief, beginnen die Saiten zu scheppern.

Stifte setzen → *Nageln*

Stimmen

a) Zum Stimmen benutzt man Stimmgabel, Stimmpfeife, eventuell Klavier, elektroakustische Stimmgeräte, vor allem aber das eigene Gehör.
b) Bei den melodischen Schlaginstrumenten und bei den Blasinstrumenten ist der Stimmvorgang in der Bauanleitung genau beschrieben.
c) Bei den Saiteninstrumenten benötigt man zum Stimmen einen Stimmschlüssel. Je stärker eine

Saite gespannt wird, desto höher erklingt der Ton. Beim Überspannen der Saite besteht Reißgefahr. Deshalb spannt man die Saite allmählich und unter ständiger Kontrolle höher. Neue Saiten haben die Tendenz, rasch zu verstimmen, daß heißt wieder tiefer zu werden. Auch Witterungseinflüsse (vor allem Änderungen der Luftfeuchtigkeit) haben auf die Stimmung einen Einfluß. Das Stimmen der Saiten soll ohne Hast geschehen. Sowohl die Saiten wie auch der Instrumentenkorpus müssen sich an die immer größer werdende Spannung gewöhnen können. Bis sich beide beruhigt haben, muß oftmals nachgestimmt werden. Die Tonhöhen, auf welche die einzelnen Saiten gestimmt werden sollen, sind bei den entsprechenden Beschreibungen angegeben, ebenso ein Stimmplan, der die Reihenfolge der zu stimmenden Töne und Intervalle angibt. Am leichtesten sind reine Oktaven und reine Quinten zu stimmen; etwas schwerer ist die Quarte, noch schwerer Terzen und Sexten, besonders schwer Sekunden und Septimen.

Anmerkung: Ein professioneller Stimmer temperiert die Quinten, das heißt, er stimmt sie etwas zu eng.

d) Als Anfänger dürfen wir beim Stimmen den Mut nicht verlieren. Je mehr wir uns damit beschäftigen, desto besser wird es uns gelingen, und desto mehr wird uns der Klang unseres Instrumentes erfreuen.

Stimmschrauben eindrehen → *Saiten aufz.* S. 231

Stöckerle setzen → *Saiten aufziehen* S. 231

Töpfern

a) Für kleinere Teile (wie beim Windspiel) oder Teile, bei denen gewisse Details sehr wichtig sind (wie bei der Kuckuckspfeife oder der Wassertrillerpfeife), benutzen wir Tonerde ohne Schamottzugabe.

b) Baut man hingegen größere Gefäße auf (wie bei der Becher- oder Topftrommel), ist die Formgebung einfacher zu erreichen und die Form wird stabiler, wenn man Tonerde mit Schamottzugabe verwendet. Als Schamotte wird gebrannte Tonerde bezeichnet, die zu einem körnigen Pulver zerrieben wurde.

Anmerkung: Schamott-Tonerde muß vor Gebrauch klumpenweise viele Male tüchtig gegen eine harte Unterlage geschlagen werden.

c) Tonerde kann über lange Zeit gelagert werden. Dabei ist nur zu beachten, daß sie in einem feuchten, ungeheizten Raum gelagert wird. Ganze Pakete werden in einen Plastiksack eingebunden. Angebrochene Pakete oder Restklumpen wickelt man in ein feuchtes Tuch und bewahrt sie ebenfalls in einem zugebundenen Plastiksack auf.

d) Während des Arbeitens wird der Tonvorrat stets mit einem feuchten Lappen zugedeckt.

e) Die Tonerde darf während des Bearbeitens weder zu trocken noch zu feucht sein. Die Probe, ob die Tonerde zu trocken oder zu feucht ist, macht man wie folgt: Ein Tonklümpchen wird auf der Arbeitsplatte flachgedrückt. Es sollten dabei keine Randrisse im Plättchen entstehen, sonst ist die Tonerde zu trocken. Ist das der Fall, muß man den Klumpen befeuchten und durch Kneten die Feuchtigkeit einarbeiten. Zu feucht ist die Tonerde, wenn das Tonklümpchen bei der oben beschriebenen Probe so stark an der Platte kleben bleibt, daß es sich nur durch Deformieren oder Abkratzen wieder lösen läßt. Ist das der Fall, muß man den Tonklumpen so lange in einem trockenen und geheizten Raum kneten, bis er den richtigen Feuchtigkeitsgrad erreicht hat.

f) Zum Arbeiten mit Tonerde leisten kleinere Eternitplatten gute Dienste. Man belegt sie mit Zeitungspapier. Ist der gewünschte Gegenstand aus Tonerde verfertigt, kann er mit Hilfe der Zeitung an den Rand der Eternitplatte gezogen und ohne Schwierigkeit vom Zeitungspapier abgelöst werden.

g) Flache Plättchen oder Platten stellt man wie folgt her: Die erforderliche Tonmenge wird auf das Zeitungspapier gelegt, mit einigen Schlägen des Handtellers flach gedrückt und mit einem Teigroller auf die gewünschte Dicke ausgerollt. Die Form kann mit einem Messer beliebig zugeschnitten werden. Ein feuchtes Schwämmchen hilft die Kanten wieder zu brechen. Auch Unebenheiten oder kleine unerwünscht anhaftende Tonteile können mit einem feuchten Schwamm entfernt werden.

h) Kugeln werden frei zwischen den Handflächen geformt. Man achtet darauf, daß sie keine Furchen oder Risse aufweisen, sonst reißen sie beim Trocknen oder Brennen.

i) Lange Walzen (Würstchen) aus Tonerde benötigt man häufig. Am schönsten und ebenmäßigsten – und das ist es ja, was wir zur Aufbaukeramik brauchen – werden sie, wenn sie zwischen den gespreizten Fingern frei gedreht werden. Auf der mit Zeitungspapier bedeckten Eternitplatte werden die beiden Enden des Würstchens oder die benötigte Länge mit dem Messer sauber abgeschnitten. Will man es zu einem Ring fügen, dann werden an beiden Schnittflächen mit dem Messer waagrechte und senkrechte, wenig tiefe Kerben angebracht, man befeuchtet beide Schnittflächen, setzt sie zusammen und verstreicht gut.

k) Beim Formen von Gefäßen muß man Würstchen um Würstchen von immer derselben Dicke herstellen, ablängen, die Schneideflächen aufrauhen, befeuchten, auf den Boden oder die vorherige Walze aufsetzen, zusammenfügen und gut mit dem Boden oder der Walze verstreichen, so daß eine glatte Oberfläche, eine schöne und die gewünschte Form entsteht. Ein Modellierholz leistet beim Ausstreichen gute Dienste.
l) Es darf keine Luft zwischen den aufeinandergesetzten Würstchen eingeschlossen werden, da sonst das Gefäß beim Brennen an dieser Stelle platzt.
m) In einem verschließbaren Gefäß rührt man ein Stück Tonerde mit Wasser so lange gut durch, bis eine Masse entstanden ist, die in ihrer Konsistenz der zu Schaum gerührten Butter ähnelt. Diese Masse nennt man Schlicker. Schlicker muß mit einem Pinsel auftragbar sein und darf nicht rinnen oder tropfen. Er eignet sich sehr gut zum Ausflikken oder An- und Einsetzen von Teilstücken.
n) Zum gleichmäßigen Formen von Gefäßen benötigt man eine Ränderscheibe. Sie ist drehbar und ermöglicht eine fortwährende Formkontrolle. Die Aufbaukeramik verlangt viel Übung und gutes Materialgefühl.
o) Die fertig geformten Arbeiten müssen vom Zeitungspapier abgelöst, auf eine Eternitplatte gestellt und mit einem feuchten Lappen zugedeckt werden. Man stellt sie in einen ungeheizten Raum und läßt sie dort zugedeckt langsam trocknen. Erst wenn die Formen völlig ausgetrocknet sind, können sie gebrannt werden.

Überstände abtragen
a) Große Überstände werden mit der Bandsäge oder mit der Feinsäge und der Sägehilfe abgesägt (→ *Sägen* S. 230), geschweifte Formen mit der Band- oder Laubsäge.
b) Kleine Überstände tragen wir im Längsholz vor dem Schleifen mit dem Rasierklingenhobel oder dem Putzhobel ab.
c) Im Stirnholz brauchen wir den Hobel nicht. Er würde statt schneiden die Fasern des Holzes auseinanderreißen. Wir müssen mit einer Schleifmaschine oder mit dem Schleifkork von Hand schleifen (→ Skizze).
d) Konkave Formen schleift man mit der Schleifwalze oder von Hand. Als Schleifhilfe dient die schmale Seite des Schleifkorkes, besser noch ein dickes Rundholz, um das wir Schleifpapier wikkeln, um damit die Rundung sauber und gleichmäßig ausreiben zu können.

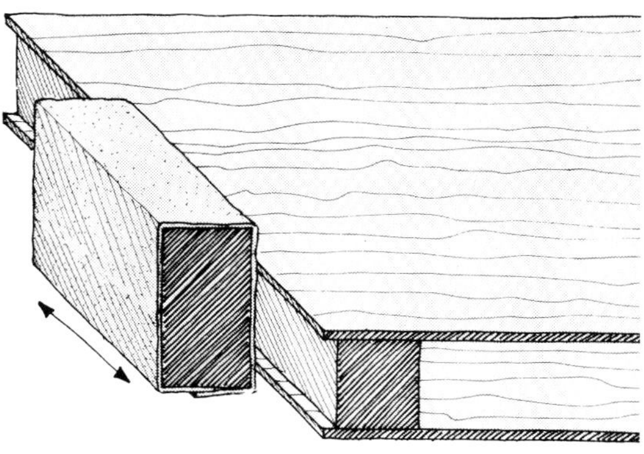

Versenken → *Bohren*

Vorstechen → *Bohren*

Wachsen → *Nitrowachs auftragen*

Zusammenzeichnen
a) Bei Musikinstrumenten, die aus mehreren Holzteilen zusammengefügt werden – es sind vor allem Saiteninstrumente –, betrachtet man zuerst alle Stücke genau. Dabei zeigt es sich, daß bei den einzelnen Teilen nicht alle Seiten gleich schön sind. Beim fertigen Instrument soll selbstverständlich die schönere, reicher gezeichnete Seite nach außen, alles Langweilige und Fehlerhafte nach innen schauen.
b) Man legt und stellt deshalb alle Stücke provisorisch in ihre richtige und in bezug auf die Holzqualität beste Lage und zeichnet sie zusammen. Das Zusammenzeichnen verhindert, daß später, beim Zusammenbau, die Teile und deren Seiten wieder verwechselt werden können.
c) Das Zusammenzeichnen geschieht auf der uns zugewandten Seite des Holzes mit einem Dreieck. Die Grundlinie liegt dabei auf unserer Seite (unten), die Spitze von uns weg (oben).
d) Zum Zusammenzeichnen der Stöcke legt man Stock dicht neben Stock und zeichnet ein Dreieck darüber. Wenn man die Stöcke auseinandernimmt, soll auf jedem nur noch die Hälfte des Dreieckes sichtbar sein. Das Dreieck erscheint der Höhe nach durchschnitten.
e) Dann legt man Zarge neben Zarge und zeichnet wieder ein Dreieck darüber. Wenn man die Zargen auseinandernimmt, erscheint das Dreieck der Breite nach durchschnitten.
f) Auf der Innenseite des Bodens und auf der Außenseite der Decke zeichnet man ebenfalls ein Dreieck.

g) Dank des Zusammenzeichnens können nun die Teile nicht mehr verwechselt werden, da man jederzeit aufgrund der Dreiecke ihre genaue Lage wiederherstellen kann.

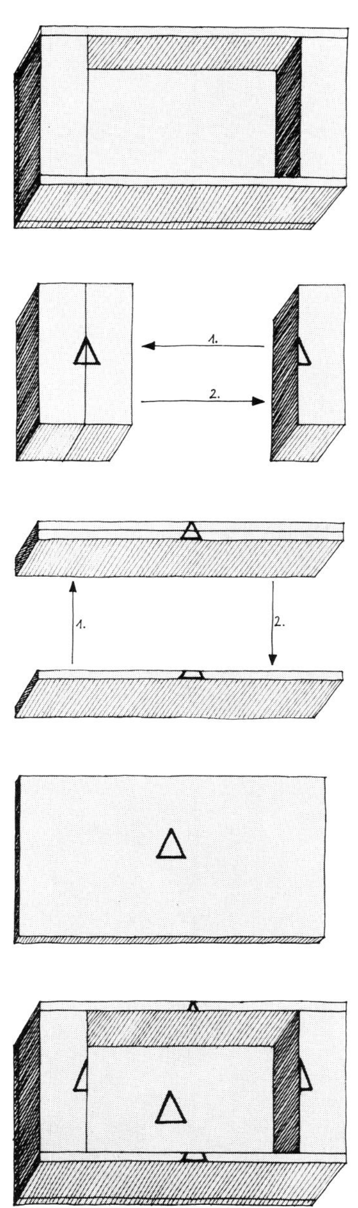

Zwirnen → *Flechten, zwirnen und knüpfen*

7. Sachworterklärungen

Absetzsäge → *Sägen* S. 247

Ahlen
Die Vorstechahle (→ Bild) dient zum Vorstechen in Holz vor dem Bohren, damit der Bohrer nicht abgleitet; aber auch zum Vorstechen in Leder oder Karton.

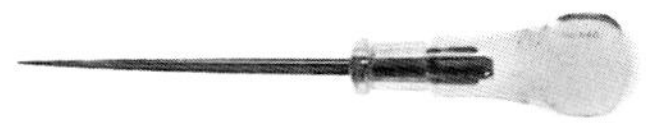

Die Vierkantahle (→ Bild) dient ebenfalls zum Vorstechen. Wenn man die Vierkantahle beim Vorstechen hin und her dreht, spaltet sie weder Holz noch Bambus im Gegensatz zur Vorstechahle. Die Vierkantahle dient zudem zum Ausreiben von Löchern, z. B. von Grifflöchern bei Blasinstrumenten.

Alleskleber → *Leime* S. 245

Anreißnadel
Die Anreißnadel (→ Bild) benutzt man anstelle des Bleistiftes bei Metallarbeiten.

Anschlag → *Winkel* S. 252

Antriebsmaschine mit Zubehör
Es ist zu empfehlen, eine starke Antriebsmaschine (→ Bild) zu kaufen, die für alle möglichen Arbeiten geeignet ist. Mittels des Bohrfutters (→ Bild) wird die Antriebsmaschine zur Bohrmaschine.

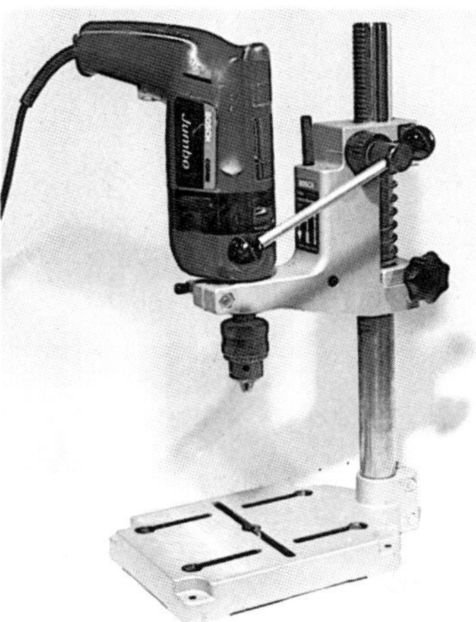

Beim Bohrständer (→ Bild) ist darauf zu achten, daß sich die Bohrtiefe nicht nur ablesen, sondern auch einstellen läßt. Der Bohrtisch ist Bestandteil des Bohrständers. Er soll zwei parallel laufende (nicht gekreuzte) Schlitze aufweisen zum Befestigen des Maschinenschraubstockes und der Winkelbohrhilfe. Präzises Bohren ist nur möglich, wenn der Bohrständer eine Zahnstange hat.

Der Aufspannbock (→ Bild) ermöglicht es, die Antriebsmaschine waagrecht einzuspannen, damit man schleifen, polieren und ausreiben kann.

Der Schleifteller (→ Bild) wird mit Schleifpapier beklebt und an der aufgebockten Antriebsmaschine befestigt.

Einen Schleiftisch (→ Bild) kann man sich aus einem Holzklotz selbst herstellen. Er muß eine Nut für den Winkelanschlag besitzen.

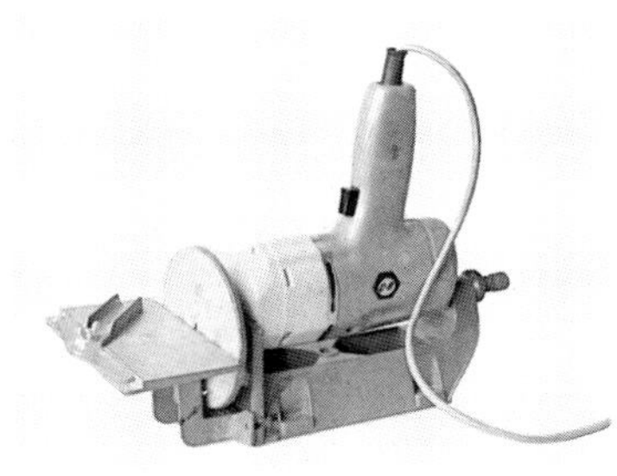

Die Schleifscheibe (→ Bild) dient zum Schleifen von Werkzeugen.

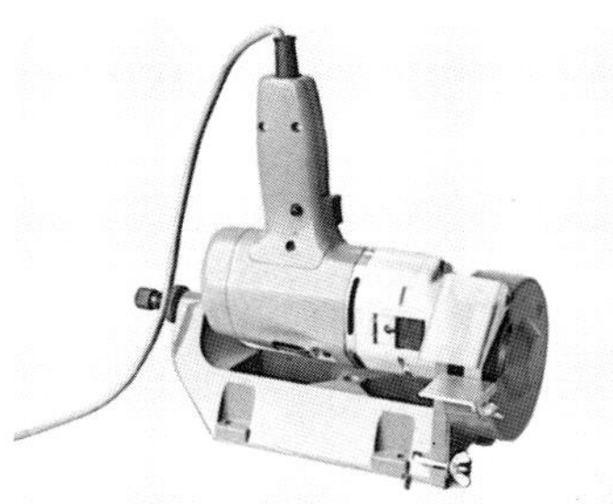

Gummiteller und Polierhaube (→ Bild) gehören zusammen. Man poliert damit lackierte oder gewachste Flächen.

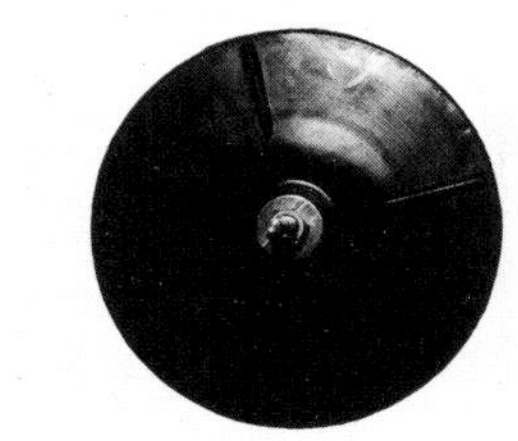

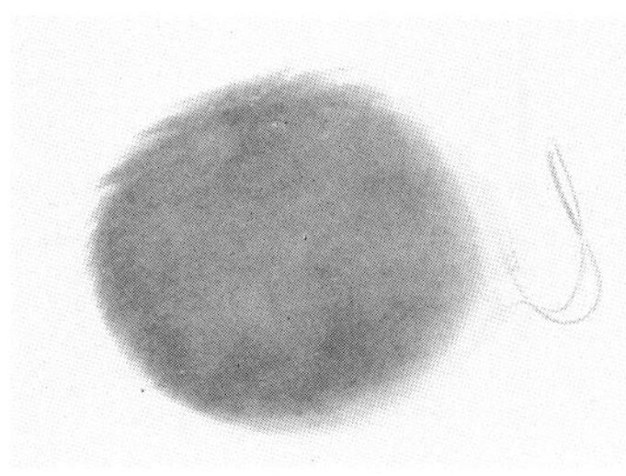

Die Schleifwalze (→ Bild) wird im Bohrfutter der Bohrmaschine mit Bohrständer befestigt.

Astflickplättchen
Die Astflickplättchen (→ Bild) bestehen aus Holz. Sie sind mit verschiedenen Radien erhältlich und sind 1 cm dick.

Aufspannbock → *Antriebsmasch.* S. 240

Ausreibevorrichtung
Die Ausreibevorrichtung (→ Bild) benötigt man zum Ausreiben von Bambusröhren, um sie im Innern von den Häutchen zu reinigen und um die lichte Weite zu egalisieren. Sie besteht aus einem ca. 40 cm langen Metallrohr, an dessen einem Ende zwei gegenüberliegende Schlitze angebracht wurden. Die Schlitze dürfen das Ende der Röhre nicht erreichen. Ihre Länge beträgt ca. 5 cm. Das Rohrende ohne Schlitze wird in die aufgebockte Bohrmaschine gespannt. Der Rohrdurchmesser darf also nicht größer sein als die größtmögliche Spannweite des Bohrfutters (10 oder 13 mm). Braucht man jedoch eine Röhre mit größerem Durchmesser, wird mit Schnellkleber eine kurze Metallstange, deren Durchmesser der lichten Weite des Rohres entspricht, eingeklebt. Der Durchmesser muß selbstverständlich wieder der Spannweite des Bohrfutters entsprechen.

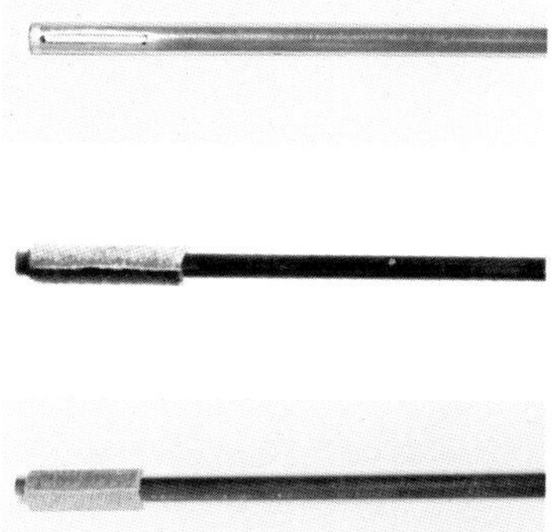

Bambusrohr
Es gibt verschiedene Sorten von Bambusrohr, die in der Qualität sehr unterschiedlich sind. Die in den Gartencentern erhältliche (gelbe) Sorte ist für unsere Zwecke geeignet. Wir empfehlen, beim Kauf jede Stange zu prüfen, ob sie keine Risse hat und ob sie die entsprechende lichte Weite und den gewünschten Knotenabstand aufweist. Rohre mit größeren lichten Weiten als ca. 15 mm müssen in Spezialgeschäften gekauft werden.

Bandsäge → *Sägen* S. 247

Bankeisen → *Hobelbank* S. 244

Bankkluppe → *Feilkluppe* S. 243

Bankzange → *Hobelbank* S. 244

Beißzange → *Zangen* S. 252

Biegeapparat
Mit dem Biegeapparat (→ Bild) stellen wir Triangel her. Das im Plan angegebene Modell dient zum Biegen von Triangeln mit einer Schenkellänge von minimal 10 cm. Wer Triangel mit einer Schenkellänge von 7,5 cm biegen will, kann beim Herstellen der zweiten Abwinkelung den Draht nur noch über einen Haltezapfen stülpen. Die Arbeit gelingt aber auch so.
Trotz des Festklemmens mit dem Schieber wird der Draht beim Biegen etwas nachgezogen. Dadurch aber werden Brüche vermieden, und die Schenkel des Triangels erscheinen zudem am Schluß in ihrer richtigen Proportion. Um Brüche beim Biegen von Antikorodal zu vermeiden, kann man es an der Biege-

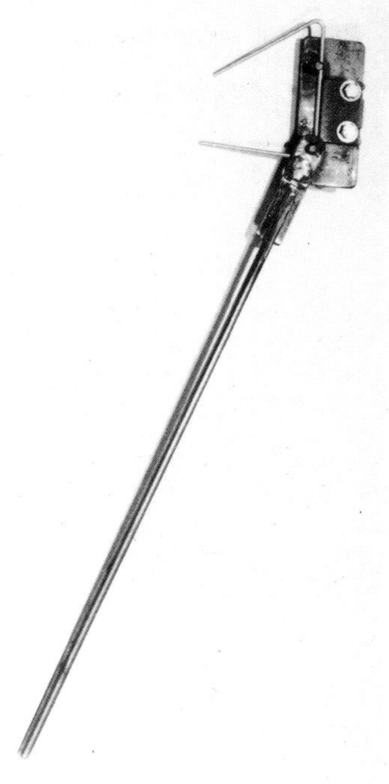

stelle vorher über einer Kerzenflamme solange erhitzen, bis man es kaum mehr halten kann, um es dann sofort zu biegen. Das Erhitzen ist notwendigerweise für den zweiten Schenkel zu wiederholen.

Bildhauereisen → *Schnitzeisen* S.249

Boden → *Teile eines einfachen Saiteninstrumentes* S.251

Bodenholz → *Hölzer* S.244

Bohrer
Metallbohrer (→ Bild) benutzen wir sowohl zum Bohren in Metall als auch in Holz.

Dübelbohrer (→ Bild) haben eine Zentrierspitze und dienen zum genauen Bohren ausschließlich in Holz. Sie sind im Gegensatz zu den Metallbohrern nicht in allen Größen erhältlich.

Die Glockensäge (→ Bild)

und der verstellbare Kreisschneider (→ Bild Mitte oben) dienen zum Bohren extrem großer Löcher von beschränkter Tiefe in Holz.

Mit dem Versenker (→ Bild A + B)

A

B

oder mit dem Krauskopf (→ Bild) entfernt man Bohrbrauen in Holz, mit

dem Entgrater (→ Bild) solche in Metall.

Bohrmaschine → *Antriebsmaschine mit Zubehör* S.240

Bohrhilfe
Die Bohrhilfe (→ *Bohren*, S.215, Abschn. i) ermöglicht ein genaues Bohren durchs Zentrum von Rundstäben und Röhren. Sie ist nicht käuflich. Wir stellen sie uns selbst her.

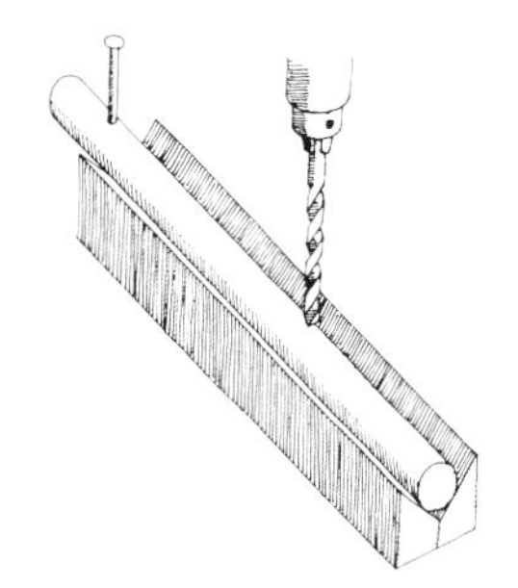

Bohrständer → *Antriebsmaschine mit Zubehör* S.240

Bohrwinde → *Handbohrmasch.* S.243

Bordun
Bordun nennt man die stets mitklingenden Baßtöne bei Drehleier, Dudelsack (Dudelsackquinte = Grundton und Quinte der entsprechenden Tonart) und Scheitholt.

Braue
Eine Braue entsteht auf der Unterseite eines Bohrloches sowohl im Holz als auch im Metall. Werkzeuge zum Entfernen von Bohrbrauen sind Versenker, Krauskopf u. Entgrater (→ *Bohrer* S. 242 Entfernen von Brauen → Bohren S. 215).

Bünde
Die Bünde dienen beim Greifen verschiedener Zupf- und Streichinstrumente zur Verkürzung der klingenden Saite. Bei Streichinstrumenten waren es früher Darmsaiten, heute sind sie aus Nylon. Bei Zupfinstrumenten sind es Metallbügel. Sie sind auf dem Griffbrett so verteilt, daß entweder eine diatonische oder eine chromatische Tonreihe gegriffen werden kann (→ *Bünde berechnen und herstellen* S.216/217).

Chromatik
Die Chromatik verwendet eine Tonreihe, die aus lauter Halbtönen besteht.
12 Halbtonschritte ergeben eine Oktave.

Cutter → *Kartonmesser* S.245

Decke → *Teile eines einfachen Saiteninstrumentes* S.251

Deckenholz → *Hölzer* S.244

Diatonik
Die Diatonik verwendet eine Tonreihe, die aus Ganz- und Halbtönen in einer bestimmten Abfolge besteht, z.B.:

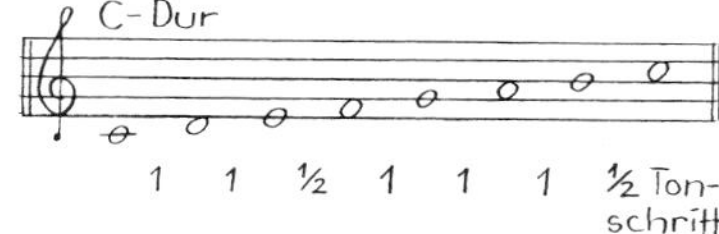

Drahtnadel
Mit der Drahtnadel (→ Skizze *Drahtnadel herstellen* S. 219) zieht man Fäden oder dünne Kordeln durch Löchlein, bei denen ein Nadelöhr nicht mehr durchkommen würde. Wir stellen sie uns selbst her.

Dübelbohrer → *Bohrer* S. 242

Elektroakustisches Stimmgerät → *Stimmgeräte* S. 250

Einschlagbuchstaben
Einschlagbuchstaben (→ Bild) schlagen wir zur Bezeichnung von Klangplatten aus Holz und Metall ein.
Die Anschaffung des ganzen ABC-Satzes ist billiger als die zum Bezeichnen einer Tonleiter erforderlichen Einzelbuchstaben.

Eisenfeinsäge → *Sägen* S. 247

Eisensäge (Metallsäge) → *Sägen* S. 247

Entgrater → *Bohrer* S. 242

Epoxidharz (Zweikomponentenkleber) → *Leime* S. 245

Federklammer → *Zwingen* S. 253

Feilen
Mit Feilen wird von Holz oder Metall überflüssiges Material entfernt und das Werkstück geformt. Im Gegensatz zu den Raspeln hinterlassen sie viel feinere Kratzspuren. Je nach Bedarf stehen verschiedene Feilenarten zur Verfügung, z. B. die Flachstumpffeile (→ Bild),

die Halbrundfeile (→ Bild),

die Rundfeile (→ Bild),

die Schlüsselfeile (→ Bild),

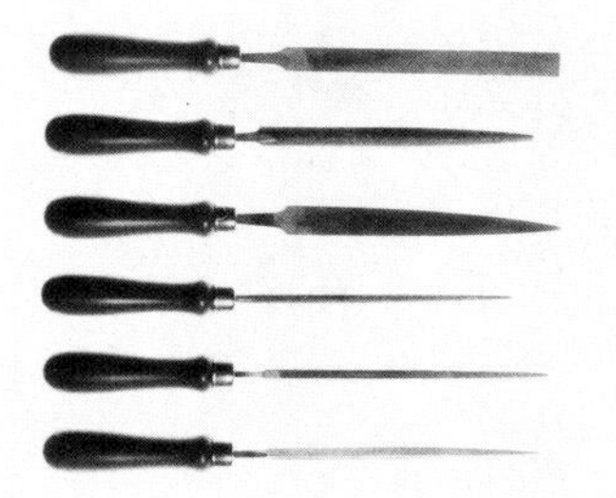

die Nadelfeilen (→ Bild).

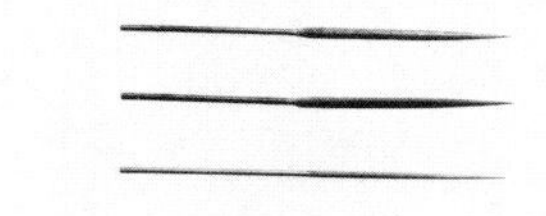

Die Feilen werden besonders dort eingesetzt, wo keine maschinellen Schleifvorrichtungen zur Verfügung stehen (→ *Feilen, raspeln* S. 219).

Feilenhobel → *Raspeln* S. 247

Feilkluppe (Bankkluppe, Klemmfutter)
Um beim Bearbeiten von Werkstücken aus Holz (z. B. beim Raspeln und Feilen) nicht in gebückter Haltung an der Hobelbank arbeiten zu müssen, setzen wir die Feilkluppe (→ Bild) ein.

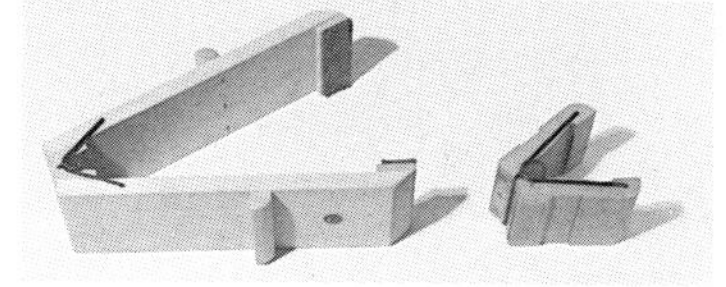

Feinsäge → *Sägen* S. 247

Filzscheibe → *Antriebsmasch.* S. 240

Flachrundschraube → *Schrauben* S. 249

Flachstumpffeile → *Feilen* S. 243

Flachzange → *Zangen* S. 252

F-Loch-Schnitzer → *Schnitzmesser* S. 249

Furnier
Furniere sind Holzfolien und in den meisten Holzarten wie auch in verschiedenen Dicken (ca. 0,5–1,5 mm) erhältlich.

Gehrungslade → *Schneidlade* S. 249

Gehrungswinkel → *Winkel* S. 252

Gliedermeter → *Meßgeräte* S. 245

Glockensäge → *Bohrer* S. 242

Hakenholzschraube → *Schrauben* S. 249

Halbrundfeile → *Feilen* S. 243

Handbohrmaschine und Bohrwinde
Wer keine elektrische Bohrmaschine besitzt, muß mit der Handbohrmaschine (→ Bild)

oder der Bohrwinde (→ Bild) „von Hand" bohren. Es besteht dabei die Gefahr, daß man das Bohrloch in eine falsche Richtung bohrt (→ *Bohren* S. 215).

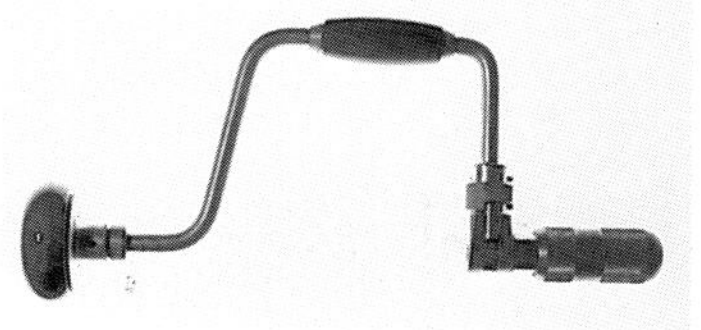

Hammer
Zum Einschlagen von Nägeln und Stiften, zum Setzen von Stimmschrauben, zum Punzen verwenden wir den Schreinerhammer (Kopf aus Metall) (→ Bild).

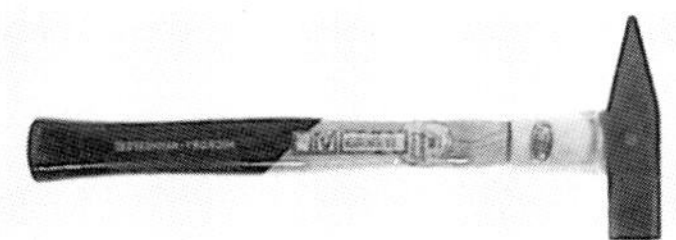

Zum Einschlagen von Holzteilen, beim Gebrauch von Stechbeiteln und Schnitzeisen (Bildhauereisen) verwenden wir den Holzhammer (ganzer Hammer aus Holz) (→ Bild).

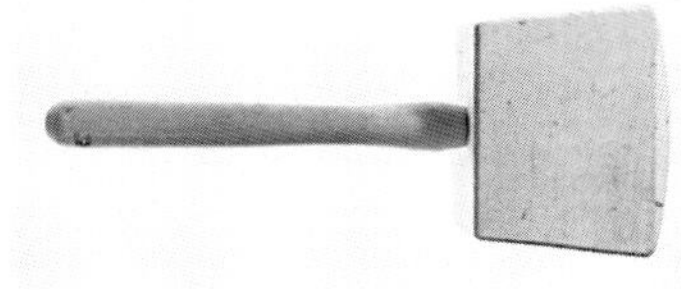

Hartgrund
Hartgrund dient zur geeigneten Vorbehandlung von Holz vor dem Lackieren. Er muß dünnflüssig sein. Falls er zu dick ist, wird Nitroverdünner beigemischt. (→ *Lackieren* S. 222).

Harzgalle → *Hölzer* S. 244

Hebelvorschneider → *Zangen* S. 252

Hinterzange → *Hobelbank* S. 244

Hobel
Die Hobel sind mit einem scharfen Messer bestückt, damit man Holzoberflächen abtragen und glätten kann. Für unsere Belange kommen in Frage: der Rasierklingenhobel (→ Bild),

der Putzhobel (→ Bild)

und evtl. noch die Rauhbank (→ Bild) in Verbindung mit der Stoßlade (→ *Hobeln* S. 222).

Hobelbank

Vorderzange ↑ Hinterzange ↑

Holzbohrer → *Bohrer* S. 242

Holzhammer → *Hammer* S. 244

Hölzer für den Musikinstrumentenbau
Bei Saiteninstrumenten sprechen wir von Deckenholz, Bodenholz, Zargenholz, Stockholz, Stegholz, Sattelholz und Reifchenholz (→ *„Teile eines einfachen Saiteninstrumentes"* Skizze).
Für unsere Zwecke genügen zwei Holzarten: Fichtenholz für die Decke und evtl. für die Reifchen, Ahornholz für alles übrige. Anstelle von Ahornholz läßt sich aber auch Kirsch-, Nuß- und Birnbaumholz verwenden.
Beim Fichtenholz ist auf folgendes zu achten: Es muß Riftholz (→ Bild) sein, das heißt Holz mit stehenden Jahren. Wir wählen feinjähriges Fichtenholz; es klingt besser. Das Deckenholz darf keine Äste, Harzgallen (Einschlüsse von Harz) und Verfärbungen aufweisen.

Beim Ahornholz ist ebenfalls zu beachten, daß es astfrei gewachsen ist und keine Verfärbungen aufweist. Für den Musikinstrumentenbau ist Ahornholz mit Wimmern (Flammen) oder Vogelaugen sehr begehrt.

Holzkitt → *Holz, plastisches* S. 244

Holz, plastisches
Plastisches Holz eignet sich zum Ausflicken von Fugen und Löchern im Holz. Die Masse ist in verschiedenen Holztönen erhältlich. Sie ist nach dem Trocknen schleifbar. Sie ist mit Nitroverdünner verdünnbar.

Holzzwingen → *Zwingen* S. 253

Interferenz
Interferenz nennt man die gegenseitige Beeinflussung zusammentreffender (Schall-)Wellen. Sie können sich überlagern oder vermischen. Sie können sich auslöschen oder verstärken, und es sind alle Zwischenstufen möglich.
Bei Metallröhren oder Metallplatten, die einen Halbton auseinanderliegen, kann sich beim Anschlagen die Interferenz fürs Ohr sehr unangenehm bemerkbar machen.

Intervalle
Der Abstand zweier Töne wird als Intervall bezeichnet:

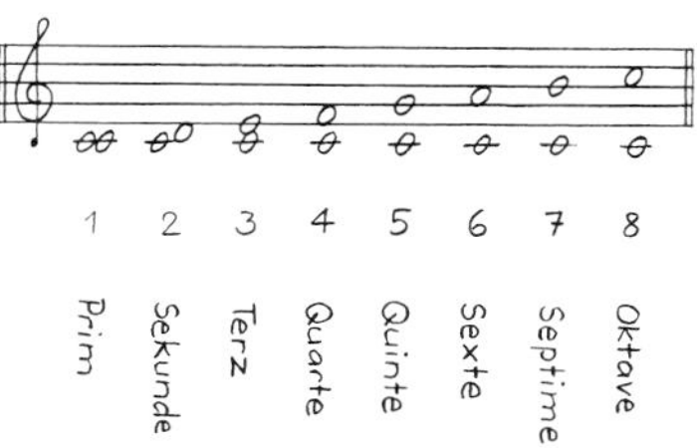

Japanpapier
Japanpapier ist ein saugkräftiges Spezialpapier, das in Zeichenbedarfgeschäften erhältlich ist.

Kalebasse
Kalebassen sind die flaschen- oder kugelförmigen Früchte des Flaschenkürbis, deren Schalen beim Trocknen aushärten und als Gefäße Verwendung finden können.

Kartonmesser (Cutter)
(→ Bild)

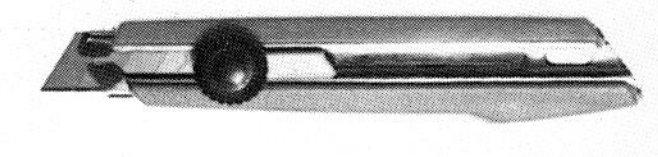

Klemmfutter → *Feilkluppe* S. 243

Klemmzwingen → *Zwingen* S. 253

Konvexhobel → *Raspeln* S. 247

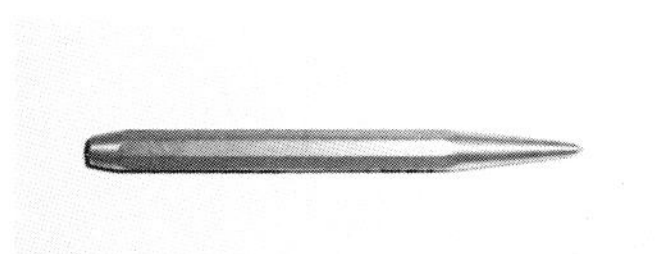

Körner
Der Körner (→ Bild) erfüllt beim Metall die gleiche Funktion wie die Vorstechahle im Holz (→ *Bohren* S. 215).

Korpus
Der Korpus ist bei Saiteninstrumenten der klangverstärkende Raum, also der Resonanzkörper (→ Skizze *Teile eines einfachen Saiteninstrumentes*).

Krauskopf → *Bohrer* S. 242

Kreissäge → *Sägen* S. 247

Kreisschneider → *Bohrer* S. 242

Kunstharzleim → *Leime* S. 245

Lacke
Lacke dienen als Schutzschicht für Holz und gleichzeitig zur Verschönerung. Nitrolack ist ein Lack auf Nitrobasis. Er ist sowohl streich- als auch spritzbar (→ Lackieren S. 222).

Spannlack hat die Eigenschaft, das damit behandelte Papier beim Trocknen zusammenzuziehen, also zu straffen, zu spannen. Er wird mit dem Pinsel mehrmals aufgetragen. Zum Verdünnen und zum Pinselreinigen ist ein Spezialverdünner für Spannlack erforderlich. Spannlack ist im Modellbaubedarf erhältlich.

Laubsäge → *Sägen* S. 247

Lehren
Lehren sind Einrichtungen, die eine mehrmals und gleichartig zu wiederholende Arbeit erleichtern. Man kann z. B. eine Lehre zum gleich hohen Einschlagen der Haltenägel bei Klangplatten herstellen, ebenso für das Einschlagen der Stifte bei Zupfinstrumenten mit Stahlsaiten oder zum Abmessen gleich langer Strecken.

Leime
Kunstharzleim (weißer Holzleim, kalt aufzutragen) taugt für alle Arbeiten mit Holz. Er braucht Zeit zum Trocknen, und die Werkstücke müssen beim Leimen mit Zwingen zusammengedrückt werden.

Mit Alleskleber können die verschiedensten Materialien zusammengeklebt werden. Er bindet verhältnismäßig rasch ab, eignet sich aber nur für kleinere Flächen.

Epoxidharz (Zweikomponentenkleber) hat eine große Klebkraft. Er ist in zwei Sorten erhältlich: langsam und schnell trocknend. Er muß aus zwei Komponenten gemischt werden und eignet sich für kleine Flächen, die sehr gut haften müssen.

Bei Schnellkleber muß man extrem rasch arbeiten.

Man beachte bei allen Leimen jeweils die entsprechende Gebrauchsanweisung.

Locheisen
Das Locheisen (→ Bild) dient zum Löcherausstanzen in Karton und Leder.

Für verschiedene Lochdurchmesser sind auch verschiedene Locheisen nötig, während mit einer Lochzange (→ Bild) durch Verstellen des Kopfes der Lochdurchmesser gewechselt werden kann.

Lochzange → *Locheisen* S. 248

Maschinenschraubstock
Der Maschinenschraubstock (→ Bild) läßt sich auf dem Bohrständertisch anschrauben. In ihm können Werkstücke zum Bohren befestigt werden, damit sie nicht verrutschen. Auch die Bohrhilfe wird mit ihm befestigt.

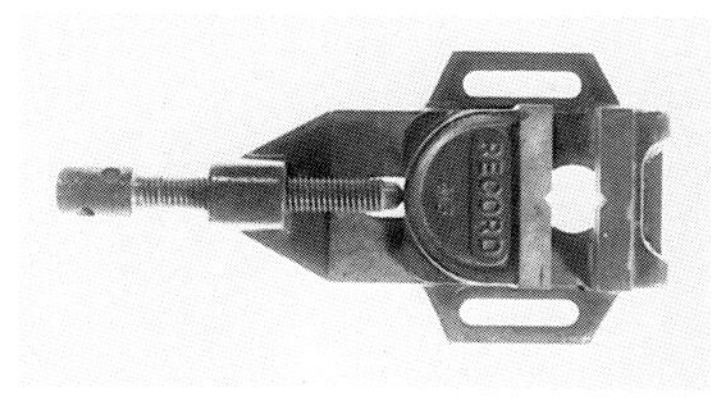

Maßstab → *Meßgeräte* S. 245

Mensur
Die Mensur ist das Längen- und Breitenverhältnis bei Blasinstrumenten und Orgelpfeifen. Bei Saiteninstrumenten ist es die Länge des klingenden Teils der nichtgegriffenen Saite. Dies ist die Strecke zwischen Sattel und Steg.

Meßgeräte
Größere Werkstücke muß man mit dem Gliedermeter (→ Bild), Rundungen und

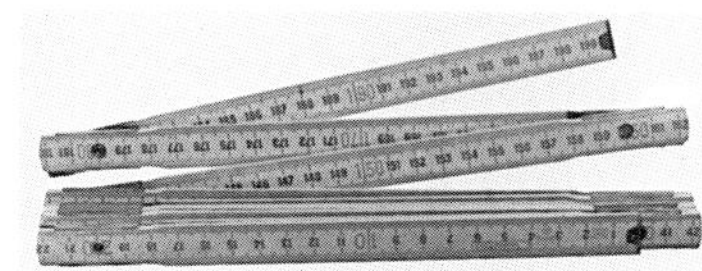

Umfänge mit dem Rollmeter (→ Bild)

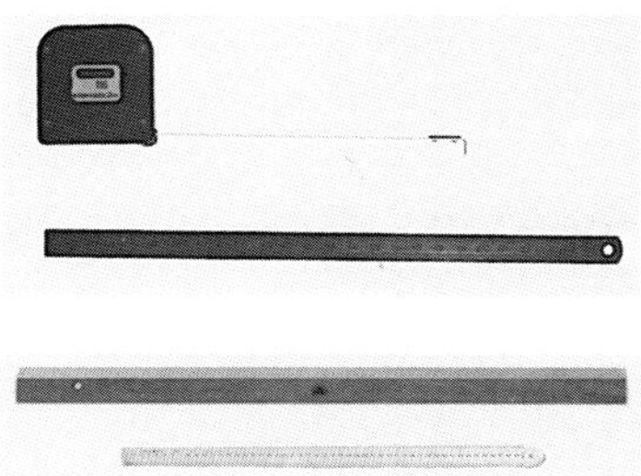

messen. Zum genauen Messen kürzerer Strecken aber wird der Maßstab (→ Bild) verwendet.

Die Schieblehre (→ Bild mit allen drei Meßmöglichkeiten) erlaubt es, kurze Strecken, Innen- und Außendurchmesser von Röhren, Dicken von Draht, Schrauben, Stiften, Bohrern und Rundholz auf 1/10 mm genau zu messen und ebenso genau Tiefen auszuloten. Bei der Anschaffung ist darauf zu achten, daß sie eine Feststellschraube besitzt.

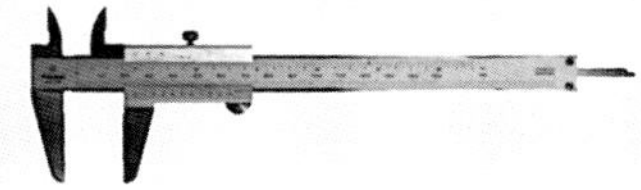

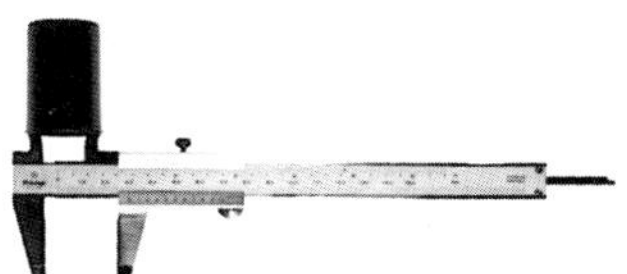

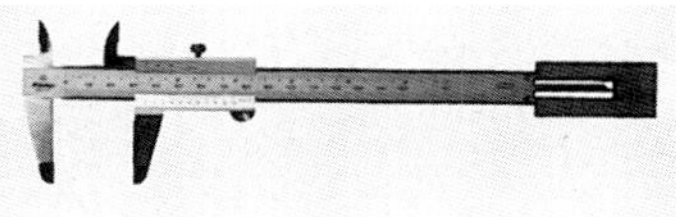

Mit dem Mikrometer (Saitenmesser) (→ Bild) kann man Saiten bis auf 1/100 mm genau messen.

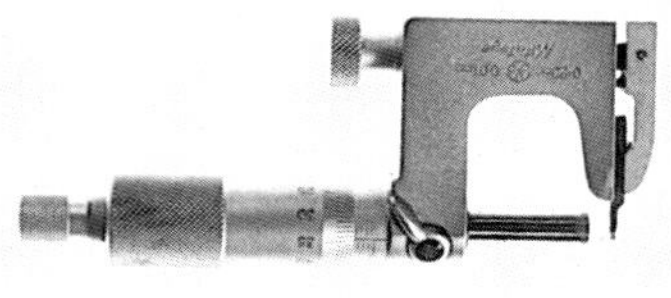

Metallbohrer → *Bohrer* S. 242

Metallsäge → *Sägen* S. 247

Mikrometer → *Meßgeräte* S. 245

Modellierhölzer
Modellierhölzer (→ Bild) verwenden wir zum Formen von Tonerde. Damit sie der jeweiligen Arbeit entsprechen, kann man sie gut aus Holz selbst herstellen.

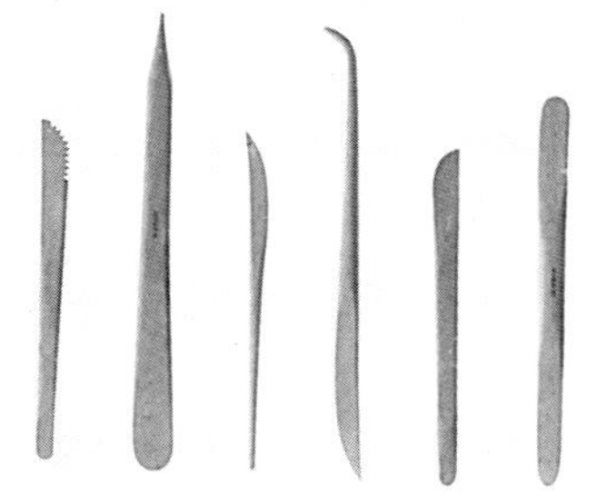

Nadelfeile → *Feilen* S. 243

Nägel → *Stifte* S. 250

Nitrolack → *Lacke* S. 245

Nitroverdünner
Ist Lack zu dick, verdünnt man ihn mit Nitroverdünner. Man verwendet ihn auch zum Reinigen von Pinseln.

Nitrowachs
Zur problemlosen Oberflächenbehandlung der Hölzer ist Wachs auf Nitrobasis, also Nitrowachs, bestens geeignet. Er wirkt jedoch weniger härtend als Lack oder Mattierung. Eine Vorbehandlung der Holzoberfläche mit Hartgrund empfiehlt sich.

Obertöne
Jeder gesungene oder von einem Instrument erzeugte Ton ist bereits ein zusammengesetzter Klang: Er besteht aus einer Summe von Tönen. Neben dem eigentlichen Hauptton erklingen darüber mehrere schwächere Töne, sogenannte Obertöne, die seine Klangfarbe bestimmen und ihn, falls er obertonarm ist, flach oder, falls er viele Obertöne enthält, reich erscheinen lassen.

Pentatonik
Die Pentatonik verwendet eine Tonreihe, die aus vier übereinandergestellten Quinten entstanden ist, welche auf den Raum einer Oktave projiziert wurden:

Die Töne der schwarzen Tasten auf dem Klavier bilden eine solche pentatonische Reihe (cis, dis, fis, gis, ais).

Pinselreiniger
Pinselreiniger ist eine spezielle Flüssigkeit, welche Lacke, Mattierung und Hartgrund zu lösen vermag. Ebenso gut kann man auch Nitroverdünner benutzen.

Plektron
Die Spielplättchen für die Mandoline und die Zitherringe heißen Plektren (→ Bild).

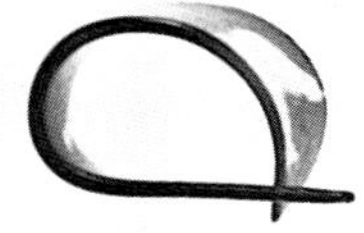

Polierpaste
Polierpaste ist ein Mittel zum Polieren von Metall. Jede Metallart benötigt eine spezielle Polierpaste. Die Universalpolierpasten sind nur beschränkt geeignet.

Polierhaube → *Antriebsmasch.* S. 240

Polierscheibe → *Antriebsmasch.* S. 240

Putzhobel → *Hobel* S. 244

Ränderscheibe
Die runde Ränderscheibe (→ Bild) ist auf einem Sockel befestigt. Sie läßt sich

leicht drehen und vereinfacht bei der Aufbaukeramik die Formgebung.

Rasierklingenhobel → *Hobel* S. 244

Raspel
Die Raspel (→ Bild) dient zum groben

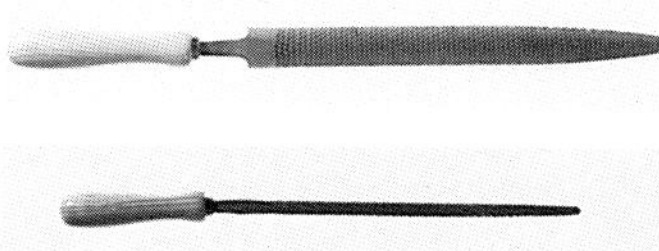

Formen von Holz, ebenso der Feilenhobel (→ Bild).

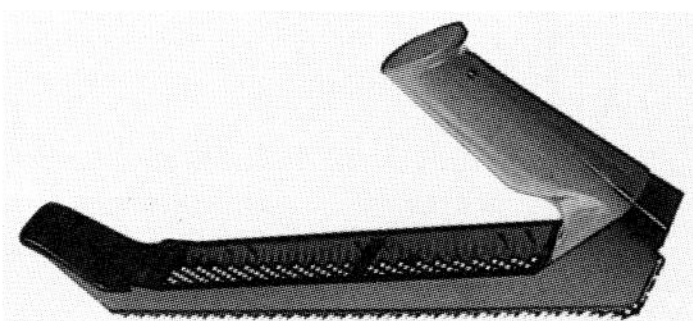

Der Konvexhobel (→ Bild) erleichtert das Ausraspeln konkaver Formen in Holz.

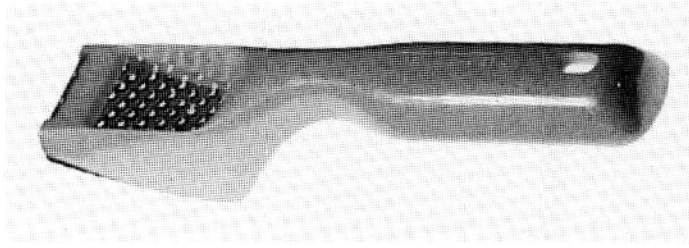

Mit dem Stichling (→ Bild) raspelt man Löcher in Holz- und in (Bambus-) Röhren. Er besitzt neben der Raspelspirale noch eine Bohrspitze, mit der wir bei Bambusröhren die Knotenzwischenwände durchbohren können.

Rauhbank → *Hobel* S. 244

Reifchen
Die Reifchen werden zur Verbreiterung der Leimflächen bei dünnen Zargen (unter 3 mm) angebracht (→ *Hölzer;* → *Teile eines einfachen Saiteninstrumentes*).

Reifchenklammer → *Zwingen* S. 253

Resonanz
Resonanz heißt das Mitschwingen eines Körpers oder Luftraumes mit einer auf ihn treffenden Schallwelle. Als Resonanzkörper bezeichnet man einen im Innern hohlen Raum, als Resonanzraum die vom Resonanzkörper umschlossene Luft. Der Resonanzkörper und der Resonanzraum sind für die Verstärkung und Qualität eines Tones verantwortlich.

Resonanzkörper → *Resonanz* S. 247

Resonanzraum → *Resonanz* S. 247

Riftholz → *Hölzer* S. 244

Ringschraube → *Schrauben* S. 249

Rollmeter → *Meßgeräte* S. 245

Rundfeilen → *Feilen* S. 243

Rundkopfschraube → *Schrauben* S. 249

Rundspitzzange → *Zangen* S. 252

Sägehilfe
Mittels der Sägehilfe und der Feinsäge können wir Stücke von Brettchen (Dekken und Böden) absägen, wo dies sonst mit keiner Säge mehr möglich wäre. Die Sägehilfe besteht aus einer geraden Holzleiste, die ca. 3 cm breit und 2 cm dick ist. Die Länge richtet sich nach Bedarf (→ *sägen* S. 230).

Sägen
Mit der Feinsäge (→ Bild)
werden kleine Werkstücke zersägt. Wir benützen sie zum Sägen in der Schneidlade. Neugekaufte Feinsägen sind nicht geschärft.

Die Metallsäge (Eisensäge) (→ Bild) verwendet man zum Absägen von Metall- und Plastikteilen, aber auch zum Absägen von Bambusröhren und Kork.

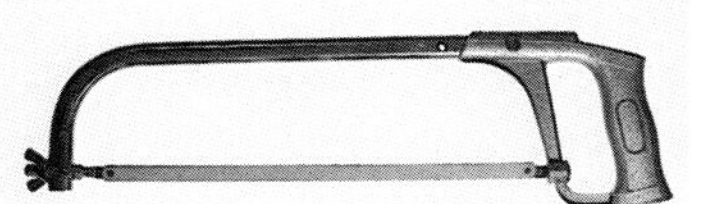

Die Eisenfeinsäge (→ Bild)
ist eine ganz feine Metallsäge.

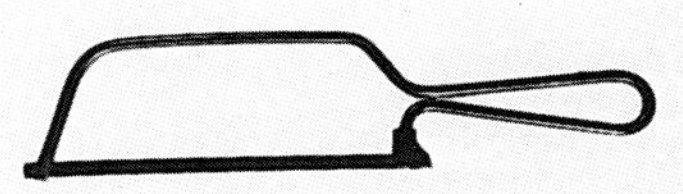

Die Laubsäge (→ Bild)
dient zum Aussägen von Schallöchern. Die Sägeblätter für Holz und Metall sind in verschiedenen Stärken erhältlich. Die feinsten Sägeblätter für Metall (Nr. 0) sind am besten geeignet.

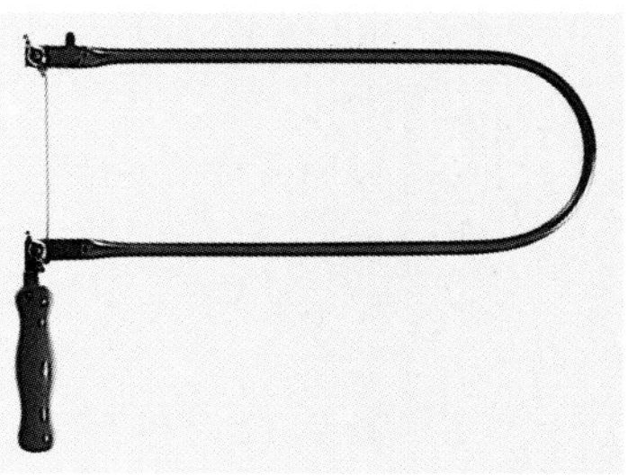

Alle größeren Werkstücke bearbeiten wir mit der Absetzsäge (→ Bild).

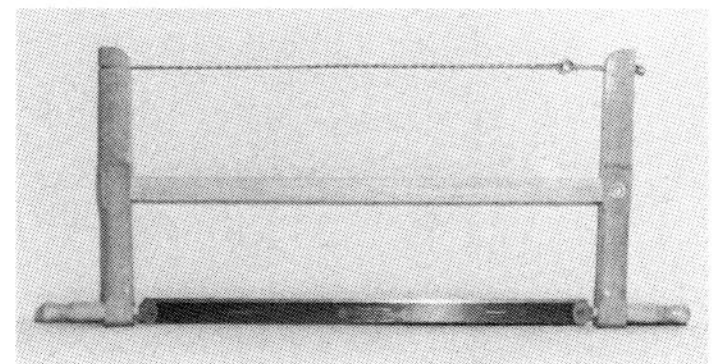

In die Absetzsäge kann man ein schmales Sägeblatt einspannen. Dadurch wird sie zur Schweifsäge (→ Bild),
mit der man auch gebogene Holzteile aussägen kann.

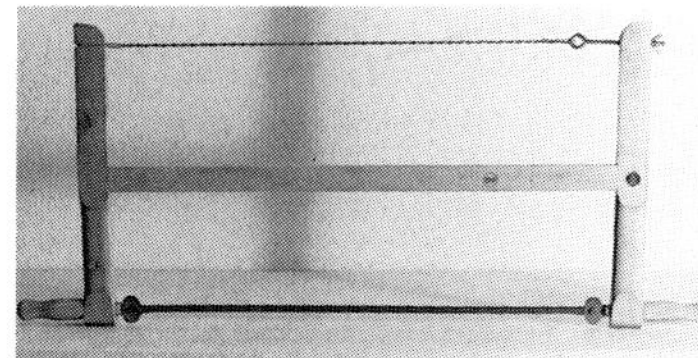

Zum präzisen und winkelgerechten Absägen von Holzleisten erweist eine

Gehrungssäge (→ Bild) gute Dienste. (Handhabung aller Handsägen → *Sägen* S. 230)

Von den Maschinensägen ist die Bandsäge (→ Bild) am vielseitigsten einsetzbar, weil mit ihr auch feine Arbeiten ausgeführt werden können.

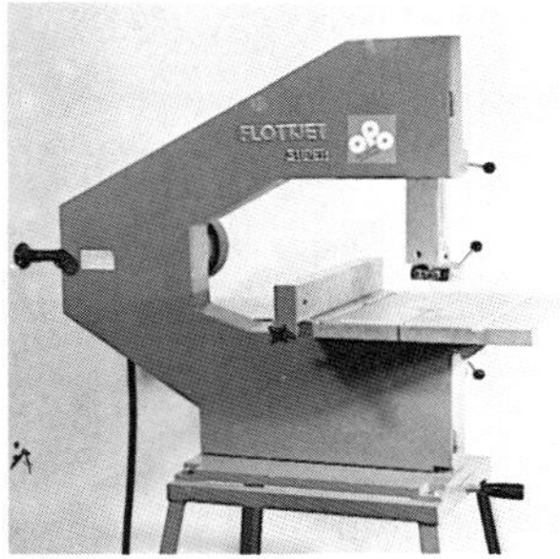

Die Kreissäge (→ Bild) ist eine gefährliche Maschine. Man achte darauf, daß sie den Versicherungsvorschriften entsprechend ausgerüstet ist und bedient wird. Für unsere Arbeiten hat sie nur beschränkten Wert.

Saiten
Es gibt eine riesige Auswahl von Saiten. Bei Zupfinstrumenten in höheren Lagen (Alt/Sopran) verwenden wir blanke Stahlsaiten, bei Instrumenten in tiefer Lage (Tenor/Bass) Nylonsaiten, umsponnene Saiten mit Stahl-, Darm- oder Nylonkern.
Darmkernsaiten klingen weich, Stahlkernsaiten hart, die Nylonkernsaiten halten etwa die Mitte. Auch Messing- und Bronzesaiten kämen in Frage. Eigene Versuche lohnen sich. (→ auch *Saiten aufziehen* S. 231).

Für Streichinstrumente empfehlen wir Darm- und Darmkernsaiten.

Saitendreher
Mit dem Saitendreher (→ Bild) stellen wir die Schlaufe am Ende einer Stahl-, Messing- oder Bronzesaite her, damit sie nachher an einem Stift befestigt und über den Korpus eines Saiteninstrumentes aufgezogen werden kann (→ *Saiten aufziehen* S. 231).

Saitenmesser → *Meßgeräte* S. 245

Sattel → *Teile eines einfachen Saiteninstrumentes* S. 251

Sattelholz → *Hölzer* S. 244

A

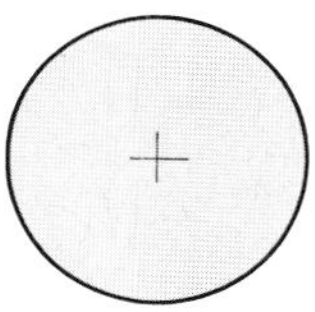

B

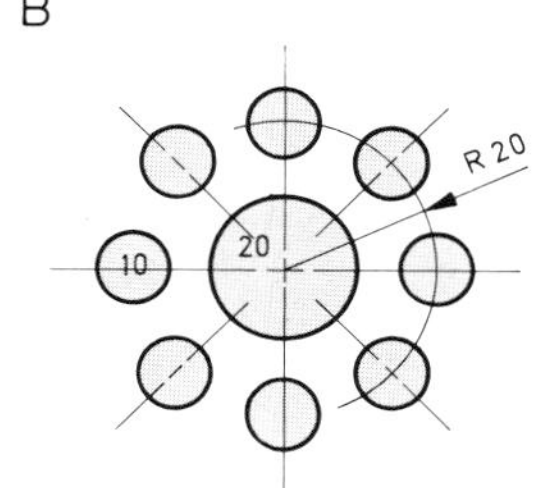

C

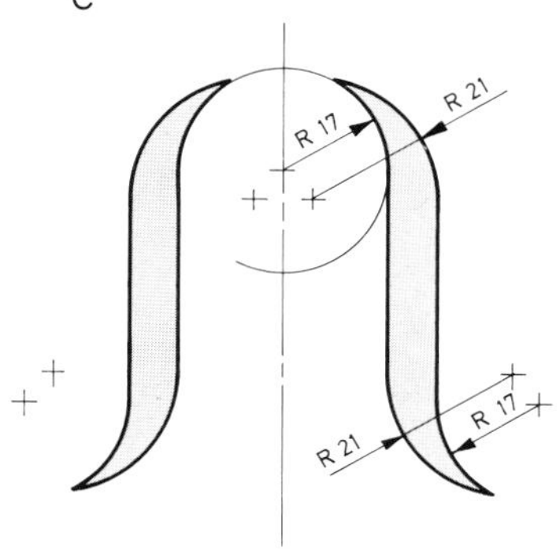

D

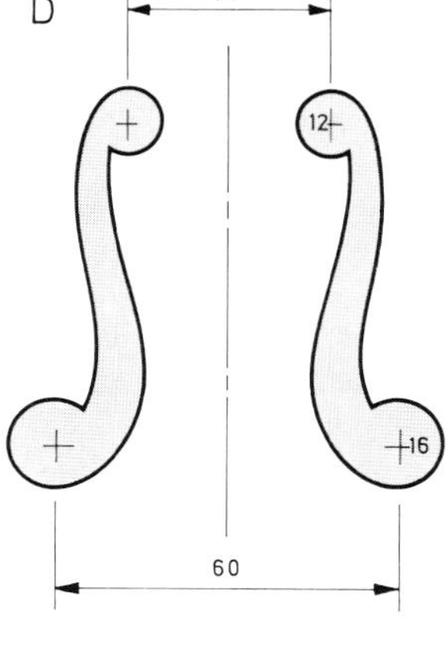

E

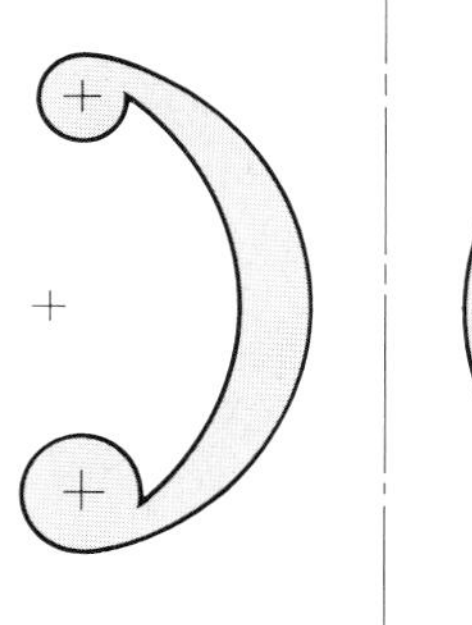

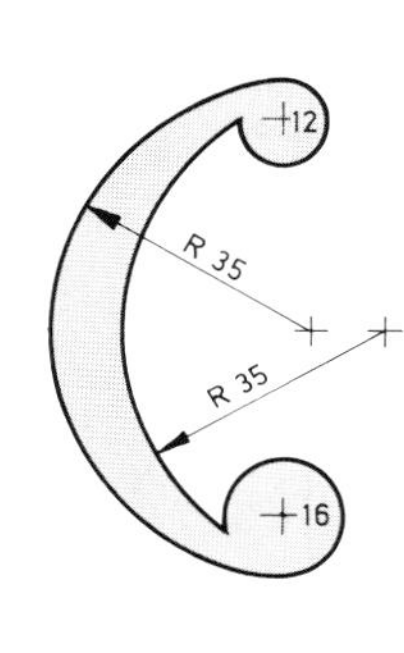

F

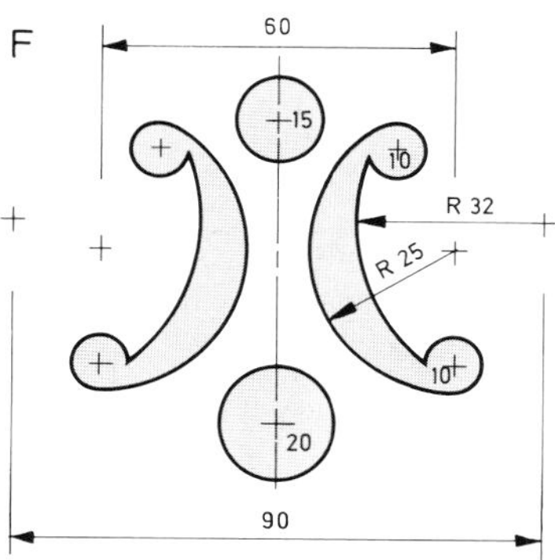

Schallöcher
Die Form der Schallöcher (→ *Schalllöcher herstellen* S. 234) steht für unsere Instrumente frei, auch ihre Lage. Eine Vergrößerung oder Verkleinerung, eine Veränderung ihrer Lage aber hat Einfluß auf den Klang des Instrumentes.

Schamott-Tonerde
Schamott-Tonerde ist Tonerde, welcher gebrannter, gemahlener Ton, also Schamotte beigemischt wurde. (→ auch *Töpfern* S. 237).

Schieblehre → *Meßgeräte* S. 245

Schleifhilfen
Schleifhilfen sind Schleifkork, Rundhölzer und

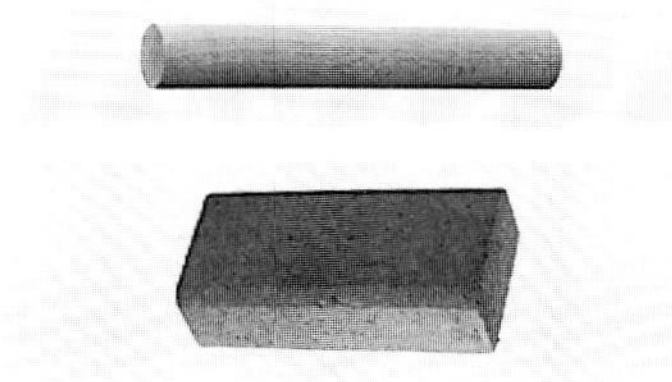

Schleifwalze, die mit Schleifpapier umwickelt werden

(→ auch *Schleifen* S. 235, *Überstände abtragen* S. 238, *Schallöcher herstellen* S. 234 und *Xylophon: Klangplatten* S. 96, Abschnitt I 3.).

Schleifkork
Der Schleifkork (→ Skizze *Schleifhilfen*) ist eine Schleifhilfe, die weitgehend hilft, daß die Schleifflächen gerundet werden. Bei der Anschaffung sollte man darauf achten, daß der Schleifkork keine abgerundeten Kanten besitzt.

Schleifpapier
Schleifpapier ist in verschiedenen Körnungen erhältlich. Zu unseren Zwecken verwenden wir Korn 80–250. Die niedrige Zahl bedeutet grobes Schleifpapier, die hohe feines. Am häufigsten schleifen wir mit Korn 100, 120 und 150. Abgenutztes Schleifpapier wirkt wie solches von feinerer Körnung. (→ auch *Schleifen* S. 235).

Schleifscheibe → *Antriebsmasch.* S. 240

Schleifteller → *Antriebsmasch.* S. 240

Schleifwalze → *Antriebsmasch.* S. 240

Schlicker
Schlicker ist ein Brei aus Tonerde und Wasser (→ *Töpfern* S. 237).

Schlosserwinkel → *Winkel* S. 252

Schlüsselfeile → *Feilen* S. 243

Schmirgeltuch
Schmirgeltuch verwenden wir zum Schleifen (Schmirgeln) von Metall. Es ist wie Schleifpapier in verschiedenen Körnungen erhältlich.

Schneidlade (Gehrungslade)
Wer keine Gehrungssäge besitzt, benutzt zum rechtwinkligen Absägen von Leisten eine Schneidlade (→ Bild). Sie wird zwischen den Bankeisen der Hobelbank befestigt.

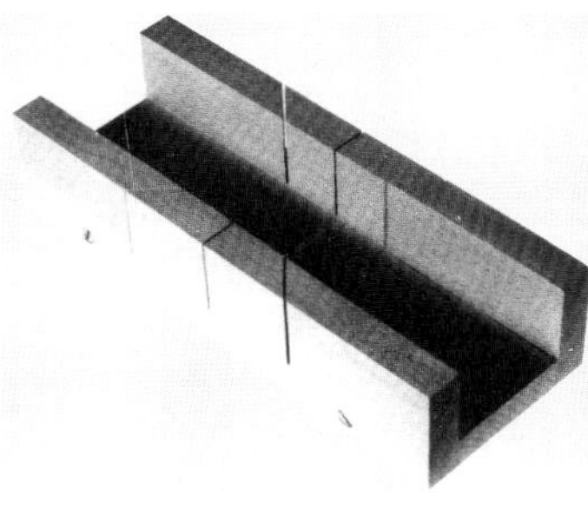

Schnellkleber → *Leime* S. 245

Schnitzeisen (Bildhauereisen)
Es gibt unzählige Formen von Schnitzeisen (→ Bild).

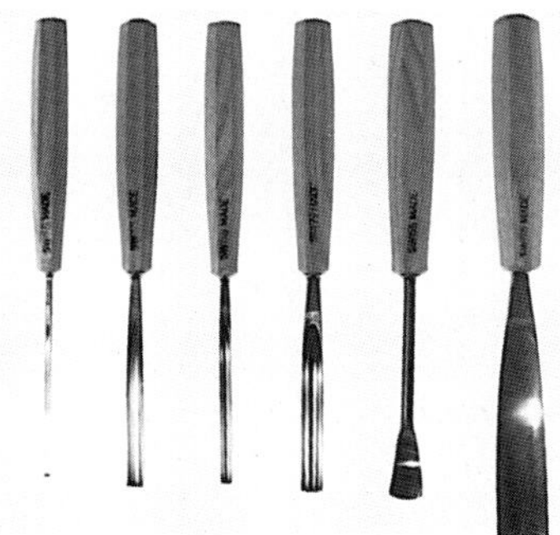

Sie dienen zum Aushöhlen und plastischen Formen von Holzstücken. Das Werkstück wird eingespannt und das Schnitzeisen mit einem Holzhammer vorangetrieben. Schnitzeisen mit kurzem, gebogenem Löffel sind für den Instrumentenbau sehr zweckdienlich.

Schnitzmesser
Das Schnitzmesser (→ Bild A, B, C) wird wie ein Taschenmesser geführt, das Werkstück wird nicht eingespannt.

A

B

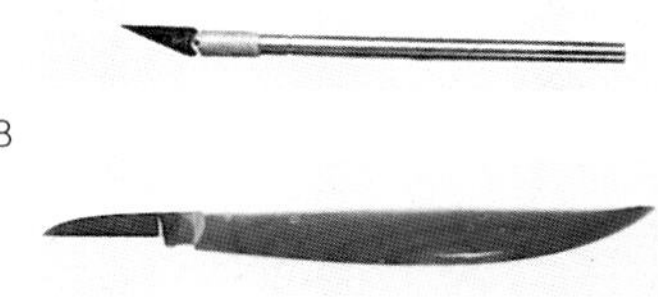

Für uns sind F-Loch-Schnitzer (→ Bild C), welche beim Geigenbau Verwendung finden, geeignet. Mit diesem Schnitzer lassen sich auch Mund- und Grifflöcher von Flöten unterschneiden.

C

Schrägmaß → *Winkel* S. 252

Schrauben
Im Instrumentenbau wird die Verwendung von Schrauben tunlichst vermieden. Von den verschiedenen Arten seien trotzdem einige genannt: Holzschraube mit Senkkopf (→ Bild),

Holzschraube mit Halbrundkopf (→ Bild),

Hakenholzschraube (→ Bild),

Ringschraube (→ Bild)

und Flachrundschraube (Schloßschraube) (→ Bild).

Schraubenzieher
Der Schraubenzieher (→ Bild) muß in der Größe zu dem entsprechenden Schraubenschlitz passen, damit er die Schraubenschlitzkanten nicht verletzt. Zum Ein- und Ausdrehen von Schrauben benötigt man also Schraubenzieher verschiedener Größe.

Schraubzwingen → *Zwingen* S. 253

Schreinerhammer → *Hammer* S. 244

Schreinerwinkel → *Winkel* S. 252

Schrot
Schrot besteht aus kleinen Bleikügelchen, die eigentlich zum Schießen verwendet werden. Wir füllen sie in Rasseln ein. Die Größe der Kügelchen ist je nach Art des Schrotes verschieden.

Schutzbrille
Es ist empfehlenswert, bei Maschinenschleifarbeiten an Holz und Metall immer eine Schutzbrille (→ Bild) zu tragen.

Schweifsäge → *Sägen* S. 247

Seitenschneider → *Zangen* S. 252

Spannlack → *Lacke* S. 245

Splint
Splinte (→ Bild) dienen zum Fixieren. Sie werden dort eingesetzt, wo ein Werkstück sich um eine Achse drehen muß, jedoch seitlich weder nach rechts noch nach links verrutschen darf.

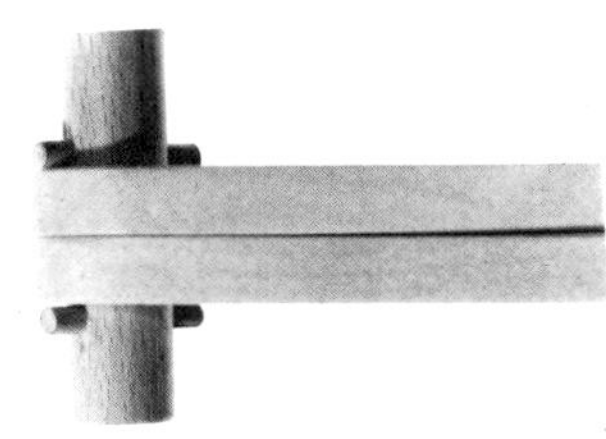

Stechbeitel
Der Stechbeitel (→ Bild) dient zum Ausstemmen von Holzteilen; dazu schlägt man mit einem Holzhammer (niemals mit einem Schreinerhammer) auf das Heftende.
Die Stechbeitel sind in vielen Breiten erhältlich. Sie müssen nach dem Kauf noch geschärft werden.
Wir verwenden den Stechbeitel auch, um beim Leimen überschüssigen Leim, der aus den Fugen quillt, zu entfernen (→ *Leimen* S. 223).

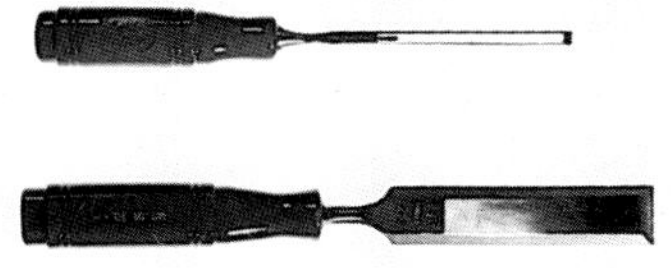

Steg → *Teile eines einfachen Saiteninstrumentes* S. 251

Stegholz → *Hölzer* S. 244

Stegstifte → *Stifte und Nägel* S. 250

Stichling → *Raspeln* S. 247

Stifte und Nägel
Im Instrumentenbau wird die Verwendung von Nägeln (→ Bild oben rechts) tunlichst vermieden.

Stifte (→ Bild)
hingegen brauchen wir als Halterungen für Klangplatten und Saiten (→ *Glokkenspiel* S. 83 und *Xylophon* S. 95 → *Teile eines einfachen Saiteninstrumentes* S. 251 und *Saiten aufziehen* S. 231).

Stiftenlehre → *Lehren* S. 245

Stimmgabel → *Stimmgeräte* S. 250

Stimmpfeife → *Stimmgeräte* S. 250

Stimmgeräte
Die Stimmgabel (→ Bild)
ist meistens auf den Ton a' geeicht. Die übrigen Töne müssen nach dem Gehör gefunden werden.

Unter den Stimmpfeifen (→ Bild)
gibt es sogar solche, die eine ganze chromatische (meist ungenaue) Tonreihe aufweisen.

Elektroakustische Stimmgeräte (→ Bild)

sind in verschiedener Ausführung und mit unterschiedlichen Preisen im Handel erhältlich. Diese Geräte nehmen den Ton mittels eines Mikrophones auf und zeigen optisch an, ob er rein, zu hoch oder zu tief ist. Glockenspiele und Röhrenglocken sind ohne ein solches Gerät kaum noch stimmbar.

Stimmschlüssel
Die Stimmschlüssel (→ Bilder) müssen zu den Stimmschrauben passen, damit diese nicht verletzt werden. Es gibt von der äußeren Form her zwei Arten: die Hebelform und die T-Form. Das Loch im Schlüssel zur Aufnahme der Stimmschraube kann quadratisch oder sternförmig sein.

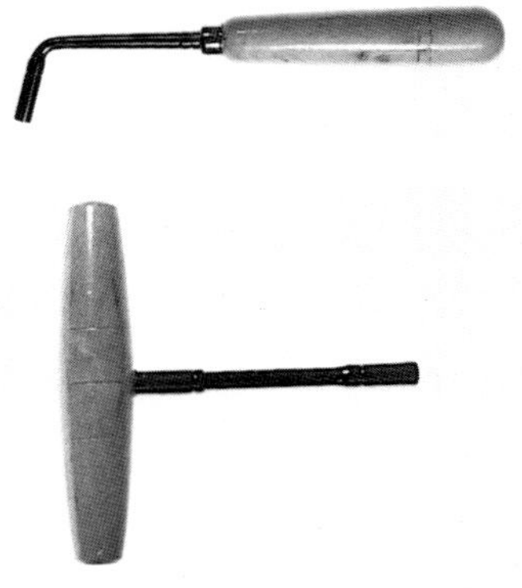

Stimmschraube
Stimmschrauben (→ Bild) dienen zum Spannen der Saiten. Sie werden in verschiedenen Größen bezüglich Durchmesser und Länge geliefert. Für unsere Zwecke eignen sich solche mit einem Durchmesser von 5 mm und mit einem Rechtsgewinde (→ *Teile eines einfachen Saiteninstrumentes* S. 251 und *Saiten aufziehen* S. 231)

Stirnholz
Bei einem Baumstamm bezeichnet man die quer durchsägte Fläche als Stirnholz; jedes Brett weist demnach zwei Stirnholzflächen auf. Sie sind schwer zu bearbeiten.

Stock → *Teile eines einfachen Saiteninstrumentes* S. 251

Stöckerle
Die Stöckerle (→ Bild) dienen als Halterung am einen Ende der Saiten. Sie werden im unteren Stockholz in eigens dafür angebrachte konische Löcher gesteckt (→ *Saiten aufziehen* S. 231).

Stockholz → *Hölzer* S. 244

Stoßlade
Die Stoßlade (→ Bild) ist die geeignete Zuhaltung beim rechtwinkligen Abrichten von Brettchen mit der Rauhbank.

Streichmaß
Das Streichmaß ist für unsere Zwecke nicht geeignet.

Tabulatur
Tabulaturen sind Griffschriften für Saiteninstrumente wie Scheitholt, Dulcimer, Laute, Gitarre, Mandoline, Gambe usw. Sie benutzen zur Notation Systeme, welche jeweils soviel Linien aufweisen, wie das Instrument Saiten oder Chöre besitzt, also für Gitarre 6, für Dulcimer 3. Auf diesen Linien sind mit Zahlen die Bünde angegeben, bei welchen gegriffen werden soll. Gleichzeitig ist aber auch die Dauer der Töne oder Akkorde in den üblichen Notenwerten (also in Mensuralnotation) beigegeben (→ *Dulcimer,* S. 187). Da das mehrchörige Saitentamburin keine Bünde besitzt, sind hier auch keine Zahlen nötig. Die Mensuralnotation wird ins Liniensystem verlegt (→ *4- und 8-chöriges Saitentamburin,* S. 143).

Teile eines einfachen Saiteninstrumentes
(Skizze mit Boden, Decke, Zargen, Stöcke, Reifchen, Steg, Sattel, Stifte, Stöckerle, Stimmschrauben, Saiten)

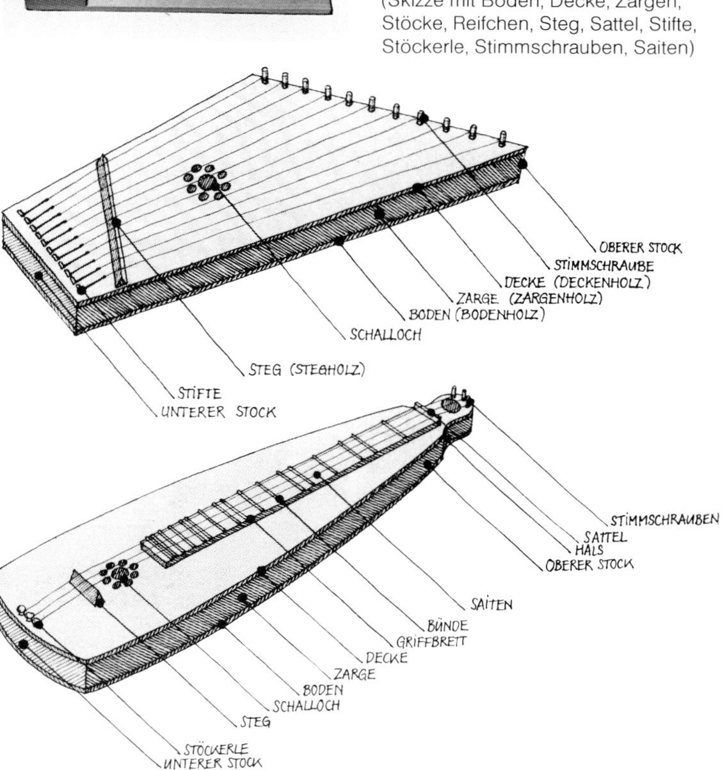

Tellerschleifmaschine
Wer viel schleifen muß, wird sich eine Tellerschleifmaschine (→ Bild) anschaffen. Sie besitzt einen großen Schleifteller und einen Schleiftisch mit Winkelanschlag. Der Winkelanschlag ermöglicht neben allen anderen Schleifarbeiten auch das Einschleifen genauer rechter und schiefer Winkel.

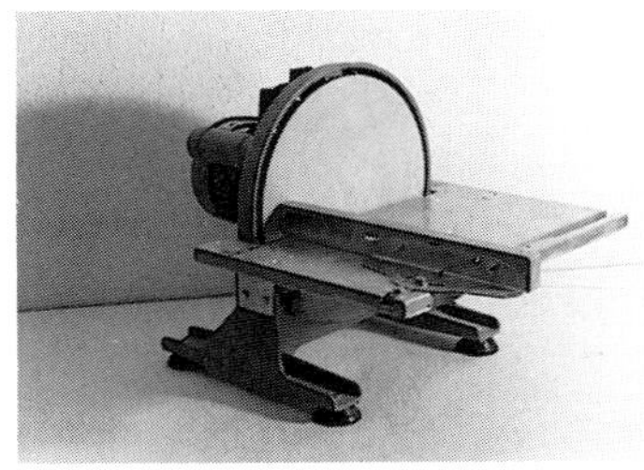

Tonerde → *Töpfern* S. 237

Überstände
Als Überstände bezeichnen wir das vorstehende Holz bei Decken und Böden, das bis nach dem Zusammenleimen des ganzen Korpus zur Sicherheit stehen gelassen und dann erst abgetragen wird.
Auf einem Überstand von 5 mm lassen sich Kartonstreifchen als Zuhaltungen aufkleben. Sofern wir aber als Zwingen Zuleimschrauben verwenden, verringern wir den Überstand auf 3 mm, damit diese überhaupt angebracht werden können.

Versenker → *Bohrer* S. 242

Versenkschraube → *Schrauben* S. 249

Vierkantahle → *Ahlen* S. 240

Vorderzange → *Hobelbank* S. 244

Vorstechahle → *Ahlen* S. 240

Winkel
Der Schreinerwinkel (→ Bild)

und der Schlosserwinkel (→ Bild) geben einen feststehenden rechten Winkel.

Beim Schrägmaß (→ Bild) kann die Winkelöffnung verändert werden. Es besitzt eine Stellschraube.

Für Arbeiten an Maschinen verwenden wir den Winkelanschlag (→ *Tellerschleifmaschine* S. 252).

Winkelanschlag → *Winkel* S. 252

Winkelbohrhilfe
Mit der Winkelbohrhilfe (→ *Saiten aufziehen,* S. 231, Abschn. c; Skizze S. 232) kann man Löcher mit schrägen Winkeln bohren. Die Winkelbohrhilfe wird mit Flachrundschrauben in den Schlitzen des Bohrtisches befestigt. Wir stellen sie selbst her.

Zangen
Es gibt Zangen für ganz verschiedene Bedürfnisse: Beißzange (→ Bild),

Flachzange (→ Bild),

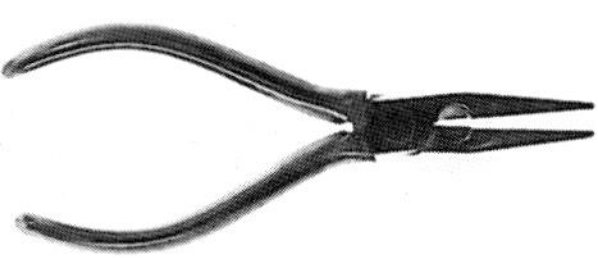

Rundspitzzange (→ Bild),

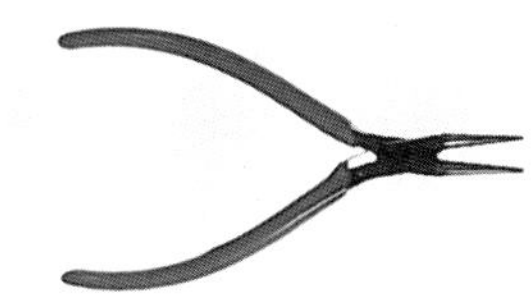

die Kombinationszange (→ Bild);

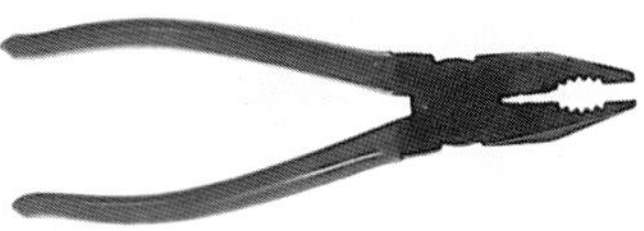

aber auch der Seitenschneider (→ Bild) zum Abklemmen von Drähten (z. B. Stahlsaiten)

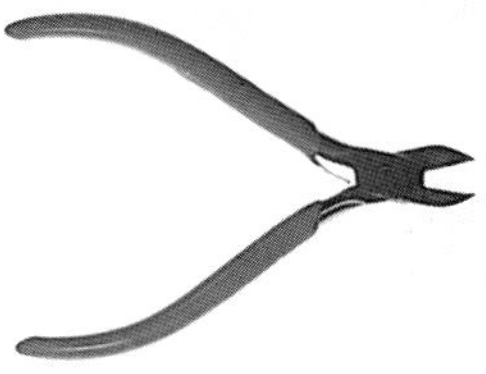

und den Hebelvorschneider (→ Bild), bei welchem die Kraft durch Übersetzung verstärkt wird.

Zarge → *Teile eines einfachen Saiteninstrumentes* S. 251

Zargenholz → *Hölzer* S. 244

Ziehklingen
Die Ziehklingen (→ Bild mit zwei Formen)

sind aus Edelstahl. Sie dienen zum Glätten von Holzflächen und ermöglichen auch ein feinstes Ausebnen. Beim Kauf sind die Ziehklingen stumpf.

Sie müssen noch mit dem Ziehklingenstahl oder dem Ziehklingengrater (→ Bild) gegratet werden.

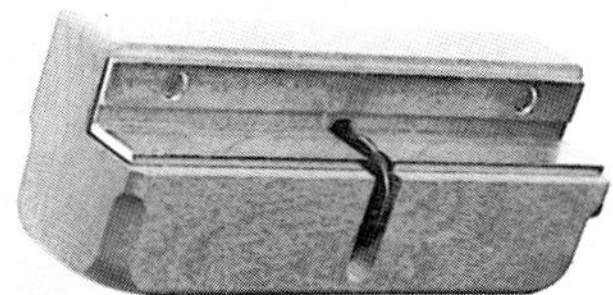

Ziehklingengrater → *Ziehklingen* S. 252

Ziehklingenstahl → *Ziehklingen* S. 252

Zuhaltung
Die Zuhaltung (→ Skizze, *Leimen*, S. 223) ist eine Vorrichtung, die z. B. das Anbringen von Schraubzwingen an schrägen Teilen eines Werkstückes erst ermöglicht, indem sie die erforderliche Parallelität herstellt. Sie hat also Hilfsfunktion. Wir stellen Zuhaltungen aus Holz selbst her.

Zulage
Die Zulage schützt das Werkstück beim Einspannen in die Bankeisen, beim Anbringen von Schraubzwingen vor Beschädigungen und Eindrücken. Sie hat also Schutzfunktion. Zulagen stellen wir aus Holzabfällen her.

Zuleimschrauben → *Zwingen* S. 253

Zweikomponentenkleber → *Epoxidharz* S. 243

Zwingen
Mit Zwingen werden Holzteile beim Leimen stark zusammengepreßt. Nur so haften sie nachher wirklich gut aneinander. Es gibt verschiedene Arten von Zwingen:

die Schraubzwinge (→ Bild), am besten mit Zulagen aus Kunststoff versehen;

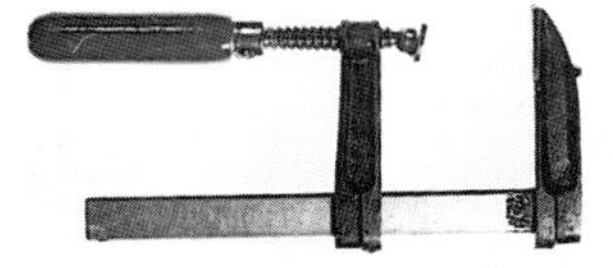

die Klemmzwinge (→ Bild) aus Holz mit Korkzulagen;

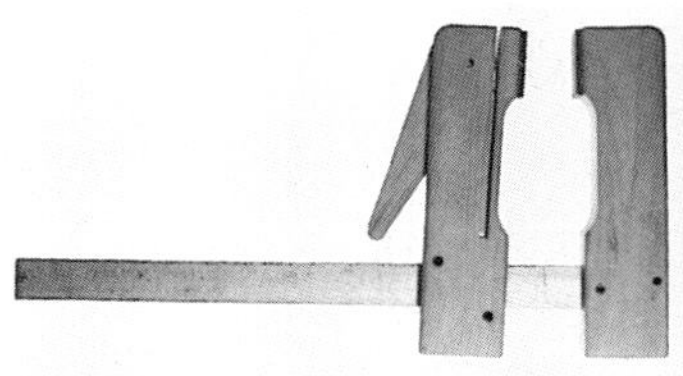

die Zuleimschraube (→ Bild), wie sie bem Geigenbau verwendet wird,

und die Reifchenklammer (→ Leimen, S. 223) oder die Federklammer (→ Bild).

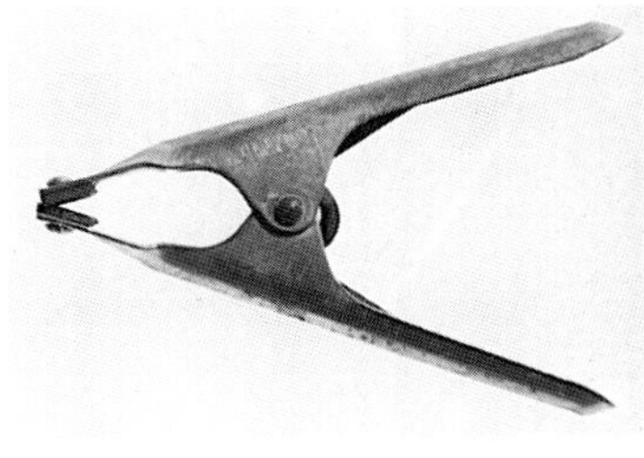